제1판

뉴뉴미디어

NEW NEW MEDIA

PEARSON

옮긴이 소개

설진아 jas@knou.ac.kr

현재 한국방송통신대학교 미디어영상학과 교수로 재직 중이다. 저서로 『소셜 미디어와 사회 변동』, 『방송기획제작의 기초』, 『국제방송론』, 『방송제작기술』, 『글로벌 미디어』, 『영상제작입문』, 『미디어 교육의 이론과 실제』 등이 있다.

권오휴 hkwon@mediatomedia.co.kr

현재 문화 콘텐츠의 수출입을 주 업무로 하는 회사 '미디어투미디어(media2media)'의 대표로 재직 중이다. 역서로 『소비자 행동』, 『광고의 실체』, 『성공한 제품 성공한 마케팅』 등이 있다.

뉴뉴미디어 NEW NEW MEDIA, 1st Edition

1판 1쇄 발행 | 2011년 12월 1일

지은이 | Paul Levinson
옮긴이 | 설진아 · 권오휴
발행인 | 유재성
발행처 | (주) 피어슨에듀케이션코리아
등 록 | 제13-579호(1999. 3. 31.)
판매처 | 도서출판 YOUNG
전 화 | (031)904-7905(주문 및 고객지원)
팩 스 | (031)904-7907
이메일 | youngpub@naver.com
ISBN | 978-89-450-4915-5
값 15,000원

Allyn & Bacon is an imprint of PEARSON

Authorized translation from the English language edition, entitled NEW NEW MEDIA, 1st edition by LEVINSON, PAUL, published by Pearson Education, Inc., publishing as Allyn & Bacon, Copyright © 2010

제1판

뉴뉴미디어

NEW NEW MEDIA

Paul Levinson 지음
설진아・권오휴 옮김

지은이 소개

폴 레빈슨(Paul Levinson)

폴 레빈슨의 여덟 편의 비소설 작품 『Soft Edge』(1997), 『Digital McLuhan』(1999), 『Realspace』(2003), 『Cellphone』(2004) 등은 미국 《뉴욕타임스(New York Times)》, 《와이어드(Wired)》, 《크리스천사이언스모니터(Christian Science Monitor)》와 같은 저명한 언론을 통해 기사화되었으며 10개국어로 번역되었다. 그가 쓴 공상과학 소설로는 『Silk Code』(1999년 로커스 신인상 수상 작품), 『Borrowed Tides』(2001), 『The Consciousness Plague』(2002), 『The Pixel Eye』(2003), 그리고 『The Plot to Save Socrates』(2006)가 있다. 또한 레빈슨의 단편 소설들은 네뷸러(Nebula), 휴고(Hugo), 에드거(Edgar) 그리고 스터전(Sturgeon) 단편 소설상에 후보로 올랐했다. 그는 TV분야에서 'O'Reilly Factor'(Fox News), 'The CBS Evening News', 'The Evening Hour with Jim Lehrer'(PBS), 'Nightline'(ABC) 등 수많은 TV, 라디오 방송에 출연하고 있다. 레빈슨은 그의 InfiniteRegress.tv 블로그를 통해 방송 미디어의 최고 프로그램들을 평론하고 있으며 2009년 '고등교육연대'(The Chronicle of Higher Education) 목록에 '10대 교육가 트위터'로 선정되기도 하였다. 2009년 현재, 그는 뉴욕 시에 있는 포드햄 대학교 커뮤니케이션과 미디어학과의 교수로 재직 중이다.

지은이의 글

어떤 책은 한 저자가 지난 10여 년 동안 생각하고, 조사 연구하고 발전시켜온 아이디어의 표현물이다. 반대로 어떤 책들은, 그 책을 쓰기 직전에 저자의 머리에 떠오른 통찰과 영감이 구체화되어 곧바로 쓰기 시작해서 마지막 페이지까지 물밀듯이 작업을 끝내게 된다. '뉴뉴미디어', 즉, 유튜브(youtube)나 트위터(twitter) 같이 2004년까지만 해도 이 세상에 존재하지 않았던 미디어를 다루는 이 책은 분명히 최근의 영감에 의해 쓰였다고 볼 수 있다. 그러나 이 책에서 전달하고자 하는 주제(특히 우리가 뉴스, 여론, 오락의 동시 생산자이자 소비자가 되면서 일어나는 미디어로서의 영향)는 사실 지난 수천 년 동안 존재한 인간 커뮤니케이션의 기본 요소에서 비롯된다.

뉴뉴미디어에 대한 생각이 처음 떠오른 것은 2007년 늦여름이었다. 당시 나는 현재 교수로 재직 중인 포드햄 대학교의 커뮤니케이션 및 미디어연구학과의 학과장으로 있었고, 랜스 스트레이트(Lance Strate)는 대학원 과정 담당 부학과장이었다. 랜스와 나는 우리 학과의 '뉴미디어' 과정에 왜 수강 신청자가 적은지에 대해 논의했다. 그 논의 과정에서 나는 이 코스들이 제목하고는 달리 사실상 낡은 토픽에 초점을 맞추고 있음을 깨달았다. 고작 HTML 사용법, 웹과 이메일의 종합적인 영향 등에 관한 것이 주류를 이루었다. 이러한 주제들은 1990년대 중반만 해도 '새로운' 것이었다. 하지만 2007년 여름엔 대부분의 학생이나 일반인들이 블로깅(blogging), 페이스북(facebook), 유튜브에 관해 이야기하고 싶어 했다. 그리고 한 예로, 바로 그 전 해에 봄과 가을 학기 중 학생들이 강의 시간 중에도 소셜미디어에 접속하고 있는 것을 목격할 수 있었다. 이런 상황에서 나는 랜스에게 우리도 뉴뉴미디어에 관한 강좌를 개설해야 한다고 말했다. 그리고 그다음 해 봄 학기, 나는 대학원 강의에서 2008년 미국의 대통령 선거에 블로깅, 페이스북 그리고 유튜브가 어떤 역할을 했는지를 다루었다.

랜스 스트레이트는 이 저서의 출간과 관련하여 또 하나의 중요한 역할을 했다. 2007년 가을 그는 CQ 프레스(CQ Press)에서 새로운 책을 찾고 있던 편집자 아론 키스버리(Aron Keesbury)에게 내 이름을 넘겨주었다. 나는 대여섯 권의 출판 의향 도서를 추천했고, 그는 그중에서 '뉴뉴미디어'를 선정했다. 그런 다음에 목차 추천안을 그에게 보냈다. 끝내 그 회사와의 계약은 이루어지지 않았지만 이 책의 발간 필요성을 인식하고 이 주제에 관해 흥미로운 대화를 많이 제공해준 아론에게 감사를 표시한다.

내가 아론을 만난 같은 주에 찰스 스터린(Charles Sterin)이 포드햄 대학교로 날 찾아왔다. 그는 피어슨 출판사에서 발간할 그의 저작 다매체 교재『디지털 시대 천 년을 위한 대중매체(Mass Media for Digital Millenium)』원고를 쓰기 위해 나와의 대담을 촬영차 방문한 것이었다. 몇 달이 지난 후 찰스는 피어슨의 편집자 진 잘레스키(Jeanne Zalesky)가 '뉴뉴미디어'에 관심을 가지고 있음을 알려왔다.

진은 이상적인 편집자였다. 저자는 책을 쓰고, 편집자는 발행인에게 그 저작을 추천하는 한편 발행인으로 하여금 세상으로 책을 널리 알리도록 독려한다. '뉴뉴미디어'에 관한 그의 넘치는 신념과 도전 정신은 이 책의 출간에 결정적인 공헌을 했다. 또한 이 프로젝트가 순탄하게 진행되는 데 큰 도움을 준 엘름 스트리트 출판서비스(Elm Street Publishing Services)의 대니얼 어번(Danielle Urban)에게 감사한다.

나는 작가이자 교수인 이중 직업을 가지고 있는데 내가 쓰는 모든 책(과학소설까지도)은 과거에도 그렇지만 현재에도 나의 학생들의 영감과 그들의 질문, 그리고 그들이 제공하는 자극 등에 상당히 많은 빚을 지고 있다. 그리고 '뉴뉴미디어'는 1970년대와 1980년대 페어레이디킨슨 대학교에서의 학부 강의와, 1980년대와 1990년대 사회조사와 연결 교육 온라인 프로그램을 위한 신규 대학원 강의의 산물이라고 할 수 있으며, 특히 지난 10년 동안의 포드햄 대학교 학부 및 대학원 강의로써 다져졌다고 말할 수 있다. 일일이 모든 학생의 이름을 열거하며 감사를 표하기는 불가능하다. 그러나 특별히 마이크 플루(Mike Plugh)와 율리아 골로보코바(Yulia Golobokova)는 너무도 값진 공헌을 해주어 이 머리말에서뿐 아니라 책의 본문에서도 여러 번 언급될 것이다.

또한 아주 값진 식견과 정보를 제공해준 뉴뉴미디어 업계의 종사자인 바르나 도너번(Barna Donovan), 에몬 하산(Emon Hassan), 켄 허드슨(Ken Hudson)과 마크 몰라로(Mark Molaro)에게도 감사를 드린다.

내가 수년 동안 탐구해온 '뉴뉴미디어'의 주제 중 하나가 디지털 및 이동 커뮤니케이션이 직장 생활과 개인 및 가정생활 간에 어떻게 조화를 이루어 나가나 하는 것이었다. 나의 아내 티나 보직(Tina Vozick)은 이 책이 출간되기 전까지 없어서는 안 될 토론자이자 책 원고의 감수자였다. 사실 그녀는 나의 원고가 편집자의 책상에 도달하기 전에 원고 전부를 읽은 유일한 독자였다. 그리고 위키피디아(Wikipedia)에 관한 그녀의 지식은 내가 그 장을 쓰는 데 있어 아주 큰 도움이 되었다. 이제는 성인이 된 두 아이들, 사이먼(Simon)과 몰리(Molly)도 정보와 자료를 계속 공급해주었다. 사이먼은 2004년에 나에게 페이스북을 소개해줬고, 몰리는 20대 초반인 그녀의 또래들이 주로 온라인으로 텔레비전을 보고 있다는 사실을 나에게 처음으로 일깨워줬다.

그건 수년 전에 있었던 일이고 '뉴뉴미디어'는 커뮤니케이션계 및 우리 일상에 그때부터 현재까지 거의 매일같이 일어나고 있는 특이한 혁명을 조명해 그 현상을 분석한 책이다. 그 적절한 예로, 약 한 달 전 우주비행사로부터 최초의 트윗이 보내진 것을 생각해보라.

폴 레빈슨(Paul Levinson)

옮긴이의 글

이 책은 2009년에 출판된 폴 레빈슨 교수의 『New New Media』를 번역한 것이다. 최근 소셜 미디어에 관한 다양한 저서들이 나오고 있지만 전반적인 소셜 미디어를 미디어진화론적 관점에서 친절하게 다루는 책은 찾아보기 힘들다. 이러한 맥락에서 이 책은 다양한 소셜 미디어들을 가장 최신의 뉴미디어로서 간주하고 이들을 둘러싼 미디어 혁신과 커뮤니케이션 현상, 정치 및 사회적 이슈들을 친절하게 소개한다.

이 책은 또한 저자가 거의 모든 뉴뉴미디어들을 직접 사용해보고 체험을 통해 해박하게 독자를 안내한다. 저자의 말대로 이 책에서 다룬 모든 뉴뉴미디어에 관한 지식과 정보는 레빈슨이 작가로서, 생산자로서, 또 퍼블리시스트로 몸소 과외활동을 하면서 얻은 것이 대부분이다. 블로그에서부터 디그, 마이스페이스와 페이스북, 트위터, 팟캐스팅에 이르기까지 '연습'과 '실습'을 통해 그의 생생한 경험을 전수하고 있다. 그는 더 나아가 올드미디어에도 출연하고 뉴미디어를 통해 뉴뉴미디어의 영향력을 테스트해보기도 한다. 대단한 미디어 찬미자인 저자는 뉴뉴미디어가 초래하는 어두운 측면을 결코 간과하지 않는다.

올드미디어와 뉴미디어, 뉴뉴미디어란 용어가 생소한 독자들의 경우도 이 책을 접하게 되면 미디어 생태계에서 어떻게 세계를 변형시키는 새로운 미디어들이 탄생했고, 적대적 공생관계를 이루고 있는지 흥미롭게 관찰할 수 있다. 저자는 이 책을 통해 미디어의 연대기적 서술이 아닌 시간과 거리를 넘나들고, 미디어 지형에 대한 전반적인 맥락을 빨리 잡아준다. 요컨대, 이 책은 본질적으로 사회적인 특성을 가진 여러 뉴뉴미디어의 핵심적인 특성과 작동 메커니즘, 개별 뉴뉴미디어의 차이점을 독자들의 눈높이에서 쉽게 전달하고 있다.

미디어의 다아윈주의적 진화 과정에서 미디어 자체가 주체가 아니라 우리 인간들이 주체가 되어 미디어의 자연도태와 생존을 결정한다는 저자의 관점은 주목할 만하다. 아울러 올드미디어와 뉴뉴미디어의 공생적, 상호 촉매적인 관계를 규명하고, 올드미디어와 뉴뉴미디어 사이의 복합상승 효과, 그리고 뉴뉴미디어와 기존 현실세계와의 관계에 대한 설명은 흥미롭기까지 하다.

이 책을 옮기면서 번역 작업에 있어 다소 지난한 측면이 있었는데 많은 사례들이 우리말로 표현하기 어렵거나 아예 용어자체가 존재하지 않는 경우가 종종 있었다. 또한 단어그대로 직역하다보면 번역된 문장이 어색하거나 원문의 느낌이 살지 않았다. 따라서 초벌 번역 후 수정과 보완의 반복을 통해, 또 원어민과의 대화를 통해 저자의 의도를 최대한 반영하는 범위에서 최소한의 의역을 허용하기도 했다. 번역어를 찾기 어려운 일부용어는 영어원문 그대로 표현하였다. 따라서 책을 번역하면서 생긴 미흡하거나 잘못된 점은 전적으로 옮긴이의 책임이다. 책의 잘못된 부분이나 수정이 필요한 곳에 대해서는 독자 여러분의 충고나 지적을 기쁘게 수용하겠다.

끝으로 뉴뉴미디어는 올드미디어보다 한 차원 앞선 뉴미디어의 모든 장점들을 갖고 있을 뿐 아니라 훨씬 더 발전된 면모를 자랑하지만 결국 미디어의 생존은 인간이 결정하는 것이라는 레빈슨의 주장을 되새기고 싶다. 독자여러분들도 뉴뉴미디어의 실습을 통해 새로운 미디어 세계의 다양한 측면을 직접 체험해 보시길 바란다.

2011년 10월

설진아 · 권오휴

차 례

지은이의 글 ······ 5

옮긴이의 글 ······ 8

01 — 왜 뉴뉴미디어인가? ······ 15

- 뉴뉴미디어는 이전의 뉴미디어 원리를 수용한다 ······ 19
- 왜 소셜미디어, 스크린 아트, 웹 2.0, 3.0이 아니고 '뉴뉴'인가? ······ 20
- 뉴뉴미디어의 범주 ······ 22
- 소프트웨어와 하드웨어에서 뉴뉴미디어의 진화 속도 ······ 26
- 가장 중요한 방법론 : 실습을 통해 배운다 ······ 27
- 각 장별 순서와 내용 ······ 31

02 — 블로깅 ······ 41

- 전자 글쓰기의 간략한 역사 ······ 43
- 무엇에 대해서든 블로깅은 가능하고 또 영속적이다 ······ 44
- 코멘트 관리 ······ 46
- 타인의 블로그에 대해 코멘트하기 ······ 48
- 교정자로서의 코멘트 ······ 50
- 〈더 와이어〉의 스트링거 벨이 쓴 마이스페이스 메시지 ······ 51
- 블로그 게시 후 내용 수정하기 ······ 53
- 광범위한 블로깅과 링크(연결)하기 ······ 56
- 집단 블로깅 ······ 57
- 블로그로 돈 벌기 ······ 59
- 수익 창출은 블로깅의 이상과 양립이 불가능한가? ······ 66
- 이미지, 동영상, 위젯으로 블로그 꾸미기 ······ 70
- 블로그의 구독률 측정 ······ 72
- 서로 다른 블로깅 플랫폼 ······ 73
- 블로거도 올드미디어 저널리스트처럼 제1차 수정헌법의 보호를 받을 동등한 자격이 있는가? ······ 75
- 블로거와 로비스트 ······ 79

■ 블로깅의 익명성 ········· 81
■ 타인을 위한 블로깅 ········· 83
■ 블로그로 세상 바꾸기 ········· 88
■ 어느 작은 도시 공직자와 그의 블로그 ········· 90
■ 잠옷 바람의 블로거 ········· 91
■ 블로거 세계는 단선적이 아니며 천하무적도 아니다 ········· 94
■ 뉴뉴미디어와 올드미디어 간에 심화되는 긴장 ········· 97
■ 뉴뉴미디어 저널리즘 시대에서 올드미디어 보도의 필요성 ········· 101
■ 올드미디어와 뉴뉴미디어의 공생 :
〈로스트〉와 〈프린지〉를 위한 부활절 달걀 ········· 104

03 — 유튜브 ········· 107

■ 오바마 걸 ········· 108
■ 유튜브 주최 대통령 예비 선거 토론회 ········· 110
■ 텔레제닉 + 유튜브 = 사이버제닉 ········· 114
■ 유튜브로 인한 부인 금지 상황과 민주주의 ········· 115
■ 유튜브는 텔레비전의 이벤트 전달자 역할을 대신하게 되었다 ········· 118
■ 유튜브는 누구에게나 접근이 개방되어 있고
시청자와 제작인에게 똑같이 무료다 ········· 120
■ 뉴뉴미디어뿐 아니라 뉴뉴딜에서 오바마는 새로운 루스벨트가 되다 ··· 121
■ 아마추어 유튜브 스타와 프로듀서 ········· 123
■ 바이럴 비디오 ········· 125
■ 바이럴 비디오가 타락하다 ········· 127
■ 대중문화에서의 유튜브 혁명 ········· 129
■ 로이 오비슨의 기타 ········· 130
■ 세대를 뛰어넘은 '나의 기타, 소리 죽여 운다(My Guitar Gently Weeps)' ········· 131
■ 유튜브는 MTV 프로그램도 재생시킨다 ········· 132
■ 유튜브는 아이튠스를 망하게 할 수 있을까? ········· 134
■ 유튜브는 루이스 멈퍼드의 말문을 막고
비디오 클립을 인쇄된 문장처럼 만들어버렸다 ········· 135
■ 팀 러서트, 1950-2008 ········· 136

- 유튜브의 아킬레스건 : 저작권 ······ 137
- 유튜브에서의 입증자 코멘트 : 플리트우즈 ······ 141
- 교황의 채널 ······ 142
- 국제적 정보 해방자로서의 유튜브 ······ 144

04 — 위키피디아 ······ 147

- 피클과 페리클의 사례 ······ 148
- 포함주의자 대 배제주의자 : 위키피디아 영웅들 사이의 전투 ······ 150
- 편집자들의 중립성과 이해관계의 갈등 ······ 153
- 정체성 문제들 ······ 154
- 모든 위키피디언들은 평등하지만 일부 사람들은 다른 사람들보다 더 평등하다 ······ 156
- 위키피디아 페이지상의 투명성 ······ 159
- 위키피디아 대 브리태니커 ······ 160
- 팀 러서트의 사망 보도에 있어 올드 대 뉴뉴미디어 ······ 161
- 테드 케네디와 로버트 버드의 사망 소식을 잘못 보도한 위키피디아 ······ 163
- 백과사전인가 신문인가? ······ 163
- 위키피디아는 도서관을 불필요하게 만드는가? ······ 165
- 영국 대 위키피디아 ······ 169

05 — 디그 ······ 171

- 디그를 위해 샤우팅하거나 돈을 지불하기 ······ 173
- 뉴뉴미디어상의 '친구들' ······ 175
- 디그상의 론 폴 대 버락 오바마 ······ 177
- 론 폴과 올드미디어 ······ 181
- 레딧, 파크, 버즈플래시와 디그의 대체 사이트들 ······ 183

06 — 마이스페이스 ······ 187

- '친구'들의 저항할 수 없는 요청 ······ 188
- 마이스페이스에서의 사이버 불링(폭력) ······ 190
- 뉴뉴미디어는 사이버 불링에 대한 처방을 제공한다 ······ 192
- 마이스페이스 : 원스톱 소셜미디어 카페테리아 ······ 193
- 마이스페이스 음악과 뉴뉴미디어 ······ 194
- 마이스페이스의 시 ······ 199
- 마이스페이스 '본스' : 올드미디어 내러티브와 뉴뉴미디어의 협력 ······ 201

07 — 페이스북 ··· 203

- 마이스페이스 대 페이스북 : 주관적 차이 ··· 204
- 마이스페이스 대 페이스북 : 객관적 차이 ··· 205
- 지식 기반 자료로서의 페이스북 친구 ··· 206
- 실시간 지식자료로서의 페이스북 친구 ··· 208
- 사회/정치 세력으로서의 페이스북 그룹 ··· 210
- 수많은 동내 펍으로서의 페이스북 ··· 213
- 현실 세계에서 온라인상의 친구를 만남 ··· 214
- 온라인에서 옛 친구와의 재접촉 ··· 216
- '숨겨진 차원'을 위한 보호 : 온라인 페이지 정리하기 ··· 217
- 모유 수유하는 사진이 페이스북에서 금지되다 ··· 219

08 — 트위터 ··· 221

- 즉시성의 화신 ··· 222
- 대인 및 매스 커뮤니케이션을 합치면 트위터다 ··· 224
- 스마트 티셔츠나 장신구 같은 트위터 ··· 227
- 파운스(무료 소셜 네트워크)와 그 밖의 트위터 유사 매체 ··· 229
- 트위터의 위험 : 트윗을 너무 많이 한 국회의원 ··· 230
- 트위터와 이란의 물라(이슬람 율법학자) ··· 231
- 마이크로 블로거로서의 맥루한 ··· 233

09 — 세컨드라이프 ··· 237

- 세컨드라이프의 역사와 운영 ··· 240
- 세긴드라이프와 실제 생활의 접점 ··· 241
- 세컨드라이프에서의 한 세미나 ··· 242
- 케니 허블, 세컨드라이프 천문학자 ··· 245
- 세컨드라이프에서의 성 ··· 247
- 세컨드라이프에서의 TV 쇼 '로스트' ··· 249

10 — 팟캐스팅 ··· 253

- 팟캐스트는 어떻게 만들어지는가? ··· 254
- 팟캐스트를 위한 청사진 ··· 255
- 팟캐스트 저장과 전송 : 음악 플레이어, 아이튠스, RSS 피드 ··· 257
- 팟캐스트의 성공 사례 : 그래머 걸 ··· 260
- 전화상이나 차 안에서의 팟캐스트 ··· 261
- 파디오북 ··· 262

■ 팟캐스트와 저작권 : 팟세이프 음악 …… 263
■ 팟캐스트에서의 광고 …… 265
■ 라이브 스트리밍 …… 270
■ 웨비나와 비드캐스트 …… 273

11 — 뉴뉴미디어의 어두운 측면 …… 277

■ 뉴뉴미디어 이전의 악용 : 불링, 플래밍, 트롤링 …… 279
■ 온라인 가시핑과 사이버 불링 …… 283
■ 사이버 스토킹 …… 285
■ 트위터와 테러리즘 …… 286
■ 크랙스리스트 은행 강도 …… 289
■ 스팸 …… 290
■ 뉴뉴미디어 악용에 대한 올드미디어의 과민 반응 : 도서관 대 블로거 …… 292

12 — 뉴뉴미디어와 2008년 미국 대선 …… 297

■ 오바마는 '인터넷과 공동체 조직 작업을 결합시켰다' …… 299
■ 뉴뉴미디어를 통한 부통령 발표 실수 …… 299
■ 취임식과 이후의 인터넷 …… 300
■ 대통령과 블랙베리 …… 302
■ 백악관이 웹 2.0의 '암흑시대'에서 뉴뉴미디어로 가다 …… 305

13 — 하드웨어 …… 307

■ 아이폰과 모바일 미디어의 필연성 …… 309
■ 이동성의 가격 …… 310
■ 뉴뉴미디어는 쓸모없는 장소를 쓸모 있게 만든다 …… 311
■ 차에서, 공원에서, 침대에서의 스마트폰 …… 312
■ 취약점은 배터리 …… 313
■ 아이폰, 블랙베리, 블루투스와 인간의 두뇌 …… 314

참고문헌 …… 316
찾아보기 …… 335

01

왜 뉴뉴미디어인가?

'뉴뉴미디어'는 고전적인 의미의 미디어, 다시 말해 신문, 텔레비전 같은 오래된 미디어와 구별되는 미디어로서 이메일과 웹사이트 같은 '뉴미디어'보다 더욱 새로운 미디어의 출현과 그 영향에 관한 책이다. 뉴뉴미디어는 너무 새롭기 때문에 불과 5년 전(2009년 기준)만 해도 거의 존재치 않았다고 할 수 있다. 어떤 것들은 4년 전까지도 이 세상에 없었다. 학생들은 늘 이런 뉴뉴미디어를 이용하기 때문에 이미 정통하고 전문가 수준에 달아 있다. 교수의 강의를 듣는 중에도 이들은 유튜브 비디오를 보거나, 아이폰이나 블랙베리(blackberry)를 통해서 트윗을 주고받는다. 그러나 이러한 뉴뉴미디어에 관해 강의실에서 토론이 이루어지는 일은 거의 없고 교과서나 다른 종류의 서적에서조차 상세하고 깊이 있게 취급되지 않고 있다. 나는 '뉴뉴미디어'를 통해 이런 불가피하게 누락된 사항들을 고쳐보고자 한다.

그러면 '뉴뉴미디어'는 정확히 말해서 무엇인가? 현재까지 출현한 것들은 이 책의 각 장을 표시하는 소제목으로 망라되었다. 즉 블로깅, 유튜브, 위키피디아, 디그(dig), 마이스페이스(myspace), 페이스북, 트위터, 세컨드라이프(second life), 팟캐스트(podcast)가 그것이다. 그러나 그것들을 '뉴미디어'와 달리 '뉴뉴미디어'라고 지칭하게 만든 확실히 다른 특성들은 과연 무엇인가?

블로그는 뉴뉴미디어 중 가장 오래된 형태로서 뉴뉴미디어에 대한 정의가 가장 명확히 나타나 있다. 그것은 다음과 같다.

모든 소비자는 다 생산자다 : 블로그를 읽는다는 것은 그 즉시 자기 개인의 블로그도 만들 수 있다는 것이다. 예를 들어 MSNBC닷컴(MSNBC.com)이나 NYTimes닷컴(NYTimes.com)상에서의 블로그는 뉴미디어이지 뉴뉴미디어에는 속하지 않는다고 할 수 있다. 왜냐하면 이 블로그들은 웹에 올라가 있기 때문에 뉴미디어로 분류되어야 한다. 그리고 그 블로그의 이용자들은 아무리 노력해도 2차적인 간접 영향밖에 가질 수 없다. 다시 말해서, 그들은 그 블로그에 대해 코멘트를 할 수는 있겠지만 거기에다 직접 글을 쓴다거나 새로운 블로그 포스트를 창조할 수는 없다. 이와는 대조적으로, 독자에 의해 만들어지고 그 독자가 전적으로 책임지는 블로그의 경우에는 전형적인 뉴뉴미디어라고 할 수 있는데 그것은 어느 독자든지 작가가 될 수 있고 어느 시청자든지 프로듀서, 즉 생산자가 될 수 있기 때문이다.

자신이 비전문가인 것을 속일 수 없다 : 뉴뉴미디어 세상에서의 블로그는 밤이나 낮이나, 즉흥적으로나 언제나 쓸 수 있다. 이러한 블로그로 돈벌이를 못 하는 것은 아니지만 수익을 창출하는 것은 블로그의 주된 목표가 아니다. 그리고 이러한 블로그의 저자들이 신문이나 방송 매체 같은 올드미디어나 신문과 방송의 온라인 분야 같은 뉴미디어에서 종사하는 사람들이 아니라는 사실 때문에 오히려 상당 부분 진정성을 인정받는다.

자유 의사로 매체를 선정할 수 있다 : 사람들은 각자 재능이 다르고 다양하다. 문장력이 부족한 사람은 좋은 블로거가 될 수 없다. 그러나 그러한 사람도 팟캐스팅에는 완벽한 재능을 가지고 있을 수 있다. 어떤 사람은 문장력은 뛰어나지 않지만 편집에는 탁월한 능력을 가지고 있기도 하다. 위키피디아는 그러한 편집 재능을 갖춘 사람들에게 더 잘 맞는 뉴뉴미디어가 될 수 있다. 어떤 사람들은 긴 논설보다는 짧고 간단한 문장에 재주가 있을 수 있다. 트위터는 이러한 사람들에게 맞는 매체다. 만드는 사람의 관점에서 볼 때 뉴뉴미디어의 세계는 다양한 매체 선택권을 부여하고 있다. 각자가 좋아하는 매체를 원하는 만큼 고를 수 있고, 자신에게 좋은 매체에 원하는 만큼 오래 머물 수 있다.

돈을 내지 않고 원하는 것을 얻을 수 있다 : 뉴뉴미디어는 소비자에게는 항상, 그리고 때로는 생산자에게도 무료다. 아마존에 실리는 도서나 다른 아이템들, 아이튠스에 올라온 노래들은 모두 돈을 받고 팔기 위한 것이기 때문에 뉴미디어일 뿐 뉴뉴미디어라고 할 수 없다. 반면에 뉴뉴미디어인 유튜브에 올린 동영상은 무료다. 블로그스팟(Blogspot)이나 워드프레스(Wordpress)와 같은 블로그의 호스트 사이트도 블로그 생산자들에게 무료다. 타이프패드(Typepad)는 사용료를 부과한다. 무버블타입(Movable Type)과 라이브저널(Live Journal)은 유료와 무료 서비스를 병용하고 있다. 립신(Libsyn)은 팟캐스트 호스팅에 대해 사용료를 부과하지만 메비오(Mevio)와 토크슈(Talkshoe)는 무료다. 하지만 이러한 모든 블로그와 팟캐스트 사이트는 독자와 청취자에겐 모두 무료다. 그러나 소비자에게 무료로 제공한다고 그 사이트의 창설자가 블로그나 팟캐스트에 광고를 싣거나 다른 수익 수단을 동원하여 이 뉴뉴미디어로부터 수익을 창출하지 못한다는 의미는 아니다. 그리고 또 하나 지적하고자 하는 것은 무료의 뉴뉴미디어 시스템들이 보통 충분하지는 않지만 다양한 방법으로 수입을 얻는다. 위키피디아는 공익 방송 서비스처럼 공익 성금에, 트위터는 벤처 자본에 의지하고 있고 디그, 마이스페이스, 페이스북은 광고로 돈을 벌고 있다. 유튜브도 광고를 싣고 있는데 2009년 4월 현재 매일 165만 달러의 적자를 내고 있는 것으로 알려졌다(Silversmith, 2009). 다행스럽게도 모회사인 구글이 2008년 약 220억 달러의 매출을 올리고 있어서 그렇게 큰 손실이라고 말할 수는 없다.

경쟁적이면서 상호 촉매적이다 : 나의 저서『Human Replay: A theory of Evolution of Media』(1979년판. 1977년판『더 소프트 에지[The Soft Edge]』도 참조 요망)에서 상술했듯이 미디어들은 다윈의 생물학 세계에서 살아 있는 유기체처럼, 시청자의 시간과 관심을 얻기 위해 서로 경쟁하면서 살다가 죽어간다. 생물체들이 공생 관계 아래에서 살아가는 자연계와 같이–벌은 식물에서 먹이를 먹은 후 수정을 하고 인간은 꿀을 먹는다–미디어는 전반적으로, 특히 뉴뉴미디어는 상호 경쟁을 하면서도 서로의 이익을 위해 협력한다. 유튜브 동영상이 내장된 내 블로그의 한 포스트는 자동적으로 트위터에 보내지고 트위터는 블로그 제목, 그리고 첫 줄의 글과 링크를 표시하는 한 줄짜리 메시지를 생성하여 내가 페이스북이나 마이스페이스에 만들어 놓은 위젯(widget)이나 특별한 애플리케이션(application)에 나타난다. 이러한 각각의 뉴뉴미디어는 우리의 주의를 끌기 위해서 만들어진 다른 뉴뉴미디어들과의 경쟁 속에서도 서로에게 도움을 준다. 더욱이 올드미디어와도 위에서와 마찬가지로 상호 경쟁적이고 상호 보완적이다. 블로거들은 책에서 독자를 빼앗아가고 텔레비전에서 시청자를 가져가지만 반대로 이들이 책을 쓰고 텔레비전에 출연하기도 한다.

검색 엔진이나 이메일 이상이다 : 구글과 야후는 우리가 인터넷상에서 돌아다니기 위해 컴퓨터에서 사용하는 웹의 신경 시스템으로, 온라인상의 마이크로소프트 익스플로러(Explorer)나 파이어폭스(Firefox), 그리고 이와 유사한 다른 제품들과 같은 기능을 한다. 이메일이나 검색(searching)은 뉴뉴미디어에는 근본적으로 중요하지만 그것들 자체가 뉴뉴미디어는 아니다. 페이팔(Paypal)과 같은 웹에 바탕을 둔 현금 시스템은 뉴뉴미디어에 중요한 역할을 하지만 뉴뉴미디어 자체라고는 할 수 없고 뉴뉴미디어의 서비스 시스템의 구실을 할 뿐이다. 구글, 야후, 페이팔이 무료이고 사용자가 자기의 이메일이나 검색, 그리고 은행 거래 시스템을 자기 용도에 맞게 고쳐 사용할 수 있지만 이러한 시스템들은 사용자가 처음부터 만들어서 저자가 된다거나 위키피디아의 편집자가 될 수 없고, 디그의 첫 화면에 무엇을 올릴 것인가를 스스로 결정하는 식의 일은 할 수 없다. 이와 마찬가지로, 어느 회원이나 야후의 메시지 보드에 자유롭게 글을 쓸 수는 있지만, 이러한 집단의 관리자는 어떤 메시지를 삭제할 수 있는 권한을 포함해서 토론 마당을 완벽하게 통제할 수 있는 힘을 갖고 이 올드미디어를 지배할 수 있다. 구글의 애드센스(Adsense)같은 앱은 뉴뉴미디어에 특별한 지원 역할을 담당하고 있는데–애드센스는 블로그들로부터 돈을 번다–우리는 이런 뉴뉴미디어를 지원하는 앱들의 가치와 효과에 대하여 관찰해나갈 것이다.

뉴뉴미디어는 소비자이자 생산자의 통제 밖에 있는 플랫폼의 도움을 필요로 한다. 블로깅 시스템이든, 유튜브 포맷이든, 위키피디아의 편집 단계이든 도움을 받지 않을 수 없다. 그러나 뉴뉴미디어에서는 고정된 시스템에 대한 사용자 자신의 의견 투입 비율이 구글과 야후와 같은 인프라에서 보다 훨씬 높다.

우리는 이 책에서 이러한 원리가 뉴뉴미디어를 어떻게 이끌어가고 생기를 불어넣는지 관찰할 수 있을 것이다.

■ 뉴뉴미디어는 이전의 뉴미디어 원리를 수용한다

뉴미디어의 특징 중 하나는–이미 10여 년 전 1990년대 중반 뉴미디어가 탄생했을 때부터 확실한 사실이었지만–콘텐츠가 온라인상에 올라와 있는 상태에서, 매체의 시간표에 의해서가 아니고 사용자의 시간표에 의해 사람들이 콘텐츠를 사용하고 그 혜택을 즐길 수 있다는 것이다. 조간신문의 배달을 기다리거나, 자기가 좋아하는 음악을 듣기 위해 라디오 프로그램 시간을 기다리거나, 텔레비전 주간 드라마를 보려고 그 시간을 기다리는 것에 비하면 이것은 월등하게 좋은 혜택이었고 지금도 그렇다고 할 수 있다. 이러한 '예약적 미디어'는 모든 올드미디어의 특성이고 티보(TiVo)와 DVR을 통해 사용자를 약정의 굴레에서 벗어나게 해준 것은 텔레비전이 올드미디어로부터 뉴미디어로 진화한 것을 보여주는 현상이다.

뉴뉴미디어는 뉴미디어와 마찬가지로 사용자들로 하여금 언제 어디서나 텍스트, 소리, 시청각 내용물을 각자가 원하는 대로 받을 수 있게 해준다. 뉴뉴미디어는 올드미디어보다 한 차원 앞선 뉴미디어의 모든 장점들을 내장했을 뿐 아니라 훨씬 더 발전된 면모를 자랑한다. 그래서 어떤 다른 사람에 의해 생산되는 내용을 기다려야 하는 뉴미디어와는 달리, 다시 말해 아마존상에서 책을 주문하고 아이튠스에서 노래를 다운로드받는 것과 달리, 진정으로 그리고 완벽하게 통제권을 확보한 뉴뉴미디어의 사용자들은 콘텐츠를 생산하거나 수억 명의 뉴뉴미디어 소비자이자 생산자들이 만들어낸 콘텐츠를 소비할 수 있는 재량권까지도 갖게 된 것이다.

■ 왜 소셜미디어, 스크린 아트, 웹 2.0, 3.0이 아니고 '뉴뉴'인가?

뉴뉴미디어는 본질적으로 사회적이다. 블로그의 독자이거나 코멘트를 다는 사람이거나, 위키피디아의 독자이거나 편집자이거나, 페이스북의 적극적인 참여자 집단이거나, 사회적인 요소는 뉴뉴미디어에서 빼놓을 수 없는 것일 뿐 아니라 모든 뉴뉴미디어를 작동시키는 인간의 역동성을 제공해준다.

그러나 이전부터 있는 뉴미디어나 올드미디어도 마찬가지로 상당한 정도의 사회적 요소를 갖고 있다. 집단 이메일이나 온라인 게시판 및 포럼들이 여기에 해당된다. 북스토어 독서 모임이 소셜미디어가 아니라면 무엇이겠는가. 또, 대면 회의는 말할 것도 없고 책이야말로 가장 오래된 소셜미디어의 하나다.

그래서 뉴뉴미디어의 사회적 측면은 비록 중요하긴 하지만 그 용어가 뉴뉴미디어에만 한정해서 적용되어야 할 만큼 충분한 이유는 없다. 거기에 더해서, 소비자가 바로 생산자가 된다는 뉴뉴미디어의 다른 기본 요소들은 블로그 포스트를 쓴다거나 팟캐스트를 녹음할 때 사회적이 아니고 개인적으로 쉽게 실행됨을 볼 수 있다.

미시건 대학교에서는 영화, 텔레비전, 컴퓨터 스크린을 통해 넘쳐나는 미디어들을 점검하는 '스크린 예술과 문화'라는 학부 및 대학원 교과 과정을 개설하였다. 이 책에서 다룰 블로깅, 유튜브 그리고 대부분의 뉴뉴미디어는 스크린 위에 뜨기 때문에 미디어의 적절한 이름을 '디지털 스크린 아트'라고 해야 할까? 다음에 열거된 문제들은 위와 같은 제목이 별로 유용하지 못할 것이라는 걸 입증해준다: (1) '뉴' 디지털 스크린 아트와 '뉴뉴' 디지털 스크린 아트 간에 확연한 구분이 없다; (2) 블로깅과 유튜브 그리고 위키피디아의 편집과 작성 기능까지도 '아트' 형태라고 얘기할 수 있을지 모르지만, 이러한 지칭은 페이스북이나 마이스페이스에는 적합하지가 않다(온라인 관계 일체를 상호 관계적 '아트'라고 생각하지 않는다면); (3) 그리고 가장 중요한 것은 팟캐스팅이나 전적으로 청각 위주의 뉴뉴미디어는 스크린이 아닌 이어폰 등을 통해 우리에게 전달된다는 점이다.

웹 2.0은 어떠한가? 이 책에서 우리가 관찰하고자 하는 이 뉴뉴미디어는 1990년대 중반 웹이 최초로 출현했을 당시 수많은 대중에게 전달되었던 그 웹의 일부인 것이 확실하고 또 제목으로서는 웹이나 웹 1.0보다는 웹 2.0이 훨씬 더 적합한 것도 사실이다. 그렇지만 그런 맥락이라면 웹에 이미 새롭게 자리 잡은 근래의 웹 세계라든지 비즈니스를 웹 2.5나 웹 3.0이라고 해야 하지 않을까? 《뉴욕타임스》의 존 마코프(John Markoff)는 2006년에 '웹 3.0'이란 용어를 사용했고, 위키피디아는 그것의 특성을 정의하면서 '이동식 모바일 인터넷 접근과 모바일 도구'라고 규정하면서도 "웹 3.0이라는 개념은 고도로 이론적이고 아직 완성 단계에 이르지는 않았다"고 했다. 그러나 2007년 여름 아이폰의 시장 도입 이래 모바일 도구의 인터넷 접속은 어디서나 가능한 일이 되었다. 그렇다면 아이폰을 통해 마이스페이스에 접속을 한다든지 또는 유튜브의 비디오를 볼 때, 우리는 웹 2.0을 이용하고 있는 것인가, 웹 3.0을 이용하고 있는 것인가?

숫자는 바로 위와 같은 문제를 제기한다. 숫자는 단어와 달리 의미론적인 내용을 담지 못하고 있어서 어떤 것이 출현한 시기의 전후를 비교한 것에 지나지 않으며 그 정확한 비교 가치를 지칭하지 못하기 때문에 아무런 의미를 전달하지 못한다. 이와 반대로 뉴뉴미디어는 다음과 같은 것을 말해준다: '뉴미디어'라는 용어가 전통적인 올드미디어와는 아주 다른 웹상에서의 생활과 작업을 기술하고 있는 것처럼(이메일과 전통적 편지 보내기의 차이와 온라인상에서의 읽기와 책, 신문 읽기의 차이와 같이), '뉴뉴미디어'라는 용어는 '뉴미디어'와는 아주 다른 웹에서의 생활과 작업의 모습을 기술하고 있다(편집까지도 손쉬운 위키피디아에서의 읽기와 CNN의 공공 웹 페이지에 실린 글 읽기의 차이와 같이).

그리고 '뉴뉴'라는 용어는 사용의 전례가 없었던 것이 아니다. 윌리엄 그레이더(William Greider)가 2005년 9월 16일 태풍 카트리나 재난 이후에 《네이션(The Nation)》에 기고한 글의 제목을 '뉴뉴 딜(The New New Deal)'이라고 했다. 그리고 《타임(Time)》은 2008년 11월 24일자 표지에서 미국 경제 위기를 타개하기 위한 버락 오바마(Barack Obama)의 계획을 지칭하면서 이 표현을 사용했다(기록을 위해 언급해두는데 그 잡지는 내가 이 책을 거의 다 쓴 다음에 출간되었다).

■ 뉴뉴미디어의 범주

뉴뉴미디어는 여러 가지 이름으로 불린다. 앞서 언급한 '돈을 지불하지 않고 얻을 수 있다'는 섹션의 블로그 호스트 사이트들의 이름을 봐도 알 수 있고 또한 '소셜미디어'라는 보다 일반적인 카테고리로 지칭되기도 한다. 그럼 여기서 뉴뉴미디어가 제공하는 서비스와 그 서비스들을 제공하는 방법에 기초하여 뉴뉴미디어들이 어떻게 상호 관계를 유지하고 있는지를 좀 더 구체적으로 분석해보자.

인쇄, 청각, 시청각, 사진 : 기술된 용어들은 모든 뉴뉴미디어에서 일정 역할을 수행한다(사진이나 비디오의 경우 설명문이나 제목의 형태뿐일지라도). 그러나 문장으로 쓰이는 단어는 블로깅, 위키피디아, 디그, 마이스페이스, 페이스북, 트위터에서는 소통의 1차 수단으로 사용된다(이러한 뉴뉴미디어들은 물론 이미지나 오디오 트랙이나 비디오를 포함할 수도 있다). 비디오 형태의 시청각 미디어는 유튜브를 대표로 뽑을 수 있고, 서로 다르긴 하지만 움직이는 가상의 화신(아바타)들로 구성되어서 사용자가 아바타를 통해 말할 수 있도록 하는 세컨드라이프도 여기에 포함시킬 수 있다. 팟캐스팅은 순전히 청각적이라고 할 수 있고(시청각적인 비드캐스팅[vidcasting]과 달리), 플리커(Flickr)나 포토버킷(Photobucket)은 사진이나 다른 이미지들을 저장한다.

뉴스 : 뉴스는 뉴뉴미디어의 미디어 형식보다는 그 목적과 관계된다. 대부분의 뉴뉴미디어가 어느 정도의 뉴스 콘텐츠를 가지고 있다. 그중에서도 위키피디아, 디그, 그리고 일반적인 블로그는 주된 목적이 정보 전달인 뉴뉴미디어들이다. 유튜브 또한 정보 가치가 있는 많은 비디오를 제공하고 있으며 오바마의 대통령 후보 시절 유튜브 대담과 같이 뉴스를 대체할 수 있다는 강력한 힘을 보여주었다. 페이스북과 마이스페이스는 여러 기능이 있지만 뉴스 정보도 한몫을 하고 있으며 트위터의 경우도 마찬가지다.

소셜미디어 : 모든 뉴뉴미디어는 사회성을 내재하고 있다.—블로그에 코멘트를 달거나 어떤 비디오에 논평을 다는 것은 사회적이다.—그러나 상당수의 뉴뉴미디어는 그 기본 목적이 사람들을 연결하는 것이므로 특히 더 사회적이라고 볼 수 있다. 페이스북과 마이스페이스가 대표적인 예이고, 짧은 한 줄짜리 문장으로 사람들로 하여금 자기 친구들에게 정해진 시간에 자기들이 무엇을 하고 있는지를 알리고 싶게 만드는 트위터 또한 이와 마찬가지이다.

일반적인 시스템인가 특별한 시스템인가 : 블로그, 팟캐스팅, 비드캐스팅, 그리고 소셜미디어는 블로그나 팟캐스팅 앱을 취급하는 일반 사이트에서 존재할 수 있는 뉴뉴미디어다. 이런 뉴뉴미디어는 또 마이스페이스 같은 특정 사이트에서도 생성 가능하다. 유튜브, 위키피디아, 디그는 단 하나의 애플리케이션, 즉 비디오(유튜브), 백과사전적 정보(위키피디아), 뉴스 헤드라인과 접속 정보(디그) 등을 제공한다.

정치와 연예 오락 : 어떠한 유저(user)도 생산자가 될 수 있는 지극히 민주주의적인 뉴뉴미디어의 성향을 고려해볼 때 뉴뉴미디어에서 취급되는 주제는 음식, 정원 가꾸기, 애완동물, 자기 계발, 금융 관련 업무 등 매우 광범위하다. 사실 대형 서점에서 볼 수 있는 온갖 잡지들의 다양성보다 그 범위가 훨씬 더 넓고 다양하다고 할 수 있다. 뉴뉴미디어 제작이 읽거나 보는 것만큼 쉽고 대부분이 무료이기 때문에 '훨씬 더'라는 개념은 앞에서도 보았듯이 뉴뉴미디어의 두드러진 특징이라고 할 수 있다. 그러나 이 책이 너무 길어지지 않게 하기 위해 우리는 뉴뉴미디어의 두 가지 중요한 주제를 다뤄보기로 하자. 소셜미디어의 토론장에서나 뉴스 미디어, 인쇄 매체나 청각 매체, 시청각 매체에서 매일, 매 시간, 아니면 그보다 더 자주 논의되고 있는 주제들을 보자는 뜻이다. 첫째로, 2008년 오바마가 미국 대통령으로 당선된 사실과 선거 기간 동안 블로그에서부터 페이스북, 디그, 유튜브가 그의 선거운동에 미친 큰 영향을 고려할 때, 우리는 뉴뉴미디어의 등장과 그것의 정치적 영향력 및 현실의 의미를 분리해서 생각할 수 없게 되었다. 자주 지적한 것처럼 오바마는 경제학에서는 '뉴뉴 딜'의

저자로 알려질 수 있을 것이며 정치에서는 뉴뉴미디어의 숙련된 적용자란 평가를 받을 수 있을 것이다(필자의 블로그 'Not Just New New Deal, New New Media' 2008 참조). 다른 또 하나의 뉴뉴미디어에 대한 초점-피할 수 없는 것이므로 이 책의 주류를 이루는 주제가 될-연예 오락 분야, 특히 텔레비전에 대한 미디어의 영향력에 맞춰져야 할 것이다. 2007-2008년 미국 작가 동맹의 파업이 확인시켜주었듯이 인터넷이 많은 사람들에게 텔레비전 프로그램 시청의 주된 미디어로 등장했다(내 딸 몰리는 20대 초반 때 TV 수상기보다는 웹을 통해서 훨씬 더 많은 텔레비전을 시청했다). 블로그와 소셜미디어는 우리가 텔레비전에서 보는 것을 리뷰하고 비평하는 주된 수단이 되었으며 또 시청자끼리 최근에 본 것을 쉽게 토론할 수 있는 장이 되었다. 이렇게 함으로써 뉴뉴미디어는 2008년의 대통령 선거에서 정치의 성격을 바꿨듯이 텔레비전의 성격도 바꿔놓았다.

뉴뉴미디어와 정부의 규제 : 뉴뉴미디어와 뉴미디어, 그리고 올드미디어가 공통으로 가지고 있는 문제는 어떻게 하면 정부의 검열 없이, 아니면 최소한의 정부의 통제하에 운영될 수 있을까 하는 것이다. 군주가 신문을 소유하고 있던 때의 올드미디어 신문들은 왕립 신문 모델에서 해방되기 위해 투쟁을 했다. 미국에서도, 제1차 수정헌법은 그러한 규제가 우리의 민주주의에서는 재주장되지 말아야 한다는 것을 확실하게 하기 위한 시도였다. 그와 달리 미국의 방송 미디어들은 계속 연방통신위원회(Federal Communications Commission)와 충돌을 빚어왔다. 그리고 1996년의 통신품위법(Communications Decency Act)은 이러한 통제를 웹에 적용하려고 시도했으나 성공하지 못했던 사례다(Levinson 참조, '제1차 수정헌법 비웃기' 2005와 더 자세한 내용을 위해서 Levinson, 1997). 뉴뉴미디어는 인터넷이 '공중파'가 아니기 때문에 이러한 최악의 규제에서 자유로워야 한다는 것이 일반적인 인식이자 희망 사항이었다. 그러나 이 책에서 보게 되겠지만, 미국에서 블로거들은 인쇄 매체와 방송 매체의 언론인들에게 부여된 제1차 수정헌법의 혜택이 늘 거부되어왔다. 파키스탄에서는 유튜브가 정부에 의해서 2시간 동안 폐쇄되었고(Malkin, 2008), 위키피디아는 청소년 외설 관련 사진이라고 의심되는 앨범 표지가 온라인 백과사전에 실린 것으로 인해 영국에서도 잠정적으로 금지된 경우가 있었다(Kirk, 2008; Raphael, 2008). 유튜브를 금지할 당시 파키스탄은 독재 치하에 있었고 미국과 영국은 민주 국가라는 사실을 볼 때 뉴뉴미디어의 검열 문제는 결코 비민주 국가에 한정된 일이라고 단정할 수 없다. 뉴뉴미디어가 민주주의를 가져오는 데 역할을 수행할 수는 있으나 민주주의적인 사회 자체가 꼭 뉴뉴미디어의 동지라고 말하기는 곤란하다.

마이크로 블로깅과 블로깅 : 중요한 범주를 정하는 데 있어 문장의 길이를 별로 대수롭지 않게 볼 수도 있지만 그렇지 않다. 그 예로 트위터에 오르는 짧은 마이크로 블로그, 페이스북과 마이스페이스에 오르는 간단한 현황 보고서와—그것들은 대개 몇 개의 단어로 구성되지만—대개 하나 이상의 문단으로 구성되는 '정상적' 길이의 블로그를 비교해보기를 권한다. 이러한 글의 길이 차이는 대단히 중요하고 깊은 의미를 갖는데 왜냐하면 짧은 메시지 전송을 통해 사람들 간의 커뮤니케이션이 더 깊이지기 때문이다. 다른 뉴뉴미디어에서도 길이가 중요하다는 걸 볼 수 있다. 동영상을 10분 이내로 규제하는 유튜브에서도 그렇고 문장의 알맞은 길이와 단축 문단(stub) 결정을 갖고 매일 독자 겸 편집자들이 토론을 벌이는 위키피디아에서도 마찬가지다.

하드웨어 대 소프트웨어 – 아이폰, 블랙베리, 노트북 컴퓨터 : 뉴뉴미디어를 구분하는 마지막 항목으로, 각자에게 뉴뉴미디어 경험을 가능케 하는 하드웨어에 대하여 생각해보지 않을 수 없다. 우리는 아이폰이나 노트북, 혹은 데스크톱을 통해 어떤 블로그를 읽고, 어떤 유튜브의 비디오를 보며, 또 어떤 유명 인사나 보통 사람을 위키피디아를 통해 찾고 있는가? 모바일 미디어는 특히 트위터와 페이스북 같은 소셜미디어에 적합한 기기로서 그들이 요구하는 순간적인 통신과 최신 정보 기능을 잘 소화해준다.

모든 이러한 범주화와 분류화의 요지는—뉴뉴미디어를 공부하는 우리에게 주는 이익이라고 볼 수 있는데—우리가 하나의 뉴뉴미디어를 연구할 때 그것이 소속된 범주를 알면 그 매체에 대해 많은 것을 배울 수 있다. 예를 들어 페이스북은 1차적으로는 프린트를 사용하는 소셜미디어로 주로 마이크로 블로깅 수준의 포스트로 연예 오락, 정치, 뉴스를 상호 교환하며, 모바일과 데스크톱 하드웨어에서 똑같이 작동되는 미디어다. 이와 대조적으로 위키피디아는 이 또한 근본적으로 프린트지만 제1차적 기능이 소셜미디어라고 보기 어렵다. 그것의 주된 목적은 다른 사람들을 만나고 또 그들과 상호 연결 활동을 하는 것이 아니고 백과사전을 읽고 편집하는 것이다. 그것은 주로 뉴스와 사실에 관한 것을 다룰 뿐 마이크로 블로깅과는 거의 관련이 없으며, 글을 편집하거나 쓰는 데 요구되는 진지성이나 주의 집중을 고려할 때, 밖에서 이용하기보다는 집이나 사무실에서 작성되는 경우가 많다.

■ 소프트웨어와 하드웨어에서 뉴뉴미디어의 진화 속도

상기의 뉴뉴미디어 시스템들이 발전해온 속도는 뉴뉴미디어 장비들의 발전 속도에 맞추어 가능해지고, 추진되었으며, 발전했다고 볼 수 있다. 2007년, 웹에 쉽고도 완전하게 연결할 수 있는 휴대전화인 아이폰의 등장은 뉴뉴미디어의 진화를 가능하게 만든 하드웨어에서의 가장 극명한 성과다. 그러나 이밖에 다른 공헌 요소들도 많다.

예를 들어, 007 시리즈 중 2006년 하반기의 영화 〈카지노 로열(Casino Royale)〉과 2008년 하반기 영화 〈퀀텀 오브 솔러스(Quantum of Solace)〉에서 제임스 본드가 사용한 휴대전화들을 보라. 위키피디아(제임스 본드의 소품 목록, 2009)는 〈카지노 로열〉에서 본드의 소니 에릭슨 K800을 '첨단 능력을 가진 GPS를 장착한 휴대전화'라고 기술하였다. 그 휴대전화는 여러 장의 사진을 단시간에 찍을 수 있는 강력한 디지털 카메라를 내장하고 있었다. 이와는 대조적으로, 본드는 2008년 영화에서 소니 에릭슨 C902을 사용했다. 일련번호상에서 102점이 상향 조정된 이 모델은 007 영화에서 '사진 촬영의 대상물인 피추적자의 측면만 촬영되었는데도 그 사람의 얼굴 전체 이미지를 구성해낼 수 있는 판별 기능을 내장하고 있음'을 과시했고, 그 모델이 '또한 M16 데이터 메인 프레임에 연결되어 있어서 즉시 피추적자에 관한 정보를 받을 수 있었다.' 바로 앞의 문장은 뉴뉴미디어 세상에서 아주 중요한 열쇠가 되는 것인 바, 이동식 도구이면, 그것이 아이폰이건, 블랙베리건 또는 그와 비슷한 도구건 웹상에서 저장되고, 조작되고, 전달되는 무수히 많은 이미지, 동영상, 텍스트와 모든 정보의 부속품이자 통제자의 역할을 수행할 수 있게 되었다는 것이다.

■ 가장 중요한 방법론 : 실습을 통해 배운다

이 책에서 인용되는 대부분의 정보와 자료는 웹상에 있는 글들이다. 그 이유는 아주 간단한데 이름이야 어떻게 되었든 뉴뉴미디어를 다루는 대부분의 책들은 이미 낡은 책이 되고 말았고, 2008년에 발간된 책일지라도 벌써 고서라고 불러야 한다. 한 예로 『마우스패드, 구두 가죽과 희망 : 인터넷 정치의 미래에 대한 하워드 딘 캠페인의 교훈(Mousepads, Shoe Leather, and Hope: Lessons from the Howard Dean Campaign for the Future of Internet Politics)』(Teachout & Streeter, et al., 2008)의 색인에는 위키피디아, 트위터, 디그에 관한 언급이 전혀 없고 페이스북과 유튜브는 각각 1페이지, 마이스페이스는 3페이지에 걸쳐 다루어지고 있을 뿐이었다. 그러나 이메일에는 35페이지 이상이 할당되었다. 바꿔 말하면 그 책은 뉴뉴미디어(위키피디아 등)보다는 뉴미디어(이메일)에 관한 책이라고 해야 한다. 앞으로 검토할 수많은 뉴뉴미디어는 사실 2004년 민주당 대통령 지명 선거전에서 하워드 딘(Howard Dean)이 섰을 당시에는 존재하지도 않았다. 위키피디아는 있었지만 아주 초기라서 시장에서 검증되기 이전이었다. 그러나 충분히 이해가 되고 또 그렇게 되기 십상이지만, 2006년과 2007년에 '마우스패드'에 관한 글을 쓴 사람들은 하워드 딘이 2004년 사용했던 뉴미디어와는 달리 2008년 선거에서 뉴뉴미디어가 얼마나 큰 역할을 할지 예측하지 못했기 때문에 광범위하게 취급하지 못했을 것이다.

『천년의 개량(Millennial Makeover)』(Winograd & Hais, 2008)은—부제 '마이스페이스, 유튜브, 그리고 미국 정치의 미래'가 암시하듯이—마이스페이스, 유튜브, 페이스북에 관하여 폭넓게 다루었다. 위키피디아도 또한 다뤄졌지만 디그와 트위터는 다뤄지지 않았다. 버락 오바마는 267페이지 중 15페이지에서 언급되었다(그는 '마우스패드'에서는 단 1페이지에 나타났다). 그러나 공화당 대통령 지명전에서 실패한 론 폴(Ron Paul)은 2007년 후반에서 2008년 초반까지 몇 달 동안 오바마보다 더 많이 디그의 표지를 장식했지만 이 책에는 전혀 언급되지 않았다. 그럴 수밖에 없었던 것은 저자가 머리말을 쓴 시점이 2007년 8월이니 이것은 내가 이 책을 쓰고 있는 2009년 1월과 비교한다면 뉴뉴미디어의 급속한 성장세와 그 영향력을 고려할 때 흡사 10년 이상의 세월이 지나간 것이나 마찬가지라 해도 과장이 아닐 것이다.

『허핑턴포스트(Huffington Post) 블로깅 완전 안내서』가 발간된 것은 2008년 12월이었고 그 책에서 예로 든 블로그 포스트는 게리 하트(Gary Hart), 알렉 볼드윈(Alec Baldwin)과 그녀 자신인 애리아나 허핑턴(Arianna Huffington)의 것과 2008년 8월까지 있었던 다른 유명 인사들의 것이었다. 그 책은 블로그 플랫폼을 간결하게 잘 소개하고, 블로그의 독자들을 관리하는 방법, 블로그를 이용해 돈을 버는 방법을 알려주고 그 밖의 이 책 2장에서도 깊이 다루어지는 여러 가지 블로그와 관련된 주요 주제를 소개했다. 그러나 지속적인 분석보다는 간단한 지침서의 성격이 강해서인지 이 『블로깅 완전 안내서』는 위키피디아, 마이스페이스는 말할 것도 없고, 책 제목이 그래서인지 블로깅을 제외하고 뉴뉴미디어에 대해 아무런 언급이 없었다. 그리고 2008년 대통령 선거 운동 기간의 마지막 몇 개월 동안과 오바마가 당선되고부터 2009년 1월 20일 취임할 때까지 일어난 블로깅의 막중한 역할과 온라인 세계에 대해서는 전혀 고려되지 않았다.

다행히도, 웹상의 모든 미디어들은—상당히 오래된 사설성이 짙은 미디어들도—정치와 뉴뉴미디어를 포함해 어느 분야든 새로운 발전 양태를 즉시 보도하고 분석한다. 제1차적인 정보를 책보다는 웹을 통해 얻는다는 점을 제외한다면, 그리고 이 책을 발간하기 위해 '조사'한 결과를 보자면, 독자가 곧 생산자라는 것과 미국의 실용주의 철학자 존 듀이(John Dewey)의 원리(e.g., Dewey, 1925)와 마찬가지로 우리는 공부하고자 하는 것을 연습과 실습을 통해 가장 잘 배울 수 있다는 것을 알 수 있다. 이 책에 있는 모든 정보는 우리가 여기서 다루고자 하는 모든 뉴뉴미디어에서 내가 직접 작가, 생산자, 퍼블리시스트로 과외 활동을 하면서 얻은 것이 대부분이다. 물론 내 자신이나 어떤 특정 연구자의 경험이 전 세계의 모든 사람에게 동일하게 적용되는 것은 아닐 것이다. 그래서 나는 잘 알려진 작가이자 교수라는 나의 지위가 뉴뉴미디어의 이용자로서의 나의 경험과 이런 경험을 통해 내가 배운 것들을 왜곡할 수도 있다는 점을 곳곳에 표시했다. 그리고 이 책에서 고찰하고자 하는 주제 가운데 다른 소스에서 인용한 것들이 '실습'을 통해서 배운다는 내 자신의 연구 프로그램의 사실 여부를 증명해주는 역할을 할 것이다.

나의 뉴뉴미디어 경험에 대해 각각 언제 시작했는지 열거해보겠다.

나는 2004년 가을 페이스북에 가입했는데 그건 당시 하버드 대학교(페이스북이 시작된)의 학생이던 아들 사이먼의 권고 때문이었고, 포드햄 대학교의 교수 신분이던 나의 에듀 계정 덕이기도 했다. 그 당시에는 에듀 이메일 주소가 있는 사람만이 페이스북에 가입할 수 있었다.

페이스북은 그 이후 가입 요건을 완화시킨 지 오래되었다. 모든 뉴뉴미디어의 장점이라면 누구든지 가입할 수 있고 그 안에서 놀고 일할 수 있는 것이 아니겠는가. 나는 2005년 5월에 마이스페이스에 가입했으나 2006년 2월 나의 최근의 과학 소설 『소크라테스 구출 작전(The Plot to Save Socrates)』(2006)을 출간할 때까지는 참여 활동을 하지 않았다. 나는 그 달에 마이스페이스에 내 최초의 블로그 포스트를 개설했다. 내가 마이스페이스에 참여할 때는 두 가지 이유가 있었다. 그 하나는 이 새로운 미디어에 관해서 글을 쓰는 데 필요한 자료를 구하는 것이었고 다른 하나는 나의 소설을 널리 알리기 위함이었다. 이를 통하여 뉴뉴미디어의 또 하나의 특성을 감지할 수 있었는데 그것은 그 미디어의 속도가, 즉, 시스템 간의 빠른 이동성이 멀티태스킹(multitasking)을 허용하는 정도가 아니라 조장한다는 사실이다. 또 한 사람의 미국 실용주의 철학자이자 심리학자인 윌리엄 제임스(1890, 462페이지)가 19세기에 주장한 것처럼 우리의 두뇌는 이 세상의 '거대하게 피어오르고 부산하게 윙윙거리는 혼돈' 속에서도 질서를 가려낼 수 있도록 만들어졌다.

나는 2003년 10월 MSNBC의 제시 벤투라(Jesse Ventura) 프로에 출연한 것을 시작으로 전국적인 케이블 및 네트워크 텔레비전 같은 올드미디어에도 출연하고 있다. 그리고 2006년 8월부터 내가 출연한 각종 프로그램의 동영상을 유튜브에 올리기 시작했다. 나는 또한 같은 달 나에 관한 글과 내 저서 『소크라테스 구출 작전』에 대한 것들이 위키피디아에 오른 것을 보았는데 그것을 계기로 위키피디아에 가입했다. 나는 곧이어 여러 가지의 주제와 인물에 대하여 위키피디아에 논설과 논평을 쓰게 되었는데 그 대상 인물에는 빌리지 보이스(Village Voice)의 리포터, 퓰리처상 수상자 테레사 카펜터(Teresa Carpenter)에서부터 뉴욕 주 그린버그(Greenburgh)의 시청 책임자까지 다양했다. 그리고 나는 조본 라디오(Jawbone Radio) 팟캐스트가 논설감으로 자격이 있는지에 관한 열띤 토론에도 참여하였다(나는 자격이 있다는 쪽에 섰으나 그 토론엔 졌다. 그러나 조금 있다가 벌어진 팟캐스트 호스팅 서비스와 메시지 보드를 주서비스로 하는 팟캐스트 피클[Podcast Pickle]에 관한 논설을 싣는 논쟁에서는 승리했다).

나는 직접 제작한 최초의 팟캐스트 '라이트 온 라이트 스로(Light On Light Through)'를 2006년 10월에 개설했는데 그것은 대중문화, 텔레비전, 정치 및 모든 것(the works)을 다루는 것이었다. 한 달이 지나서는 TV 비평을 위주로 하는 레빈슨 뉴스 클립스(Levinson News Clips)를 추가했고 그해 말에는 세 번째 팟캐스트인, 새로운 작가들에게 지침을 제공하는 '애스크 레브(Ask Lev)'를 열었다.

최초의 블로그이자 지금까지도 나의 주요 독립 블로그로서 마이스페이스나 살롱 등과 연결되어 있지 않은 인피니트 리그레스(Infinite Regress)를 시작한 것은 2006년 11월이었다. 2009년 1월까지 나는 이 블로그에 1,000개가 넘는 글을 올렸고 그동안 50만 명 이상의 독자를 끌어들였다. 독자를 유인하는 방법 중에 하나는 내가 2006년 12월에 가입한 디그상에 블로그 포스트의 링크나 간단한 내용 요약을 싣는 것이었다. 트위터도 또 하나의 방법이었기에 나는 2007년 여름에 트위터에 가입했다. 앱이나 특별 응용프로그램을 이용하여 블로그 포스트나 팟캐스트 등의 제목과 링크를 직접 트위터나 다른 사이트에 보내도록 해놓으면 또 그곳에서 자동적으로 페이스북 같은 다른 사이트로 중계가 된다.

2007년 11월 나는 켄 허드슨(Ken Hudson)의 초청을 받아 세컨드라이프에서의 뉴뉴미디어에 관한 강연을 하게 되었다. 나는 여기에 가입한 후 나의 아바타에게 머리카락, 몸의 체형, 남녀를 구분할 수 있는 성과 의복을 갖추어주는 것은 물론 마이크도 소리를 낼 수 있게 해야 한다는 사실을 알게 되었다. 세컨드라이프는 내가 가입해서 이용 방법을 배운 주요 뉴뉴미디어 중 마지막 미디어다.

나는 이러한 모든 시스템에 계속하여 관심을 갖고 생활해왔는데 그 이유는 이 책을 계속해서 새롭게 고쳐나가야 하기 때문이기도 하지만 내가 거기서 즐거움을 느낄 뿐 아니라 이러한 미디어상에서의 나의 작업과 경험을 통해 많은 이득을 얻기 때문이다.

■ 각 장별 순서와 내용

이 책의 목차를 정할 때 비슷한 뉴뉴미디어끼리 묶을 수도 있었을 것이다. –마치 프린트(블로깅, 위키피디아, 트위터), 소셜(마이스페이스, 페이스북, 트위터)처럼–그러나 바로 위의 목록에서도 그렇고 이전 부분에서 여러 카테고리를 살펴볼 때도 알 수 있듯이 어떻게 분류하든 상당한 중복이 있을 거라는 건 자명하다.

다른 접근 방법은 뉴뉴미디어의 탄생 순서에 따라 장을 정하는 것이 될 수 있다. 이렇게 할 경우에 장의 순서는 블로깅(1997), 위키피디아(2001.1), 세컨드라이프(2003.6), 마이스페이스(2003.8), 페이스북(2004.2), 팟캐스팅(2004), 디그(2004.12), 유튜브(2005.2), 트위터(2006.3)가 되어야 할 것이다. 이렇게 한다면 유튜브와 트위터를 끝에 있는 장으로 밀어야 할 텐데 2008년과 2009년 이 미디어들이 정치와 뉴스에서 혁혁한 역할을 한 점을 고려한다면 지나친 과소평가란 말을 듣게 될 것이다. 2006년도에 이미 《타임》은 위키피디아, 마이스페이스, 페이스북, 세컨드라이프, 팟캐스팅과 함께 유튜브를 소비자가 곧 생산자가 될 수 있게 만든 미디어로 중요하게 조명하였다. 이 당시 《타임》은 '당신(you)'을–이 책에서는 뉴뉴미디어 사용자로 지칭한다–자사 잡지의 '올해의 인물'(Grossman, 2006)'로 선정했다.

탄생 순서 대신 또 하나의 대안은 해당 뉴뉴미디어를 이용하는 사람들의 숫자, 다시 말해 2008년 말 기준으로 사이트의 방문 숫자 및 그 밖의 다른 측정 수치가 높은 순서대로 쓰는 방법이 있을 수 있다. 이러한 접근 방법은 블로깅(테크노라티는 매주 150만씩 1억 3,000만 개 이상의 블로그를 추적했다)과 팟캐스팅(팟캐스트는 수백만의 다운로드를 받는다)을 다만 그것들이 뉴뉴미디어의 일반적인 애플리케이션일 뿐 추적 가능한 방문자나 다른 사이트를 연결하는 링크가 없다는 이유로 제외시킬 염려가 크다. 알렉사(Alexa)는 방문자의 숫자와 다른 사이트로 연결되는 링크 숫자를 집계하는 알고리즘으로 2008년 12월 이 책에서 다루고 있는 뉴뉴미디어의 순위를 다음과 같이 발표하였다: 유튜브 3위, 페이스북 5위, 마이스페이스 7위, 위키피디아 8위, 디그 294위, 트위터 669위, 세컨드라이프 3,354위(야후는 1위, 구글은 2위였다). 이렇게 장의 순서를 정하는 것은 탄생 순서로 하는 것보다는 나을 것 같았다. 그러나 소비자가 바로 생산자가 되는 뉴뉴미디어의 중요한 원칙 차원에서 볼 때 2008년의 미국 대통령 선거에서 마이스페이스나 페이스북보다 더 중요한 역할을 한 것이 위키피디아와 디그였기 때문에 나는 이들 미디어에 관한 장을 이 책에서는 다소 앞당겨 배치하기로 했다.

그래서 이 책의 각 장은 2008년부터 2009년까지의 뉴뉴미디어 업계에서의 각 미디어의 중요도 순서로 정해졌고, 그 이후는 업계 전반에 관련된 일반적인 문제들('뉴뉴미디어의 어두운 측면', '뉴뉴미디어와 2008년 미국 대선' 등)을 다루는 몇 개의 장으로 구성했다. 그러나 내가 정한 '중요도'에는 몇 가지의 기준이 있다는 것을 지적하고 싶다. 첫째, 알렉사 순위 같은 그러한 객관적인 자료를 고려하고 이 책 전체를 통해 뉴뉴미디어의 매체 노출과 분석이 통신, 텔레비전, 신문, 온라인 등에 어떻게 나타났는지도 참고했지만 뉴뉴미디어의 중요도를 최종적으로 비교하고 결정할 때에는 마이스페이스와 페이스북 장 앞에 위키피디아와 디그의 장을 위치시키는 것과 같이 그 미디어가 얼마나 분명하게 뉴뉴미디어 원리를 구현했는지 그 요인을 크게 중요시하였다. 그래서 필요한 곳에는 나의 그런 이유를 나열하였고, 독자들은 물론 동의하지 않을 자유가 있음을 밝혀두고 싶다.

두 번째, 뉴뉴미디어는 생성과 발전이 워낙 빠르기 때문에 상대적 중요성도 아주 신속하게 바뀐다는 것이다. 2008년 봄에 내가 이 책의 초안을 잡고 있었을 때 트위터에 관한 장은 이 책의 거의 끝부분에 있었다. 그러나 2008년 11월 나는 그 장을 앞으로 당겼다. 2008년 12월 25일자 토론토의 《글로브 앤드메일(Globe and Mail)》은 아이버 토셀(Ivor Tossell)이 쓴 '작고 작은 트위터가 금년에 커다란 일을 저질렀다'란 제목의 기사를 싣고 트위터가 정말로 크게 부상된 시기는 '2008년 중반 즈음'이라고 못 박았다. 독자들이 이 책을 읽고 있는 동안에도 이 책에서 다루고 있는 어떤 특정 뉴뉴미디어가 여기서 지적하고 있는 것보다 더 발전하거나 퇴보할 수도 있다는 것은 얼마든지 추측 가능한 일이다. 거기에 더해서 현재 존재하지도 않는 뉴뉴미디어가 중요한 역할을 하고 있을 가능성도 있다(그 반대의 경우도 있을 수 있다: 트위터가 대대적인 성공을 거두자 비슷한 시스템인 파운스는 2008년 12월 문을 닫았다. 이 책의 초안을 잡을 때만 해도 '트위터와 파운스'라는 장을 쓰려고 했었는데, 'CQ프레스'의 편집인인 아론 키스버리는 당시 그 장의 이름이 고양이에 관한 것 같다고 내게 말했었다).

그래서 이 책, '뉴뉴미디어'는 뉴뉴미디어 중 가장 오래되고 손쉽게 이용할 수 있는 블로깅부터 시작하게 된다. 위키피디아나 페이스북, 그밖의 특정한 뉴뉴미디어와 달리, 블로깅은 일반적인 웹에서의 뉴뉴미디어 애플리케이션 형태이고 뉴뉴미디어의 원리를 가장 잘 보여주는 미디어다. 블로그는 아주 짧은 시간 안에 쓰이고 무한정 수정될 수 있으며 영원히 존재할 수 있다. 누구든지(블로그의 독자를 포함해서) 블로거가 될 수 있다. 다른 뉴뉴미디어의 소비자는 블로깅을 통해 새로운 뉴뉴미디어의 생산자로 매일 변모하고 있다. 독자들은 논평을 씀으로 해서 블로그의 본문에 기여할 수도 있다. 대부분의 블로그 플랫폼들은 완전히 무료이며 블로거들은 광고를 이용하여 돈을 벌 수도 있다. 블로그에는 학위도, 직업도, 계약서도 필요하지 않다. 블로그의 통용어는 문자이지만 이미지나 오디오나 비디오를 보태서 내용을 향상시킬 수 있다. 블로그는 '위젯'이란 복합적인 연결 프로그램을 통하여 웹의 다른 곳으로부터 텍스트나 이미지 등을 끌어옴으로써 품질이 향상될 수 있다. 블로그의 주제는 가장 고리타분한 것에서부터 수백만 독자들의 관심을 끌 수 있는 정치나 연예 오락에 관한 것까지 아주 다양하다.

아주 최근까지는 어떤 동영상이나 시청각적인 미디어든지 컴퓨터나 온라인에 글로 쓰인 것에 비해 훨씬 생산하기가 어려웠다. 유튜브의 중요한 동영상은 대부분 올드미디어–네트워크나 케이블 텔레비전으로부터 온 것으로 〈새터

데이 나이트 라이브〉로부터 대통령의 기자 회견까지 다양한 클립들-에서 왔다. 그러나 뉴뉴미디어의 '아마추어'나 '비전문가'가 만든 동영상도 2007-2008년의 '리브 브리트니 얼론(Leave Britney Alone)' 동영상처럼 수백만 명이 보기에 이르렀다. 이렇게 '일반인이 만든, 동영상의 장점은 그걸 만든 사람 입장에서건 유튜브 차원에서건 네트워크 텔레비전의 판권이나 전문적으로 제작된 작품의 소유권을 가진 사람의 저작권을 침해할까 봐 걱정할 필요가 없다는 점이다. 이후에도 논의되겠지만, 전통적인 저작권은 뉴뉴미디어의 송출과 반드시 양립할 수 있는 것은 아니다. 특히 유튜브상의 동영상이나 팟캐스트의 음악의 경우가 그런데, 그 음악이 팟캐스터가 아닌 다른 사람에 의해서 만들어졌을 때 저작권에 대한 문제가 제기된다.

물론 웹캠, 디지털카메라, 카메라폰 등에 의해서 비디오의 제작이 더욱 용이해졌지만 아직도 유튜브 같은 비디오 호스트에 동영상을 업로드하는 것은 블로그를 올리는 것만큼 쉽지는 않다. 글을 써서 블로그에 올리는 일은 즉시 할 수 있는 일이기 때문에 동영상을 제작해서 온라인에 올리는 것보다는 확실히 시간이 덜 걸린다. 그러나 동영상은 읽어야 하는 글보다는 보는 것만으로 이해가 되어 더 쉽게 사람들에게 다가갈 수 있기 때문에-보는 것은 읽는 것보다 주의력이 덜 요구된다-19세기 말 영화가 발명된 이후 우리가 보아왔듯이, 사람들에게 정보를 제공하고, 즐거움을 주며, 설득을 하는 실감 있는 동영상의 힘을 가진 유튜브가 사람들을 끌어들이는 건 당연한 일이었다. 그러므로 유튜브는 연예 오락뿐 아니라 민주적인 절차에 혁명적인 영향을 끼쳤고 그런 사실이 처음으로 증명된 것이 2008년 버락 오바마를 대통령으로 탄생시킨 미국의 대통령 선거였다. 네트워크 텔레비전의 시청자는 계속하여 줄어가고 있지만 유튜브의 성공과 그 지대한 영향력에서 보다시피 사람들이 시청각적인 오락이나 뉴스에 대한 기호가 없어져서 그런 것은 아니다. 그보다는 그들은 자기들이 원하는 시간과 장소에서 자유롭게 시청을 가능하게 해주는 뉴뉴미디어의 힘을 더 사랑하게 된 것이다. 고정된 방송 시간이 최근에는 티보(TiVo)나 DVR의 등장으로 유연성이 다소 확대되었지만 유튜브나 웹을 통한 자유로운 시청 체제와는 비교할 수도 없고 아이폰을 가진 사람에겐 더 말할 나위가 없다.

위키피디아는 2001년 1월에 온라인 사이트를 개설했다. 위키피디아는 이 책에서 우리가 논의하는 뉴뉴미디어 중 가장 오래된 미디어다. 일반적인 블로깅의 뿌리는 그보다 더 이전인 1997년까지와 데이브 와이너(Dave Winer), 존 바거(Jorn Barger), 저스틴 홀(Justin Hall)의 상호 연관없는 온라인 포스팅(McCulla호 &Broache, 2007 참조)까지 올라간다. 그리고 위키피디아에 따르면, 특정한 사건에 관한 블로깅은 1998년 8월까지 소급해 올라가는데 그때는 '샬롯 옵서버(The Charlotte Observer)의 조너선 듀브(Jonathan Dube)가 허리케인 보니의 역사를 정리한 블로그를 출판한' 것과 같은 시기다(1980년대의 컴퓨터를 이용한 회의는 더 이른 온라인 전조 사건이라고 할 수 있다–Levinson, 1997,pp. 130 ff., 그리고 Levinson, 1985 참조). 그러나 위키피디아는 생성 년수에 비해 이를 능가하는 특이한 점들이 있다. 첫째, 블로그들은 신문 같은 올드미디어와 경쟁을 하고 유튜브는 텔레비전과 경쟁을 하지만 뉴뉴미디어 위키피디아는 사실상 과거 수백 년 동안 가장 존경받아온 미디어의 하나인 백과사전과 정면 승부를 벌였다. 권위 있는 정보의 저장고로써 브리태니커 같은 백과사전은 전문가들에 의해 제작된, 하향식의 검증된 미디어 시스템의 견본이라고 할 만하다. 그런데 이와는 대조적으로 위키피디아는 독자들에 의해 만들어진다. 둘째, 이런 점에서 위키피디아는 대부분의 뉴뉴미디어와 다르다. 그것의 제작은, 아니면 기술은, 대부분이 편집이다. 위키피디아의 독자들이 매일 다양한 주제를 가지고 새로운 기사를 쓰기도 하지만 위키피디아에서 대부분의 글쓰기는 이미 실려 있던 글을 편집하고, 즉 수정, 확대, 축약하는 데에 속한다. 이렇듯 전 세계의 독자들에 의한 이러한 끊임없는 실상 조회는 뉴뉴미디어의 또 하나의 중요한 원리다. 셋째, 위키피디아는 또한 전문직으로 기사를 생산해내는 올드미디어를 줄기차게 부정하는 일관성을 유지하고 있다. 독자/편집자들은 일정한 위계 서열을 가지고 일을 하지만, 즉 어떤 편집자들은 다른 사람들보다 다소 영향력을 더 가지고 있지만, 위키피디아의 기사에는 방금 들어온 새 독자/편집자의 손이 닿지 않은 것은 없다. 이와는 반대로, 유튜브에 올라 있는 많은 동영상들은 전문가에 의해 생산되었거나, 《뉴욕타임스》, 케이블 뉴스 미디어인 CNN, 폭스 뉴스 및 MSNBC 같은 권위 있는 미디어들이 매일 발행하거나 그들의 블로그에 올린 것들이다.

디그는 알렉사 순위에서는 대단히 낮은 294위이고 페이스북(5위)과 마이스페이스(7위)에 비교가 되지 않지만 디그의 장을 위키피디아 장 바로 뒤에 배치한 것은 독자가 바로 편집자이기도 한 뉴뉴미디어의 원리에 입각해서 운영되는 위키피디아와 아주 닮은 매체라는 점 때문이다. 디그의 경우는 '발굴(디그스)'와 '매몰' 이란 과정을 통해 어떤 이야기들이 가장 앞면에 올라오지를 독자들이 결정한다. 이것이 디그를(위키피디아가 브리태니커 백과사전과 다른 것같이) 《뉴욕타임스》 같은 올드미디어와 다르게 만드는 것이다.

위키피디아와 디그에 게이트키핑 기능이 없는 것은 아니다. –위키피디아에는 편집자/독자보다 상위의 힘을 가진 '관리자'가, 디그의 배후에는 프로그래머가 있다. –그러나 이 두 개의 뉴뉴미디어 운영은 백과사전(위키피디아)과 신문(디그)의 내용을 구성하는 데 있어 전례가 없는 민주적, 비권위주의적인 의사결정을 하고 있다. 이러한 문호 개방이 어떤 때는 심한 논쟁을 야기하는 것은 당연할지도 모른다. 때로는 무정부주의 같은 혼란이 있고 서로 당파를 구성해 논쟁을 하면서 위키피디아에는 어떤 것이 포함되어야 하고 어떤 것이 빠져야 하는지 그리고 디그의 앞면에는 무슨 기사가 올라와야 하는지를 따지기도 한다. '뉴뉴미디어'는 주의 깊게 이러한 다이나믹스를 분석, 평가해나갈 계획이다(미디어의 문지기[게이트키핑] 역사에 대해서는 Levinson, 1997, pp. 132-135 참조).

마이스페이스와 페이스북은 소셜미디어라는 콩깍지에 들어 있는 두 개의 커다란 콩이다. 마이스페이스는 페이스북보다 여섯 달 먼저 태어났고 2008년 말 현재 페이스북이 약 1억 4,000만 이상의 '능동적'인 계정을 가진 데 반해 마이스페이스는 3억 개 이상의 계정을 갖고 있다고 주장하고 있다. 그러나 콤스코어(Comscore)의 잘 알려진 보고서(2008)에 따르면 페이스북이 '2008년 4월에 소셜 네트워킹 사이트에서는 전 세계 1위를 차지했으며' 같은 보고서에 2008년 6월 마이스페이스의 방문자가 1억 1,700만 명인 데 반해 페이스북의 방문자 수는 1억 3,200만 명에 달했다고 주장했다. 하지만 방문자들은 자기 소유의 다른 이메일을 연결하는 방법으로 쉽게 다수의 계정을 만들 수 있기 때문에 단지 계정의 수를 따지는 것보다 '독특한 방문자'의 수를 따지는 것이 소셜미디어의 인기 측정에 더 합당한 것 같다. 이 두 개의 사이트는 역사와 규모, 기능 면에서 상당히 비슷한 편이다. '소셜미디어'라는 장에서 두 개의 미디어를 한꺼번에 관찰할 수도 있고 페이스북 장을 마이스페이스 장에 앞서 다룰 수도 있지만 전체적으로 보았을 때 서로 유사하기 때문에 창설된 순서에 따라 마이스페이스를 먼저 다루고 페이스북을 뒤에 살펴보기로 하였다.

블로깅, 유튜브, 위키피디아, 디그가 콘텐츠 위주의 미디어인 데 반해 마이스페이스나 페이스북과 같은 소셜 뉴뉴미디어는 사람들에 관한 것이다. 소셜미디어의 용어를 빌리자면, 이런 미디어의 거의 모든 기능과 애플리케이션은 '친구들'을 중심으로 해서 돌고 개발된다. 위키피디아의 운영에 있어서도, 수면 아래에서는, 사회적인 온라인 우정 관계가 중요한 역할을 함에는 틀림없다. 편집자들은 그들이 기사에 포함되어야 한다고 생각하는 것에 대해 지지를 얻으려 노력하고, 디그에서는 올려진 링크들의 상호 트래킹을 허용하는 공식적인 '친구들'을 유지하곤 한다. 그러나 '친구들'이라는 개념이 마이스페이스나 페이스북에서는 가장 중요한 압도적인 지위로 격상된다. 예를 들어 이 두 개의 미디어에서 회원의 성공 측정은 그 사람이 얼마나 많은 '친구들'을 유지하고 있는지로 판가름이 난다. 이런 친구의 중요성 때문에 이 책에서는 온라인 친구들의 성격을 오프라인 세계에서 직접 만나는 친구들에 대한 인식과 비교, 검토할 것이다. 온라인과 오프라인의 친구들이 동일하게 할 수 있는 활동은 공통 관심사에 관련된 단체를 형성하는 것이다. 마이스페이스나 페이스북에는 그러한 단체가 많다. 그런데 페이스북이 마이스페이스와 아주 다른 중대한 차이점이 있다면 그것은 페이스북은 정치적이고 사회적 명분을 위한 동원에 그러한 집단을 이용한다는 것이다.

이러한 시스템에 계정을 만들고, 유지하는 것은 자기가 하고자 하는 일을 알리고, 사람들에게 관심사를 주입하는 일처럼 쉽기 때문에 개인적이고 전문적인 만족과 성공을 추구하는 데 있어 전례 없는 수단으로 등장했다. 그러나 바로 이러한 개방성은 미디어 자체를 위험하게 할 수도 있어서, 우리는 '사이버 괴롭힘'과 같은 소셜 네트워킹의 남용 사례들을 살펴볼 것이다. 특히 이런 유의 일이 자주 있는 마이스페이스나 페이스북에서의 소셜 네트워킹의 문제점을 뒤에 나오는 11장인 '뉴뉴미디어의 어두운 측면' 차원에서 더 깊이 있게 살펴볼 것이다.

트위터도 역시 소셜미디어이지만 그것은 다른 무엇보다도 더 콘텐츠에 입각해 있다. 친구들은 서로의 트위터나 또는 트윗을 '팔로'한다. 트위터는 자기가 직접 목격한 뉴스 보도에서부터 새로운 블로그 포스트나 유튜브에 올릴 목적으로 어떤 친구가 하고 있는 행동('나는 피자를 먹는 중이다')을 공개하는 것까지 한 줄짜리 단문으로 이루어진다. 이 단문, 또는 '마이크로 블로그'는 140자 이내로 제한되어 컴퓨터에도 올릴 수 있고 더 편리하게는 휴대전화에도 올라가는데 바로 이러한 짧은 문장이 소위 말하는 '간결함이 지혜의 본질인가'를 컴퓨터상에서나 휴대폰에서 시험해볼 수 있는 활로를 제공하였다.

이 책에서 다루고 있는 구체적인 뉴뉴미디어들의 순회를 끝내면서 또 한 종류의 소셜 매체인 세컨드라이프를 살펴볼 것이다. 이 세계에서는 우리의 아바타들이 대화하고, 음악을 들으며, 고대나 외계의 거리를 걷고, 밤하늘을 바라보며, 모든 종류의 비즈니스를 하고, 가상의 사랑을 하며, 결혼도 하고, 부동산을 사고팔기도 한다. 2008년 9월 현재 1,500만 개의 아바타 계정이 있는데(일부는 비교적 활동이 미약하고 또 일부는 다수의 계정을 가진 복수 사용자들) 세컨드라이프는 마이스페이스나 페이스북에 비하면 아주 작은 사회적 미디어라고 할 수 있다. 그러나 가상의 생활에 완전히 몰입하게 만든다는 점은 세컨드라이프를 특유의 소셜미디어가 될 수 있게 했는데 과연 장차 페이스북이나 마이스페이스처럼 텍스트를 기초로 하는 소셜미디어의 대안이 될 수 있는지 없는지는 더 관찰을 해봐야 할 것 같다.

다음으로 사실상 청각 형태의 블로깅이라고 할 수 있는 뉴뉴미디어의 일반적 애플리케이션인 팟캐스팅으로 이동한다. 인류의 진화 과정을 돌이켜 보면 말하기가 글쓰기보다는 먼저 있었다. 그러나 말로 형성된 팟캐스트는 글로 내용을 전달하는 블로그가 생긴 다음에 등장하였다. 귀에 들리는 말이 스크린 위의 단어보다 더 육감적인 영향을 갖게 하는 것처럼 팟캐스팅은 블로그보다 더 가깝고 친근하게 들린다. 그러나 팟캐스트를 만들기가 더 어렵기 때문에 그런 의미에서는 블로거와 독자 간의 거리보다 팟캐스터와 청취자의 거리가 사실 더 멀다고 할 수 있다. 그러나 팟캐스터와 청취자 사이에는 팟캐스터를 제외하고는 방송사 간부나 프로듀서, 혹은 엔지니어가 없기 때문에 전문가들이 제작한 라디오보다 더 개인적이고 직접적인 소통을 제공할 수 있다. 독서를 하는 것과는 달리 팟캐스트는, 라디오 청취와 마찬가지로, 운전 중이거나 다른 일을 하면서도 들을 수 있어서 잠재적 수용자 입장에서 쉽게 접근 가능하다. 동영상이 가능한 팟캐스트를 '비트캐스트(vidcast)'라고 하는데 이것은 팟캐스트와 마찬가지로 유튜브 또는 다른 온라인 호스트에 올릴 수도 있고 자기 자신이 갖고 있는 블로그 페이지에 올릴 수도 있다. 그러나 순전히 오디오적 팟캐스트와는 달리 비디오 팟캐스트(비드캐스트)는 시각적인 주의 집중이 요구되기 때문에 오디오 팟캐스트처럼 멀티태스크 하기는 어렵다. 운전 중에 유튜브의 동영상을 보는 것은 운전대를 잡고 텔레비전을 보는 것과 다르지 않다. 두 경우에 모두 오디오 프로그램을 듣는 것과는 달리 운전자의 눈은 자연히 스크린으로 가지 도로에 가지 않는다. 뉴뉴미디어의 세계는 이처럼 상충되거나 찬반 양론이 전부라고 할 수 있다.

이 책에선 모든 뉴뉴미디어의 공통적인 요소와 이슈들을 살펴보면서 세 개의 장으로 마무리한다. 이 책의 전반적인 입장은 뉴뉴미디어가 업무, 오락, 교육을 위해 쓰일 때 우리들에게 엄청나게 중요한, 때로는 혁명적인 혜택을 제공한다는 것이다. 그러나 모든 인간의 도구가 그렇듯이 뉴뉴미디어는 개인적 · 사회적으로 파괴적인 목적, 즉 범죄나 치명적인 행동 등에 이용될 수 있으며 이는 '뉴뉴미디어의 어두운 측면' 장에서 뉴뉴미디어로부터 발생하는 문제점들은 물론 여러 치료 방안을 논의할 것이다.

이 책은 버락 오바마를 미합중국의 대통령으로 선출한 선거 운동이 한창 진행 중이던 2007년 가을에 구상되었다. 오바마는 최초의 '사이버제닉' 대통령으로 불리고 있다(Saffo, 2008; Levinson, 인용 Zurawick, 2008, 나의 생각엔 지나치게 단순화시킨 감이 없지 않다). 그리고 인터넷을 정치적으로 충분히 활용한 사람으로 꼽힌다(2004년의 하워드 딘과는 달리). 우리는 2008년 선거에서 뉴뉴미디어가 어떻게 오바마를 당선되도록 도왔는지, 그리고 그의 대통령직 수행에 어떤 지대한 역할을 할 것인지에 대해 알기 위해 '뉴뉴미디어와 2008년의 버락 오바마의 선거'라는 장에서 살펴볼 것이다.

뉴뉴미디어의 운영을 가능하게 하는 하드웨어에 대한 고찰은, 다시 말해 전 세계 사람들은 어떻게 트윗을 하고 있는지, 블로그를 어떻게 읽고 쓰는지, 유튜브를 어떻게 보는지, 마이스페이스와 페이스북을 어떻게 방문하는지 등에 대한 논의로 바로 이 책의 출발점이 되고 있다. 모든 미디어는, 오래된 것이든 새로운 것이든, 사실상 미디어 안의 미디어다. 우리는 잡지 판매대(뉴스 스탠드 매체)에서 잡지(인쇄 매체)에 게재된 기사(글쓰기 매체)를 읽는다. 이와 유사하게, 우리는 노트북 컴퓨터 등 어떤 형태의 컴퓨터(퍼스널 컴퓨터라는 매체)에서도 볼 수 있는 블로그(블로깅 매체)에 게재된 블로그 포스트(글쓰기 매체)를 읽고 쓴다. 하드웨어는 대체로 외장의 수단이자 껍질이거나 커뮤니케이션 과정에서의 포장에 해당된다고 할 수 있는데 정보를 주고받기 위해서는 우리는 이를 소유하고, 만지고, 보고, 듣고 소통해야만 한다(미디어 안의 미디어에 관하여 추가 정보를 원하면 Levinson, 『Digital McLuhan』 1999 참조).

아이폰은 뉴뉴미디어의 새로운 하드웨어의 대표 제품이다.-모든 웹에 쉽게 접속할 수 있는 휴대전화로-그러나 블랙베리나 다른 이동 매체도 비슷한 기능을 하고 있다. 나는 이 책과 그 개정판이 인쇄 매체뿐 아니라 웹상의 여러 가지 형식을 통해서도 읽을 수 있게 되리라 확신한다. 다시 말하면 이 글을 읽고 있는 사람들 중 많은 사람들이, 아니 대부분의 사람들이 될 수도 있다.-노트북, 킨들, 아이폰, 블랙베리 등을 통해 나의 책을 읽고 있을 수 있다는 얘기다(내 말이 맞는다면 '지금 손을 드십시오' 라고 말하고 싶다). 나는 이 책으로 인해 페이스북, 트위터, 위키피디아와 그리고 블로그상에서 많은 토의가 이루어지기를 바라면서 다음 장에서부터 더 자세하게 살펴보기로 하겠다.

02

블로깅

블로거는 흔히 '시민 기자'라고 지칭되는데, 이는 뉴스를 쓰고 발행하는 데 있어 블로거가 반드시 전문적인 저널리스트여야 할 필요가 없음을 강조하는 것이다. 그러나 '시민'은 블로깅이, 아니 모든 뉴뉴미디어가 우리에게 부여한 자유의 범위를 전달하는 데 있어 충분하지 않은 것 같다. 진실은 이렇다. 블로거라는 인격은 이 나라 혹은 특정 국가의 시민일 필요가 없으며, 성인일 필요도 없고, 오로지 블로그를 하기 위해 읽고 쓰는 능력 이외에 아무런 다른 요건이 필요하지 않다. 하나의 예로 다음 내용을 생각해보라. 그 전에 나는 커뮤니케이션과 매체 연구를 담당하는 교수로서 정치에 관해서는 전문적인 지식이나 식견이 없다. 나는 단지 시민일 뿐이다. 그러나 비록 내가 전문가가 아니라고 해도 다음과 같은 블로그를 작성했다.

2008년 5월 7일 새벽 1시가 조금 지나서였다. 인디애나 주 민주당 대통령 예비 선거에서 99퍼센트의 개표가 완료되었다. 힐러리 클린턴이 2퍼센트의 득표차로 승리했다. 몇 시간 전에 버락 오바마는 큰 표 차로 북 캐롤라이나 주에서 이겼었다. 나는 나의 블로그 포스트에 버락 오바마가 민주당 대통령 후보로 지명될 것이라고 썼다.

나는 이 의견을 나의 텔레비전 비평 및 정치 블로그인 '인피니트 리그레스'에 올렸을 뿐 아니라 나의 마이스페이스 블로그에도 올렸다. 나는 페이스북, 디그, 파크와 버즈플래시에도 링크되도록 했다. 아마존에 있는 나의 블로그는 '피드(feed)'를 통해 자동적으로 그 기사를 올렸다. 트위터에도 자동 링크를 통해

내 포스트가 떴다.

나의 다양한 '통계 카운터'는 내가 그 글을 올린 지 한 시간 내에 수천 명의 사람들이 그 글을 읽었다고 보고해왔다.

몇 년 전까지만 해도, 그러한 결정적인 정치적 전개에 대한 나의 생각을, 그것도 사건이 발생한 직후 한밤중에, 들어줄 사람은 아마도 나의 아내 한 사람밖에 없었을 것이다. 우리는 인디애나 주의 결과를 놓고 이야기를 주고받았을 것이다. 또한 나는 그것에 관한 글을 써서 몇 개의 온라인 잡지에 보낼 수는 있었겠지만 내 글이 자동적으로 게재될 수는 없었을 것이다. 왜냐하면 게이트키퍼들-달리 말하면, 편집인들로 알려진 사람들이 다음 날 아침까지는 일하지 않기 십상이므로-의 승인이 필요했었을 것이다.

최초에 두 인간이 이야기를 하기 시작했을 때부터, 말하기 그 자체는 먹는 행동만큼 쉽고 자연스럽게 이루어졌다. 우리는 듣는 것과 말하는 것을 아무런 노력 없이도 쉽게 전환한다. 그러나 말은 영속성이 결여되어 있었기 때문에 우리는 기억의 상실을 방어하기 위해서 글쓰기를 발명했다. 글쓰기라는 행위도 거의 먹는 행동만큼 간단했다. 글을 잘 쓰는 것은 단순히 잘 읽는 것보다는 더 어려웠지만 단지 읽고 쓰는 것이라면 그렇게 어렵지 않게 대부분의 사람들이 할 수 있는 일이었다. 글쓰기가 개인적 차원에서는, 대량 생산 체제로 전환되지 않는 한에서, 읽기만큼 그 사용이 널리 퍼져 있었다.

인쇄 기술은 그 모든 것들을 변화시켰다. 또 그것은 많은 문들을 열었다. 인쇄술은 성경과 콜럼버스의 항해 보고서와 과학 논문들을 수백 만의 독자들이 이용 가능케 했다. 그러나 이로 인해 소비자와 생산자의 평등성에 종지부가 찍히고 모든 독자가 작가가 되는 일 대 일 비율의 원칙에 급작스러운 변화가 왔다. 극소수의 사람들에 의해 책, 신문, 잡지의 내용이 결정되게 되었던 것이다.

그러나 이제는 블로깅의 주도로 이 모든 것에 변화가 이르렀고 그 모든 것이 되돌려졌다. 비록 현재는 독자가 작가의 숫자보다 훨씬 높지만, 여느 독자도 다른 사람의 블로그에 코멘트를 달거나, 또는 조금만 더 노력을 기울이면, 자기 자신의 블로그를 시작함으로써 작가가 될 수 있다. 테크노라티는 2007년 12월 기준 1억 1,200만 개 이상의 블로그를 추적했다.

비록 일상생활에서는 말하기가 글쓰기보다 쉽지만, 디지털 형태로 글쓰기를 출판하기는 청각 또는 시청각 클립을 출판하기보다는 덜 힘들다. 사실상, 블로그를 출판하는 데에는 단지 글을 쓰고 그 글을 포스팅하는 간단한 행동 이상의 노력이 들지 않는다. 1997년 이래 같은 이름으로 통용되어온 블로깅은, '웹로깅(weblogging)'으로도 불리지만(McCullagh & Broache, 2007), 적어도 15년 이전에 '컴퓨터 회의'와 메시지 보드의 디지털 시대에 그 뿌리를 두고 있으며(Levinson, 1997), 그로 인해 뉴뉴미디어 혁명에 최초의 큰 역할자가 되었다.

■ 전자 글쓰기의 간략한 역사

글쓰기는 항상 인간의 표현 양식으로서 말하기에 비해 더 많은 장점을 가지고 있었다. 말은 바로 잊어버리기 쉬운 속성을 가진 반면 글은 영속적일 뿐 아니라 보내는 사람으로 하여금 메시지를 더 잘 통제할 수 있도록 해준다. 화난 사람이나, 대단히 행복에 겨운 사람이나, 극도의 슬픔에 젖어 있는 사람은 말을 하면서 그러한 감정을 위장하기가 대단히 어렵다. 그러나 이와 똑같은 감정도, 글을 쓸 때에는 그런 느낌을 숨기고자 한다면 문장에서는 전혀 나타나지 않게 할 수 있다. 이것이 전 세계 45세 이하를 대상으로 한 조사 통계에서 이동전화 상의 통화보다는 문자 메시지를 선호하는 이유 중의 하나다('닐슨 이동전화 보고서', 《Technology Report》, 2008).

인쇄술의 발명으로 문자화된 말이 엄청나게 쏟아져나왔지만, 미디어의 진화에서 글쓰기의 진행 과정은 빠르지 않았다. 1830년대에 등장한 전신은 문장을 전 세계 어디에나—전선이나 케이블로 연결된 곳이면 어디든지—즉시 보낼 수 있게 해줬다. 그러나 이것이 가능하려면 전신 운영자와 또 그 전신을 배달해주는 사람이 필요했으니 전자식 커뮤니케이션으로서 즉시성을 살리지 못했고 오히려 손으로 쓴 편지보다는 친근감에서 훨씬 뒤졌다. 사랑하는 사람에게 편지를 쓰는 것과 그 사람에게 전보를 치는 것과는 천양지차가 있었다.

그러나 전신은 기자들이 즉시 신문에 기사를 송고할 수 있게 함으로써 뉴스 전달에 있어 혁명적 변화를 가져왔다. 파울 율리우스 폰 로이터(Paul Julius von Reuter) 남작은 편지를 배달하는 비둘기를 가지고 뉴스 서비스를 시작했다. 왜냐하면 비둘기를 쓰면 도버 해협을 가로지르는 데 기차나 배를 이용하는 것보다 훨씬 빠르기 때문이었다. 그의 통신사도 곧 전신에 의지하게 되었다. 잘 보존된 그 회사의 자회사는 2008년 톰슨 사(The Thompson Company)에 158억 달러에 매각되었다(Associated Press, 2008).

블로깅은 전신을 훌쩍 넘어 뉴스와 여론의 전파에 있어 거보를 내딛었다. 이것은 '기자들'–여기선 사람들, 아니 '모든 이'라고 하자–로 하여금 뉴스나 이야기를 신문이 아닌 그들의 블로그에 즉시 올려서 전 세계 사람들이 모두 볼 수 있게 만들었다. 그리고 블로그는 필자 자신이 편집권을 가지고 있기 때문에 신문, 잡지와 달리 필자가 좋아하는 주제라면 어느 기사도 실릴 수 있다는 사실이다.

이러한 커뮤니케이션의 개인화, 또는 '비전문화'는 뉴뉴미디어의 대표적 특성 중 하나다. 그것은 1980년대에 팩스가 널리 퍼지고 이메일이 등장하여 필자가 마침내 프라이버시 권한을 갖게 되고 자기가 쓰는 문장에 대해 통제권을 갖게 되기 이전에는 불가능했던 일이다. 그러나 팩스는 전신처럼 일 대 일 커뮤니케이션을 위해 주로 사용되었다. 그리고 단체에게 보내는 이메일 기능이 있기는 하지만 신문이나 라디오, 텔레비전 같은 대중매체와 도달률을 비교한다면 우물에 물 한 방울 떨어뜨리는 격이었다. 블로깅은 두 가지의 장점, 즉 이메일의 개인적인 통제력과 대중매체의 길고 넓은 도달률을 결합시켰다.

■ 무엇에 대해서든 블로깅은 가능하고 또 영속적이다

필자가 자기의 블로그에 대한 통제권을 갖는다는 것은 블로그는 뉴스뿐만 아니라 어떠한 주제도 다룰 수 있음을 의미한다. 2008년 5월 29일 하루 동안 내가 그해 이전에 썼던, 그전 시즌의 〈로스트〉의 피날레(Season 3 finale: 'Through Looking Glass')에 관해 쓴 블로그에 2만 개의 페이지 뷰를 기록했다. 이러한 사건은 일반적으로 뉴뉴미디어에 그러나 특히 블로깅에 자주 일어나는 것으로, 두 가지 중요한 특성을 잘 보여주고 있다. 그 첫째는 누구나 어떠한 주제를 가지고 블로깅할 수 있다는 것이다. –나의 직업은 교수이자 저술가이지 텔레비전 비평가가 아니다. 둘째는 하나의 블로그 포스트의 영향력은, 언제 최고조에 다다를지를 포함하여, 예측할 수 없다는 것이다. 〈로스트〉에 관한 나의 블로그 포스트는 2007년 그것이 쓰인 직후 수천 명의 온라인 방문자가 있었으나 이 숫자는 1년이 지난 2008년 어느 날 단 하루 방문자 수의 절반에도 미치지 못했던 것이다.

영속성은 뉴뉴미디어의 가장 혁명적 측면의 하나이고 유튜브에서 마이스페이스, 그리고 블로깅까지 모든 뉴뉴미디어를 받치고 있는 굳건한 반석이다. 라디오와 텔레비전같이 오래된 전파 매체의 주된 특성 중 하나는 내용이 금방 사라진다는 점이다. 두 사람의 대화 내용이 돌아서는 순간 없어지듯이 라디오와 텔레비전에서 나오는 말은 방송이 끝나기 무섭게 소멸한다는 사실이다. 이러한 기억 소실이 루이스 멈퍼드(Lewis Mumford)(1970, p. 294)로 하여금 텔레비전의 시청자를 다음과 같이 비평하게 만들었다. '사람'이 '과거는 물론 미래와도 차단되어 현재라는 새장'에 갇혀 있는 것과 같은 '심단 정신 이상 상태' 아래에 있다고 봤다. 멈퍼드가 1970년에 이미 텔레비전에 어느 정도의 영속성을 제공하기 시작했던 전문적인 비디오 레코더나 '포타팩(portapak)' 비디오 카메라가 있었다는 것을 모르고 있었던 게 분명하다(멈퍼드에 대한 나의 비평을 더 보려면 Levinson, 1997 참조). 그러나 그의 시대에 인쇄 매체가 제공하는 정보보다 전자 매체의 정보가 훨씬 덜 영속적이었다는 그의 주장은 결코 틀린 말이 아니다. 1990년대 중반에 웹이라는 새 디지털 미디어의 첫 번째 물결은 더 긴 영속성을 이후의 커뮤니케이션 매체에 부과했다. 하지만 '퍼마링크(permalinks)'의 사용이 널리 퍼질 때까지, 21세기 초반에 블로깅의 등장과 때를 같이한 발전이지만, 웹 위에 올라 있는 아이템들은 서가에 꽂힌 책의 페이지만큼 신뢰할 만한 위치 파악 성능(locatability)을 결여하고 있었다(Levinson, 1998; Levinson, 'Cellphone', 2004 그리고 Levinson, 'The Secret Riches' 2007 참조).

블로그 페이지들은 여전히 책만큼 완전한 위치 파악 성능을 갖고 있지는 못하다.—결국, 블로거가 자기의 포스트를 지우거나 자기의 전체 블로그를 없애버릴 수 있다.—그러나 블로그는 인터넷의 연결을 통해 즉시 누구에게나, 어디로나 연결이 가능하므로 궁극적으로 훨씬 더 많은 영속성을 제공한다고 볼 수도 있다. 다시 말하면, 만약 하나의 텍스트가 온라인으로 10년 동안 수백만의 사람들에게 이용 가능하다면, 1,000권의 책이 100년 동안 도서관의 서가에 있는 것보다 그 문화에 대해 더 영속적인가, 아니면 덜 영속적인가? 실제로 퍼마링크를 만드는 것이 얼마나 용이하고 얼마나 많은 사람들이 그것을 이용하는가를 고려하여 장기적인 관점에서 볼 때는 궁극적으로 책보다는 블로그의 내용이 더 영속성이 있다고 할 수 있을 것이다.

따라서 블로그 포스트는 즉시성과 광범위한 접근성을 갖추고 있을 뿐만 아니라 영원히 지속될 수 있다. 실제로 사진이든, 비디오든, 텍스트든 일단 웹에 올려진 다음에는 원칙적으로는 완전히 지우는 것이 불가능하다. 그것은 왜냐하면 어떤 사람이라도 원본을 복사해서 자기의 블로그나 웹 페이지에 올릴 수 있기 때문이다. 뉴뉴미디어의 즉시성이 이러한 영속성을 짐짓 가릴 수 있고 또는 사용자들로 하여금 웹에 오르는 것들은 어떠한 것이라도 쉽게 오고 쉽게 가는 것이라고 생각하게 만들 수 있다. 그러나 실제에 있어 온라인에 오른 것은 좀처럼 지워지지 않는다는 반영구적인 점이 블로그의 특성이란 점을 강조하고 싶다.

또한 자기의 블로그에 대한 주권은—외부의 게이트키퍼로부터의 자유('외부인'은 블로거 자신을 제외한 모든 사람)—누구나 블로그에 있는 내용을 저장하거나 퍼 나르기 위해서 복사할 수 있다는 점에서 그 자체의 한계가 있다고 말할 수 있겠다.

■ 코멘트 관리

블로거의 주권은 또한 다른 방법으로 게이트키핑과 관련되어 있다. 블로거는 누구의 게이트키핑에도 종속되지 않지만 블로그에 다른 사람의 코멘트를 허용하거나, 그렇게 할 경우 그 코멘트들을 어떻게 조정할지에 대해 결정권을 갖는 게이트키퍼가 된다.

블로그에 대한 게이트키핑이나 코멘트 조정에 대한 장단점은 상당히 명확하다. 장점은 코멘트를 자동적으로 올리도록 허용하는 것과는 달리 블로그의 게이트키퍼로서 좋지 않은 코멘트를 차단 또는 관리할 수 있다는 점이다. 단점은 이런 조정 행동이 블로그의 진행 속도를 느리게 한다는 것이다. 블로거가 하루 종일 온라인상에 있지 않는 한 더 훌륭한 온라인상의 대화를 유발할 수 있는 훌륭한 코멘트가 블로거의 승인을 받기 위해 기다려야 하는 문제가 발생할 수 있기 때문이다.

바람직하지 않은 코멘트를 막는 이러한 보호 조치가 전체 진행 속도를 느리게 하고 바람직한 대화를 억제해도 좋을 만큼 가치가 있는 것일까? 그것은 블로거와 수많은 다수의 독자들이 무엇이 바람직하지 않다고 여기는가에 달려 있다. 확실히 블로거의 정치적 입장이나, 텔레비전 쇼의 분석에 대한 강력한 반대 의견까지 블로그에 올리지 못하게 금지하는 것은 바람직하지 않다. 또, 블로거는 자기의 최초 의견에 대한 비판을 이용해 오히려 보충 설명을 하는 발판으로 삼을 수 있다. 예를 들어, "〈로스트〉에서 이용되는 플래시 포워드식 스토리 전개가 속보이는 저질 기법이라고 생각하지 않으십니까?" 라고 누가 묻는다면 블로거는 "나는 그렇게 생각하지 않습니다"라고 응답하면서 〈로스트〉의 플래시 포워드 기법이 왜 최고로 적절하고 우수한 수단이었는지 설명한다.

그러나 이것은 모두 블로거의 의견에 따라 달라질 수 있다. 어떤 블로거의 입장에서 훼방 코멘트가 다른 블로거에게는 가치 있는 많은 사람들의 토론을 유발하는 좋은 코멘트가 될 수 있다. 또 어떤 블로거는 상호 작용적인 모드의 커뮤니케이션보다는 블로그가 일방적이길 선호하면서 코멘트를 전혀 원하지 않기도 한다.

블로거들은 또한 캡차(CAPTCHA) 시스템(컴퓨터와 인간을 구별해내는 완전 자동화된 판별 테스트)을 설치할 수도 있다. 이것은 코멘트를 쓰는 자가 컴퓨터가 생산해내는 질문에 응답하도록 만든 장치로서(예를 들어 알 수 없는 숫자와 글자를 무질서하게 늘어놓는다) 진짜 사람과 자동적으로 작동하는 스팸을 구별할 수 있는 시스템이다. 물론 이 시스템은 블로그에 심술궂게 훼방을 놓고자 하는 코멘트 작성자를 막을 수는 없다.

일반적으로, 논평을 수용하고자 하는 블로거들은 다음과 같은 원리를 항상 염두에 두어야 한다. "블로거 입장에서 볼 때 자기나 다른 독자들의 코멘트를 저지시키는 성격의 코멘트만 골라서 막거나 삭제하라. 코멘트가 없는 블로그는 날 수 없는 새와 같다." 그런 블로그는 작성자에게 중요한 공헌이나 만족을 가져다줄 수도 있다. 그러나 그런 블로그는 뉴뉴미디어의 대표적인 특성의 하나인 청중과의 상호 작용이 결여되었다는 사실이다(11장 '온라인 가시핑과 사이버 불링'의 캐시 시에라[Kathy Siera]의 논조 참조. 논평이 남용될 때 무슨 일이 일어나는지에 대해선 "11장, 뉴뉴미디어의 어두운 측면" 참조).

■ 타인의 블로그에 대해 코멘트하기

블로깅을 하는 것보다 다른 사람의 블로그나 어떠한 온라인 포럼에다 코멘트를 다는 것은 더 쉽다. 작성자는 단순히 이미 존재하는 블로그에 코멘트를 붙이는 것이 전부다.

다른 사람의 블로그에 코멘트하는 행위는 자신의 블로그를 남들에게 알리는 가장 효과적인 방법이 될 수 있다. 자신의 코멘트가 자기의 블로그 주제와 관련이 있고 또 코멘트를 쓸 때 기명으로 하면-익명이 아니고(뒤에 나오는 토론을 보라)-자기의 코멘트을 읽은 사람이라면 쉽게 그 블로그를 찾게 된다. 코멘트 속에 링크를 포함시킴으로써 자기의 블로그를 더 쉽게 찾을 수 있게 할 수도 있다. 그러나 어떤 블로거들은 이러한 행위를 다른 코멘트 작성자가 자신의 홍보를 위해 악용하는 것이라고 간주해 반대하는 경우도 있다("나의 블로그를 당신의 블로그 홍보에 쓰지 말아 주십시오"라는 경고문을 쓰거나 코멘트를 삭제한다-상세한 내용을 위해서는 이 장의 후반에 나오는 '뉴뉴미디어와 올드미디어의 심화된 긴장' 참조).

블로거로서 나는 링크를 곁들인 코멘트를 반기는 편이다.-황금을 저가에 판다는 식의 스팸이 아니고 토의 주제와 관련하여 적절하다면 말이다. 코멘트 작성자의 의도가 무엇이건 간에 스팸이 아닌 코멘트는 수 세기 전 근대 교육의 아버지로 불리는 코메니우스(Comenius)가 이야기한 '위대한 교훈(The Great Didactic)'(1649/1896)의 역할을 할 수 있다고 믿기 때문이다.

《엔터테인먼트 위클리(Entertainment Weekly)》나 《USA 투데이(USA Today)》 같이 새로운 매체 시스템에 새롭게 등장한 블로그들이 수백 개의 코멘트들을 정기적으로 끌어들이고 있고-그리고 (내 것과 같은) 뉴뉴미디어의 아마추어 블로그들이 한 블로그 당 적게는 몇 개에서 많게는 수백 개의 코멘트가 들어오는 걸 보면 뉴뉴미디어 세계에서 코멘트야말로 가장 빈번하게 발견할 수 있는 문장으로 이루어진 대화 형태라고 할 수 있다. 가장 긍정적인 면을 들자면, 코멘트는 사람들의 목소리로서뿐만 아니라 뉴뉴미디어의 장점의 하나로써 전문가 주도의 정보 대신 민주적인 대안으로 전형을 보여주면서 블로그 포스트에 진실과 교정의 전달자로서 기여한다(그리고 4장에서 검토하겠지만 그것은 위키피디아에서는 예술의 경지에 도달했다). 가장 부정적인 면을 들자면, 코멘트는 주의를 끌기 위한 낚시질 같은 수단으로 이용되고 또 온라인 대화를 방해하거나 탈선시킬 수도 있다(11장 참조). 이런 양극 사이에서 볼 때 코멘트는 블로그뿐만 아니라 유튜브 비디오와 웹 전체에서 모아진 디그의 기사 리스트 그리고 거의 모든 뉴뉴미디어에 산재하는 그리스 합창(배경음악)이라고 할 수 있다.

"전기라는 수단을 이용하여 물질의 세계가 순식간의 짧은 시간에 수천 마일을 달릴 수 있는 하나의 위대한 신경조직이 된 것이, 내가 꿈을 꾼 것인가, 아니면 사실인가?" 너대니얼 호손(Nathaniel Hawthorne)의 소설 『일곱 박공의 집(The House of Seven Gables)』(1851/1962, p. 239)에서 주인공 클리포드는 전신에 관해서 묻는다. 전자식 통신에 관한 그때의 그 표현은 어느 정도는 적절하다고 볼 수 있지만 1962년 마셜 맥루한(Marshall McLuhan)이 그의 저서 『구텐베르크의 은하계(The Gutenberg Galaxy)』에서 '지구촌(global village)'을 실명한 것에는 못 미친다 그리고 전 세계 1억 3,000만 개 이상의 블로그(테크노라티 집계)에 눈 깜짝할 순간에 수억 개의 코멘트들이 달리는 블로그의 존재를 감안할 때 호손이나 맥루한의 전자 통신에 대한 비전이 지금처럼 완벽하게 구현되었던 적은 없었을 것이다.

■ 교정자로서의 코멘트

인피니트 리그레스에 있는 대부분의 내 포스트는 정치에 관한 것이거나 아니면 텔레비전 쇼에 관한 비평이다. 텔레비전에 관한 글일 경우, 나는 드라마가 끝나고 몇 분 안에 리뷰를 올리는데 그 이유는 리뷰를 빨리 올릴수록 내 블로그를 읽는 사람들의 수가 늘기 때문이다.

그러나 그러한 긴박한 스케줄로 인해 완벽하게 모든 실상에 충실하지 못하는 경우가 종종 발생한다. 나는 극중의 중요한 역할을 맡은 배우의 이름을 되도록이면 나열하도록 노력한다. 그러나 때때로 배우 이름이 그 영화의 웹사이트나 IMDB(인터넷 영화 데이터베이스)에 나와 있지 않은 경우가 있다.

2007년 10월 12일, 나는 AMC의 〈미친 사람들(Mad Men)〉의 제1부 12회분의 비평을 나의 블로그에 올렸다. 12회는 대단한 우수작이었다. 그래서 나는 비평에서 "이 쇼에서 내가 가장 좋아한 섹스/로맨틱 장면은 해리(아이작 아시모프)(리치 소머 분)와 그의 비서(OOO 분)였다"라고 썼다. 그 '해리'는 1950년대와 1960년대에 활약한 과학 소설가 아이작 아시모프와 너무나 닮았었다(2007년에 올린 '리치 소머와의 인터뷰'를 보면 두 사람의 사진이 나란히 배치되어 있다).

교정자로서 코멘트에 관해 계속 이야기하자면, 위 블로그에 내가 'OOO 분'이라고 쓰게 된 이유는 초기에 글을 올렸을 때 다른 여배우의 이름을 잘못 써 넣었기 때문이었다. 그 전에 나는 웹에서 IMDB도 찾아보고 관련된 모든 사이트를 다 뒤졌지만 화면 속 안락의자에 앉아 있는 리치 소머의 옆에 있던 여배우의 신원을 찾아내지 못했다. 그래서 나는 〈미친 사람들〉에서 비서 역을 맡은 배우들의 사진을 모조리 찾아내다가 마침내는 실수로 틀린 사람을 그 배우로 잘못 표기하기에 이르렀던 것이다.

내가 범한 실수를 처음 안 것은 나의 블로그에 오른 코멘트를 통해서였는데 그 글은 내가 비평을 올린 지 30분 만에 나타났다. 내용은 다음과 같았다. "헤이 폴. 나는 당신의 비평을 매주 읽습니다. 호의적인 평가에 감사드리고 또 그런 말들이 확산되도록 해주시는 점도 감사합니다. 우리들은 모두 그 점을 고맙게 생각합니다. 중요한 수정사항이 하나 있습니다. 힐디는 줄리 맥니븐(Julie McNiven)이 연기했습니다. 그녀의 훌륭한 연기는 칭찬을 받아 마땅하다고 생각합니다."

그런데 그 글을 쓴 사람은 다른 사람이 아니고 바로 주연 배우 리치 소머였다.

우리는 그 이후 이메일을 교환하게 되었고, 그 달 하순 나의 '라이트 온 라이트 스로' 팟캐스트에 '리치 소머 인터뷰'를 올릴 수 있었다.

그러나 특정 배우에 관해 블로깅을 하고 그 블로그상에서 그와 접촉이 되었다는 즐거운 기분은 차치하고라도–이런 일은 그 이후에도 여러 번 있었고 뉴 뉴미디어의 평등화 원리의 아주 좋은 본보기다. 유명인과 별로 유명하지 않은 이들이 아주 쉽게 사귈 수 있다는 점–해당 영화 장면에서의 여배우의 이름을 수정해주면서 리치 소머가 보내준 코멘트는 블로깅에서 코멘트가 수정 역할을 할 수 있다는 중요한 사실을 잘 일깨워준 사례다.

원칙적으로 보면, 전 세계는 당신이 블로깅하면서 쓴 글을 읽을 뿐 아니라 당신이 저지를지 모르는 실수를 고쳐주기 위한 자원으로, 그리고 잠재적인 안전망으로 기다리고 있다. 모든 코멘트가 다 도움을 주는 것은 아니고 때로는 적대적일 수도 있다. 그러나 당신의 리뷰에 대해 바로 리뷰의 주인공이 포스팅 반시간 만에 수정의 글을 올리는 것은 이 세상의 미디어에서 벌어진 새로운 이변이라고 보아야 할 것이다. 만약 리뷰가 생방송 텔레비전으로 방송 중이고 마침 그 리뷰의 대상이 우연찮게도 당신의 전화번호를 알게 된 경우를 제외하면 말이다.

리치 소머의 유익한 교정에 대해 다시 말하면(그의 글은 아직도 그 페이지에 올라 있다), 나는 그의 글을 읽자마자 잘못된 이름을 줄리 맥니븐으로 변경했다–그리고 리치 소머의 코멘트의 중요성을 또 한 번 인식하는 계기가 되었다.

■ 〈더 와이어〉의 스트링거 벨이 쓴 마이스페이스 메시지

모든 사람은 누군가의 팬이다. 보통 한 사람 이상의 배우나 연기자, 가수, 음악가, 작가 등을 좋아한다. 리치 소머로부터 코멘트를 받은 것은 대단히 즐거운 경험이었지만, 사실 배우에 관한 블로깅 중 그 배우나, 그 배우의 가족으로부터 뜻밖의 코멘트를 받는 경우가 전혀 없는 일은 아니다. 리치 소머 말고도 나는 렌 카리오(Len Cariou)의 부인으로부터 코멘트를 받았는데(그녀의 코멘트는 아직도 그 페이지에 남아 있다), 2007년 쇼타임의 〈브라더후드(Brotherhood)〉의 2부작에서의 그의 연기를 칭찬한 나의 블로깅이 나간 후였다(그가 맡은 배역은 2부작의 끝부분에서 죽었다). 그리고 또 하나는 에런 하트(Aaron Hart)의 아버지로부터 이메일을 받았는데, 그 배우는 2007년 여름에 방송된 〈미친 사람들〉의 2부작에서 돈 드레이퍼(Don Draper)의 작은 아들 역을 한 두 배우 중 한 사람이었다. 이 드라마들을 통해서 나는 운 좋게도 거기에 출연한 두 명의 배우와 한 배우의 가족으로부터 코멘트를 받았고 나 자신도 〈미친 사람들〉과 〈브라더후드〉를 즐겁게 감상했다. 하지만 두 드라마 모두 2002년부터 2008년까지 다섯 개의 시즌 동안 HBO에서 방영된 〈더 와이어〉만큼 기록적인 성공을 거두지는 못했다.

〈더 와이어〉의 배역 중 백미는, 시작했을 때부터 3년 동안(그가 등장한 장면의 전부) 출연하는 모든 장면마다 전체를 압도한 스트링거 벨(Stringer Bell)이었다. 극중에서 그는 경찰의 수사를 받는 마약 조직망의 부두목 역을 맡고 있었다. 야간 대학에서 경제학을 공부하는 그의 책장에는 1776년에 출간된 애덤 스미스(Adam Smith)의 『국부론(The Wealth of Nations)』이 꽂혀 있었고, 인플레이션 걱정을 하다가도 한순간에 살인을 감행할 수 있는, 뒷골목 어디서나 흔히 발견할 수 있는 평범한 마약 두목이 아니었다.

2006년 8월, 내가 글을 쓰고 있었던 유일한 블로그는 Twice Upon a Rhyme(동일한 이름으로 1972년에 내놓은 나의 앨범 이름을 따서 지었음)이었는데, 거기에다 나는 〈더 와이어〉에 대한 비평을 실었다. 당시 블로그 판촉에 대해서 알고 있던 나의 작은 지식이 HBO의 〈더 와이어〉에 관한 '공동체' 포럼에 내 블로그 포스트 링크와 간단한 소개를 올리도록 했다.

몇 달이 지난 후, 10월의 어느 늦은 밤, 나는 마이스페이스에 올려진 '친구 요청' 사항들을 읽고 있었다. 이미 늦은 시간이었고 피곤하였다. 더군다나 〈더 와이어〉에 대해서는 전혀 생각도 없었다. 이드리스 엘바(Idris Elba)란 이름이 생소하지는 않은 것 같아 그의 페이지를 연결해보지 않고도 그의 친구 승인 요청을 받아들였다. 그리고 나는 다른 친구들의 요청문을 서둘러 읽고는 이드리스는 그냥 잊어버리고 말았다.

일주일이 다시 지나서 나는 다음과 같은 내용의 이드리스 엘바의 메시지를 다시 받았다: "안녕? 폴, 얼마 전에 〈더 와이어〉에서의 내 연기에 관한 당신의 코멘트를 읽었습니다. 응원에 대해 반갑고 감사합니다. 나는 당신이 최근 음악 비즈니스와 관련된 일을 하고 계신 것으로 아는데 나의 음악에 대해 당신이 어떻게 생각하고 계신지 알고 싶네요. 나의 취향에 어울릴 것 같아서 최근에 나온 당신의 책을 사보려고 합니다. 이드리스 올림."

나는 그의 음악을 좋아했고 특히 '조니 워스(Johnny Was)'의 힙합 버전을 좋아해서 2006년 11월 4일 나의 라이트 온 라이트 스로 팟캐스트의 특집 에피소드인 '스트링거 없는 더 와이어'에 그 음악을 사용했다. 며칠이 지나서 마이스페이스상에서 나는 이드리스 엘바로부터 또 하나의 메시지를 받았다. "폴, 당신에게 짧은 글을 쓰기 위해 짬을 냅니다. 당신과 같은 저명한 학자가 전체 팟캐스트를 저와, 제 음악과, 스트링거 벨을 연기한 나의 역할에 할애해주신 데 대해 무한한 영광으로 생각합니다. 극중의 제 인물에게 왜 시청자가 끌리게 되었는지에 대한 훌륭한 지적이었습니다. 나의 음악도 똑같은 느낌을 청중에게 주게 되기를 바랍니다. 다만 이번엔 제가 직접 제작한 스크립트로 말이지요.… 건투를 빕니다. 이드리스"(이 메시지는 현재에도 나의 라이트 온 라이트 스로 팟캐스트 페이지의 오른쪽에 실려 있다).

우리 모두가 살고 있는 뉴뉴미디어의 세계에서는, 텔레비전을 시청하는 모든 사람은 그 누구든지 컴퓨터만 있으면 그러한 텔레비전 쇼에 나오는 유명한 스타와 이렇게 쉽게 관계를 맺을 수 있다는 것이다.

■ 블로그 게시 후 내용 수정하기

블로그에 대한 블로거의 절대적인 권한은 거기에 올라오는 코멘트뿐만 아니라 그 블로그 포스트 자체에도 행사된다. 블로그에 올라오기 이전부터는 물론이고 그것이 블로그에 남아 있는 한 아마도 영원히 블로거의 권한 아래에 있게 된다.

글쓰기는 전형적으로 변경할 수 없는 매체였다. 잉크로 쓰는 것이든, 아니면 파피루스, 양피지, 종이에 무슨 화학 성분이나 색소를 사용하여 쓰는 것이든, 거기에 쓰인 단어들은 그 파피루스, 양피지, 종이가 소멸되지 않는 한 생명이 살아 있었다. 물론 그 단어들을 줄로 그어 숨길 수도 있고 닳아서 없어질 수도 있었지만 소멸 흔적마저 가릴 수는 없었다. 연필로 쓴 것을 지우개로 지우면 종이 위에는 그 지운 자국이 남는 것처럼.

인쇄기는 이러한 영속성을 더 고양시켰다. 로마 가톨릭 교회의 압력에 굴복하여, 갈릴레이(Galileo Galilei)는 지구가 태양의 주위를 돈다는 그의 견해를 취소했으나 그의 원래의 생각을 표현한 수천 권의 책은 그의 번복에도 불구하고 바뀌지 않았다. 교회는 필로스의 승리를 거두었지만 과학적인 혁명은 계속 진행되었다(Levinson, 1997 참조).

그건 1600년대 초반에 일어난 사건이다. 이러한 출판된 내용의 영속성은 19세기 말까지 계속되었다. 이때는 인쇄된 책을 해독할 수 있었던 빅토리아 여왕 시대의 후반에 해당되며, 저술의 과정에 관하여 오스카 와일드(Oscar Wilde)가 남긴 것으로 알려진 유명한 말, 즉 "책은 결코 완결될 수 없다. 단지 버려질 뿐이다"란 말이 나왔을 때다(이 인용구는 조금 뒤인 1933년 프랑스의 시인 폴 발레리가 처음 만었다고 알려진 것으로 미술품 창작과 시 쓰기에도 적용된다). 책이든, 시든, 그림이든 버림당하는 느낌은 실제로 사랑하는 사람이 집을 나가는 것과도 흡사했다. 일단 출판이 되고 나면, 책이나 신문 기사는 저자에 의한 수정이 불가능했다. 드물게 있는 일이지만 수정판을 내거나 편집자가 기자가 쓴 수정에 관한 노트를 신문에 싣는 결정을 하지 않는 한 그렇게 된다. 그러나 다음 세기 말에 '워드 프로세서'가 등장하고 온라인 출판이 가능해짐에 따라 이런 사항은 급작스럽게 변화하게 되었다(Levinson, 1997 참조). 21세기 뉴뉴미디어의 시대의 블로거들은 이와는 오히려 반대되는 문제에 봉착하고 있는 것으로 보인다. 블로그를 얼마든지 수정할 수 있다는 뜻은 역으로 블로그가 완결될 수 없다는 말과도 같으며 한 번 블로그로 사이트에 오르면 버리고 싶어도 버릴 수 없게 되었다는 것이다.

왜 그렇게 되었을까? 1900년대의 마지막 20년 동안 역사상 처음으로 등장한 워드 프로세싱은 필자로 하여금 원전에 아무런 증거를 남기지 않고 이미 쓰인 내용을 수정할 수 있는 능력을 부여했다. 이메일에서 틀린 철자는 송출 이전에 자동으로 고쳐지고 현명한 필자들은 누구의 도움을 받지 않고도 자기의 아이디어를 원고 작성 과정에서 날카롭게 다듬어나갈 수 있게 되었다.

그러나 편집자에게 제출되는 이메일이나 원고는 일 대 일 커뮤니케이션에 의해 이루어졌다. 일단 원고가 인쇄되고 출판되고 나면, 1600년대에 갈릴레이 저서의 단어들처럼, 1980년대에도 그 출판물은 영속적이었다.

블로깅은 이미 나간 출판물을 마치 처음 나온 원고처럼 쉽게 변경시킬 수 있도록 만들었다. 빠진 단어나 철자의 오류도 쉽게 교정될 수 있게 되었으니 불편함이란 찾아볼 수 없게 되었다. 이런 유의 수정은 아무 문제가 있을 수 없고 악용될 수도 없다. 그러나 이미 출판이 된 블로그 포스트의 의미와 내용물의 문장을 쉽게 바꾸는 데는 전혀 문제가 없을까?

만약 아무도 원본을 보지 않았거나, 본 사람이 소수에 불과하다면, 그러한 수정은 문제가 되지 않을 것이다. 그러나 벌써 많은 사람들이 어떠한 미디어를 통해서든지 원본을 읽었고 코멘트까지 달았다면 어떻게 될까?

한편으론 이미 광범위하게 코멘트가 달린 텍스트를 바꾸는 것은 확실히 혼란을 불러온다. 블로거 A가 코멘트 작성자 B가 보낸 비평을 반영하고 그의 의견을 수용하여 내용을 이미 고쳐놓은 블로그에 독자 C가 들어와 코멘트를 단다면 어떻게 되는가? 이렇게 뒤이어 발생할 수 있는 혼란을 경감시키기 위한 하나의 방법은 블로그에 후기 코너를 만들어 날짜를 적절하게 표시하면서 작성자 B의 코멘트를 존중하여 내용이 수정되었음을 알리는 것이다. 그런데 블로거가 게으름을 피우거나 그런 행동을 하지 않기로 작정한다면?

다른 한편으론 블로그를 읽고 코멘트하는 사람이 많으면 많을수록 필자가 비밀리에 텍스트를 수정하기는 더 곤란해진다. 따라서 수정한 텍스트가 원본인 것처럼 보이게 행동하고 싶은 유혹을 느끼게 된다. 원본을 읽은 독자는 속임수로 텍스트를 바꾸지 못하게 하는 방어 장치 구실을 하게 되는데 이는 같은 독자가 수정되어야 할 내용을 지적함으로써 블로거의 안전망 구실을 하는 것과 같은 이치다.

진실을 담보하는 자로서 사회단체는—아니면, 최소한 정확성이라도 담보하기 위한—다른 뉴뉴미디어, 특히 위키피디아와 트위터에서 우리가 만나게 될 상당히 중요한 요소다.

광범위한 블로깅과 링크(연결)하기

블로그 포스트가 몇 달 동안, 아니면 어떤 경우 몇 년 동안 지속된다는 사실은 또 다른 종류의 자체 홍보(판촉)를 허용한다. 즉, 블로거는 웹상에 있는 다른 블로그에서 자기 포스트에 관한 코멘트들을 관찰해나가면서 새로운 블로그들에 자기의 링크를 조정해 연결시킬 수 있다.

여기서 2007년 8월에 있었던 예를 들겠다. 블로그 초보자들을 위한 네 가지의 충고를 내 블로그에 올린 적이 있다. 그 글은 많은 독자를 끌어들였다(블로그의 독자를 매일, 아니면 그보다 더 자주 추적하는 방법을 알려면 이 장의 후반부에 나오는 '블로그의 구독률 측정'을 참조할 것). 그보다 몇 달 전에는 나는 '애스크 레브'라는 팟캐스트를 시작하여 3분 내지 5분 길이의 간단한 충고를 독자들을 위해 올렸었다. 내가 2007년 8월에 포스팅한 지 몇 달이 지난 어느 시점에 한 독자가 내게 이메일을 보내왔다. 그는 내가 쓴 '나의 네 가지 규칙 : 좋은 필자가 되기 위한 최선의 방법'을 찾아보려고 했으나 실패하여 대신 나의 애스크 레브 팟캐스트를 발견하여 자기의 문제를 해결했다고 전해왔다.

그 순간 내가 2007년 8월에 쓴 '네 가지 규칙'에 관한 첫 개선점이 생각났다. 다시 말해 원래 포스트의 독자들이 팟캐스트에도 흥미를 가질 것이란 생각에 그 포스트를 애스크 레브 팟캐스트로 연결시켰다. 물론 처음부터 그 포스트를 쓸 때 할 수 있는 작업이었고 당연히 했었어야 할 일이었다. 아무튼 어떠한 블로그든 그 무한대의 완전하게 할 수 있는 여지 때문에 몇 달이 지나서였지만 그런 조치가 가능했던 것이다.

이야기는 계속된다. 2007년 12월, 나의 라이트 온 라이트 스로 팟캐스트에 싣기 위해 《과학 소설과 사실을 위한 아날로그 잡지(Analog Magazine for Science Fiction and Fact:과학소설 잡지의 리더)》의 편집장 스탠리 슈미트(Stanley Schmidt) 박사를 인터뷰했다. 그 인터뷰는 많은 청취자들을 끌어들였는데 그 잡지의 온라인 사이트 아날로그SF닷컴(AnalogSF.com) 청취자들도 포함되었다. 그 온라인 사이트에서는 그것이 활발한 토론의 주제가 되기도 했다. 나는 물론 즐거운 마음으로 그 온라인 토론을 바라보았고 2008년 8월에 나는 어떤 사람이 그 인터뷰가 훌륭했던 점 중 하나는 아날로그 잡지에 글을 싣고 싶은 사람들에게 준 충고였다고 쓴 글을 읽었다.

이것도 즉시 또 하나의 링크를 삽입하는 계기가 되어 나는 슈미트 박사의 팟캐스트 인터뷰를 곁들인 텍스트와 2007년 8월의 '네 가지 규칙'을 연결시키는 작업을 진행했다(출판에 관한 충고를 듣고 싶다면 이 책 말미의 참고문헌 목록에 있는 '나의 네 가지 규칙,' 2007 URL을 참고할 것).

다음은, 자기의 블로그만 볼 것이 아니고 전체적인 웹상의 블로그 세계를 들여다보기 시작한다면, 그 블로그로 여기저기서 더 많은 독자를 끌어올 수 있다는 것을 깨닫게 되고 또 시간이 지날수록 그 블로그가 개악이 아니라 개선될 수 있음을 알게 된다. 중요한 점은 블로깅은 대개 혼자 하는 작업이지만 그것에 대한 홍보는 근본적으로 사회성을 띠기 때문에 다양한 연결이 용이한 웹 세계에서 쉽게 가능하다는 것이다.

물론, 만약 독자 수를 늘리는 데 관심이 없고, 아니 아예 독자가 없기를 바란다면 제한된 블로그를 만들어서 자기의 기준에 맞는 독자만 받을 수도 있다. 뉴뉴미디어의 많은 이점을 이용하지 못하는 셈이 될 수 있지만 중요한 건 블로거는 자기의 온라인 활동에 관해 완벽한 통제권을 갖는다는 원리만은 변하지 않는다는 점이다.

블로그는 항상 개인에 의해 끊임없이 생산된다. 그러나 때로는 블로그 활동 그 자체가 집단 활동이 될 수도 있다.

■ 집단 블로깅

위키피디아에 올린 글과 기사는 모든 사람들에 의해 편집된다. 마찬가지로 블로그 포스트의 편집을(코멘트와 다른) 다른 필자들에게 개방하고 싶은 블로거가 있다면 언제라도 그렇게 할 수 있는 선택권이 있다. 그러한 집단적 블로깅은 독자들이 바로 필자들로 바뀌는 좋은 예라고 할 수 있다.

글쓰기는 전통적으로도, 그리고 지금도, 개인적인 노력으로 간주된다. 그것은 보통 두 명 이상을 필요로 하는 말하기와는 대비된다(자기 자신에게 말하는 것은, 어떤 사람이 그 사람의 이야기를 엿듣지 않는 한, 사람과 사람 간의 커뮤니케이션이 일어나지 않았기 때문에 사실상 말하기라고 얘기할 수 없다). 그래서 집단 블로깅의 등장은 쓰기와 말하기의 차이를 더 좁히는 역할을 했다고 볼 수 있다. 이런 현상은 워드프로세싱이 문장으로 쓰인 단어를 구술된 단어만큼 쉽게 수정할 수 있게 되면서 시작되었다. 디지털의 세계에서는, 구술된 말의 오류가 듣는 사람의 기억에 남는 것과 대조적으로, 수정된 문장에 원본의 흔적이 전혀 남지 않으므로 어떤 점에서는 더 효율적이라고 말할 수도 있다.

그러나 집단 글쓰기는 적어도 한 가지의 결점이 있다. 각자의 목소리를 듣고 그것이 누구의 것인지 알 수 있는(그 사람이 누구인지는 모를지라도) 말로 하는 대화와 달리, 문장으로 된 단어는 어떤 필자의 것인지를 알려줄 수 있는 아무런 연결 고리가 없다는 점이다. 위키피디아는 모든 편집 여부가 분명하게 밝혀지는 가운데 모든 기사의 자세한 '역사'를 제공함으로써 이러한 문제를 해결하고 있다. 집단 블로그는 보통 덜 세련되어 있고, 주어진 블로그를 썼거나 편집한 모든 사람들을 열거하는 게 고작이다.

집단 블로그의 주된 이익은 블로그 종합 전문성을 높일 수 있다는 것이다. 예를 들어, 2008년 12월, 나는 '음식, 음료, 요리법, 식재료 구입 방법 등에 관한 교육적 취향'이란 제목의 블로그를 썼다. 그러나 음식에 대한 나의 전문 지식은 오직 대부분이 소비하는 것에 한정되어 있었으므로, 요리법 부분을 비워놓거나, 요리법에 대해 알고 글을 쓸 수 있는 다른 필자를 불러들이는 방법이 있었다. 내 아내는 위의 두 가지 면에 통달한 사람이었으므로 나는 그녀를 필자로 초대하여 그 글을 쓰게 했다.

블로그 쓰기든, 노래 쓰기든, 아니면 스크립트 쓰기든, 이와 똑같은 미적분학이 적용된다. 그러한 행동이 당신의 창작적인 통제를 독자적으로 행사하는 것보다 더 얻는 것이 많다면, 시도해볼 만한 일이다.

■ 블로그로 돈 벌기

웹의 상업적인 주요소는 언제나 그것이 무료라는 점이었다.–지난 2005년 데이비드 카(David Carr)가 웹에서 가장 성공한 것에 관한 글을 《뉴욕타임스》에 썼을 때 했던 말처럼 "바보만 돈으로 콘텐츠를 산다." 그것은 아직도 사실이고 전보다 더 설득력이 커진 것 같다. 《뉴욕타임스》 같은 신문들이 점점 더 많은 기사를 웹에 무료로 올리고 있는데 이는 다른 블로그에 있는 자기 신문의 기사로 연결시킬 의도로 하는 것이고(다른 유료 블로그나 사이트로 연결시킬 경우 대부분의 독자가 불쾌해하지만), 또한 전적으로 온라인 무료 블로그 신문인 《데일리 코스(Daily Kos)》나 《허핑턴포스트》와 경쟁하기 위해서 취하는 조치다(상기 신문과 다른 블로그 신문에 대한 상세한 사항은 이 장의 후반 '타인을 위한 블로깅' 참조). 그러나 아무리 이렇다 해도 블로그나 다른 뉴뉴미디어 활동을 통해 돈을 벌 수 없다는 것을 의미하지는 않는다.

자신의 블로그를 이용해 돈을 버는 다섯 가지 방법은 다음과 같다.

1. 구글의 애드센스는 웹상에서 개인들(독자와 나)이 수입을 올린 첫 사례다. 당신이 서명을 하고 당신의 블로그에 집어넣을 코드를 받으면 바로 당신은 비즈니스에 들어간다. 텍스트, 이미지 그리고 비디오 광고물, 또한 당신이 선택한 크기, 제목, 게재 위치가 당신의 블로그에 나타난다. 이것을 시작하기 위해 필요한 일은 대부분의 블로그 포스트를 쓰는 것보다 더 쉽고 노력도 덜 든다.

여기까지는 좋은 소식이다. 그러나 실망스러운 점은 많은 돈을 벌지는 못한다는 것이다.–거기에 의지해 은퇴 생활을 한다거나 생활비를 충당할 만큼 충분히 벌지 못할 뿐 아니라 한 달에 한 번 뉴욕의 웬만한 식당에 가서 저녁 한 끼를 살 만한 액수도 되지 못한다. 하루에 500에서 1,000명의 방문자가 있을 때 구글의 애드센스를 통해 벌어들일 수 있는 액수는 1개월에 고작 10달러를 넘지 못한다. 이 돈은 클릭 수와 영상을 보는 숫자에 따라 지불된다. 즉, 광고를 클릭해서 그 광고를 본 사람의 수에 따라 돈을 받는다. 많은 온라인 광고 서비스와 마찬가지로, 구글 애드센스는 광고 수입이 최소한의 금액–애드센스의 경우, 100달러–을 넘었을 때만 대가를 지불한다.

특정한 주제–블로그 포스트의 주제와 어떠한 관련이 있는 것–에 관한 광고들이 그 주제와 전혀 관련이 없는 광고들보다 더 많은 클릭을 끌어들인다는 것을 볼 수 있을 것이다. 애드센스는 가능하다면 자기의 포스트와 관련이 있는 광고를 자동적으로 게재하도록 한다. 불행하게도, 이러한 선정 과정은 오직 주제에만 초점을 맞추기 때문에 당신의 블로그 포스트의 톤이나 견해는 무시되기 쉽다. 2008년 대통령 선거 운동 기간 중 존 매케인(John McCain)을 비판한 나의 블로그 포스트는 매케인을 지지하는 광고를 유치했다. 만약 그러한 광고를 반공화당인 블로거가 거부한다면, 구글 애드센스는 원하지 않는 특정의 주제의 광고를 솎아내는 방법도 제공하고 있다. 다만 광고 코드를 처음 창안할 때 그것을 갖추어놓지 않으면 원하지 않는 광고가 그 블로그에 나타날 수 있는 것이다. 다행히도 광고 시작 후에라도 코드는 언제라도 수정될 수 있다.

동영상이나 이미지를 이용한 광고가 그냥 문장만으로 된 텍스트 광고보다 더 많은 클릭을 유도한다고 느낄 수 있을 것이다. 광고를 싣는 위치에 따라 광고 수입도 달라진다. 블로그 상단에 위치한 텍스트 광고가 측면의 사이드 바에 실린 독특한 이미지 및 동영상 광고보다 더 많은 히트 수를 만들어낼 수도 있다. 그러나 블로그의 상단에 광고를 실으면 사이드 바에 싣는 것보다 상업적인 냄새를 더 풍기게 된다. 그래서 블로거는 선택을 해야 한다. 블로그의 외양과 수입 중 어느 것이 더 중요한가? 물론 가능한 한 상업적으로 블로그를 이용할 생각이라면 선택은 뻔해진다.

가장 중요한 점은 자신이 광고의 주제에 관해 어느 정도의 통제력을 갖는 것은 물론이고 광고의 종류(텍스트, 이미지, 동영상)와 게재 위치에 대해 전적인 통제권을 갖는다는 것이다. 어떤 조합이 자기의 블로그를 최대로 부각시키고 어떤 방법이 최대의 수입을 창출할 수 있는지 직접 실험을 통해 알 수 있을 것이다.

2. 아마존(Amazon)은 다른 방법을 사용한다. 블로그에 아마존의 도서 또는 도서 외의 제품 광고를 실은 상태에서 누가 그 광고를 클릭하여 아마존으로

부터 무엇을 살 때마다 일정 비율로 수입을 얻는다. 그 퍼센트는, 2009년 1월 현재, 처음 6개 판매에 4퍼센트로 시작하여, 7개 이상이 되었을 때 6퍼센트, 33개 이상은 6.5 퍼센트 등이었다. 저자로서 나는 여러 블로그에 내가 쓴 책에 대한 광고를 싣는 것이 매우 생산적인 일이라는 걸 안다. 그러나 자신이 꼭 아마존에서 취급되는 유명 저자가 될 필요는 없다. 어떤 책이 자신의 블로그 주제와 관련이 있는지 알기 위해 사전 조사를 해야 한다는 것이다.

예를 들어, 시간 여행이 중요한 역할을 하는 〈로스트〉의 4부작이 방송되고 있을 때 그 비평 블로그에 나는 내 여행 소설 『소크라테스 구출 작전』에 대한 아마존 광고를 실었을 뿐 아니라 아이작 아시모프의 『영원의 종말』과 로버트 헤인레인(Robert Heinlein)의 『여름으로 들어가는 문』 같은 시간 여행 고전들의 광고를 실었다.

아마존은 책만 파는 서비스가 아니므로 다른 여러 가지의 제품들을 파는 데도 아마존의 연관 서비스를 이용할 수 있다. 예를 들어, 음식에 관한 블로그를 가졌다면 블로그에 식품, 음료, 식기 등에 관한 아마존 광고를 실을 수 있을 것이다.

카페프레스(CaffePress)도 비슷한 방식으로 운영되고 있다. 커피 머그나 티셔츠 등에 쓸 로고를 디자인하고 블로그에 그 품목에 관한 광고를 싣는다. 카페프레스는 주문이 들어오자마자 그 제품을 생산하며–주문 출판처럼–블로거에겐 전혀 비용이 발생하지 않는다. 카페프레스는 그 제품 가격을 책정하고 블로거는 자기가 원하는 만큼의 수수료를 그 위에 얹으면 된다. 디자인한 로고가 자기의 블로그를 위한 일종의 광고라면, 매출이 일어날 때마다 수수료도 벌고 좋은 홍보 효과까지 누릴 수 있다.

그러나, 아마존과는 달리, 카페프레스상에서는 멋진 로고를 디자인할 수 있는 재능을 갖추든지 아니면 대신 그 일을 할 수 있는 사람을 고용 또는 설득해야 한다. 이와는 대조적으로, 아마존은 블로그에 필요한 책 내용을 담은 광고 표지와 모든 판매 제품의 이미지를 제공해준다.

3. 구글 애드센스와 아마존의 경우에는 광고를 블로그에 올릴 때 아무것

도 바뀌지 않는다.–그 광고들은 텍스트의 하단, 측면, 상단 또는 중간(원한다면)에 실릴 수 있다. 다른 광고 서비스인 페이퍼포스트(PayPerPost)는 다른 방식으로 블로그 금전화를 추구한다. 즉, 페이퍼포스트가 제시하는 주제에 관해 포스트를 쓰는 대가로 돈을 받는다.

페이퍼포스트는 광고주에게서 주문을 받은 다음 그 주문에 해당하는 주제의 블로그 포스트를 쓰는 블로거에게 5달러에서 500달러까지 지불한다. 받는 수입은 그 블로그의 인기에 따라 결정된다.–그 포스트를 얼마나 많은 독자가 읽을 것인가에 대한 광고주의 기대치에 따라 값이 정해진다.

이런 종류의 블로그 영업의 가장 큰 이점은 블로그 포스트에 대한 수입이 확실하다는 것이다. 2007년 한 해 동안 페이퍼포스트에서 가장 돈을 많이 번 사람은 블로그 주문 제작으로 1만 2,000달러 이상을 벌었다.

이런 블로그의 단점은 자기가 올리고 싶지 않은 주제의 글을 오로지 돈 때문에 쓰도록 유혹받을 수 있다는 점이다. 따라서 이런 행동은 뉴뉴미디어와 블로깅의 최대의 장점을 약화시키는 행위라고 볼 수 있다. 글을 승인, 또는 거절할 수 있는 게이트키퍼가 없는 상태에서 원하는 것은 무엇이든지 쓸 수 있는 권리. 올바른 길은 아마도 자신이 이미 알고 있고 좋아하는 제품에 관한 평가를 하는 것일 것이다. 그러나 그렇게 쉬운 결정이 아닐 수도 있다. 썩 좋지는 않지만 그래도 괜찮다고 생각하는 제품에 대하여 긍정적인 포스트 쓰기를 거절하고 500달러를 포기할 수 있겠는가?

독자에게 정직해야 한다는 원리 때문에 이런 종류의 돈벌이와 연관된 블로깅에서 갈등이 발생할 수도 있다. 페이퍼포스트는 운영 지침상 모든 배정된 포스트가 상업성 포스트임을 분명하게 밝히는 것을 고수하고 있다. 그리고 혼동을 줄이기 위하여, 모든 참가 블로거에게 구매된 포스트 한 개당 최소한 하나 이상의 비상업적 포스트를 게재하도록 요구하는데 그 이유는 광고성 포스트를 확실히 구분할 수 있도록 하기 위해서다. 그러나 이와 반대로 운영되는 다른 '돈벌이 블로그' 서비스들도 있다.–이런 논리는 독자들이 포스트가 광고주의 돈에 의해서 생성된 것이 아니고 글을 쓴 블로거의 마음과 가슴에서 우러난 것이라고 생각한다면 보다 심각하게 포스트를 수용한다는 논리에서 온 것 같다.

사실 페이퍼포스트도 광고주와 블로거가 모두 원하면 이런 방식의 포스트도 약간은 허용한다. 다만, 페이퍼포스트는 이런 방식을 권장하지 않으며 단지 양쪽이 합의한 사항을 이행하는 브로커의 입장에서 기꺼이 허용하는 것이다.

이와 관련된 또 다른 문제가 블로그 포스트의 일반적인 주제로부터 일어날 수도 있다. 자기가 이미 보고 좋아했던 영화나 또는 오래 기대하던 영화를 우호적으로 비평하는 것 같은 것은 문제가 안 된다. 그러나 어떤 이슈나 특정 후보자를 대신하여 글을 써달라는 요청이 달린, 정치적 · 사회적 이슈를 위한 페이퍼포스트의 블로깅을 할당받는 경우는 어떤가? 당신이 그 이슈에 대해 아무리 호의적이어도, 그리고 모든 다른 포스트에는 아무런 안내 문구가 없고 오로지 그 한 개의 포스트에 페이퍼포스트의 안내문이 적혀 있다고 해도, 그러한 정치적 포스트를 수임하는 것은 나머지 모든 비상업성 포스트에 실리는 내용까지도 독자들에게 의심을 살 것이다. 당신의 독자들이 당신의 블로그에서 읽는 정치적 분석이 100퍼센트 당신의 것이라고 100 퍼센트 믿게 만들기를 원한다면, 가장 안전한 방법은 어떠한 페이퍼포스트도 하지 않고, 정치적 · 사회적 주제에 대한 배당된 블로그 포스트 작업을 피하는 것이다(이 장의 후반에 나오는 '블로거와 로비스트' 참조).

4. 페이팔 기증 위젯–디지털 머니 팁 단지(tip jar)–은 전체 블로그 사이트 어디에나 또는 특정 블로그 포스트에 설치할 수 있다. 페이팔은 다른 페이팔 계좌나 전통적인 신용카드로부터 돈을 지불받은 후, 다른 페이팔 계좌로 그 돈을 이체하는 온라인 뱅킹 서비스라고 할 수 있다. 페이팔 계좌 소유자는 페이팔상에 있는 돈을 원하는 자기의 은행 계좌로 이체할 수도 있다.

페이팔 기증 단추는 블로그상에서 얼마나 많은 돈을 조성할 수 있을까? 나의 1999년판 저서 『실크 코드』에 관한 2007년 숀 패럴(Shaun Farrell)의 파디오북(podiobook)은 하나의 교훈적인 예다. 파디오북은 파디오북닷컴(Podiobook.com)의 온라인으로 주간 단위로 나오는 무료 오디오북이다(상세한 내용은 "10장, 팟캐스팅" 참조). 이 '실크 코드' 파디오북은 2007년에 다운로드된 톱 20대 파디오북 중의 하나이다(20대 내에서 몇 위였는지는 발표되지 않았다). 1,000명 이상의 사람들이 그 소설의 전부 또는 일부를 다운로드 받았다. 패럴은 그의 블로그 페이지에 올라 있던 페이팔 기증 박스를 통해 약 100달러를 받았다.

그러나 파디오북은 전형적인 블로그는 아니다. 파디오북이 일반적인 블로그와 다른 면은 파디오북은 어차피 오디오북을 구입할 사람들에게 호소하기 때문에, 저자(패럴의 경우엔 해설자)에게 돈이 가는 경우가 있을 수 있다. 이와는 대조적으로, 블로그 저자들은 팁 단지에 1년에 몇 달러만 들어와도 다행이라고 여긴다.

5. 블로그로 돈을 버는 다섯 번째 방법은 가장 오래된 형태의 광고 행위이며 뉴뉴미디어보다 이미 수 세기 전부터 있던 형식이다. 즉, 광고주로부터 직접 돈을 받고 그 광고주의 광고를 블로그에 올리는 것이다. 이는 구글 센스를 통하는 것보다 훨씬 많은 돈을 받을 수 있다.—블로그를 읽은 사람의 수를 기초로 하여 블로그 광고 시장이 감내할 수 있는 한도 내에서 얼마든지 금액을 정할 수 있다. 그러나 구글 애드센스라는 중간자를 통하지 않을 때의 어려운 점은 광고주를 직접 찾아 나서든지 아니면 광고주가 자신을 찾아올 때까지 기다려야 한다는 사실이다.

이러한 종류의 광고는 1500년대, 1600년대, 1700년대에 신문들이 등장할 때로 거슬러 올라가는데—당시에 그것들은 '팸플릿'이라고 불렸다—다음과 같이 발전해나갔다. 원래 인쇄인들은 유럽의 경우 왕들로부터 재정적인 지원을 받았고 특히 운이 좋은 인쇄인들은 '왕립 인쇄인'이라고 지정되기도 했다. 왕들은 인쇄업자들이 자기들에게 우호적인 이야기를 출판하기를 기대하였는데 그 와중에 어떤 인쇄인들은 이러한 환경에 불만을 갖기 시작했다.

신세계(미국 대륙)의 생산품을 가득 실은 선박의 상인들은 이런 인쇄업자들에게 출구를 제공하였고, 그로 인하여 진정 민주주의의 경제적 토대가 되는 해결책을 제공한 셈이었다. 상인들이 자기들의 상품을 알리는 공고문, 즉 오늘날 우리가 광고라고 부르는 것을 게재하고 인쇄인들에게 대가를 지불했다는 것이다. 이러한 공고문을 싣고 나서 나머지 지면에는 자기들이 원하는 것은 무엇이든지 인쇄할 수 있었다. 인쇄인들은 왕의 영향력에서 해방되고 왕의 정치적 지배에서 자유로워지게 되었다. 이것이 처음으로 성공한 곳은 영국이었고 그다음이

미국이었으며, 정부는, 민주주의하에서도, 언론을 통제할 수 없다는 제1차 수정헌법이 입법화되는 계기를 만들었다(2005년에 발행한 나의 저서 『제1차 수정헌법 경멸하기』에서 미국에서조차 이 수정헌법은 항상 잘 지켜진 것은 아니라고 기술되었다. 이 장의 후반부 '제1차 수정헌법' 참조. 또한 광고의 등장과 그것이 가져온 정치적 결과를 위해서는 '더 소프트 에지', Levinson, 1997 참조).

상인들은 상품을 알리는 기회를 얻고 인쇄업자들은 돈을 얻는 상호 이익의 관계, 즉 광고와의 공생 관계는 미국의 매체 발전의 근간이 되었고, 한 단계 더 나아가 신문과는 달리 청취자와 시청자에게 무료로 방송 내용을 제공하는 라디오와 텔레비전의 시대에도 계속되었다. 소비자들은 수신 장비–라디오 수신기와 텔레비전 수상기–만 돈을 주고 구입하면 콘텐츠는 무료로 받았다. 라디오와 텔레비전 네트워크는 무료 프로그램으로 소비자를 끌어들이고, 대신 광고주에게 광고 시간 또는 그 시간대에 기대되는 수용자 숫자 대비 광고비를 측정해 팔았다. 무료 블로그는 그러므로, 그것이 신문기사처럼 문자로 쓰이기는 하지만, 돈을 받지 않는다는 점에서는 전통적인 방송 매체와 비슷하다. 그리고 무료 콘텐츠라는 것이 뉴뉴미디어의 특징 중 하나이지만, 그 특징은 사실 뉴뉴미디어 이전에 이미 오래된 방송 미디어에서 시작되었었다. 아이러니하게도 비록 무료의 라디오와 텔레비전은 늘고 있지만, 유료 케이블과 무료성 뉴뉴미디어가 수용자를 빼앗아 가고 있기 때문에 텔레비전의 시청자는 지난 20여 년 동안 계속 줄어들고 있다(Associate Press, 2008; Cheng, 2008 참조. 9세에서 17세 사이 시청자의 64퍼센트는 텔레비전 프로그램을 온라인으로 시청한다. 이는 젊은 시청자에겐 이 두 미디어가 호혜적 관계를 갖고 있음을 예시한다).

모든 전통석 유료 광고 사례를 보면, 광고비는 CPM(cost per thousand)에 기초하여 산정되는데 이것은 1,000명의 수용자가 그 광고를 듣거나 봤을 경우 대비 계산하는 것이다. 닐슨 레이팅스(Nielsen Ratings)란 시청률에 의해 보고되는 것처럼 텔레비전은 시청자 숫자의 많고 적음에 따라 살기도 하고 죽기도 한다. 닐슨 시청률은 텔레비전을 시청하는 전체 가구에 대한 조사를 모집단의 표본을 통하여 집계가 된다. 그와 달리 웹상에서 블로깅이란 뉴뉴미디어는 블로그의 방문자 수를 표본이 아닌 직접 집계로 뽑아낸다(이 장의 후반부 '블로그의 구독률 측정'

참조).

인쇄나 방송 매체에서는 불가능한 일이지만 블로그는 광고비를 지불하는 사람들에게 훨씬 세련된 광고 환경을 제공할 수 있다. 여기서 독자나 시청자는 광고를 읽거나 보는 것은 물론이고 그 광고를 클릭하여 상품 구입에까지도 연결될 수 있다. 이럴 경우 블로거는 판매액에 따라 일정 비율의 금액을 받는다. 또 우리가 앞의 예에서 보았듯이 누가 광고를 보고, 그 광고에 클릭했지만 상품을 사지 않았을 경우에도 구글 애드센스에서 돈을 지불받는 또 다른 수입 구조도 있다.

텔레비전, 라디오, 신문은 얼마나 많은 사람들이 그 광고를 보거나 들을 수 있을 것인가(CPM)에 기초해서 광고 가격을 고정하여 적용한다. 이와는 대조적으로(광고주로부터 직접 수주하는 블로그 광고의 경우를 빼 놓고는) 블로거는 임프레션 노출과 클릭의 횟수에 따라, 또는 광고를 통해 발생한 실제 판매 결과에 따라 돈을 받을 수 있다. 수입이 임프레션의 숫자에 따라 고정 가격으로 결정 될 때에는–실제 구매나 클릭의 숫자 이외의 다른 요인에 따라 결정 될 때–자기의 블로그 구독률을 정확히 측정하는 것은 아주 중요한 일이다.

블로그로 돈을 버는 이 다섯 가지 방법–구글 애드센스, 아마존 광고, 페이퍼포스트, 페이팔 도네이션 그리고 직접적인 광고 구매–은 모두 블로거의 완벽한 통제하에 운영될 수 있다. 이 장의 후반에 나오는 '타인을 위한 블로깅'에서는, 당신이 다른 어떤 사람을 위해 블로그를 했을 때 발생할 수 있는 수입에 관해 생각해보기로 하겠다. 그러나 그보다 먼저 블로그란 매개로 수입을 올리는 것이 블로깅의 의사소통 및 민주주의적 이상과 어디까지 양립이 가능한 것인지 좀 더 상세하게 고려해보기로 한다.

■ 수익 창출은 블로깅의 이상과 양립이 불가능한가?

블로그 세계에 있는 모든 사람이 블로깅을 통한 수익 창출에 관하여 긍정적인 것은 아니다. 《엔터테인먼트위클리》와 그 유명한 버즈머신(BuzzMachine) 블로그의 창시자인 제프 자비스(Jeff Jarvis)는 페이퍼포스트 모델의 '문제'에 대한 자기의 견해를 다음과 같이 썼다. "광고주들은 블로거의 목소리를 사려고 노력하고, 사들이는 순간 그 목소리는 광고주들의 소유가 된다"(Friedman, 2007).

'미국의 미래를 위한 캠페인(The Campaign for America's Future)'의 수석 연구원인 데이비드 시로타(David Sirota)는 블로깅의 광고로부터 또 다른 종류의 해악이 일어난다고 보았다. 조너선 마틴(Jonathan Martin)이 폴리티코닷컴(Politico.com)에 오바마 대통령 당선자의 2008년 12월 7일자 〈미트 더 프레스(Meet the Press)〉 출연에 관해 보도한 것을 비판하면서—오바마는 세금과 이라크에 관한 그의 선거 공약에서 '후퇴하고'(마틴의 용어) 있었다면서 다음과 같이 결론을 맺었다. "나는 (마틴의) 이야기에 링크를 하지 않는다. 그 전적인 이유는 폴리티코가 이런 엄청난 거짓말을 만들어 사람들로 하여금 그 이야기에 링크하여 트래픽을 올려서 종국에는 광고 수입을 끌어들이려 하기 때문이다"(Sirota, 2008).

자비스는 블로거에게 돈을 지급하는 것을 블로거의 입에, 아니 블로거의 손가락에 자기가 원하는 말을 집어 넣는 것과 동일한 것으로 본 반면, 시로타는 독자의 수를 늘리고 광고 수입을 늘리려는 욕망이 '엄청난 거짓말'의 블로그를 쓰게 만든다고 보았다.

위의 두 가지 염려는 다 일리가 있을 수도 있다. 그러나 역사적인 맥락에서 신문에 의한 돈의 추구를 놓고 살펴보기로 하자. 왜 그리고 어떻게 해서 광고가 신문에서 수입원 역할을 하게 되었는가? 그리고, 만약에 해가 있었다면, 이것으로 인해 자유로운 신문에 정확히 무슨 해악을 초래했는가?

앞에서 우리가 본 바와 같이, 신문이 광고를 채택한 것은 첫째로 유럽의 군주들에게 경제적으로, 또한 정치적으로 의존하던 관계에서 자유로워지기 위함이었다. 그리고 우리가 아는 한 역사적으로 신문과 일반 매체에는 세 개의 수입원이 있었다.

하나는 정부의 지원인데 이것은 항상 정부의 미디어 통제로 이어졌다. 그것이 구 소련의 프라우다이거나 영국의 BBC, 아니면 그 수백 년 전 헨리 8세 시대 왕립 신문이라도 정부의 재정적인 지원은 항상 미디어를 정부의 기관지로 만들었다. 전체주의 사회에서 이것은 큰 문제가 되지 않는다. 왜냐하면 정부가 어차피 모든 것을 통제하기 때문이다. 그러나 민주주의 사회에서 언론에 대한 정부의 통제는 민주주의 근본을 흔들 수 있다. 왜냐하면 그것은 언론이 정부의 비판자 역할을 하지 못하게 하고 정부가 잘못을 국민에게 알리는 보도를 하지 못하도록 막기 때문이다. 예를 들어, 포클랜드 전쟁 중에 영국 정부는 그 전쟁에 관한 BBC의 보도를 통제하고 검열했다(상세한 내용은 Levinson, 1997 참조). 영국에서 민주주의가 일어나고 꽃을 피울 수 있었던 이유 중 하나는 인쇄인들이 군주의 통제를 끊을 수 있었기 때문이었다. 토머스 제퍼슨(Thomas Jefferson), 제임스 매디슨(James Madison), 제임스 먼로(James Monroe)는 민주주의 사회에서의 자유 언론의 막중한 역할을 잘 이해하고 있었고, 그것이 그들로 하여금 우리의 제1차 수정헌법을 주장함으로써 언론이 정부의 명령으로부터 완전한 자유를 누릴 수 있도록 보장한 이유였다.

미디어의 두 번째 수입원은 공중에 의한 미디어 구매 혹은 임대이다. 신문, 잡지, 서적, DVD, CD의 판매와 영화관 티켓(일종의 임대료라고 볼 수 있음)의 판매는 많은 미디어들을 위해 좋은 수입원이었다. 그러나 최근 들어 신문 판매는 그다지 좋은 수입원이 못 된다. 《뉴욕타임스》는 신문 한 부를 팔 때마다 적자를 보고 있다. 《빌리지 보이스(The Village Voice)》는 신문 값은 이미 오래 전부터 포기했으며 지난 10년 동안 무료로 보급하고 있다. 신문사들이 이런 방식을 택한 이유는 광고 수입을 올리기 위해서는 독자의 숫자를 높게 유지하는 수밖에 없기 때문이다.

더욱이, 어쩌면 무엇보다도 먼저, 블로그를 읽는 데 요금을 내라고 한다면 대중에게 무료로 제공한다는 원래 블로깅과 뉴뉴미디어의 취지가 크게 흔들릴 것이고 그것은 블로그를 무료로 유지하기 위해 광고를 싣는 것보다 더 큰 타격을 가져올 것이다(그러나 2009년 5월 아마존은—뉴뉴미디어가 아닌 뉴미디어이지만—전자책을 유료화한 다음 킨들[Kindle] 블로그 사용자들에게 1달러 내지 2달러의 월정 블로그 구독료를 요구했다[Brown, 2009 참조]. 킨들은 보통의 무선 접속 장치 없이 웹에서 콘텐츠를 받을 수 있게 되어 있었으므로 그러한 요구가 부당하다고 생각되지 않을 수 있다. 특히 독자가 노트북이나 인터넷 기능이 가능한 한 휴대전화와 멀리 있는 상황을 참고했을 때 소구력이 있다).

과거 수백 년 동안 미디어의 제3의 수입원은 무엇이었을까? 그것은 광고였다. 우리가 플라톤(Platon)적인 이상향에서 거주한다고 가정하면 광고 같은 것은 필요 없을 것이다. 신문이나 잡지 같은 구매체는 몰라도 블로깅은 광고와 관련을 맺지 말아야 한다는 주장이 있을 수 있다. 부유한 개인이 아무 사심 없이 자기가 본 대로, 느낀 대로 진실을 써야지 그 내용에 대해 돈을 받음으로써 실체건, 외양이건, 그것을 오염시켜선 안 된다는 것이다. 그러나 우리는 그런 이상향에 살고 있지 않다. —우리가 살고 있는 이 세상에서는 블로거든 어떤 매체의 종사자든 먹어야 산다. 나도 학생을 가르치는 걸 사랑한다. 그러나 그 일을 무보수로 한다는 것은 꿈에도 생각해본 적이 없다. 왜냐하면, 나는 모기지(mortgage)도 내야 하고 전기료도 지불해야 하고, 그리고 아이들이 다 크긴 했지만 때때로 그들에게 얼마 정도의 금전적 보조도 하고 싶기 때문이다.

그러면 더 구체적으로 들어가서, 페이퍼포스트가 쓰는 방법이나 광고수입의 추구로 인해 블로그에 손상이 갔다는 증거는 무엇인가? 시로디는 그 악명 높은 《뉴욕타임스》 기자가 거짓 기사를 만들고 표절한 사실이 밝혀진 후(Levinson의 '제이슨 블레어에 관한 면담', 2003) 'Politico's Jason Blair'라는 제목의 포스트에서 고의는 아니겠지만 다음과 같은 요지를 설득시키고자 했다. '고급 신문의 대명사'인 《뉴욕타임스》가 제이슨 블레어로 인해 지면을 '무도한 거짓말'로 먹칠하고 말았다. 그렇다면 《뉴욕타임스》가 광고 수입을 늘리기 위해 이러한 상황을 관망했었다는 말인가?

아마도 더 적절한 설명은 광고와 거짓 보도와는 아무런 인과관계가 없고 기자를 포함하여 모든 인간의 유약함 때문에 일어난 일이라고 해야 할 것 같다(1976년 광고주가 반대한다는 이유로 기사를 죽인 《뉴욕포스트》의 발행인 도로시 쉬프를 보려면 Nissenson, 2007 참조). 더욱이 페이퍼포스트의 블로그가 거짓말로 공중을 속였다는 어떠한 증거도 아직까지는 없다. 광고주에 의한 상업성이라고 표시된 포스트 전후로 블로거의 의지대로 적힌 포스트를 명백히 한다면 신문 독자들이 광고와 편집인의 의견을 쉽게 구분할 수 있듯이 돈을 받고 실은 포스트와 블로거의 진짜 '목소리'를 구별하는 것이 그다지 어렵지는 않을 것이다.

■ 이미지, 동영상, 위젯으로 블로그 꾸미기

블로그의 광고는 문장, 이미지, 동영상 형태로 만들어진다. 아마존닷컴(Amazon.com)의 광고는 판매용 도서의 이미지로 광고를 만들어내고 있고, 구글의 애드센스는 이미 앞에서 언급한 것처럼 문장, 이미지, 동영상을 필요에 따라 쓰고 있다. 그러나 이미지나 동영상은 또한 블로그를 더 흥미롭고, 다채롭고 멋지게 보이도록 그 블로그에 등장하는 경우도 있다. 블로그 포스트에 그림을 넣어서 보는 이의 눈길을 끌기도 하는데 이는 광고 수입과는 전혀 관계가 없는 일이다.

많은 블로그 플랫폼은(블로그스팟과 같은, 이 장의 후반부에 나올 '서로 다른 블로깅 플랫폼' 참조) 블로거로 하여금 다른 블로그에 이미지나 동영상을 업로드할 수 있도록 허용한다. 동영상의 경우에는 유튜브가 제공하는 코드를 이용하여 쉽게 블로그 내에 삽입시킬 수 있다.

포토버킷은 이미지를 공급하는 무료 사이트의 한 예다. 모든 이미지에는 HTML 코드가 붙어 있어 블로그에서 그 이미지의 크기와 위치를 원하는 대로 변경시켜 편집할 수 있다. 이미지를 왼쪽 또는 오른쪽으로 옮겨놓을 수도 있고 문장으로 그 이미지를 감쌀 수도 있다. 이미지 코드에 링크를 넣어서 독자가 그 이미지를 클릭하면 링크 안의 웹상에 있는 페이지로 옮겨갈 수 있게 만들어져 있다. 바로 이것이 아마존과 구글의 이미지 광고의 작동 방식이다.

플리커는 이미지를 공급할 뿐 아니라 사실상 사진 블로그, 아니면 사진으로 하는 유튜브, 즉 보는 사람을 자기의 사이트로 끌어오기도 하고, 블로그에 삽입 가능한 내용을 공급하는 역할도 한다.

위젯은 블로그 포스트 및 동영상과 모든 종류의 링크가 하나의 블로그나 웹 페이지에 통합되는 방식이라고 보면 된다. 통상 다른 하나의 사이트에만 연결하는 '버튼(button)'과는 확연히 다르게, 위젯은 수많은 곳으로 연결되도록 고안되었다. 예를 들어 마이스페이스와 페이스북은 '버튼'과 '배지(badge)'를 공급하여 독자로 하여금 특정한 프로필로 연결할 수 있게 해준다. 반면 아마존과 트위터는 위젯을 공급하여 독자로 하여금 그 시스템 안의 수많은 페이지와 연결할 수 있도록 한다.

위젯은 아마존닷컴 같은 회사들이 블로그나 웹사이트의 독자들이 아마존의 상품을 볼 수 있게 하기 위해 블로거에게 공급되기도 하고(아마존 어소시에이트가 되면 판매가의 일정액을 지급받는다. 이 장의 앞에 나온 '블로그로 돈 벌기' 참조) 제품 같은 것을 전혀 판매하지 않는 네트워크나 조직체에 의해 공급되기도 한다. 예를 들어 트위터의 위젯은 당신의 독자들로 하여금 트위터를 볼 수 있게 하고 트위터상의 특정인이나 모든 사람들의 한 줄짜리 현황 공고문을 읽어볼 수 있게 한다. 어떤 경우든 위젯 자체는 무료로 공급된다. 사실상 한 웹사이트의 위젯은 다른 웹사이트로 무수하게 연결하는 일을 해냄으로써 거대한 웹에서의 작은 벽돌 구실을 하는 셈이다.

정적(static)인 링크와 비교해볼 때 확연히 구별되는 위젯의 특성 중 하나는, 위젯은 목적에 따라 변화에 능동적이고, '동적(dynamic)'이라는 점이다. 아마존은 블로그 포스트의 내용에 맞춰 변화될 수 있는 자사 상품에 링크 가능한 위젯을 제공한다. 예를 들어 내가 만일 텔레비전 시리즈인 〈덱스터(Dexter)〉에 관한 평을 나의 포스트에 올리면 나의 아마존 위젯은 〈덱스터〉 소설과 이미 방송이 끝난 지난 시즌의 그 드라마 DVD를 전시할 것이다. 구글의 애드센스 광고도 이와 똑같은 방법으로 운영된다. 트위터의 위젯도 가장 최근의 트윗을 보이기 위해 끊임없이 재생된다. 나는 또한 '위젯 박스(Widget Box)'란 조직으로부터 나온 '정치' 위젯을 이용하는데 그것은 제3의 방법이라고 할 수 있다. 위젯 박스 네트워크(기존의 부문은 텔레비전, 과학 그리고 기타 유형이다)의 '정치' 부문 블로그 중에서 가장 인기 있는—가장 많이 읽히는—정치 포스트로 연결할 수 있는 링크와 함께 헤드라인을 전시하는 방법이 그것이다. 위젯 박스는 또한 블로그에 있는 포스트들의 목록을 업데이트해주는 위젯을 공급한다. 이런 위젯은 특히 두 개 이상의 블로그를 운영하고 독자들의 왕래를 자유롭게 하고 싶다면, 그리고 당신의 위젯을 자기들의 블로그나 웹 페이지에 올려줄 수 있는 친구들을 가지고 있다면, 아주 유용하게 쓸 수 있다. 블로그스팟과 같은 블로깅 플랫폼은 트위터 위젯과 아주 유사한 위젯, 즉 다른 블로그의 가장 최신 포스트의 목록에 링크를 하여 자신의 '블로그롤(blogroll)'에 옮겨올 수 있게 만든 위젯을 포함하여 수많은 위젯을 제공하고 있다.

어댑티브 블루(Adaptive Blue)는 가장 세련된 위젯을 제공하는 것으로 알려져 있다. 나는 내 소설에 하나, 그리고 내 논픽션 도서에 이용하기 위해 또 하나를 가지고 있다. 그 위젯에는 내 책의 표지들이 전시되어 있다. 그 표지를 클릭하면 온라인으로 책을 구입할 수 있는 장소(아마존, 반스&노블, 파월스)와 그 책에 대한 비평으로 연결되는 링크가 뜬다. 그뿐 아니라 그 책에 관한 위키피디아와 구글의 페이지(만약 존재한다면)와 그 책에 관해 논의가 가능한 페이스북, 트위터는 물론 다른 소셜미디어까지도 연결이 가능하게 해준다.

어댑티브 블루 위젯 링크의 다양성은 웹의 상용화에 관하여 또 다른 관점을 가져왔다. 비록 어댑티브 블루 위젯이 아마존이나 구글 애드센스의 위젯과는 달리 그 자체가 상업적인 것은 아니지만, 광고 체제인 아마존과 같은 사이트와 페이스북과 같은 뉴뉴미디어에 쉽게 연결이 가능하다. 이와 유사하게, 위젯박스의 정치 위젯에 있는 정치 블로그는 당신의 블로그 성향과 상관없이 구글의 애드센스 또는 어떠한 종류의 광고를 보여줄 가능성이 많다. 자신이 만약 웹상에서 돈을 번다는 그 자체가 체질적으로 안 맞고 또한 어떠한 종류의 수입 창출을 돕는 것조차 혐오한다면 위젯을 선택할 때 대단히 신중해야 한다.

■ 블로그의 구독률 측정

웹 페이지에서 자신의 글을 보는 재미만을 느끼기 위해—대부분의 필자들에겐 이것이 확실한 동기 요인이긴 하지만—블로그를 하지 않는다면 얼마나 많은 사람들이 블로그의 글을 읽고 있는지와 블로그의 인기를 측정하는 다른 통계 수치에도 관심이 생길 것이다.

스탯카운터(Statcounter)나 사이트미터(SiteMeter) 같은 서비스들은 얼마나 많은 사람들이 당신의 블로그를 방문했는지에 대한 자세한 정보를 제공해준다. 그 자료에는 방문자의 숫자, 그들이 읽은 페이지, 어디에서 온 방문자인지(어느 나라, 어떤 웹사이트 등), 얼마나 오랫동안 당신의 블로그에 머물렀는지, 당신의 블로그를 떠나 어디로 갔는지(무슨 링크를 그들이 클릭했는지) 등이 포함되어 있다. 기본적인 서비스는 무료이고 더 큰 방문자 집단의 분석을 원하면 별도로 요금을 받는다.

테크노라티(Technorati)는 다른 방법으로 블로그의 인기를 측정한다. 즉, 얼마나 많은 다른 블로그가 한 블로그에 연결되었는지를 측정한다. 더욱이 테크노라티는 당신의 블로그에 연결한 모든 블로그를 추적하여 자료를 추출한다. 500개씩의 링크를 가진 열 개의 블로그에 연결되는 것이 다섯 개씩의 링크를 가진 100개의 블로그에 연결되는 것보다 더 대단한 것이다. 왜냐하면 전자의 경우가 후자의 경우보다 더 많은 독자들이 당신의 블로그를 볼 가능성이 있기 때문이다.

알렉사는 다른 보완적 방법을 써서 독자의 수, 링크, 성장률 등에 기초하여 만든 공식에 따라 블로그의 순위를 집계한다. 구글 페이지랭크(PageRank)도 이와 비슷한 서비스를 하지만 그 측정 기간이 더 길다. 이 두 개의 시스템은 랭킹을 정할 때 사용하는 정확한 연산 방식(algorithms)에 관하여 비밀을 유지하는데 그것은 비도덕적인 블로거나 웹사이트 개발자들이 높은 랭킹 달성을 목적으로 자료를 조작하거나 '게이밍(gaming)'을 하지 못하게 하기 위한 조치다.

그러한 '게이밍'은 인기를 재거나 인기에 대한 순위를 만드는 다른 시스템에서도 볼 수 있는 행위다. 제5장에서 보게 될 디그는 독자들로부터 제출받은 '디그스(Diggs)'와 '베리스(Buries)'의 숫자를 토대로 머릿기사, 이미지, 동영상 등을 싣게 된다. 그 숫자를 부풀리려는 시도와 바로 그걸 막으려는 디그의 노력이 디그의 운영과 관련된 주요 드라마다. 지위가 '친구들(Friends)'의 숫자로 결정되는 페이스북과 마이스페이스 같은 뉴뉴미디어의 경우에도 마찬가지다.

■ 서로 다른 블로깅 플랫폼

내 블로그(InfiniteRegress.tv)는 구글의 '블로그스팟'(또는'Blogger'라고 불림) 플랫폼을 사용한다. 무료라는 이점만 있는 것이 아니고 다양한 블로그 템플릿을 제공하여 색상, 블로그 포스트의 포지셔닝, 사이드 바 등 블로그의 모양을 결정할 수 있게 도와주며, 또한 그것들을 가져와서 직접 자신의 템플릿을 디자인할 수 있도록 해준다. 블로그스팟 플랫폼은 새로운 코멘트의 통보와 캡차 같은 다양한 모더레이터 도구를 포함하여 코멘트를 광범위하게 통제할 수 있도록 해준다. 블로그스팟은 또한 한 사람이나 복수의 저자들에 의한 복수의 블로그를 무료로 허용해준다.

블로그스팟의 가장 중요한 특징은 블로거는 누구나 블로그의 모양이나 느낌을 결정하고 스탯 카운터나 디그 카운터 등을 쉽게 집어넣을 수 있도록 해주는 HTML 코드를 이용할 수 있다는 점이다.

마이스페이스, 아마존, 복스(Vox)와 다른 웹사이트들도 그들의 사용자에게 무료 블로그 공간을 제공하지만 HTML 코드 사용이 불가능하기 때문에 일반적으로 말해서 블로그를 관리하는 데 있어서 훨씬 미흡하다고 할 수 있다. 워드프레스(Wordpress)가 블로그스팟과 가장 유사하며 다양한 서비스를 제공하고 무료로 이용이 가능하다.

스펙트럼의 반대쪽을 보면, 몇몇 플랫폼은 블로그스팟과 거의 같은 서비스를 제공하지만 무료가 아니다. 타이프패드는 매월 최소 4.95달러(기본 서비스)에서 최대 89.95달러(비즈니스 서비스)를 부과한다. 블로그스팟과 비교했을 때 가장 중요한 장점은 더욱 특징적인 모양이고(그런 걸 블로거가 더 좋아한다는 가정 아래) 스탯 카운터와 다른 특징들을 패키지로 묶어서 서비스를 한다는 것이다. 무버블 타입은 비상업적 사용에 대해서는 무료지만(사이트에 광고가 없고 돈을 벌기 위해 사이트를 사용하지 않는 한), 그렇지 않을 경우엔 매년 49.95달러부터 99.95달러까지 요금을 받는다. 라이브저널의 기본적인 블로깅 계정은 무료이지만 이미지 보유량을 증가시킨 '업그레이드' 서비스를 사용하려면 매월 최대 2달러를 내야 한다(타이프패드, 무버블 타입, 라이브저널은 모두 식스아파트[Six Apart]라는 회사 소유다).

결론적으로 말하면, 돈 버는 일이 목적이 아니라면, 당신이 블로그를 선택할 때 가장 결정적인 변수는 당신이 가장 매력적이라고 생각하고 당신의 블로그의 목적과 이미지에 가장 잘 어울리는 것이 될 것이다. 나와 같은 구두쇠들에게는 무료인 블로그스팟이 가장 끌리지 않을 수 없다. 그리고 나는 그것이 갖고 있는 전반적인 모양도 좋아하고, 내가 블로그를 다듬어가고 통제할 수 있게 해주는 여러 가지 장치도 마음에 든다.

■ 블로거도 올드미디어 저널리스트처럼 제1차 수정헌법의 보호를 받을 동등한 자격이 있는가?

블로깅은 중요한 비즈니스다. 앞에서도 살펴보았지만 그것은 돈이 벌리는 비즈니스이고 도덕적인 이슈와 연관될 뿐 아니라 정치적 · 사회적인 영향력은 물론 신문에서 텔레비전에 이르는 올드미디어들과의 관계에서도 그 영향력은 대단하다고 하겠다. 여기서 그리고 이 장의 나머지 섹션에서 이러한 이슈들에 고개를 돌려보고자 한다. 먼저 제1차 수정헌법하에 블로거가 정부의 간섭으로부터 보호받을 수 있는지 없는지의 문제부터 시작해보자.

20세기에 들어와 미국의 대법원은 제1차 수정헌법과 언론 자유의 문제가 발생했을 때 신문과 인쇄 매체의 입장을 옹호하는 경향을 보여줬다. 《뉴욕타임스》 대 설리번(The New York Times v. Sullivan)(1964) 사건에서, 재판부는 신문이 명예훼손으로 소송당할 수 있는 상황을 아주 심하게 제한하였다. 또 《뉴욕타임스》 대 미국(The New York Times v. the United States)(1971) 사건에서는, 재판부는 《펜타곤페이퍼스》를 폐간하려는 닉슨 행정부의 기도를 저지하였다(이 사건과 이 장에서 토의되는 제1차 수정헌법과 관련된 다른 사건에 대해 더 알고 싶으면 Tedford, 1985 참조; Levinson, '제1차 수정헌법 조롱하기', 2005 참조).

언론의 다른 올드미디어의 하나인 방송 저널리즘은 신문만큼 대우를 받지 못했다. 레드 라이언(Red Lion) 방송과 연방 통신 위원회의 법정 분쟁에서 재판부는 방송국은 인쇄 매체에 비해 수가 적을 수밖에 없으므로–신문 발행인의 숫자에는 아무런 자연적, 기술적 제한이 없는 데 반해 한정된 수의 방송국만이 방송 스펙트럼을 이용할 수 있기 때문에–라디오와 텔레비전 방송국들은 반대 입장의 정치적 견해에도 '동등한 시간'을 배정해야 한다고 판결했다('공정성의 원칙'이라고 알려졌다). 뉴스 보도가 아니고 사회적 풍자 관련 사건이라고 할 수 있는 1979년 연방 통신 위원회와 패시피카(Pacifica) 재단 사건에서 연방 대법원은 FCC가 라디오 방송국에 코미디언 조지 칼린(George Carlin)의 〈세븐 더티 워즈

(Seven Dirty Words)〉 프로를 방송하지 못하게 막을 권리가 있다고 판결했다(그 이유는 사람들이 의도적으로 《플레이보이》나 《펜트하우스》 잡지를 구독하는 것과는 달리 청취자들은 라디오 다이얼을 무심코 돌리다가 그러한 불쾌한 방송을 우연히 들을 수 있기 때문이다).

뉴미디어, 또는 신문과 같은 올드미디어의 웹상의 출현은 1997년 리노(Reno)와 미국 시민 자유 연맹(American Civil Liberties Union) 간의 법정 싸움에서 대법원의 지지를 받았다. 거기서 커뮤니케이션 품위 유지법을 들춰내어 온라인 잡지에서 '품위 없는' 언어를 사용, 출판한 조 시어(Joe Shea)를 처벌하려던 검사 재닛 리노(Janet Reno)의 기도는 제1차 수정헌법의 언론 보호 조항에 위배된다는 이유로 파기되었다(Levinson, 1997 참조). 그 결정은 사실상 온라인 잡지는 라디오나 텔레비전 방송보다는 신문에 가깝다는 것을 시사한 판결이다.

그러면 블로깅과 같은 뉴뉴미디어의 경우엔 어떻게 되는가?

여기에 제1차 수정헌법의 영역을 약간 벗어날 수 있는 영역에서 전개되고 있는 언론에 대한 정부의 공권력을 가늠하는 싸움을 관찰해보기로 하자. 그것은 저널리스트가 검사나 판사에게 취재원을 공개하지 않을 수 있는 권리를 보장한다. 브랜즈버그 대 헤이스(Branzburg v. Hayes)(1972) 사건에서 대법원은 제1차 수정헌법은 저널리스트에게 취재원을 증언하거나 공표하기를 거부할 수 있는 권한을 부여하지는 않았다고 판결했다. 그러나 의회나 법원은 저널리스트에게 그러한 특권을 부여하는 법을 만들었다. 비밀수호권법의 옹호론자들은 그러한 보호 장치가 없으면 취재원이 기사에 신분을 노출시키지 않겠다는 기자의 약속을 신뢰할 수 없기 때문에 저널리스트들이 제대로 취재 활동을 할 수 없게 된다고 주장한다. 나는 이러한 주장에 동의하고 있고 나의 말은 《USA 투데이》에 실린 적이 있는데, 그건 발레리 플레임(Valerie Plame) CIA 정보 유출 조사에서 자기의 취재원을 밝히지 않아 구속된 《뉴욕타임스》 기자 주디스 밀러(Judith Miller)에 관한 내용으로 다음과 같다. "취재원을 보호했다는 이유로 기자를 감옥에 가둔다는 것은 잘못된 일이다. 설령 다른 흠이 있는 기자라 하더라도 마찬가지다"(Levinson, 2005 참조). 2005년 10월 19일 미국 상원 법사위원회 기자의 비밀수호권법 청문회에 출석한 밀러는 증언의 모두 진술에서 나의 코멘트를 인용하였다.

현재 아무런 연방 비밀수호권법이 없는 상태다. 그래서 연방 검사인 패트릭 피츠제럴드(Patrick Fitzgerald)가 밀러 기자를 투옥시킬 수 있는 판결을 얻을 수 있었던 것이다. 미국내 36개 주와 워싱턴 D.C.가 현재 비밀수호권법을 가지고 있다. 그러나 블로그를 하는 블로거나 저널리스트를 그들이 보호하고 있고 보호해야 하는가?

주디스 밀러는 〈폭스 뉴스 워치〉(2008년 12월 6일)에서 2008년 한 해 동안 전 세계에서 인쇄 매체 저널리스트보다 온라인 저널리스트가 더 많이 당국에 연행되었다고 보도했다.

2006-2007년 샌프란시스코에서 비디오 블로거 조시 울프(Josh Wolf)를 수감한 사건은 어떤 사람들에겐 '블로그하는 저널리스트'란 문구가 모순임을 보여주는 사건이라고 할 수 있다. 울프는 스코틀랜드에서 열리고 있던 G-8 정상회의에 반내하여 2005년 7월 샌프란시스코에서 벌어진 항의 집회를 비디오로 찍었다. 그는 찍은 동영상의 일부를 그 지역의 텔레비전 방송국에 팔기도 했고 나머지는 자기의 블로그에 올려놓았다. 공교롭게도 피터 쉴즈(Peter Shields)란 이름의 한 경찰관이 다른 시위 현장에서, 울프가 비디오로 찍지 않은, 데모대의 공격을 받아 두개골에 금이 가는 중상을 입었다. 울프는 당국으로부터 그가 소유한 비디오테이프를 넘기라는 요청을 받았다. 그는 이를 거부했고 감옥에 수감되었다. 미국 연방 검사 케빈 라이언(Kevin Ryan)은 법정에서 '[울프는] 어떤 공적인 사건을 우연히 녹화하게 된 비디오카메라를 가진 단순한 자연인'이라고 말했다. 미국 지방 판사 윌리엄 올서프(William Alsup)도 울프를 '스스로 주장하는 저널리스트'라고 지칭하면서 검사의 의견에 동의했다. 울프의 변호사이자 제1차 수정헌법의 옹호자인 마틴 가버스(Martin Garbus)는 이와 의견을 달리 하여 "나는 공중에게 뉴스를 가져다주는 사람을 저널리스트라고 규정하고 싶다"고 주장했다(Kurtz, 2007 참조).

울프는 2007년 4월 검찰이 울프가 증언해야 한다는 주장을 철회한 다음에야 8개월간의 수감 생활을 마치고 석방되었다. 나는 완전히 가버스의 견해에 공감한 나머지 여러 개의 블로그 포스트와 한 개의 팟캐스트를 올렸을 뿐 아니라(Levinson, 'Free Josh Wolf' 2007 참조) 울프를 대신하여 연방 검찰청에 탄원서를 썼다.

이 사건을 바라보는 하나의 방법으로, 그리고 블로거가 진정한 의미에서 저널리스트인가 아닌가를 논하는 것보다 일반적인 이슈의 관점에서 볼 때 제일 좋은 해결책은 마셜 맥루한의 유명한 금언 '매체는 메시지다'(1964)를 잘 적용하는 데서 찾아야 할 것이다. 이를 제대로 적용하지 않는다면, 라이언 검사와 마찬가지로, 블로깅이라는 매체는 신문이나 방송 같은 매체와 다르고 온라인을 사용하는 저널리스트를 부정하거나 허용하지 않는다는 결론을 내릴 공산이 크다. 그러나 보다 정확한 분석을 통하면 다음과 같은 해석이 나올 수 있다. 미디어 안에 미디어가 있을 수 있다.−커뮤니케이션의 한 형태인 저널리즘은 신문, 라디오, TV 방송, 문자 혹은 비디오 블로그 같은 다른 미디어를 통해서 제공될 수 있는 매체다(Levinson, 1999 media within media 참조). 가버스가 관찰한 바와 같이 매체는, 또는 저널리즘의 실행은 '뉴스를 공중에게' 가져오는 것이다. 울프는 분명히 그런 미디어 안에서 일했고 비디오 블로깅이라는 더 큰 장 안에서 일했다.

울프 사건은 그가 블로거라는 점은 맞지만 텍스트가 아니라 동영상을 그의 주된 미디어로 사용하는 어떻게 보면 전통적인 블로거가 아니라는 사실 때문에 복잡해지지 않았나 싶다(미디어 안의 미디어 : 블로그를 통해 비디오에 의한 저널리즘). 이 장에서 이미 관찰한 바 있는 텍스트 블로깅은 비디오 블로깅과 견주어보면 상당한 차이를 발견할 수 있다. 가장 중요한 차이는 텍스트는 비디오보다 쉽게 써서 업로드하고 조금 더 빠르게 송출할 수 있고 기술적인 요건이나 온라인 지식을 덜 필요로 한다는 점이다. 그러나 저널리스트에 관한 가버스의 정의는 저널리즘의 능력과 한계는 그러한 차이 속에 존재하지 않는다는 점을 강조하고 있다. 다음 장에서는 뉴뉴미디어에서 비디오의 특징에 관하여 고찰하기 위해 유튜브를 논의하게 될 것이다. 그러나 이러한 특징들이 무엇이든 간에, 블로깅은 모든 다른 뉴뉴미디어와 마찬가지로, 편집자나 전문가 또는 상사의 간섭을 받지 않는−그리고 하나의 희망사항이지만 정부의 통제에서 자유로운−저널리즘과 모든 커뮤니케이션을 위한 또 다른 기회를 제공한다.

■ 블로거와 로비스트

위의 제목과 관련된 이슈는 2008년 12월 워싱턴 주에서 표면화됐는데(Fox Report with Shepard Smith), 공공공개위원회(Public Disclosure Commission)가 블로거들이 돈을 받고 특정한 입장을 두둔하는 포스트를 썼으므로 사실상 로비스트라고 간주하여 그에 따라 로비를 규제하는 법(당사자가 돈을 받는 로비스트라고 언제나 공개해야 한다)의 지배를 받아야 한다고 보기 시작하면서 발생했다. 호세아스닷컴(Horseass.com) 블로거인 데이비드 골드스타인(David Goldstein)은 폭스 쇼에 나와서 이 구분에 대해 이의를 제기했다. 그는 블로거는 제1차 수정헌법의 보호를 받을 권리가 있으므로 자기의 블로그로 돈을 버는지, 누가 지불하는지를 포함하여 어떠한 정보도 정부에 공개할 의무가 없다고 주장했다. 그러나 광고와 로비는 이미 근본적인 정부의 규제하에 놓여 있다. 즉, 정부는 로비스트로 하여금 완전한 공개주의를 요구하고 있고 텔레비전, 라디오, 신문 등 어떠한 매체에 실리는 상업적인 광고는 진실에 바탕을 두고 제작하도록 규제하고 있다. 로비법 자체가 제1차 수정헌법을 위반하고 있는가? 광고에 대한 규제는 그러면 어떠한가?

광고 내용이 진실을 기반으로 해야 한다는 정부의 주장에 대한 질문에 우선 가장 쉽게 해답이 나온다. 왜냐하면 광고는 분명히 비즈니스의 한 형태이거나 그 일부이기 때문에 여러 가지 방법으로 정부의 규제를 받을 수밖에 없다. 허위 광고는 비즈니스에서 일종의 사기 행위이므로 공공 정책이나 어떤 다른 주제를 놓고 보도를 하거나 논평을 하는 것—뉴뉴미디어의 블로그나 올드미디어인 신문과 마찬가지로 언론의 업무다—과 사실상 같은 범주에 넣을 수 없다.

로비에 대한 규제는 다른 이슈다. 그것은 우리의 민주주의에서 정치를 보다 '투명하게' 하기 위한 수단의 하나로 봐야 하고 공직의 입후보자가 자기에게 재정적 후원을 해준 사람을 공개하도록 의무화한 것과 같은 조치로 볼 수 있다. 블로깅을 논외로 하고도, 우선 선거를 위한 기부 행위를 정부가 모니터하는 것이 우리의 민주주의를 유지하는 데 최선의 길인지에 대해 난 확신을 갖고 있지 않다. 그러한 감시가 집권당으로 하여금 집권을 유지할 수 있도록 만들 수 있으므로 정부는 선거 자금 문제에 대해 완전히 손을 떼는 것이 민주주의를 위한 최선의 길이라고 주장할 수도 있는 것이다. 아무튼, 로비스트의 재정적 후원자가 누구인지 공개해야 한다는 데 동의하더라도 어떤 후보자, 공직자, 정치적인 자리에 있는 특정 인물에 대해 우호적인 글을 돈을 받고 쓴 블로거가 사실상 로비스트인가, 아닌가 하는 문제가 아직도 남는다.

로비스트는 대개 일 대 일 개인 베이스로 일한다. 로비를 하려는 목표자(국회의원 등)와의 회합을 통해 어떤 법안에 찬성 또는 반대 투표를 하도록 설득하거나 유혹하거나 압력을 넣는다. 또는 지구 온난화 같은 어떤 중요한 이슈와 연관된 여러 가지 법안에 대해 확고한 입장을 견지하도록 만들기 위해 이런 활동을 한다. 비록 보도자료를 생산하는 것도 그러한 노력의 일부이긴 하지만 그 텍스트는 그 캠페인 중 하나의 부속품에 지나지 않는다.

이와 대조적으로, 블로그 포스트는, 그것이 돈을 받고 만든 것이든 블로거의 의지대로 만든 것이든, 블로그 페이지에 그 자체로 존재하게 된다. 어느 로비스트가 거기에 링크할 수도 있고 그걸 다운로드하거나 자기의 캠페인 자료에 집어넣을 수도 있다. 그러나 우리가 보도자료가 아니고 하나의 블로그 포스트에 관해서만 이야기한다면 그 텍스트는 그것 자신만의 생명이 있다고 할 수 있다. 비록 그것이 광고와 상당히 닮은 특성을 가지고 있고 상업적 포스트로 분류되어야 하지만(앞에서 언급한 '블로그로 돈 벌기' 참조), 나는 블로거가 그 거래와 관련된 모든 상황을 공개해야 한다는 정부의 주장은 지나친 억지이고 블로거의 제1차 수정헌법 권리를 침해한 사례라고 주장하고 싶다. 이 책의 발행인은 나에게 선납으로 돈을 지불했고 나중에도 로열티를 지불할 것이다. 신문사들은 기자들에게 봉급을 지불한다. 발행인의 이름은 이 책의 제목이 실린 페이지에 인쇄될 것이고 모든 신문의 이름은 어떠한 독자에게나 분명하게 밝혀진다. 그러나 징세를 목적으로 수입 내역을 통보받는 내국세국(IRS)을 제외하고 어느 누구도 정부가 발행인과 나 사이에, 그리고 신문사와 기자 사이에 있었던 금전적 거래에 대해 알 권리가 있다고 주장하는 사람은 없을 것이다. 정치적인 대의와 후보자를 위해 돈을 받고 대신하여 글을 쓴 블로거도 이와 똑같은 보호를 받아야 한다.

■ 블로깅의 익명성

블로거가 블로그 포스트의 개설에 관한 정황을 공개하라는 정부의 요구와 상관없이 좋은 블로그가 되려면 그 포스트가 수익성 포스트였을 경우 독자들에게 그 사실을 알려야 한다. 어떻게 그리고 왜 그 블로그 포스트가 쓰였는지에 관해 무엇을 알리고 무엇을 알리지 않아야 하는지의 문제는 익명성이라는 보다 큰 문제와 관련이 있다. 즉 블로거(또는 코멘테이터)가 자기의 이름을 밝히고 글을 써야 하는지 아닌지의 문제와 관련이 있다.

익명성은 저널리즘에 위배된다. 그래서 조시 울프를 포함한 대부분의 기자들이나 다큐멘터리 필자들은 자신들의 작품에 기꺼이 자기의 이름을 올려놓았고 신문과 같은 올드미디어에서도 기명 기사는 자신의 직업적 명성을 쌓아가는 데 있어 중요한 것으로 간주되었다.

그러나 《뉴욕타임스》는(Glater, 2008 참조) 브롱스(Bronx)의 지방 검사가 '룸 8'이라는 제목의 뉴욕 정치에 관한 텍스트 블로그를 소환하여 몇 명의 익명의 블로거들의 신분을 검찰에 밝힐 것을 요구했다고 보도했다. 조시 울프 사건의 결과와 마찬가지로, 그 지방 검찰청은 그러한 요구를 철회하고 말았는데 그 블로그가 제1차 수정헌법이 보장한 권리 조항을 위반했다고 법정 소송을 제기하겠다는 위협에 손을 들고 만 것이다.

익명의 블로깅의 가장 큰 장점은, 말할 필요도 없이, 블로거가 직속 상사나 더 윗사람, 선거권자, 친구 그리고 가족들의 보복에 대한 두려움 없이 자기의 생각을 최대한 자유롭게 개진할 수 있다는 점이다. 익명의 블로깅은 가명 또는 블로거의 실명과 전혀 관련이 없는 필명으로 하는 블로깅보다 훨씬 더 자유롭다.―모든 익명의 블로그 포스트들은 똑같이 '익명적' 특성을 가지고 있기 때문에 일련의 블로그 포스트들이 한 사람에 의한 작품인지 알아내려는 시도를 무력화시킬 수 있다. 가명이나 필명을 쓸 때는 블로거의 실명은 알 수 없지만 어떤 한 '인격'에 의해서 만들어졌는지는 분명히 알 수 있다.

웹이나 온라인에서 자기의 신분을 노출하지 않은 채 활동하는 포스팅은 상당히 긴 역사를 가지고 있다. 1980년대 중반 내 아내 티나 보직과 나는 연계교육(Connected Education)을 설립했는데 이것은 새로운 학교(New School)와 다른 교실을 갖춘 교육 기관의 협력하에 완전히 온라인으로 학점을 취득할 수 있는 강좌를 개설한 하나의 비영리 조직이었다(Levinson, 1985, 1997 참조). —사회 조사를 위한 새로운 학교의 피터 해라토닉(Peter Haratonik)이란 동료와 처음 논의한 것 중의 하나는 무엇이든지 논의할 수 있는 온라인 포럼인 커넥트 에드 카페(Connect Ed Cafe)에 익명의 코멘트를 허용할 것인지에 관한 것이었다. 온라인 강의실에서 학생들에 의한 익명의 코멘트는 아예 처음부터 허용되지 않았지만 카페 내에서 익명을 허용한다면 아마도 그 카페에서의 토론이 더 활성화될 수 있지 않을까 하고 생각하기도 했다. 결국 우리는 허용하지 않는 쪽으로 결론을 내렸다. 해라토닉의 말처럼 사람들은 '머리에 자루를 뒤집어 쓴' 사람과는 토론을 원하지 않는다고 생각한 것이다.

그러나 익명의 활동이나 실명을 숨기고 활동하는 일은 블로깅이나 뉴뉴미디어에서 많이 사용되고 있다. 보복 걱정 없이 하는 선동적인 포스트는 물론이고 자기의 신분을 밝히지 않고 올리는 사이버 스토킹, 또는 사이버 테러적인 코멘트들이 여기에 해당된다(11장 참조). 그러한 목적에 사용되는 익명성은 비난받을 만한 행동을 하기 위한 겁쟁이의 가면 구실을 하는 셈이다.

전혀 다른 종류의 악용된 사례를 보면, 익명이나 가명의 계정은 블로그 포스트나 웹상의 URL과 관련된 것의 인기를 빠르게 올리기 위해 이용되는 수단이 될 수도 있다. 이런 인기 부풀리기에 필요한 것은 간단히 여러 개의 계정을 생성하는 것이다. 이러한 행동은 특히 디그의 경우에서 심각한 문제로 나타날 수 있다. 그것은 또한 위키피디아에서도 발생하는 일인데 자기들의 주장을 지지받기 위해 사용자들이 만든 꼭두각시 계정들은 온라인 편집자들 사이에서 공감대를 형성하기 위한 시도를 왜곡하거나 변질시킬 수 있다. 이러한 남용 문제를 4장과 5장에서 상세하게 다룰 것이다.

블로거가 익명이나 가명의 블로깅을 하게 될 경우 필자로서의 명성을 쌓을 수 없다는 전문가적인 문제에 더하여 개인적인 불이익이 발생할 수도 있다. 나는 자주 가명으로는 절대 글을 쓰지 않을 것이라는 말을 하면서 다음과 같은 농담을 들려준다. 중학교 1학년 때 나한테 별 관심이 없었던 내 여자 짝꿍이 지금 서점에 들어갔을 때 나의 책을 보고 자기가 학교 때 크게 실수했었다고 후회하기를 원하기 때문이라는 얘기다. 일반적인 원리지만 익명으로 글을 쓴다는 것은 명예를 위해서는 전혀 도움이 되지 않는다는 것이다.

익명성을 지키는 것은 시청각 미디어보다는 텍스트 미디어에서 훨씬 쉽다. 시청각 미디어에서는 목소리나 이미지를 위장하려면 추가적인 작업이 필요하고 소리 또는 이미지를 죽이거나 감추는 것은 확연히 들어나기 때문이다. 사회자가 익명의 코멘트를 막아버릴 수도 있지만 대부분의 블로그에서 그것은 선택사항이다. 토론을 활성화하고자 한다면 익명의 코멘트를 제거한다는 것은 비생산적이라고 할 수 있다. 블로그에서 익명의 코멘트가 얼마나 많은지를 알려주는 하나의 단순한 집계로 나의 인피니트 리그레스 블로그에서는 코멘트 4개 중 1개 정도가 익명이다.

■ 타인을 위한 블로깅

개인용 블로깅은 블로깅을 최신의 뉴미디어적으로 활용하는 것이긴 하지만—즉 뉴뉴미디어의 장점들과 전통적인 미디어와의 차이점을 최대로 활용하는—웹상의 수많은 블로그들은 그 블로그의 소유자가 아닌 다른 사람들이 쓴 포스트를 허용, 초대, 구성하고 있다. 물론 이러한 블로그에 글을 쓰는 것은 자기의 블로그에 글을 쓰는 것에 비해 통제력이 훨씬 적다. 가장 극단적으로 봤을 때, 이런 종류의 게이트키핑은 바로 당신의 포스트가 발행될지 여부를 결정할 수 있다는 것이다. 이런 경우의 블로그 지원자는 온라인 신문에 글을 제출하는 자유기고가나 기자와 다를 것이 없다. 당신이 제출한 것이 출판되기로 결정이 났다 해도 블로그의 어느 페이지에 실릴지 그리고 어느 카테고리에 담길지 등은 해당 블로그 소유자의 결정에 달려 있다. 그 블로거는 또한 자기의 블로그가 출판된 이후에 그 포스트를 편집하거나, 코멘트를 삭제 혹은 조정할 권한이 없는 경우도 많고 독자의 숫자를 추적할 수도 없고 그 블로그 포스트로부터 광고 수입을 받을 수 있는 기회도 갖지 못한다. 타인을 위한 블로깅에서 이러한 한계와 그 밖의 불이익은 블로그에 따라 천차만별이다.

반대로 남의 블로그 사이트에서의 블로깅이 갖는 큰 장점은 이러한 사이트들은 이미 자신의 블로그보다 더 많은 독자를 갖고 있을 수 있다는 점이다. 예를 들어 데일리 코스는 2008년 선거일에 약 500만 독자를 자랑했고 선거 전후 며칠을 계산해보아도 최소 약 250만 명의 독자를 확보하고 있었다. 미국에서 최대의 발행 부수를 자랑하는 《USA 투데이》의 하루 부수가 200만 부를 조금 넘는 것을 감안할 때 엄청난 독자가 아닐 수 없다. 이러한 독자를 갖고 있는 가장 성공적인 블로그의 위력이 과연 얼마나 큰지는 쉽게 짐작할 수 있다.

데일리 코스는 2002년에 개설되어 뉴뉴미디어 중에 가장 오래된 미디어의 하나로 자리 잡았다. 이 블로그 사이트에서는 등록한 사용자들이 제공하는 '다이어리(diaries)'를 출판한다(등록은 무료이고 누구에게나 개방되어 있다). 그리고 하루에 1회 이상의 글을 받지 않는다. 제출된 글들은 데일리 코스에 의해 '추천'되지 않으면 제1면에 있는 목록에만 짧게 오른다. 추천되었을 경우에는 제1면의 목록에 길게 실리거나, 더 잘된 경우엔 편집자에 의해 '첫 페이지로 선정'되어 실제로 메인 화면에서부터 글이 실리는 행운을 갖게 된다(약 50회에 걸쳐 글을 보냈는데 나에게 이런 일이 생긴 것은 다음의 글 단 한 번이었다. 'Take It from a College Prof: Obama's 'Missing' Paper Is Another Conservative Red Herring' 2008). 필자는 출판 후에도 그 다이어리를 편집할 수 있으나 편집되었다는 것이 공개적으로 밝혀진다. 다른 등록된 사용자들도 얼마든지 코멘트를 올릴 수 있다. -앞면의 다이어리들은 보통 수백 개의 코멘트를 불러온다.-그러나 필자는 그러한 코멘트들을 삭제, 거부 또는 조정할 수 있는 권한을 전혀 갖고 있지 않다. 다만 필자는 그러한 토의에 참여해서 코멘트에 대응할 수 있다. 다이어리는 독자들에 의해서 추천될 수도 있다. 코멘트는(추천받지 않고) 평가를 받을 수 있으며 필자는 '팁 단지'라는 제목의 특별 코멘트를 포스트에 올릴 수도 있는데 이런 경우 독자들은 그것을 평가하여 추가적 승인이나 그 다이어리에 대한 감사를 표시할 수 있다.

데일리 코스에서 이러한 블로깅의 특징들은 뉴뉴미디어와 뉴미디어(웹상에서의 올드미디어의 하향식, 전문가 의존적이며, 편집자 지배적인 접근 방법)를 조합시킨 아주 좋은 예라고 할 수 있다.

옵에드 뉴스(Op-Ed News)는 더 오래된 미디어같이, 편집자가 통제하는 특성을 가지고 있다. 거기에 제출된 글은 '옵에드' 또는 '다이어리'로 나뉘어 출판된다. 편집자에 의해서 어떻게 분류되느냐에 따라 독자의 수에 차이가 있다는 차원에서 중요하다고 할 수 있다. 또한 글을 받자마자 출판하는 데일리 코스와 달리 받은 글을 출판하기 전에 승인하고, '옵에드'로 갈 것인지 '다이어리'로 갈 것인지를 결정하는 절차 때문에 옵에드 뉴스의 출판은 몇 시간 이상이 걸리는 경우가 많다.

웹에서 하향식 편집을 하는 올드미디어의 외곽 부분에 위치한 제저벨닷컴(Jezebel.com, Gawker 미디어 네트워크 자회사)이 있는데 이 블로그도 코멘트를 조정하고 처음 글을 보낸 사람일 경우 코멘테이터로서의 자질을 검증받기 위한 오디션을 마쳐야 한다. 그렇다면 코멘테이터가 자격을 승인받기 위한 요건은 무엇일까? "우리는 우리가 좋아하는 코멘트만 승인한다"는 것이다.

데일리 코스와 옵에드 뉴스는 자신의 블로그를 포함하여 다수의 블로그에 글을 게재하는 것을 허용한다. 최초의 블로그만 출판하는 블로그크리틱스(Blogcritics)의 경우는 이렇지 못하다(2007년에 독자를 유치하기 위한 수단으로 이러한 정책을 채택하였다. 구글은 보통 자사 탐색 결과의 맨 위에 최초의 출판 블로그를 표시한다).

데일리 코스나 옵에드 뉴스는 블로그의 필자에게 보수를 지불하지 않는다. 그러나 고료를 지급하는 블로그도 더러 있다. 이것은 분명히 블로그를 활성화하는 데 강력한 자극제가 될 수 있다.

지불 방법은 일반적으로 다음 두 개 중 하나로 이루어진다. 이야기 자체에 대하여(단어당 계산 또는 이야기당 계산) 지불하거나 그 이야기의 출판으로 인하여 생긴 광고 수입 일부를 지불하는 것이다. 인터넷 에볼루션(Interent Evolution)과 아이폰 매터스(iPhone Matters)는 전자를 택하고 있고 터커 맥스(Tucker Max)의 루디어스 미디어(Rudius Media)는 두 번째 방법을 채용하고 있다. 어떠한 방법이 최대의 수입을 가져올 수 있을까?

그 해답은 '블로그로 돈 벌기'에 분명하게 나왔던 것 같다. 당신의 독자가 매일 매일 수천 명에 이르지 않고는 블로그의 광고는 정작 미미한 수입밖에 창출하지 못한다. 그리고 블로그의 발행인과 수입을 나누어야 하기 때문에 한 달에 겨우 몇백 달러를 벌기 위해서는 하루에 수십만 명의 독자를 가진 블로그에 글을 실어야 할 것이다. 이와는 대조적으로 그런 정도의 수입은 글을 제출할 때마다 고료를 지불하는 블로그에 글을 보내거나, 매일, 간단한 글을 포스팅할 때마다 몇 달러씩 지급하는 블로그를 이용해도 충분히 벌 수 있다.

오픈 살롱(Open Salon)은 2008년 위의 두 방법과 다른 새로운 방법을 처음으로 사용했다. 1995년으로 거슬러 올라가 뿌리를 찾을 수 있는 고전적인 살롱 사이트는 올드미디어와 뉴미디어 전략의 혼합형이다. 무료로 블로깅 내용물을 제공하지만 매일매일 최신판으로 수정해나가면서 독자들에게 여러 가지 형태의 유료 구독 옵션을 제공했다. 오픈 살롱은 확실히 뉴뉴미디어 접근법을 사용하였는데 독자들을 무료로 등록하게 하고 그들의 블로그를 올리게 만든 것이 그 점이다. 그리고 데일리 코스에서와 마찬가지로 블로그에 '팁 단지'를 붙일 수 있게 했는데 오픈 살롱의 경우에는 독자로부터 팁 단지에 '칭찬'뿐 아니라 현금도 기부할 수 있게 해놓은 것이다(1달러 이상). 실제적인 돈이 모아지는 팁 단지는 은유적인 것이 아니고 실제적인 것이 되고 만 것이다. 지금 시점에서 오픈 살롱이 블로깅에서 수입을 창출하는 방법의 하나로 성공을 거두었다고 말하기엔 좀 이른 감이 없지 않다. 아마도 여기서 얻는 수입은 단어의 숫자로 계산하거나 이야기의 숫자로 계산하여 출판의 양에 따라 지급받는 수입보다 훨씬 적을지도 모른다(2009년 6월부터 오픈 살롱이 블로거들에게 제공하고 있는 구글 애드센스의 경우도 이와 마찬가지다).

요약하자면, 다음과 같은 분명한 사실을 기억해야 한다. 자신이 아닌 다른 사람의 통제 아래에 있는 모든 블로그는 내가 작성한 글의 출판을 거절할 수 있을 뿐 아니라 내가 정규적인 블로거라고 해도 나를 해고할 권리도 있으며 더 나가서는 아예 블로그의 출입을 막을 수도 있다. 데일리 코스는 2008년 8월 리 스트래너헌(Lee Stranahan)이 '허핑턴포스트'에 자신이 썼던 글을 데일리 코스에 다시 올린 사건으로 그에게 사용 금지 처분을 내렸다(Stranahan, 2008). 그 글의 내용은 《내셔널 인콰이어러(National Enquirer)》에 처음 보도된 염문설에 대해 존 에드워즈(John Edwards)가 진실을 말해야 한다고 촉구하는 것이었다. 스트래너헌의 금지 조치는 8월 8월 에드워즈가 그 염문설을 인정하기 이전에 이루어졌다. 그러나 여기서 중요한 것은 스트래너헌이나 어떤 사람의 포스트가 진실이냐 거짓이냐가 아니다. 스트래너헌 금지 사건의 교훈은 자신의 것이 아닌 어떠한 블로그도, 그것이 아무리 진보적이고 작가주도적이든 상관없이 아직도 낡은 방식의 미디어 통제를 할 수 있다는 사실이다.

지면에 대한 궁극적인 통제 측면에서 볼 때, 데일리 코스는 《뉴욕타임스》와 전혀 다를 게 없다. 데일리 코스는 독자들에(아니면 원칙적으론 어느 누구나) 의해 작성한 '다이어리'를 출판한다는 점에서 《뉴욕타임스》와 대비해 뉴뉴미디어의 살아 있는 좋은 본보기라고 말할 수 있을 것이다. 《뉴욕타임스》는 저널리즘의 세계에서 하나의 전형적인 올드미디어로서('인쇄할 가치가 있는 모든 뉴스가 아니라 《뉴욕타임스》가 인쇄하기에 적합하다고 생각하는 모든 뉴스'임) 모든 기사는 배당된 전문 기자에 의해서 쓰여지며 웹이라는 새로운 미디어에 올라오는 것도 예외가 아니다. 그러나 데일리 코스가 블로거들을 금지하는 것을 볼 때 데일리 코스는 뉴뉴미디어의 연속선상 중에 오래된 쪽에 가깝다고 할 수 있다. 어느 때나 누구나 자기의 의지에 따라 블로그를 쓸 수 있는 보다 진정한 의미에서의 제대로 된 뉴뉴미디어에서는 블로거는 다른 사람에 의해서 해고되거나 금지되는 것이 아니라 자기 스스로 물러나거나 블로깅에서 손을 뗄 수 있어야 한다.

물론 블로깅 플랫폼은–구글의 블로그스팟이나 식스 아파트(Six Apart)의 타이프패드나 무버블 타입이든–무슨 이유에서든 간에 어떤 블로거에게 플랫폼의 공급 또는 판매를 거절할 수 있다. 그러나 그러한 거절은 필자 한 사람을 금지시키는 블로그의 편집자라기보다는 흡사 고객의 신용 상태가 불량하다는 이유를 들어 특정 고객에게 서비스를 거절하는 전화 회사에 가깝다.

■ 블로그로 세상 바꾸기

일상생활 속의 모든 일이 그렇듯이 블로그를 게재할 때에는 각자 다른 동기가 있게 마련이고, 또 그 동기가 하나 이상일 때도 많다. 글을 쓰는 즐거움 때문이거나 자신이 쓴 것을 남이 읽는 게 좋아서, 혹은 돈을 벌기 위해서일 수도 있으며 또는 블로그에 올린 글로 인하여 세상에, 정치에, 과학에, 아니면 어떤 분야든 간에 실질적인 영향을 미침으로써 세상을 바꾸기 위해 블로깅을 할 수도 있다. 글이란 정말로 강력한 잠재력을 내포하고 있기 때문이다. 그리고 지금까지 보았듯이 블로그는 예전의 글쓰기와 달리 아주 특이한 힘이 있는데, 즉시 출판이 가능하며 힘을 가진 사람, 중요한 인물, 유명 인사를 포함하여 어떤 사람이라도 그 글을 읽을 수 있게 된다는 점이다. 그러나 한 가지 중요한 한계가 있는데 그것은 독자들이 권력자건, 주요 인사건, 유명 인사건 혹은 평범한 사람이건 간에 우연히 그런 글을 마주쳤을 때 그 블로거를 잘 모를 수 있기 쉬우며, 그걸 일부러 찾아 읽기도 쉽지 않고, 그 글에 별로 주의를 기울이지 않을 가능성이 많다는 것이다. 그 블로거가 이미 힘이 있는 사람이거나, 중요한 사람이거나, 유명한 사람인 경우에는 다른 이야기가 될 수 있지만 말이다. 그럼에도 불구하고, 모든 요인을 동일하다고 간주한다면, 무명의 블로거도 오래된 미디어에서의 무명의 필자보다는 힘 있는 사람이나 유명 인사에 의해 읽힐 기회가 훨씬 더 높은데 그것은 올드미디어에서는 무명 인사는 글을 미디어에 실을 기회가 거의 없기 때문이다.

영향력 있는 사람이 당신의 블로그를 읽는다는 것을 어떻게 알 수 있을까? 스탯 카운터스(Stat Counters) 등은 당신에게 IP와 당신의 독자의 위치를 알려줄 수 있다. 하지만 여기서는 그들의 컴퓨터가 위치해 있는 회사와 학교를 포함할 수 있지만 이름까지는 알려주지 않는다. 궁극적으로 누가 자신의 블로그를 읽었는지 구체적으로 완전하게 알 수 있는 방법은 독자들이 코멘트를 하거나, 그들 자신의 블로그로 링크시키거나 나의 블로그를 자료로 삼을 때, 그리고 다른 미디어에 나의 블로그에 관해 이야기하거나 글을 쓸 때에만 가능하다.

이미 논의한 바 있는, 〈미친 사람들〉에 대한 나의 블로그에 리치 소머가 한 코멘트는 나보다 더 유명한 사람이 나의 블로그를 읽었을 뿐 아니라 나의 블로그상에서 나와 세상 모든 사람들과 의사소통을 한 좋은 예라고 할 수 있다. 그러나 이것으로 인해 세상이 바뀐 것은 없다. 그리고 물론 텔레비전이나 영화 비평이 이 세상에 무슨 큰 영향을 미친다고 할 수는 없다.

잠재적인 영향 면에서 정치적인 블로그는 물론 다르다. 버락 오바마나 그의 측근 참모 중 누가 또는 어느 중요한 자리에 있는 정치인이 나의 블로그 포스트들 중 어느 하나라도 읽었는지 나는 알지 못한다. 그 사람들이 나의 글을 읽고 영향을 받았는지 아닌지는 더욱 알지 못한다.

그러나 2008년 9월 24일 이른 오후, 나는 "오바마는 금요일 토론을 연기하자는 매케인의 요구를 거절해야 한다"는 제목의 글을 인피니트 리그레스에 올리고 오픈 살롱과 몇 개의 다른 사이트에도 교차 게재 방식을 통해 올렸다. 이것은 존 매케인이 자기는 재정 위기를 논의하기 위해 워싱턴으로 가려고 선거 운동을 일시 중지하고자 하니 버락 오바마도 이미 합의된 2008년 대통령 선거를 위한 제1차 텔레비전 토론을 연기하는 데 동참해달라고 공개적으로 요구한 것에 대한 나의 응답이었다.

나는 오바마에게 충고하기를, 그 토론을 연기하는 것은 아주 큰 실수이며 재정 위기야말로 민주주의적 절차를 요구하는 것이므로 선거 운동과 이미 계획된 TV 토론은 정지하거나 연기할 것이 아니고 계속되어야 마땅하다고 말했다. 나는 곧이어 나의 블로그에 다음과 같은 글을 게재하게 되어서 기뻤다.

> 긴급 속보: 오후 4시 47분; 오바마는 방금 그 토론은 계속되어야 한다고 말했다. – 그 시간은 미국의 국민들이 그와 매케인이 미국의 대통령으로써 그 문제를 어떻게 다룰 것인지를 볼 수 있는 최적의 시간이라고 한 것이다. 아주 잘 되었다!

그리고 오후 6시, 살롱의 편집자이자 오픈 살롱의 블로거인 조앤 월시(Joan Walsh)는 나의 블로그에 다음과 같은 코멘트를 올렸다.

"폴 레빈슨이 말하자 오바마가 들었다! 나도 방금 블로그했다!"

오바마나 그의 참모 중 누가 나의 블로그를 보았을까? 그것으로 인해 그들이 영향을 받았을까? 아마도 그렇지 않았을지도 모른다. 오바마의 팀은 조앤 월시의 블로그를 읽고 거기서 영향을 받았을 가능성이 훨씬 더 높다. 조앤은 살롱의 편집자일 뿐 아니라 MSNBC의 크리스 매튜스의 〈하드볼(Hardball)〉과 그 밖의 뉴스쇼들의 단골 초대 손님이 아니던가.

그러나 블로깅과 관련하여 나의 실화를 이 책에 소개하는 것은 웹상의 어디에 있는 어떤 포스트건 간에 대통령 후보자나 또는 대통령 자신에 의해 읽힐 수 있는 잠재력을 갖고 있음을 알리기 위함이다(특히 버락 오바마의 경우 활발한 블랙베리 사용자이기 때문에 개연성이 더 높다). 그리고 이것 또한 뉴뉴미디어의 탁월한 장점 중의 하나다. 컴퓨터 앞에 앉아 쓰고 싶은 글을 쓴다. 그 글들은 세상을 보다 나은 방향으로, 아니면 적어도 자신이 최선이라고 생각하는 방향으로 갈 이끄는 작은 안내자가 된다. 자신의 직업이 편집인이건, 대학 교수건, 대학 2학년생이건, 고등학생이건 그건 큰 문제가 아니다.

■ 어느 작은 도시 공직자와 그의 블로그

뉴욕 주 그린버그(Greenburgh)에서 1991년부터 타운 슈퍼바이저(뉴욕 시에서 조금 북쪽인 위체스터에서 선출된 2년 임기의 직책)로 일하고 있는 폴 페이너(Paul Feiner)는 블로깅에 대한 본인의 신뢰를 분명하게 표시했다. 2009년 1월 9일 WVOX의 '그린버그 리포트'라는 주간 라디오 프로에 내가 초대 손님으로 출연했을 때, 그는 자기 자신의 공적 블로그에 올라오는 코멘트들이 자기의 선거구민들이 무슨 생각을 하는지 이해하는 데 아주 큰 도움이 된다고 설명했다.

페이너는 익명의 코멘트가 주는 이점과 단점을 모두 알고 있었다. "나는 사람들이 익명으로 블로그에 글을 쓰는 것을 허용합니다." 그는 그러한 코멘트가 대단히 저질일 수도 있고 진실이 아닌 것을 사실처럼 조작한 것일 수도 있지만 허용한다는 것이다. 왜냐하면 이것의 긍정적인 가치를 높이 평가하기 때문이다. "나는 블로그를 읽음으로써 우리 마을의 이사회에 의제로 올라오기 훨씬 이전에 어떤 이슈나 논쟁거리가 있는지를 압니다. … 왜냐하면 사람들은 자기들 마음속에 있는 생각을 블로그에 씁니다. … 만약 내가 블로그를 갖지 않고, 인터넷을 이용하지 않고, 단지 신문에 의존했다면, 아마도 사람들이 무엇을 이야기하고자 하는지 전혀 이해를 못했을 것입니다."

다른 말로 바꾸면, 정치를 하는 데 있어 뉴뉴미디어의 장점을 이해하고 있는 폴 페이너 같은 행정 관료나 정치가들에게는 '사전 블로그된' 것은 사전 경고된 것이나 '사전 통보된' 것이라고 말할 수 있을 것이다.

■ 잠옷 바람의 블로거

그러나 블로깅의 정치적 영향의 문제가 모든 사람으로부터 박수를 받아온 것은 아니다. 2004년 9월, 전 CBS 뉴스 책임자인 조너선 클라인(Jonathan Klein)은 베트남 전쟁 기간 중 조지 부시(George W. Bush)의 국방 서비스 부실 문제를 다룬 댄 래더(Dan Rather)의 〈식스티미니츠(60 Minutes)〉를 옹호하였다. 그는 폭스 뉴스에 출연하여 말하기를 "〈식스티미니츠〉에서의 다단계 견제와 균형을 자기 집 거실에서 파자마 바람으로 글을 쓰는 사람과 비교할 수 없다"(Fund 인용, 2004)고 했다. 얼마 지나지 않아 CNN/USA의 사장으로 자리를 옮긴 클라인이 댄 래더와 CBS를 공격한 보수주의 블로거들을 공격한 것이었다. 나는 비록 그때나 지금이나 그 이야기를 방송한 래더와 CBS가 옳았다고 생각하지만(Levinson, 'Interview by Joe Scarborough about Dan Rather,' 2005 그리고 Levinson, 'Good For Dan Rather,' 2007 참조), 블로깅에 대한 클라인의 '근시안적' 분석에 대해선 분명히 동의하지 않았고 또한 대중 매체 저널리즘에 있어서의 '다단계의 견제와 균형'에 대한 그의 신뢰에도 동의하지 않았다. 《뉴욕타임스》에서 몇 년에 길쳐 일어난 제이슨 블레어의 조작과 표절로 이루어진 보도에 대해서는 앞에서 이미 논의했다. 이미 그 당시에도 인터넷의 힘과 도달력은 일정 수준을 넘어섰고 모든 종류의 정보들이 전혀 예상할 수 없는 방법을 통해 유포되는 환경이었음을 감안할 때, 파자마와 거실이 진실을 추적하고 공표하는 데 있어 장애가 될 수 없다고 느꼈기 때문이다.

오늘날에 와서 그러한 경우는 더 많이 일어난다. 그러나 '파자마 바람의 블로거들'이란 인식은 2004년 클라인의 아전인수 격인 풍자적 코멘트에 의해서뿐 아니라 우리들 중에 비슷한 생각을 가진 올드미디어 숭배자들에게도 여전히 살아 있으며–그리고 성공적인 온라인 뉴스의 장소(예를 들어 파자마 미디어), 또한 파자마 펀딧(The Pajama Pundit) 같은 많은 독자를 가진 독립 블로그로도 존재한다.–2008년 공화당 부통령 후보로 선거에서 패배한 세라 페일린(Sarah Palin)

같은 보수파들의 생각 속에도 살아 있다. 선거에서 패배한 직후 페일린은 폭스 뉴스의 그레타 반 서스터렌(Greta Van Susteren)에게 자기에 관한 미디어의 수많은 부정적인 이야기는 '부모의 집 지하실에서 파자마를 입고 앉아 가십거리나 거짓말을 올린 많은 블로거들'의 보도 때문에 발생했다고 말했다(Palin, 2008). 페일린은 파자마 입은 블로거들을 어른에서 아이들로, 거실에서 지하실로, 격하시켰을 뿐 아니라 후에는 그녀의 우려 초점을 파자마와 부모의 지하실에서 블로깅의 익명성으로 돌렸다. 그녀는 유튜브에 올린 존 지글러(John Ziegler)의 〈미디어 위법행위(Media Malpractice)〉라는 다큐멘터리 프로그램에서 다음과 같이 말했다. "언제부터 우리가 블로거들을 하드 뉴스의 소스로 받아들이기 시작했습니까? 특히 익명의 블로거들을 말입니다. 이것은 오늘날의 미디어 세계에서 슬픈 현실이 아닐 수 없습니다. 특히 주류 매체들에게 말입니다. 만약 그들이 하드 뉴스 정보를 익명의 블로거들에게 계속 의존한다면 이건 대단히 무서운 일입니다"(Kurtz, 2009 참조).

클라인의 입장을 약간 변명하자면 2004년 그 당시 뉴뉴미디어는 지금보다는 훨씬 새로운 매체였다. '허핑턴포스트', 유튜브, 트위터는 아직 존재하지도 않았고 페이스북이 나온 지 겨우 몇 달이 지나지 않았을 시기였다. 페일린의 공격이 클라인의 것보다 더 부당하게 느껴지는 이유는 거기에 있다.

페일린의 뉴뉴미디어에 대한 경멸은 올드미디어를 주로 이용하는 많은 사람들의 공감을 사고 있다. 예를 들어 폭스가 방송한 영화 〈터미네이터 : 세라 코너 연대기(Terminator : The Sarah Connor Chronicles)〉에서 주인공인 존 코너(John Connor)는 시즌 2 13회에서 "블로거들이 얼마나 신뢰할 수 없는 인간들인지를 이미 다 알고 있었다"고 비꼬아 말했다. 아무쪼록 상상의 인물들이 출연하는 텔레비전 프로그램에서도 블로거가 언급되고 있는 것을 보면 블로깅이 우리의 생활과 문화에서 얼마나 중요한 요소가 되었는지를 보여준다. 그러나 경멸조의 풍자로 인용된 것을 보면 실제 세상의 많은 사람들이 아직도 얼마나 블로그를 불신하고 있는지 그 정도를 알 수 있다.

우연한 일이 아니겠지만, 위의 사건 몇 주 전에, 페이스북도 같은 TV 프로그램 10회분(2008)에서 비난의 대상이 되었다. 그것은 존의 여자친구 라일리

(Riley)가 그녀의 입양한 가족들에게 욕을 퍼부으며 자기들을 기다리고 있는 위험은 아랑곳하지 않고 그들이 하는 일이란 '페이스북 페이지들'만 보고 읽는 것이라고 비아냥대는 장면이었다. 반면 2009년 쇼타임(Showtime)의 TV 시리즈 〈위즈(Weeds)〉의 시즌 5 시사회 때 셀리아 호드스(Celia Hodes)는 페이스북 계정은 '시간을 낭비하는 짓'이라고 폄하했다. 그리고 2009년 HBO의 〈빅 러브(Big Love)〉시즌 3 6회분에서 마진 헤프먼(Margene Heffman)이 "몰몬교 창시자에 관한 정보는 틀렸을지도 모른다. 왜냐하면 그 자료를 위키피디아에서 받았으니까"라고 변명하면서 또 하나의 뉴뉴미디어를 깎아내렸다.

몇몇 정치인이나 올드미디어에 픽션을 쓰는 사람들 사이에 이런 혐오감을 불러일으키는 것을 볼 때 뉴뉴미디어는 전신, 영화, 텔레비전을 포함한 많은 신생 미디어들이 도입기에 이런저런 이유로 괴롭힘을 당했던 전통을 잇고 있는지도 모른다. 한 예로, 《런던타임스(The London Times)》는 에이브러햄 링컨 대통령의 암살에 관한 뉴스를 받고도 그것이 전신을 통해서 들어온 것이란 이유로 인쇄를 연기시켰다. 또 20세기 초엽에는 영화가 '범죄의 초등학교'로 취급되었다. 최근에는 비디오 게임이 실제 세상에서 폭력을 조장한다고 비난을 받고 있다.

이러한 주장엔 믿을 만한 증거가 있지도 않고 고작 해봤자 상호 관련성이나 인과관계에 대한 오해에서 발생한 일이라고 볼 수 있다. 더 재미있는 것은, 텔레비전은 문맹률을 증가시키는 주범이라는 비난을 받아왔었는데 1944년과 1978년 인디애나 주의 한 소도시를 대상으로 조사한 결과를 보면 문맹률이 올라간 증거는 전혀 없고 지난 50년 동안 책의 판매는 계속해서 증가했다(전신과 영화에 관한 초기의 저항, 텔레비전에 대한 계속적인 공격, 20세기의 도서 판매 실태 등에 관한 것은 Levinson, 1997 참조; 인디애나 주 문맹률 조사는 Maeroff, 1979 참조; 폭력적인 비디오 게임과 실제 생활에서 발생한 폭력 사건과를 연결시키려는 '증거'에 관한 상관 관계의 혼란에 대해서는 Levinson, 2006 참조).

전신은 20세기 들어와서 전화로 대체되었고 궁극적으로는 팩스와 이메일로 바뀌었다. 그러나 영화와 텔레비전은 여전히 괜찮다. 비록 영화나 텔레비전을 보여주는 화면은 점차 컴퓨터나 아이폰에게 자리를 내주고 있고, 같은 그 화면에서 블로깅이 일어나고 있긴 하지만 말이다.

그리고 올드미디어에 있는 사람들 중 일부는 블로깅을 도깨비나 만병통치약으로도 보지 않고 올드미디어와 뉴미디어, 그리고 사회 전체를 약화시킬 정도로 위협하는 사건에 해당된다고 간주한다. 안 그러면 닐 영(Niel Young)이 경제 위기에 관한 2009년의 그의 노래 〈갈래길(Fork in the Road)〉에서 부른 다음과 같은 가사처럼 인식하고 있는 것 같다. "블로깅을 계속하라, 힘이 빠질 때까지, 배터리가 닳을 때까지, 비틀고 아우성쳐라."

블로깅 자체로 사회의 병을 치유할 수는 없다(어떠한 커뮤니케이션 수단도 그럴 능력은 없다). 블로깅은 분명히 경제 위기를 해결할 수 없고 세계에 평화를 가져올 수도 없다. 그러나 아무 말도 하지 않고 침묵하는 것보다는 낫고, 바로 옆에 있는 사람에게만 자기의 말을 하는 것보다도 나으며, 자신의 생각을 전문적인 기자나 코멘테이터가 대변해주기를 전적으로 의지하는 것보다는 훨씬 낫다.

■ 블로거 세계는 단선적이 아니며 천하무적도 아니다

보수적인 '파자마 바람의 블로거들'에 대한 2004년 진보 진영의 공격과 그와 상반된 진보적인 '파자마 바람의 블로거들'에 대한 2008년 세라 페일린의 공격이 말해주는 것은 다름이 아니라 블로거 세계는 정치적으로나 다른 면으로 보나 일관되게 단선적이지 않다는 것이다. 그리고 어떠한 뉴뉴미디어도 단선적이 아니다. 그 이유는 뉴뉴미디어의 목적은 기본적으로 개인적인 표현을 극대화시키는 것에 있기 때문이다.

그러나 올드미디어는 계속해서 단선적 범주화를 부추겨왔고 이러한 범주를 블로거들에게도 적용하려고 하고 있다. 예를 들어 2008년 11월 20일 노라 오도넬(Norah O'Donnell)은 MSNBC 오후 프로그램에서 '자유주의 블로거들'이 조 리버맨(Joe Lieberman)을 민주당 원내 교섭단체의 일원으로 참여할 수 있게 허용하고 국가안전위원회 위원장직을 유지하게 만든 민주당의 조치에 분노하고 있다는 내용을 내보냈다(코네티컷 주 출신의 독립적 성향의 민주당 상원의원인 조 리버맨은 2008년 대선에서 공화당의 존 매케인 후보를 맹렬하게 지지했으며 다른 어떤 것보다 그는 버락 오바마에 관해서 말하기를 그가 '사회주의자'인지 아닌지 묻는 것은 '아주 좋은 질문'이라고 했었다). 2002년 자유주의적 블로그 데일리 코스를 창설한 마코스 모울릿사스(Markos Moulitsas)는—'코스'는 그의 이름에서 따온 것이다—자기와 자유주의 블로거들은 버락 오바마가 '변화'를 약속한 마당에 리버맨을 민주당 테두리 내에서 계속 활동할 수 있게 인정한 것은 오바마의 '변화' 이념을 공격하도록 사실상 보장해주는 것이며 도저히 이런 조치는 '변화'로 간주될 수 없는 상황이라고 울분을 터뜨렸다.

이와 비슷하게, 2008년 12월 22일 짐 앵글(Jim Angle)은 폭스 뉴스에서 오바마가 계획한 존 브레넌(John Brennen)의 CIA 국장 지명은 '좌파 블로거들에 의해 무력화되고 말았다'고 보도했다. 살롱의 글렌 그린왈드(Glenn Greenwald)는 이러한 집단의 선두주자로 잘 알려진 사람인데 폭스 뉴스 프로그램(〈브릿 흄의 특별 보고서〉)에 출연하여 "블로그에서 일어나고 있는 것들을 무시했다면 오바마 팀은 바보들"이라고 말하면서 자기가 알고 있는 정보에 의하면 "오바마 선거 운동 조직과 정권 인수 팀의 상위 직급 인사들 중에 정기적으로 블로그를 읽는 사람들이 있다"고 말했다(내가 앞의 '블로그로 세상 바꾸기'에서 언급된 내용도 일종의 근거가 될 수도 있다). 며칠 뒤인 2008년 12월 26일 CNN의 브라이언 토드(Brian Todd)는 "사람들은 블로거들로 인한 브레넌의 임명 실패를 들어 '블로기사이드(Blogicide)'라고 부른다"고 말했다(그러나 그 용어는 블로거들이 자의로 자기들의 포스트를 없앨 때 일반적으로 많이 쓰는 것으로 2007년 조가나 핸콕[Georganna Hancock]이 『페이지랭크 때문에 블로기사이드가 늘고 있다』는 책에서도 쓰였다. 낮은 '페이지랭크'와 낮은 구글 인기 순위로 인해 블로그를 닫으려는 욕망에서 사용되는 경우가 많다).

만약 우리가 그린왈드의 관찰이 진실이라고 받아들이고, 블로그를 읽은 대통령의 보좌관들이 다양한 여론을 받아들임으로써 대통령과 국가를 위하여 이바지할 수 있다고 보는 이 책의 관점을 받아들인다면, 모울릿사스와 그린왈드가 모든 진보적인 블로거들을 대변해서 얘기했다고 할 수 있는가? 그들이 자신들을 진보적이라고 내세워서가 아니라 MSNBC와 폭스가 그들을 진보주의 블로거의 세계를 대변하는 것으로 보도했다. 보다 더 정확하게 표현하자면 그 두 블로거는 자신들의 의견을 말했고 좌파적인 입장에 있는 모든 사람에 의해서가 아니라 다수가 공유한 견해들을 제공했다고 할 수 있지 않을까?

예를 들어, 2008년 11월 6일 나는 조 리버맨에 관해서 '조 리버맨의 수치'란 제목의 블로그를 쓰고 이렇게 결론을 내렸다. "나는 당신을 우리 당의 일원으로 계산하느니 차라리 상원에서 표 하나를 잃는 것이 낫다고 생각한다." 나는 분명히 말해 선거에서의 리버맨의 행동에 대해 대단히 화가 났고 그러한 분노가 내가 느낀 바를 기술한 그 블로그에 적절하게 나타났다.

그러나 2주가 지난 다음 리버맨이 민주당 내에서 계속 활동한다는 공표가 나왔을 때에 나의 느낌은 분노가 아닌 조금 짜증 나는 정도가 되었다. 왜냐하면 그런 상황이 맘에 들지는 않았지만 민주당 울타리 안에 리버맨을 놓아두는 것도 일리가 있다고 생각하게 되었기 때문이다.

아니면 첫 페이지 맨 위에 다음과 같은 글을 올린 '조를 놔두자(the Let Joe Stay)'란 블로그를 살펴 보기로 하자.

> "나는 오바마 대통령 당선자의 취임을 손꼽아 기다리는 민주당원의 한 사람이다. 그러나 희망과 변화가 약속된 새로운 환경에서 해리 레이드(Harry Reid) 상원의원과 많은 그의 민주당 동지들이 리버맨이 단지 그의 당보다는 오래된 친구를(매케인) 선택했다는 이유로 그를 등한시하는 것을 보면 화가 나고 실망이 된다."

그 블로그는 익명으로 게시되었었는데 사실 조 리버맨의 가족이나 참모들 아니면 조 리버맨 자신에 의해 만들어졌을 수도 있다. 어떤 사람들은 나를 보고 진정한 진보주의자가 아닌 '진보적 자유주의자'라고 부를 수도 있다.-2008년과 2009년에 걸친 경제 위기를 타개하기 위한 정부의 대대적인 개입에 내가 찬성했음에도 불구하고 말이다. 여기서 하고 싶은 이야기의 핵심은 단선적인 정치적 용어로 블로그 세계의 일부를 분류하려는 것은 오류라는 것이다. 사실상 버락 오바마의 선거를 정열적으로 응원한 블로그 세계의 좌파는 모울릿사스와, '조를 놔두자' 블로거(2009년 1월 현재 총조회 수가 108개), 그리고 폭넓고 다양하게 정치적 및 다른 모든 의견을 쓴 수백만의 다른 블로거들(대부분은 독자가 미미하고, 몇 개는 대단히 많은 독자를 가진)을 다 포함한다는 사실이다.

이와는 대조적으로, 신문은 편집자의 페이지에 사설과 몇몇 논객들의 견해를 싣는다. 이러한 견해들은 때로는 비슷한 내용일 때도 있고 서로 반대되는 내용일 때도 있지만 그것들은 언제라도 정확하게 축약되어 실릴 수 있다. 우리는 여러 신문을 대상으로 그들이 근본적으로(《뉴욕타임스》 같이) 진보적인지 또는(《월스트리트저널》 같이) 보수적인지 가를 수 있고 미국 내의(아니면 세계의) 신문들의 정치적 입장에 대한 믿을 만한 징표와 진보주의, 보수주의, 혹은 기타 세그먼트로 신봉되는 관점을 얻어낼 수 있다.

그러나 블로그 세계는 신문의 세계와는 다르다. 이는 두뇌와 더 닮아서 그 속에서는 무수히 많은 생각들이 서로 경쟁하고 매 순간마다 변화한다. 사실상 블로그 세계는 사람의 두뇌보다 더 예측하기가 어렵다. 왜냐하면 개인은 자기의 마음을 바꿀 수도 있고 바꾸지 않을 수도 있지만 수많은 새로운 정보가 시시각각으로 블로그 세계에 유입되는 것만 봐도 블로그 세계의 최소한 '마음'의 일부라도 어디서인지 때때로 변화되고 있다는 사실에는 이견이 있을 수 없다.

그래서 어떤 특정한 블로거나 블로거들의 영향을 논의할 때 사용할 수 있는 보다 좋은 방법은 그들의 이름과 가능하면 보수 아니면 무엇이든, 정치적 신원을 알려주는 것에 그치고 그 대신 '진보적인 블로그 세계'의 일부라든가 '보수적 블로그 세계'의 일부라고 색칠을 하는 것은 피하는 것이다. 그것은 올드미디어의 일부에 존재하는 인식 이외에는 사실상 존재하지도 않는 목적과 견해를 묶는 것을 함축한다.

■ 뉴뉴미디어와 올드미디어 간에 심화되는 긴장

이 책 전체에서 볼 수 있는 것처럼 미디어들은 좀처럼 조화를 이루며 살지 못한다. 사실 우리의 역사에서 미디어들은 찰스 다윈(Charles Darwin)이 말한 것처럼 적자생존의 투쟁 속에서 우리들의 주목과 지원을 얻기 위해 끊임없이 경쟁해왔다. 오직 하나의 차이는 미디어의 다윈주의적 진화 과정에서 미디어 자체가 주체가 아니라 우리 인간들이 주체가 되어 미디어의 자연도태와 생존을 결정한다는 것이다(Levinson, 1979 참조).

뉴뉴미디어와 올드미디어 간의 경쟁은 그러므로 전혀 놀라운 일이 아니고 이미 우리가 본 바와 같이 올드미디어에 종사하고 있거나 그 미디어의 영향 속에서 살아온 사람들에 의한 멸시와 오해 속에서 발전해오고 있다. 더군다나 블로깅은 뉴뉴미디어 중 가장 널리 퍼진 미디어이기 때문에, 특히 소비자가 생산자가 되는 특성으로 인해, 가장 적대적인 미디어로 취급받아왔다.

또 하나의 확실한 예는 공식적인 텔레비전 블로그들의 태도에서 발견할 수 있다. 네트워크 TV들은 자기들의 쇼를 알리기 위해 토론의 장으로 메시지 보드를 만들고, 다른 블로그로 코멘트를 포스팅할 수 있게 해놓았다. 지난 몇 년 동안 작은 실험을 위해 나는 폭스의 공식 블로그인 '세라 코너 연대기', NBC의 공식 블로그 '히어로', ABC의 '로스트' 블로그에 코멘트를 올렸다. 이러한 코멘트 중 대부분은 내 블로그 인피니트 리그레스에 있는 같은 TV 쇼의 내 비평과 연결되도록 링크를 포함시켰다.

이 세 블로그의 모더레이터들은 모두 나의 코멘트를 이동시키거나 삭제하였고 '세라 코너 연대기' 블로그는 나의 계정 자체를 제거하였다. 다시 말해 그 블로그로부터 나를 완전히 차단시킨 것이다. 드라마 〈24〉에 관한 폭스의 공식 블로그에 올라 있는 그들의 링크 정책은 이렇다. "허용되는 링크는 주류 미디어의 쇼나 방송 등에 관한 글이나 해당 방송의 공식 사이트에 한정한다. 팬 사이트, 개인 사이트, 경쟁 사이트, 상업 사이트로의 링크나 다운로드 사이트, jpgs, MP3s, 등으로의 링크는 허용되지 않는다."

우리가 추적해온 뉴뉴미디어와 올드미디어 간의 긴장을 감안할 때 우리는 위의 정책을 다음과 같이 고칠 수 있다. "우리의 뉴미디어 사이트에서 허용하는 유일한 링크들은 우리가 홍보하고 있는 텔레비전(올드미디어) 프로에 관해서 다른 뉴미디어, 또는 올드미디어의 공식 사이트, 또는 쇼와 방송 등에 관한 공식적 · 전문적 사이트에 한정하며, 뉴뉴미디어의 팬 사이트, 개인 사이트, 경쟁 사이트 등은 허용되지 않는다."

잠깐만 생각해봐도 이러한 규제가 텔레비전 프로그램을 홍보하기 위해 만든 폭스 블로그의 목적에 얼마나 반대되는지를 발견할 수 있을 것이다. 비록 공식 블로그에 올려진 코멘트 안에 있는 비공식 블로그로의 링크가 독자들을 공식 블로그에서 비공식 블로그로 끌어들일 수 있지만, 비공식 블로그의 독자들도 결국 공식 블로그의 주제인 텔레비전 프로그램에 관한 토론을 읽고 있는 것이다.

특히, 이 규제의 원래 문장에 있는 '경쟁 사이트'라는 구절도 이 정책이 얼마나 비논리적이고 비생산적인지 보여준다. 무엇이 '경쟁 사이트'인가? 같은 텔레비전 시리즈의 블로그와 비평을 포스팅한 사이트는 결국 공식 사이트의 목적을 지원하는 사이트이지 경쟁 관계에 있는 사이트가 될 수 없지 않은가? 버디TV(BuddyTV), TV닷컴(TV.com), 텔레비전 위드아웃 피티(Television Without Pity)처럼 어떠한 텔레비전 시리즈와도 연계되어 있지 않은 블로그 사이트는 원하는 바가 어떤 텔레비전 쇼의 시청자를 늘리는 것보다는 자기 사이트의 독자를 늘리는 것이기 때문에 이들의 경우 다른 사이트로의 링크를 금지시킨다면 최소한의 논리적 정당성이 있다고 할 수 있겠다. 그렇지만 난 아직도 그러한 전략을 이해는 하지만 동의하지는 못한다. 그 이유는 링크의 확산은 블로그 세계에서 모든 보트의 수, 다시 말해 블로그의 수를 높이는 데 기여한다고 믿고 있기 때문이다(앞서 언급한 세 개의 블로그 중 텔레비전 위드아웃 피티만이-아마 그 이름에 걸맞게-열심히 링크를 제거하고 독자들로 하여금 포스팅을 못하도록 금지하고 있다).

있을 수 있는 일이지만, 공식 블로그 모더레이터들은 어쩌면 다른 사이트로 링크된 어떠한 블로그 포스트도 읽지 않고, 공식 블로그에 올라온 외부의 링크에 클릭도 하지 않을지 모른다. 그 결과 외부와 연결되는 링크는 텔레비전 쇼와는 전혀 무관한 스팸에 지나지 않는다고 가정하고 말기 쉽다. 그러나 이런 핑계를 댄다 하더라도, 모든 독자들로 하여금 필지도 되고 발행인도 되게 방임하는 것보다 무엇이 발행되어야 할 것인지를 결정하는 올드미디어의 하향식 접근 방식은 아직도 비난받아야 한다.

〈로스트〉와 〈히어로스〉처럼 제대로 자리를 잡은 텔레비전 프로그램의 경우를 예로 들자면, 그러한 자폭적인 행동, 바꾸어 말해서 바이러스 마케팅과 프로모션의 장점을 활용하지 못하도록 예방주사를 맞히는 행동은 그 TV 프로들의 성공에 많은 악영향을 끼치지는 않을지도 모른다. 그러나 우리가 시청자들의 방해받지 않는 참여를 점점 더 많이 기대하는 세대로 진입하고 있다는 사실을 감안할 때—뉴뉴미디어의 특징 중의 하나다—꾸준한 관중을 가진 쇼와 그렇지 못한 쇼의 차이는 얼마나 온라인 토론의 장이 올드미디어의 관습에서 해방되어 자리를 잡았는지에 달려 있다고 하겠다(이러한 맥락으로 볼 때 폭스의 〈세라 코너 연대기〉의 시즌 3이 나오지 않고 있는 점을 주시할 필요가 있다).

뉴뉴미디어에 대한 올드미디어의 오해는 다른 면으로도 나타난다. 1960년대 광고인들에 관한 AMC의 텔레비전 시리즈 〈미친 사람들〉이 2008년 초반 인기를 얻고 많이 알려지게 되자 그 쇼의 등장 인물들의 이름으로 트위터에서 '트위팅'이 되는 상황이 전개되었다. 마이스페이스에서도 폭스 텔레비전의 〈24〉 등장 인물인 잭 바우어(Jack Bauer)에서 소크라테스까지 이름을 딴 사용자들의 계정을 계속 볼 수 있었다. 트위터상의 가명 계정과 마찬가지로 마이스페이스에서의 이런 행위도 사람들이 즐기는 롤 플레이의 한 형태이고, 따라서 그 텔레비전의 홍보 활동에 도움이 된다. AMC는 초기에 등장 인물의 이름을 차용한 것을 두고 저작권 위반이라고 소송을 내 트위터로 하여금 기 계정들을 삭제하라고 강제했다. 천만다행으로, AMC보다 뉴뉴미디어에 대한 안목이 훨씬 높았던 그 회사의 광고 대행사의 설득으로 그것을 지원하는 방향으로 선회했다(Terdiman, 2008 참조).

AP(The Associated Press)와 블로거들은 다른 종류의 저작권 분쟁에 엮여 들었다. AP는 승인을 받거나 요금을 지불하지 않고 AP 기사를 광범위하게 인용하는 블로거들에게 블로그를 내리라는 공지를 계속해서 하고 있다(AP는 통신사, 또는 와이어 서비스 회사로 뉴스 보도와 해설 기사를 신문사나 방송국에 판다. 이 회사는 전신이 도입된 시기인 1846년에 창설되어, 미국에 본부를 두고 있는데 현재까지 생존해 있는 세계 유일의 국제적 뉴스 서비스 회사다). 블로거들은 AP를 보이콧하겠다고 위협하면서 대응했다(Liza, 2008 참조). 아직까지 양측 어디에서도 양보했다는 이야기는 없지만 저작권은 올드미디어와 뉴뉴미디어의 주요 분쟁 대상으로 자리를 잡고 있다. 우리는 제3장 유튜브에서 이 문제를 보다 상세하게 다루고자 한다.

그렇다고 올드미디어와 그 종사자들이 뉴뉴미디어에 배움을 주고 영향을 미치는 데 있어 부정적인 요소만 있다고 단언하는 것은 잘못된 결론일 것이다. 이

제 우리는 오래 전부터 블로깅의 생명선인 뉴스해설에서 부터 저널리즘 스펙트럼의 반대편 끝에 있는 경성 기사와 탐사보도에 관해서 눈을 돌려보기로 하자.

■ 뉴뉴미디어 저널리즘 시대에서 올드미디어 보도의 필요성

마셜 맥루한은 오래전인 1977년 "제록스는 모든 사람을 발행인으로 만들 것이다"라고 기민하게 관찰했다. 1962년 전파 미디어는 이 세계를 하나의 '지구촌(global village)'으로 변화시킬 것이란 그의 인식처럼, 제록스 기계에 관한 그의 관찰은 그 시절의 미디어와 세계가 실제로 어떠했는지를 기술한 것이라기보다는 그가 인식한 그 시대의 두드러진 경향에 바탕을 둔 예측에 더 가깝다고 봐야 한다.

지구촌이 완벽하게 실현되려면 뉴뉴미디어와 그로 인해 생성된 국가와 국가 사이의 쌍방향적 소통 가능한 개인들이 전반적으로 일어나야만 가능한 것이다(Levinson, 'Digital McLuhan,' 1999 참조). 사실 1960년대의 지구촌은 전지구적이지도 않았고(텔레비전은 국가적 매체였다), 한 마을에 사는 사람들끼리도 쌍방향적 의사소통이 가능하지 않았다(텔레비전 시청자들은 대단히 작은 집단 안에서는 몰라도 국가 단위로는 서로 대화가 불가능했다).

복제가 출판으로 이뤄진다는 경우에도, 그런 기계에서 나오는 대부분의 결과물들은 오늘날까지도 대단히 적은 숫자의 독자들에게만 배포 가능하다. 그러나 그러한 제한적인 성격의 출판은 우리가 이 장에서 본 바와 같이 블로깅의 등장으로 인해 마침내 신문이나 잡지와 같은 올드미디어를 능가하게 되었다.

오래된 형태의 저널리즘인 《뉴욕타임스》나 《워싱턴포스트》 같은 종이 신문들은 어떻게 되었는가? 신문의 숫자도 줄고, 발행 부수도 하향 추세로 변했으며 생존한 신문들의 규모도 축소되었다(Perez-Pena, 2008 참조). 《뉴욕타임스》는 아직 100만 부 조금 넘게 발행되지만 2007년과 2008년 사이에 발행 부수가 5퍼센트 하락했다고 발표했다. 이러한 올드미디어들의 상당 부분은 이미 웹으로 이전했다(올드미디어의 인원 감축, 해고, 폐쇄 등에 관한 시간별 또는 더 빈번한 보고

서를 보려면 트위터의 'themediaisdying' 2009 참조. 이 제목을 보고 문법이 아마도 죽고 있는지도 모른다고 생각하는 사람도 있으리라—왜냐하면 media는 medium의 복수형이므로 is 대신 are가 맞다).

그러나 내가 이 책을 쓰고 있는 2009년 현재 데일리 코스, 허핑턴포스트, 폴리티코 같은 새로운 미디어들은 전부 또는 부분적으로 자체적 뉴스 생산 체제를 갖추고 있지 못해 올드미디어의 도움을 계속해서 받아야 하는 입장이다. 제프 자비스(Jeff Jarvis)는 '탐사 보도 기사가 해고와 뉴스룸 예산 축소의 시대에 어떻게 살아 남을 수 있을까?'란 NPR의 인터뷰(2008)에서 다음과 같이 말했다. '블로거들은 주류 미디어들이 내놓는 기사에 의존한다.… 전체적인 비즈니스는 아직도 역경에 처해 있고 탐사 저널리즘은 위기에 있다….'

올드미디어 저널리스트들이 전쟁을 일으킨 데 대한 충분한 비난을 못하고 이라크에 대량 살상 무기가 없었다는 것을 보도하지 않은 결과로 데일리 코스와 뉴뉴미디어 블로깅이 처음으로 중요한 저널리즘 미디어로써 돋보이는 역할을 한 것은 참으로 아이러니가 아닐 수 없다(데일리 코스는 2002년 5월 26일, 허핑턴포스트는 2005년 5월 9일에 시작했다). 어떤 사람은 전쟁에 관해 올드미디어 전문가 정도로 충분히 일을 할 수 있는 탐사 기자단을 뉴뉴미디어들이 현지에 파견하는 것이 낫지 않을까 하고 냉소적으로 말할 수도 있을 것이다(비슷한 관점에 대해선 Reilly, 2009 참조). 그런 말도 전혀 틀린 말은 아니지만 뉴뉴미디어가 자신들의 탐사 보도팀을 갖추고 있지 않은 현실에서 올드미디어가 존재하지 않는다면 탐사 저널리즘은 어디에서 온단 말인가?

미디어의 역사와 진화 과정에서 얻을 수 있는 좋은 소식은 새로운 미디어는 실제로 앞서 나온 자기의 조상을 완전히 대체하지는 않는다는 사실이다. 상형문자와 무성영화는 살아남지 못했지만—상형문자의 경우는 알파벳 글자와의 경쟁에서 살아남지 못했고 무성영화는 토키(talky)와의 경쟁에서 패배했다—라디오(텔레비전의 등장에도 충분히 살아 남았다)와 스틸 사진(영화의 융성 속에서도 쉽게 살아 남았다)의 길을 걸어온 크고 작은 미디어들이 많이 있었다.

앞에서 내가 언급한 인간이 미디어의 생존을 결정한다는 이야기의 골자는 —그리고 "Human Replay : A Theory of the Evolution of Media"(1979)와

"The Soft Edge : A Natural History and Future of the Information Revolution"(1997)에서 자세히 설명했다—미디어는 독특한 특성으로 인간의 의사소통 요구를 충족시킬 때 살아남는다는 것이다. 라디오가 생존 가능한 이유는 화면을 보면서도 무언가 듣고 싶어 하는 인간의 욕구를 충족시켰기 때문이다. 텔레비전을 보면서 고속도로에서 운전하는 모습을 상상해보라. 오래 못 갈 것은 자명한 사실이다. 또, 벽이나 멀리 있는 풍경을 바라보라. 아니면 휴식을 취하고 있는 어떤 사람의 얼굴을 보아라. 스틸 사진은 거기의 모든 이미지를 담아낼 수 있을 것이다. 이와는 대조적으로, 이 세상은 매일 밤 어두워지지만 완전히 고요해질 수는 없으며 눈은 감을 수는 있지만 귀는 닫을 수 없다. 바로 이것이 동시 녹음이 없는 영상만 쏘던 무성영화의 종말을 가져온 이유다(더 나은 인간의 커뮤니케이션을 향한 '인간 편의적[anthropotropic]' 미디어의 진화에 대한 정보를 원하면 "13장, 하드웨어"를 볼 것).

종이에 쓰이는 글 자체에도 아직 장점은 많다. 비싸지 않고 이동성이 좋고 햇빛이나 간단한 조명만 있으면 읽을 수 있다는 점이다. 스크린에 나타나는 단어들과 비교해서 그러한 장점들을 계속 유지할 수 있는 한 어떤 일정한 형태로든 신문과 잡지 같은 올드미디어도 살아남을 수 있을 것이며 그리하여 탐사 기자들의 생존도 보장될 수 있을지 모른다. 그리고 만약 그러한 장점이 언젠가 그 효력을 잃는 때가 되면 아마도 일부 블로그들은 직접 탐사 기자들을 고용하여 충분한 고정 수입을 올릴 수 있을 시기가 될 것이다.

■ 올드미디어와 뉴뉴미디어의 공생 : 〈로스트〉와 〈프린지〉를 위한 부활절 달걀

다윈의 자연 세계에서도 모든 것이 다 상호 경쟁 관계에 있는 것은 아니다. 유기체들은 또한 호혜적인 관계 속에서 살고 있다. 그것은 우리의 소화기 안에서 박테리아가 하는 역할과 같은데 우리가 좋고 따뜻한 장소를 박테리아가 살도록 제공해주면 그것들은 우리가 음식을 소화시킬 수 있게 도와준다. 꿀벌들은 꿀을 먹지만 이 나무 저 나무로 꽃가루를 옮겨줌으로써 식물의 재생산을 도와준다. 우리는 꿀과 꽃을 다 좋아하기 때문에 또한 그 덕을 본다.

텔레비전이라는 올드미디어는 뉴뉴미디어에 블로그로 올라가는 자기의 쇼에 대한 홍보로 인해 덕을 보고 뉴뉴미디어는 블로그에 올릴 거리를 텔레비전 등으로부터 받을 수 있기 때문에 혜택을 얻는다. 신문이나 방송 뉴스 미디어는 블로거들이 쓰는 분석이나 의견으로 인해 혜택을 보고 뉴스 블로그들은 인쇄매체의 탐사 저널리스트들의 글로 인해 덕을 입는다. 그리고 텔레비전 쇼나 신문 같은 올드미디어들은 블로그에 광범위하게 광고를 하고 거꾸로 텔레비전 위드아웃 피티 같은 블로그는 브라보 텔레비전(Bravo Television)에다가 자사의 광고를 싣는다.

이렇게 보았을 때 올드미디어와 뉴뉴미디어의 공생적, 상호 촉매적인 관계는 부정할 수 없으며, 활기에 넘치는 관계라고까지 할 수 있다. 어떤 때는 공식적인 텔레비전 블로그가 다른 블로그로의 링크를 금지시키는 경우처럼 협력 과정에 갈등도 있지만, 텔레비전이 계획적으로 뉴뉴미디어를 자기 방송의 프로그램과 프로모션에 이용하는 케이스도 있다.

사용자가 아바타로 나타나는 '세컨드라이프'의 가상 '게임'은 2007년에 〈CSI〉 텔레비전 에피소드에서 소개되었는데 텔레비전 쇼 내용상 배역들은 세컨드라이프에서의 조사를 맡기 위해 아바타의 형태로 세컨드라이프 내에 침입하는 것이었다(Riley, 2007 및 이 책의 9장 참조). 〈로스트〉는 한 발 더 나아가서 '오셔닉 항공(Oceanic Airlines)'—쇼가 시작하자마자 실종된 비행을 한 허구의 항공사—을 위한 실제의 웹사이트를 만들어놓고 사용자들이 '새로운' 항로를 찾아볼 수 있도록 하였다. 또 J. J. 에이브럼스(Abrams)의 최신 쇼인 〈프린지〉에서는 〈로스트〉에서와 마찬가지로 텔레비전을 보는 팬들이 특별한 인사이트를 얻을 수 있게 하기 위해서 웹상에서만 그 쇼에 대한 '부활절 계란,' 즉 실마리를 제공했다.

〈프린지〉의 책임 프로듀서 제프 핀커(Jeff Pinker)가 TV 가이드의 미키 오코너(Micky O'Connor)와 가진 온라인 인터뷰에서 말한 것처럼 "실제의 쇼나 인터넷에는 많은 부활절 계란들이 숨겨져 있는데 그중 상당수는 시청자에 의해 아직도 발견되지 않았다. 매회마다 다음 회의 줄거리가 어떻게 진전될 것인지를 말해주는 실마리들이 숨겨져 있다."

그래서 〈로스트〉와 〈프린지〉는 의도적으로 인터넷에 실마리를 심어놓았는데 그것은 정보만을 시청자에게 주는 것이 아니고 시청자를 시청자 이상, 즉 조사자로 탈바꿈시켜 앞으로 진행될 그 쇼의 이야기를 발견하기 위해 능동적으로 참여하도록 만든 것이다. 그리고 이 사이클은 조사자로 변신한 시청자들 중 일부 의욕이 넘치는 비평이 블로그에 실리는 것으로 이어졌다(그 사이클은 대학교 강의실에서도 계속되었다. 2009년 노스 플로리다 대학 봄 학기의 세라 스튜어트[Sarah Clarke Stuart] 교수의 'The Infinite Narrative: Intertextuality, New Media and the Digital Communities of 〈Lost〉' 코스는 일례로 〈로스트〉에 관한 블로그와 인피니트 리그레스에 올라 있는 나의 비평을 필수 독서 자료로 꼽았다; Stuart, 2009; Aasen, 2009 참조).

그러나 웹상의 뉴뉴미디어들은 발행인이 되고 싶어 하는 우리의 욕구를 충족하는 데서 그치지 않는다. 음향과 영상의 뉴뉴미디어들은 우리들을 프로듀서로 변화시키고 있다.

03

유튜브

만약 텍스트가 인간의 의사소통에 있어 가장 오래된 영속적 형태에 가깝다면—가장 오래된 형태인 알타미라(Altamira) 동굴 벽화나 일종의 그림 글씨인 라스코스(Lascaux)를 포함시키면—시청각적인 녹화야말로 가장 새로운 형태라고 할 수 있다.

고대 알렉산드리아 사람들이 보이는 이미지의 지속성에 대해 알고 있었다고 할지라도—이미지가 우리의 시야에 나타난 이후 찰나의 시간 동안 그것이 시각에 남아 있다 사라짐으로써 그로 인해 영화의 발명을 가능하게 한, 인간의 지각의 특성—영화는 1890년대에 이르러서야 대중매체로 등장할 수 있었다. 그 당시 첫 영화는 무성영화였다. 토키(음향을 갖춘 영화)가 등장한 것은 1920년대 후반기였고 그 비슷한 시기에 텔레비전도 발명되었다. 상업 텔레비전은 1940년대 후반 들어 큰 반향을 일으켰고, 1950년대 말에 이르자 미국 가정의 약 90퍼센트가 TV를 시청하게 되었다. VCR(Video Cassette Recorder)은 1970년대 중반에 시장에 도입되었고 1980년대 초반에 이르자 케이블이 독립적인 프로그램을 가지고 사업을 시작했다. 이런 시점에서 볼 때, 유튜브 이전의 시청각 미디어의 역사는 고작 100년이 되지 않는다는 말이다.

유튜브는 2005년 2월 처음으로 만들어져—페이팔에서 동료였던 채드 헐리(Chad Hurley), 스티브 첸(Steve Chen), 조드 카림(Jawed Karim)의 작품이다—공식적으로 데뷔한 것은 2005년 11월이었다. 그것은 네트워크 TV나 케이블 TV의 클립으로 인해 발전할 수 있게 되었는데 그건 올드미디어와 뉴미디어의 뛰어난 파트너십이라고 해야 할 것이다. 그러나 처음엔 전혀 예상하지 못했지만 가장 크고 가장 지속적으로 남을 요체는 비전문가들이 만든 동영상에서 나왔다. 그들은 케이블이나 네트워크 TV의 프로듀서들이 아니고 그냥 일반 사람들이었다. 유튜브의 로고이자 상표는 '당신이 직접 방송하라(Broadcast Yourself)'이다.

하나의 예로, 이제는 유튜브와 뉴뉴미디어의 고전이 되어버린 오바마 걸(Obama Girl)의 이야기를 보기로 하자.

■ 오바마 걸

'오바마 걸' 이야기는 2006년 12월 한 올드미디어에서 시작되었다. NBC TV의 〈새터데이 나이트 라이브〉는 처음에 'My Dick in a Box'라는 이름의 코미디 프로를 방송했다. 그러나 그 프로는 연방통신위원회(FCC)의 규제 때문에 'My Dick'이란 말을 사용하지 못하고 그 대신 'Special Treat'로 대체되었다.

그러나 원래의 제목으로 노래하고 춤추는 비디오가 유튜브로 넘어가면서 수백만 시청자를 끌어들였다. 텔레비전에서 무단 삭제된 프로를 본 사람보다 원래 의도의 프로를 본 사람이 더 많게 되었다(의회는 인터넷에 사용되는 언어 규제를 위해 법을 만들고 빌 클린턴 대통령도 1996년 커뮤니케이션 품위유지법에 서명했지만 그 법은 연방대법원에서 기각되었다).

가수이자 작곡가 레아 카우프먼(Leah Kauffman)과 합작으로 벤 렐리스(Ben Relles)는 'My Dick in a Box'에 응답하는 동영상을 만들어 이름을 'My Box in a Box'라고 명명했다. 응답 동영상 또는 반응 동영상은 블로그에서 문자 코멘트를 다는 것과 똑같은 것으로 유튜브에서 쓰는 용어라고 할 수 있다. 이미 많은 시청자를 확보한 비디오에 새로운 프로듀서가 댓영상을 붙여 사람들의 주의를 끄는 수단이다. 유튜브는 또한 활발한 문자 코멘트 섹션도 갖고 있다. 인기 있는 비디오들은 응답 영상은 많지 않을 수 있지만 수천 개의 코멘트를 받을 수 있다.

'My Box in a Box'는 처음 6개월 동안 거의 2,400만 회의 조회 수를 기록한 'My Dick in a Box' 만큼의 성공은 거두지 못했다(Catch Up Lady, 2007 참조). 'Box in a Box'는 그 이후 여러 번에 걸쳐 유튜브상에 올리고 내리기를 반복했기 때문에 일 대 일의 비교는 무리지만 아무튼 2009년 1월 현재 통계를 보면, 2006년 12월 처음으로 포스팅한 이래 약 400만 회 이상의 조회 수를 남겼다. 중요한 점은 이 집계로 인해 벤 렐리스와 그의 팀인 베어리폴리티컬닷컴(Barelypolitical.com)이 자기들의 여러 작품을 계속 유튜브라는 미디어에 올려야겠다는 결론을 내릴 수 있게 해주었다는 것이다.

폭스의 〈24〉는 2007년 1월 새로운 시즌을 시작했다. 렐리스와 그의 회사는 '난 잭 바우어에게 홀딱 반했다'는 비디오를 만들 생각을 가지고 있었고 카우프먼은 노래를 거기에 맞게 만들었다. 2007년 2월 오바마는 대통령에 출마하겠다고 공표했고 이를 본 렐리스는 오바마가 바우어보다 더 흥미로운 비디오의 대상이 될 수 있겠다는 생각을 갖게 되었다. 앰버 리 애팅거(Amber Lee Ettinger)를 설득하여 배역을 맡겼다. '나는 오바마에게 반했다'는 2007년 6월 유튜브에 올랐다. 그것은 처음 한 달 동안 230만 회의 조회 수를 기록했고(Sklar, 2007 참조) 2009년 1월 현재 1,300만 이상의 조회 수를 달성했다. '오바마 걸'이 졸지에 최고 인기의 아이콘이 된 것이었다. '오바마 걸'을 이용한 다른 연관 비디오들은 물론 힐러리 클린턴과 존 매케인을 포함한 다른 후보자들의 유사한 비디오도 따라 나오기 시작했다. 2007년 9월 벤 렐리스와 앰버 리 애팅거가 포드햄 대학의 나의 강좌 '커뮤니케이션과 미디어 연구 입문'에 초대 손님으로 왔을 때 나의 강좌에 등록한 120명의 학생 중 오바마 걸을 이미 보거나 듣지 않은 사람은 단 한 사람도 없었다(Levinson, 2007 참조).

'오바마 걸'은 2008년 대통령 선거에 영향을 미쳤을까? 건방지고 웃기는 동영상 때문에 그 후보에게 투표했다고는 누구도 인정하지 않겠지만 다음과 같은 사실은 분명하다. 오바마는 예비 선거에서나 본 선거에서나 30세 이하의 투표자 그룹에서 선전했다. 이 집단은 2004년 존 케리(John Kerry) 민주당 대통령 후보자를 지지하기 위해 투표소에 가지 않은 바로 그 집단이고, 동시에 2007년 컴퓨터 스크린을 통해 오바마 걸을 가장 많이 본 집단이다. 그리고 오바마 걸 비디오는 선거 운동의 아주 초기, 따라서 아주 중요한 시기에 바이러스처럼 빠르게 전파되어나갔다. 많은 사람들이 오바마에 관한 것이면 무엇이든지 관심을 갖고 알려고 할 때 말이다. 그 비디오는 최소한 오바마가 멋있고, 흥미로우며 매력적인 어떤 사람으로 묘사하고 있었다.

린다 워테이머(Linda Wertheimer)는 내셔널 퍼블릭 라디오에서(2008년 6월 24일) 미국 전역에서 개최된 예비 선거와 정당 지명 대회에 나타난 30세 이하의 투표자 숫자는 4년 전에 비해 두 배 내지 세 배가 많았었다고 보도했다. 이 투표자의 58퍼센트는 자기들이 민주당원이라고 밝혔는데 그들은 오바마가 이긴 조지아 같은 주에서는 3 대 1로 클린턴보다 오바마에게 투표했고, 예비 선거에서 오바마가 진 펜실베이니아 같은 주에서도 2 대 1 우세로 오바마에게 표를 몰아주었다.

그 트렌드는 11월 대통령 선거까지 이어졌다. 18세부터 29세까지의 인구 중 최소한 50퍼센트가 투표장에 나온 것은 1972년 이래 처음 있는 일이었고 그 중 66퍼센트가 오바마에게 투표했다. 그것은 "2004년 존 케리에게 던진 표보다 12퍼센트 증가한 것이고 2000년 앨 고어(Al Gore) 지지표보다 18퍼센트가 더 많은 것이었다"(Grimes, 2008; Dahl, 2008 참조). 이 책 전체를 통해서뿐 아니라 특히 제12장을 보면 더 확실해지겠지만 "오바마의 선거 캠페인은 여러 형태의 새로운 소셜미디어를 충분히 이용하였다"(Baird, 2008).

■ 유튜브 주최 대통령 예비 선거 토론회

2008년 대통령 선거의 또 하나의 특징은 2007년 예비 선거에서 유튜브를 통한 후보들의 토론회가 처음으로 도입되었다는 점이다. 여기서 후보자들에게 던지는 질문은 유튜브의 동영상을 통해서 제출되었다. 질문에 응답하기 위해 후보자들을 집결시키는 등의 주선을 맡은 CNN이 유튜브의 비디오 클립들을 선정하는 방식으로 운영되었기에 완전한 직접 민주주의 식의 과정은 물론이고 새로운 뉴뉴미디어에 의한 정치 현상이라고 하기는 힘들었다. 다행히도 시민들로부터 직접 받은 비디오 질문들은 시민을 대신한다고 하는 뉴스 코멘테이터들이 묻는 질문보다 월등히 나았다. 당연히 어떤 질문은 코치를 받은 느낌도 들고 어느 후보자의 대리인들이 준비한 인상을 주는 것도 있었다. 그러나 그러한 피할 수 없는 결점에도 불구하고 유튜브 토론은 토론 진행의 민주화에 중요한 거보를 내딛는 결과를 가져왔다고 볼 수 있다.

다음은 2007년 7월 23일 민주당의 CNN-유튜브 예비 선거 토론회 직후와 2007년 11월 28일 공화당의 CNN-유튜브 예비 선거 토론회 직후 블로그 포스트에 올린 내 글이다.

> 최초의 CNN-유튜브 대통령 후보 토론회(민주당)가 방금 끝났다. 그것이 얼마나 혁명적인지를 이야기하려면 직접 보지 않고는 어렵다고 나는 말했다. 직접 보고 나니 정말 혁명적이라고 감히 말할 수 있다. 1960년 대통령 후보자 TV 토론회가 처음으로 이루어진 이후 토론과 민주주의를 위해 큰 걸음을 앞으로 내딛는 사건이라고 말하고 싶다.
>
> 나는 지금까지 양당의 토론회를 보아왔지만 이번처럼 참신하고, 익살스러우며, 솔직하고, 날카로운 질문들을 본 기억이 없다. 유튜브 동영상에 나타나 질문하는 사람들은 어떠한 전문가 패널보다 훨씬 나았다.
>
> 그리고 후보자들도 정직하고 중요한 대답으로 각자 임무에 충실했다.
>
> 버락 오바마는 그가 가장 적격한 흑인(아프리카-아메리칸) 후보인가-권력에 대한 그의 접근을 부여하는 데-라는 질문을 받고는 익살을 부렸다. "뉴욕의 택시 운전사에게 물어보시지요!"(불행스럽게도 흑인이 택시를 잡는 것은 백인이 택시를 잡는 것보다 훨씬 힘들다. 나는 백인이며 일생을 거의 뉴욕에서 살아왔기 때문에 이 사실을 잘 안다. 물론 그 전보다는 이 문제가 많이 줄었지만 아직 없어진 건 아니다).
>
> 힐러리 클린턴은 2000년의 부시 선거에 대한 질문을 받고는 부시는 사실상 선거로 뽑힌 대통령이 아니라고 응답했다.
>
> 존 에드워즈는 건강 보험 문제를 놓고 미국의 전 국민이 혜택을 받아야 한다고 열변을 토했다.-자기에게 배당된 시간을 넘겨가면서 말을 계속하여 사회자인 앤더슨 쿠퍼가 그의 말을 자르느라 애를 썼다.
>
> 조 바이든은 자동화 무기로 무장하고 유튜브 화면에 등장한 사람이 총기 규제에 대해 물으면서 자기의 무기를 자신의 '아기'라고 일컫자 이렇게 대답했다. "그게 당신의 아기라고 한다면, 당신은 도움이 필요한 것 같습니다…."
>
> 위의 사례는 표본에 지나지 않는다.
>
> 앤더슨 쿠퍼가 주요 후보와는 달리 마이크 그레이블 같은 군소 후보들의 말을 다소

부당하게 차단시키는 경향을 보이긴 했지만 오늘 밤의 진행은 상당히 좋았다. 마지막 질문자는 각 후보들에게 왼쪽에 있는 후보에 대해 좋아하는 점과 싫어하는 점을 지적하라고 요구했다. 쿠시니치는 자기의 왼쪽엔 아무도 없다고 익살을 부리자(그건 사실이었다) 쿠퍼가 응답했다. – "당신의 왼쪽에 앉힐 사람을 구하느라 노력했지만 성공하지 못했다…."

토론을 활기 있게 만들고 시청자로 하여금 보다 분명한 선택적인 안목을 주기 위해서는 민주주의의 신선한 공기보다 더 좋은 것은 없다. 토론 전에 유튜브의 질문을 선정하는 데 CNN이 지나치게 통제를 하지 않을까 하는 우려가 있었다. – 나도 CNN이 질문을 선정하지 말았어야 한다는 데 동의하지만 선정된 질문들이 그보다 더 좋기는 힘들었다는 사실도 인정한다.

나는 오는 9월 이런 훌륭한 실험의 공화당 무대에 대한 기대가 크다. – 하나의 표준이 될 것이다.

7월 27일 추신(새 블로그 포스트로 연결) : 공화당원들은 지금 유튜브에는 물론 진화론에 대해서까지도 조소를 보내고 있다.

위의 마지막 문장이 추가된 이유는 2007년 7월 27일자로 오로지 존 매케인과 론 폴만이 같은 해 9월에 있을 공화당 예비 선거 CNN–유튜브 토론에 참석할 의사를 보여 CNN은 어쩔 수 없이 그 행사를 취소할 수밖에 없었기 때문이다. 늦게 유튜브의 중요성을 인식한 공화당은 2007년 11월 28일 CNN을 통해 유튜브 토론을 가졌다. 그 토론이 끝난 직후 난 나의 블로그에 다음과 같은 글을 포스팅했다.

오늘 밤의 공화당의 CNN–유튜브 토론은 몇 달 전 민주당 경선 주자들 간의 토론만큼 신선하고 도발적이지 못했다고 생각한다. 처음과는 달리 유튜브의 인기가 다소 기울었기 때문일지도 모른다. 하지만 그보다는 질문들이 민주당 토론 당시 유튜브를 통해서 받은 것만큼 유머가 있고 도발적이지 못했기 때문일 확률이 더 높다.

그런 점을 빼면 좋고 힘찬 토론이었고 대부분의 후보자들이 자신의 장점을 알리는 데 성공했다. 특히 매케인은 전쟁을 지지하고 고문을 비난하는 면에서 말솜씨가 좋고 힘이 있었다. 롬니는 매케인의 고문 강의를 듣고만 있었고 – 전문가가 결정할 일이라며 그 자신 특유의 오불관언식 태도를 견지하며 – 그러나 론 폴은 매케인에게 고립주의자와 불개입주의자(론 폴은 후자다)의 차이를 설득력 있게 설명함으로써 좋은 시간을 가졌다. 그리고 론 폴은 또한 남부 이라크에서 폭력 사태가 줄어든 이유에 대해 진실을 이야기했다. – 영국군이 철수했기 때문에 일어난 현상이다.

롬니는 자기가 외국인 불법 체류자를 고용하고 있다는 줄리아니의 공격을 넉다운시키는 데 훌륭한 솜씨를 발휘했다. – 롬니는 합리적으로 대답하기를 자기 집 일을 부탁하기 위해 어느 용역 회사와 계약을 했지 자기가 직접 불법 체류 외국인을 고용한 일은 없다고 했다.

그러나 여기서 나는 한 가지를 짚고 넘어가고자 한다. 그 주고받는 대화에서 롬니의 수사적 표현에 나는 경의를 표하지만 – 극히 드문 일이지만 – 대부분의 공화당원들과 많은 민주당원들이 불법 외국인들을 너무 큰 문제로 생각하고 있다고 본다(에어리언이라는 용어 때문인지는 몰라도 나는 이 말을 들을 때마다 외계에서 온 사람이 생각난다). 미국의 위대한 장점의 하나가 다른 나라, 다른 문화에서 온 사람들에게 개방적으로 대해왔다는 사실이 아닌가?

허카비는 불법 이민자의 자녀 교육을 위한 기금 마련을 위한 일을 중단하지 않겠다고 말함으로써 무대에 나온 사람 가운데 이 이슈에 관한 한 아마도 제일 나은 평가를 받았을 것이다.

줄리아니는 불법 이민자 고용 문제로 롬니와 논쟁을 벌인 것 말고는 이 게임에서 상당히 좋은 성적을 거두었고 프레드 톰슨도 역시 오늘 밤에 평소보다 더 활기가 있었다.

성적표를 보자 : 허카비는 친근감이 들어서 표를 더 얻을 수 있을 것 같고 아이오와 주 선거에서 파란을 일으킬지도 모른다. 그가 선전한다면 줄리아니의 좋은 러닝 메이트가 될 수도 있겠다. 매케인과 톰슨은 그들이 무엇을 하고 어떤 주장을 하더라도 너무 늦었다고 생각된다. 롬니는 아직도 줄리아니의 주경쟁자이다.

그리고 론 폴은 아직도 최고의 위치에 포진해 있다. 그는 공화당 후보 중에는 유일하게 당국에게 전쟁에 관한 진실을 계속하여 말하는 사람이다. 우리는 그의 이러한 입장이 예비 선거에서 얼마나 표로 연결되는지 지켜보게 될 것이다.

허카비는 아이오와에서 승리했고, 매케인은 공화당의 대통령 후보직을 따내는 데 너무 늦지 않았다. 론 폴은 실제의 예비 선거 투표에서 아주 형편없는 득표에 그쳤다. –그에게 호의적인 기사가 예비 선거 운동 기간 동안 연일 디그의 1면에 오르고, 대통령 후보 토론회 이후의 전화 통계마다 그가 승자라고 자주 주장했지만 말이다. 우리는 제5장에서 왜 그런 일이 일어났는지 알아보려고 한다. –똑같이 뉴뉴미디어에서 선전한 버락 오바마는 이긴 데 반해 론 폴은 왜 예비 선거에서는 보잘것없는 성적을 거두었는지. 그 이유 중 하나는 오바마는 올드미디어인 텔레비전에서도 아주 멋지게 보였다는 점이다.

■ 텔레제닉 + 유튜브 = 사이버제닉

버락 오바마는 2008년 6월 폴 새포(Paul Saffo)에 의해 처음으로 '사이버제닉(cybergenic)'이라 표현되었고, 이것은 두 달이 지난 2008년 8월 《뉴욕타임스》의 기자 마크 레이보비치(Mark Leibovich)에 의해 신문에 올랐다. 그 주장의 논리는 프랭클린 루스벨트가 라디오의 달인이고(루스벨트는 물론 처칠, 히틀러, 스탈린의 라디오의 정치적 활용 사례를 보려면 Levinson, 1997의 'Radio Heads' 참조) 존 F. 케네디가(닉슨과는 달리) 텔레비전에 잘 어울렸던 것처럼, 오바마는 완벽한 인터넷 대통령 후보라는 것이다. 존 매케인과 비교하면 더욱 그렇다(이젠 그가 이상적인 인터넷 대통령이라고 하는 것이 더 맞을 것이다).

그러나 역사적인 유추가 완전히 맞는다고만 할 수는 없다. 루스벨트와 그의 보좌진들은 라디오의 힘을 이해하고 그것을 이용할 줄 알았지만 케네디는 단지 텔레비전에 나왔을 때 닉슨보다 멋있게 보였을 뿐이다. 반면에 케네디와 그의 참모들은 그 토론이 끝난 뒤에야 그가 TV에서 더 잘한 줄 알게 되었고—대부분의 텔레비전 시청자들은 케네디를 더 좋아했지만 토론을 라디오로 들은 대다수의 청취자는 닉슨이 잘했다고 생각했다(McLuhan, 1964, 261쪽 참조)—그 이후로 텔레비전 기자 회견은 케네디 행정부의 주요 업무가 되었다. 사실상 케네디의 기자 회견은 현재까지도 대통령이 미디어를 향해 말하는 행위의 귀감이 되고 있고 오바마는 아마 케네디 이상으로 잘했다고 볼 수 있다. 그러나 더 중요한 것은 오바마가 TV에 잘 받는다고 해서 텔레제닉이라고 하지 않고 사이버제닉이라고 명명한 것은 텔레비전에 잘 맞는 용모나 목소리가 후보를 사이버제닉으로 만드는 데 있어 결정적인 역할을 한다는 사실을 놓치고 있다는 점이다.

사실, 올드미디어와 뉴뉴미디어 사이에는 복합 상승 효과를 내는 상호 보완적인 부분이 있는데 뉴뉴미디어의 혁명적인 영향을 이야기할 때 흔히 이것을 간과하는 경우가 많다. 블로깅을 다룬 앞의 장에서 본 바와 같이 오래된 인쇄

미디어에서 나온 탐사 보도는 허핑턴포스트, 데일리 코스와 같은 뉴미디어나 뉴뉴미디어의 많은 보도와 논평을 촉발시켰고 〈로스트〉같은 성공적인 텔레비전 시리즈는 급속히 증가하는 인터넷 블로그를 통해 프로모션을 하고 있음을 보았다. '사이버제닉' 후보의 경우에도 웹에 올라온 많은 정치적 동영상은 전통적인 케이블 TV에서 제작되어 유튜브 또는 MSNBC닷컴 같은 뉴스 사이트에 옮겨진 것들이 대부분이다.

결국 이것은 후보가 웹에서 근사하게 보이려면 텔레비전에도 멋지게 나와야 한다는 걸 의미한다. '디 오렐리 팩터(The O'Reilly Factor)'에 나온 나의 유튜브 동영상이 나의 외모를 아무리 상승시킨다고 해도 내가 조지 클루니(George Clooney)같이 보이지는 않을 것이다. 이와 마찬가지로, 오바마가 매케인보다 유튜브에 더 긍정적으로 비추어진 이유는 텔레비전에서 오바마가 매케인보다 외양이나 목소리가 더 좋게 나왔기 때문이다. 유튜브가 아무리 신비와 힘을 가지고 있다고 해도 TV에서의 좋지 않은 이미지를 뉴뉴미디어라고 해서 좋게 만들 수는 없다(돼지 귀머리로 실크 가방을 짤 수는 없다).

뉴뉴미디어에서의 정치를 위해서는 텔레비전이라는 올드미디어가 얼마나 중요한지 인터넷에서 성공을 거두고 있는 후보라도 전통적인 미디어에서 잘 보이고 멋지게 들리도록 노력해야 한다. 2004년 하워드 딘의 이야기를 생각해보라. 많은 선거 후원금 모금에 성공하고 인터넷에서 유력한 대통령 후보로 떠올랐었는데 아이오와 주 예비 선거에서 진 다음 텔레비전에 나타난 불미스러운 장면 하나로 그의 희망이 단번에 날아가지 않았던가?

뉴미디어와 올드미디어의 관계 그리고 뉴뉴미디어와 기존의 현실 세계와의 관계는 이 책에서 다룰 중점 내용 중의 하나다. 여기서 핵심은 뉴뉴미디어에서의 성공은 그 안에서의 성공만으로는 충분하지 않다는 점이다. 다시 말하면 그 성공이 예전의 미디어의 도움이나 방조를 얻어서 실제 세상의 오프라인에 반영되지 않는다면 진정한 성공이 될 수 없다는 것이다.

■ 유튜브로 인한 부인 금지 상황과 민주주의

전문적 프로덕션 스펙트럼의 반대편 끝에, 텔레비전 토크쇼나 뉴스쇼, 또는 벤 렐리스 같은 비네트워크 프로듀서가 만든 작품이 아닌 유튜브 동영상이 있다. 이러한 동영상들은 이동전화나 또는 가벼운 휴대용 비디오 카메라로 찍을 수 있는 것들이며 중요한 점은 누가 찍든지 상관이 없다는 사실이다.

우연찮게 촬영된 그러한 동영상의 프로듀서는 익명이거나 알려지지 않은 사람일 수 있지만 그 동영상의 대상자는 일반적으로 텔레비전에서 볼 수 있는 정치인들이거나 유명 인사들에 관한 것일 때가 많다.

조지 앨런(George Allen) 상원의원은 무슨 이유인지는 알 수 없으나 2006년 8월 15일 공식 석상에서 어느 질문자와 맞닥뜨렸을 때 그를 '마카카(Macaca)'라고 불렀다. 그 용어는 어떤 국가에서는 인종적인 경멸을 암시할 때 쓰는 욕설이었다. 앨런은 그런 말을 하지 않았다고 부인했다. 그는 그런 말을 한 기억이 전혀 없다고도 했다. 불행히도 유튜브는 그 사실을 잘 기억하고 있었다. '마카카'란 말을 쓴 조지 앨런의 동영상은 전 세계가 다 볼 수 있게 유튜브에 떴다. 그해 앨런은 상원의 재선 기회를 잃었고 따라서 2008년 공화당 대통령 지명전에 나갈 수 있는 기회마저 놓치고 말았다. 이러한 일이 있고 난 직후 잡지《롤링스톤》은 아주 적절한 제목의 글을 올렸다. '최초의 유튜브 선거 : 조지 앨런과 마카카'. 소제목은 다음과 같았다. '조지 앨런 : 21세기의 입에 물린 디지털 발(실언)'(Dickinson, 2006 참조).

〈사인필드(Seinfeld)〉에서 크레머 역을 맡은 코미디언 마이클 리처즈(Michael Richards)도 휴대전화 카메라로 찍힌 자신의 동영상이 웹에 유포되며 웃지 못할 문제에 빠진 걸 알아차렸다. 2006년 11월 16일 웨스트 할리우드의 웃음공장(Laugh Factory)에서 그는 자기를 괴롭히는 한 사람을 가리켜 '니거(nigger)'라고, 그것도 여섯 번이나 그렇게 말했다(TMZ staff, 2006 참조). 리처즈는 후에 이에 대해 사과했지만 대중의 눈에는 단지 재미있는 엔터테이너만으로 기억에 남지 못할 것이다.

《뉴스위크》의 조너선 앨터(Jonathan Alter)는 2008년 6월 9일 MSNBC의 키드 올버만(Keith Olbermann)의 '카운트다운' 프로에 출연하여 유튜브 혁명의 이러한 측면을 이야기하면서 정치인들뿐만 아니라 공적인 장에서 일하는 모든 사람들에게 유튜브 혁명이 무엇을 의미하는지에 대해 논했다. 앨터에 의하면, 2000년도에는 정치인이 말하는 것을 찍은 비디오는 텔레비전에서 방송이 되고 난 다음 곧장 네트워크의 창고 같은 데에 처박혔다(2004년에도 해당되는 말이었다). 그러나 오늘날에는—2008년 이후에는—정치인이 말하는 것은 무엇이든지 몇 분이 지나지 않아 대낮같이 밝은 유튜브에 올려질 수 있고 네트워크나 정치인의 통제권 밖에서 행사된다.

앨터가 이야기하는 주제는 매케인의 말, 즉 정치와 선거에 미치는 미디어의 영향에 대해 코멘트를 한 일이 없다는 주장에 대한 것이었다. 왜냐하면 바로 그 며칠 전에 매케인이 미디어가 민주당 지명을 위한 경선에 들어간 힐러리 클린턴에게 불공정한 대우를 했다고 주장한 비디오가 유튜브로 이미 널리 퍼졌기 때문이다. 이 연설에서 매케인은 "미디어는 얼마나 그녀가 열정적으로 수백만 미국 국민의 관심사와 꿈에 대해 말하고 있는지를 간과하고 있는 경우가 많은 것 같다"(McCain, 2008 참조) 라고 했었다.

그리고 정치인의 말이 입에서 튀어나온 지 몇 분 안에 유튜브에 오르는 것뿐만이 아니고 몇 년, 아니 영원히 온라인상에 머무를 수 있다는 점을 알아야 한다. 유튜브의 동영상에 오른 말은 부정할 수도 없을 뿐 아니라 지워지지도 않는다. 동영상의 빛은 더 없이 밝으며 깜박거리지도 않을 뿐 아니라 영속적이다.

사람들은 유튜브가 가지고 있는 민주주의의 지원에 관해 잘 인지하고 있다. 2008년 11월 13일, 나는 인피니트 리그레스, 오픈 살롱과 나의 마이스페이스 페이지에 '케이티 쿠릭(Katie Couric) : 혁명의 영웅'이란 제목의 블로그 포스트를 올렸다. 그 주제는 내가 목격한 2008년 매케인과 페일린의 선거 운동 기간 중의 결정적 실수들을 분명하게 밝혔다.

나의 마음속에는 몇 가지 '결정적인' 순간들의 후보들이 있었다. 존 매케인이 최초의 후보 토론회를 앞두고 자기는 선거 운동을 잠시 중지하고 재정 위기의 해결을 돕기 위해 워싱턴으로 가겠다고 공표한 일, 또한 오바마에게 최초의 토론회를 연기하자고 요구했고 그 요구는 오바마에 의해 거절된 일. 이러한 모든 것들은 매케인에게 상당한 손해를 끼친 것으로 규명되었다. 그중 어떠한 것도 국민들이 즉시 맞장구를 칠 만큼 절대절명의 긴급사항이 아니었던 것이다. 몇 주일이 지나고, 재정 위기에 대한 매케인의 첫 대응은 다른 사건들에 묻혀 희석되고 말았다.

그러나 공화당 부통령 후보 세라 페일린이 'CBS 저녁 뉴스'의 앵커 케이티 쿠릭과 가진 인터뷰에서 보여준 답변은 쉽게 잊혀질 수 없는 대이벤트였다. 무슨 신문을 읽느냐는 질문에 페일린은 단 하나의 신문 이름도 대지 못했다. 그 대담은 수많은 미국인들의 마음에 페일린은 부통령직에 맞지 않는 사람이란 이미지를 깊이 박히게 만들었고 그런 생각은 결코 사라지지 않았다. 더욱이 누구든지 원하기만 하면 언제든지 유튜브에서 그 대담 모습을 또다시 볼 수 있었다.

그 대담은 2008년 9월 30일 처음으로 CBS 저녁 뉴스에서 방송되었다. 그러나 내가 몇 달 뒤에 '케이티 쿠릭 : 혁명의 영웅'이라는 블로그를 포스트한 지 10분 만에 한 오픈 살롱의 독자가 쓴 것처럼, 자기는 쿠릭의 질문에 답을 못하는 페일린을 반복해서 본 곳이 CBS 텔레비전을 통해서가 아니라 유튜브였다는 것이었다. 그 동영상은 2008년 11월 말 기준 200만 회의 조회 수를 기록하고 있었다.

어떠한 시청각 도구를 통해 녹취가 된 것이든지 유튜브를 통해 전 세계로 배출될 수 있는 가능성이 있다. 그래서 거기에는 정치인이나 유명 인사들이 현재 말하고 있는 것은 물론이고 1876년에 축음기가 발명된 이후 어떤 사람이 말한 것, 노래한 것, 통신한 것이든지 무엇이라도 포함된다.

■ 유튜브는 텔레비전의 이벤트 전달자 역할을 대신하게 되었다

나는 물론이고 어느 누구의 자료를 보아도(블로그 비평을 보려면 Sullivan, 2008; Suellentrop, 2008 참조; Levinson, 'Superb Speeches by Bill Clinton and John Kerry,' 2008 참조), 2004년 민주당 대통령 후보 존 케리가 2008년 덴버에서 열린 민주당 전당대회에서 가장 훌륭한 연설을 했다는 건 모두가 동의하는 바이다. 어쩌면 자기 일생에서 가장 멋진 연설을 했다고 해도 지나친 말이 아닐 것이다. 이유는 모르지만 그 연설이 세 개의 뉴스 전문 케이블 텔레비전 네트워크 중 어디에서도 처음부터 끝까지 전부가 중계되지 않았다. 그 대신 MSNBC, CNN, 폭스 뉴스는 자기들의 수석 해설자에게 카메라를 돌렸다. 앤드류 설리번(Andrew Sullivan)이 적절하게 꼬집은 것처럼, '케이블은 그들의 박식한 해설자들이 이 연설보다 더 흥미를 끌 것이라고 믿었던 모양이다. 잘못된 결정이다.'

우리는 왜 텔레비전 네트워크가 케리를 잘랐는지 생각해볼 필요가 있다. 광고주들로부터 최대의 수입을 거두어들이기 위해 최대의 시청자를 확보하는 것이 네트워크의 프로그램 책임자들의 일이다. 그러므로 청중을 매료시키는 웅변가로는 알려지지 않은 존 케리를 잡고 있다가 다른 재미있는 프로로 시청자를 빼앗기지 않으려고 그랬을 수도 있다. 또는 네트워크에서 결정하기를 크리스 매튜스, 월프 블리처, 브릿 흄(각각 MSNBC, CNN, 폭스 뉴스의 간판 앵커) 등이 척수한 케리보다는 시청자를 덜 지루하게 할 것이라고 생각했을 수도 있다.

광고주에게 얽매이지 않는 C-SPAN과 PBS는 존 케리의 전체 연설을 다 방송했다. 아내와 나는 텔레비전 MSNBC 스크린 중에 부분 삽입 화면으로 C-SPAN을 볼 수 있게 해놓았었는데 C-SPAN에서 케리의 연설이 계속되는 길 보고는 나머지 연설은 아예 C-SPAN을 확대하여 놓고 시청했다.

결국 존 케리 관련 경우 비상업적 텔레비전들만이 TV의 즉흥적 전달자의 역할을 포기하지 않은 것이었다. 그 연설은 한 시간 안에 유튜브에 올라왔다. 그리고 몇 시간 안에 수천 명의 시청자를 끌어들였다. 텔레비전은 점점 즉흥적인 방송에 집착하는 반면 유튜브는 단기적, 중기적, 장기적인 면에서 기록의 미디어로 자리 잡아가고 있다.

공적인 이벤트를 커버하는 데 있어 유튜브와 텔레비전의 관계는 블로깅과 신문의 관계를 보완하는 것과 같고 우리의 문화 속에서 뉴뉴미디어의 위치를 확실하게 하는 데 일조하고 있다. 블로깅은 어느 인쇄 매체의 사설이나 논설보다 훨씬 빨리 논평을 제공한다. 유튜브가 텔레비전에 방송된 이벤트의 시청각적인 기록을 제공하지 않는다면 일부 방송은 종료 즉시 사라져버리거나, 존 케리의 2008년 연설처럼 일부만 방송되거나 전혀 방송되지 않았을 수도 있다. 물론 텔레비전은 어떤 프로그램의 일부 또는 전부를 재방송할 수 있다. 그러나 유튜브만이 세계 어느 곳에서든 무슨 동영상이든 하루 24시간 동안 시청 가능하게 한다. 텔레비전에 나온 것은 무엇이든지 티보나 DVR로 녹화가 가능하지만 그건 개인적인 일일뿐 대중과 나누기는 어렵다. 그리하여 뉴뉴미디어의 이벤트 전달은 올드미디어의 카운터파트보다 블로깅의 경우에는 더 빠르고, 유튜브의 경우에는 더 신뢰할 수 있다. 아직까지는, 배터리가 필요 없는 신문과 손쉽게 이용할 수 있는 텔레비전이 계속해서 이벤트 전달의 역할을 할 것이다. 그러나 뉴뉴미디어의 전달 기능이 발전해나가면서 이들이 신문이나 TV를 밀어내고 대체하는 현상은 끊임없이 일어날 것이다.

■ 유튜브는 누구에게나 접근이 개방되어 있고 시청자와 제작인에게 똑같이 무료다

버락 오바마는 2008년 대통령 선거가 있기 1주일 전 대부분의 유수 텔레비전 네트워크가 방송한 30분짜리 연설을 위해 500만 달러를 지불했다(Sinderbrand &Wells, 2008 참조). 약 3,300만의 국민들이 그의 연설을 시청했으니(Gold, 2008 참조) 그만한 돈을 쓸 가치는 있었다고 본다.

그러나 유튜브 사이트에 동영상을 올리는 데는 돈이 전혀 필요 없다. 조 트리피(Joe Trippi)가 말한 것처럼, 오바마는 수백만 명이 보는 반 시간짜리 유튜브 연설을 매주 토요일마다 할 수 있다. 네트워크 TV는 대통령에게 그렇게 많은 시간을 할애하지 않겠지만 그렇다고 오바마가 유튜브에서 말한 것을 언론이 외면할 수도 없다는 것이다(Fouhy, 2008 참조). 한 사람의 대통령 후보자가 네트워크 텔레비전을 통해 국민들에게 연설하기 위해 매주 토요일에 무료로 30분을 얻는다는 것은 확실히 불가능한 일이다. 그러나 트리피는 대통령마저도 그런 시간을 얻기는 불가능하다고 예리하게 관찰하고 있다. 방송 미디어는 루스벨트가 1933년부터 1944년까지 라디오를 통하여 황금시간대에 미국 국민들과 30분의 '노변 대화'를 가졌던 1930년대와 1940년대와는 달리 오늘날에는 시간을 팔아서 수입을 증대시키는 일에 더욱 방어적이 되어가고 있다(Dunlop,1951 참조).

『혁명은 텔레비전으로 방송되지 않을 것이다 : 민주주의, 인터넷과 모든 것의 전복』(2004)의 저자인 트리피는 2004년 민주당 대통령 후보 지명전에서 실패한 하워드 딘의 캠페인 매니저로 사람들에게 처음으로 알려졌다. 트리피는 그의 책에서 딘의 캠페인을 연대순으로 기록하고 평가하고 있다. 딘은 '인터넷 후보'로 알려지게 되었고 트리피는 인터넷의 대가가 되었지만 2004년의 뉴뉴미디어는 현재와 비교할 수 없을 정도였다. 블로깅은 활성화되어 있었지만 페이스북은 새로 생긴 지 얼마 되지 않았고 아직 유튜브와 트위터는 나오기도 전이었다.

뉴뉴미디어뿐 아니라 뉴뉴딜에서 오바마는 새로운 루스벨트가 되다

그 유명한 2008년 11월 24일자 잡지 《타임》의 표지는 버락 오바마를 새로운 프랭클린 루스벨트로 묘사하기 위해 루스벨트처럼 회색 양복에 정장 모자를 씌우고 담배를 치켜 문 모습으로 그린 다음 제목을 '뉴뉴딜'이라고 붙였다. 물론, 루스벨트와 오바마는 잘 비교가 되었다. 두 사람 모두 재정적 위기와 격변의 와중에 대통령직에 취임하게 되었고 루스벨트가 1930년대의 대공황 속에서 했던 것처럼 오바마도 국민들에게 일자리를 주는 일을 돕고, 더 효율적인 산업의 기초를 놓기 위해 공공사업 프로젝트에 대한 계획–21세기형 인프라 건설–을 추진하는 점에서 유사점이 많았다.

그런데 《타임》의 표지가 2008년 11월 13일 대중에게 알려지고 난 어느 날, 그리고 2008년 11월 15일의 오바마 라디오 연설이 유튜브에 오른 다음에 나온 발표를 볼 때 오바마는 경제 용어로서의 뉴딜뿐 아니라 미국 국민들과의 의사소통을 뉴미디어를 이용해서 한다는 점에서도 뉴 루스벨트라고 할 만했다.

루스벨트의 '노변 대화'는 그의 시대에는 뉴미디어인 라디오를, 그 이전의 다른 대통령과는 달리, 국민들과 직접 대화하는 데 활용했다. 루스벨트와 그의 참모들은 뉴미디어인 라디오의 장점을 잘 이해하고 있었다. 대통령을 포함한 그 누구의 목소리라도 라디오로 들으면 청취자가 그 순간에 거실, 침실, 어디에 있든 마치 그 말을 직접 듣는 느낌을 갖게 된다는 장점을 십분 활용한 것이다. 그 효과는 강력하고, 전에 없이 신선하고 또 깊었다. 대공황 시대에 성장한 나의 부모는 자주 말하기를 그들은 루스벨트를 일종의 아버지 같은 사람으로 간주했다고 한다. 경제와 전쟁이 사람들을 어린아이처럼 무력하게 만들어놓고 있었던 시대에 그의 깊은 목소리는 한 가정의 깊숙한 성소에서 울려나오는 목소리처럼 들렸다는데 이해가 갈 만하다. 제2차 세계대전이 일어나자 10대 후반과 20대 초반이던 나의 부모는 루스벨트의 목소리에서 큰 위안을 얻었다. 그들은 루스벨트가 자기들과 미국 국민들에게 이야기를 하고 있는 한 나라에는 큰 문제가 없을 것이라고 믿었다(라디오와 FDR에 대해 더 알고 싶으면 나의 1997 '더 소프트 에지' 참조).

미국인들은 1950년대에 접어들어 텔레비전이 압도적인 정치적 방송 미디어가 되자 그전 식으로 라디오를 듣지 않게 되었고, 라디오는 단지 로큰롤을 청취하는 미디어로 변하고 말았다. 1960년이 되자 텔레비전으로 케네디와 닉슨의 토론을 본 사람들은 케네디가 승리했다고 생각한 반면, 앞에서 언급했듯이, 라디오로 그 토론을 청취한 사람들은 닉슨이 이겼다고 믿었다('텔레제닉+유튜브=사이버제닉' 참조). 닉슨에게는 불행한 일이지만, 1960년에 미국 가정의 87퍼센트가 이미 TV를 보유하고 있었다(Roark et al., 2007 참조). 2008년 대통령 선거를 치른 이후에는 '사이버제닉' 섹션에서 언급한 것처럼 텔레비전이 정치에 있어 중요하지 않은 미디어로 전락한 것은 아니지만 유튜브가 압도적인 정치적 시청각 매체로 군림해온 텔레비전의 자리를 대체하게 되었다. 그렇지만 유튜브에 올라와 있는 많은 것들이 텔레비전에서 온 것임을 볼 때 TV를 과소평가해선 안 된다.

오바마의 유튜브 연설은, 특히 1930년대와 1940년대에 루스벨트의 노변대화가 그랬듯이, 뉴뉴미디어의 장점을 잘 활용하고 있다. 루스벨트를 위해 라디오가 해줬던 것, 즉 집 안에서 들을 수 있었던 대통령의 목소리, 그리고 아버지의 말같이 안심시키는 내용이 있었다면 유튜브상의 오바마는 오늘날의 세계에서 요구하는 것과 잘 맞는다. 사람들은 대통령과 접촉하고 싶어하고, 최소한 그를 보면서 그의 말을 듣고 싶어하는데, 그것도 대통령이 선택한 시간이 아니고 자기가 선택한 시간에 할 수 있으니 시대의 요구에 잘 맞는 것이다. 라디오에서의 대통령과 마찬가지로 유튜브상에서의 대통령의 역할은 국민에게 안심을 주는 것이다. 차이점은 수용자의 뜻대로 어떻게 그런 정보를 받을 것인지도 결정할 수 있고, 대통령의 연설을 포함하여 모든 뉴스를 이동하면서 자기가 원하는 시간과 장소에서 언제나 볼 수 있다는 것이다. 급속하게 변화하는 21세기에는 정보가 지정된 곳에 있다는 확신만큼 국민을 안심시킬 수 있는 사항은 없다.

■ 아마추어 유튜브 스타와 프로듀서

비디오 카메라나 카메라폰을 가진 사람은 누구나 유튜브를 이용할 수 있기 때문에 동영상에 등장하는 사람들은 무명 인사가 될 수도 있고 유명인이 될 수도 있다. 아마추어나 무명의 유튜브 프로듀서는 전문가만큼이나 쉽게 카메라로 자기 자신이나 친구들, 일반 사람들, 또는 유명 인사들을 촬영할 수 있다.

2009년 2월 현재 가장 많은 조회 수를 기록한 유튜브 동영상은 저드슨 레이플리(Judson Laipply)가 나오는 '댄스의 진화'와 에이브릴 라빈(Avril Lavigne)이 나온 '여자친구'였다. 이 두 동영상은 1억 1,000만 이상의 조회 수를 기록했는데 차이는 레이플리는 이 유튜브의 성공 전까지는 겨우 알려진 코미디언이었고 반면에 라빈은 그래미(Grammy) 상을 수상한 스타 보컬리스트였다(그녀의 유튜브 조회 수는 어떤 웹사이트에서는 자동으로 재생이 되는가 하면 시스템을 '게이밍' 했었다는, 다시 말해, 서포터들로부터 반복적인 조회가 일어났다는 의문의 여지에 말려 있다; 게이밍에 대해서 더 알려면 제5장 '디그'를 참조하고 유튜브 동영상의 조회 수에 대해서는 MacManus, 2008 참조). 아무튼 이러한 사례는 유튜브의 성공이 유명 인사라는 지위에 따라서 결정되는 것이 아니라는 사실을 생생하게 보여준다(라빈은 유명 인사였지만 레이플리는 아니었다). 1억 회가 넘는 조회 수는 텔레비전이라는 올드미디어의 역사상 세 번째로 많은 시청률을 기록했던 2009년 2월의 미식축구 슈퍼볼 경기의 9,500만 시청자와 비교할 만하다(제 2위는 2008년 〈슈퍼볼〉로 9,650만 명이었고 엄청난 시청률을 자랑하던 텔레비전 쇼 〈매시(M*A*S*H)〉의 1983년 최종회의 시청률은 1억 600만 명이었다 — Armstrong, 2009 참조). 물론 슈퍼볼의 시청 수는 몇 시간 동안 생방송으로 중계한 것에 대한 통계이고 유튜브의 조회 수는 몇 년 동안의 숫자를 합친 것이지만 말이다. 그러므로 유튜브와 텔레비전이 똑같은 잣대로 비교될 수는 없지만 거대한 시청자들의 수를 놓고 볼 때는 비교 대상이 될 수 있으며 반드시 슈퍼스타가 아니어도 된다는 사실을 명백하게 보여준다. 2009년 4월, 텔레비전 프로 〈브리튼스 갓 탤런트(Britain's Got Talent)〉에 처음으로 출연하였고, 그 방송이 나간 지 1개월 만에 유튜브에서 1억 회 이상의 조회 수를 기록한 수전 보일(Susan Boyle)의 상상을 초월한 성공은 텔레비전에 비하여 유튜브의 힘이 얼마나 큰지 그리고 이 두 미디어의 공생 관계의 영향력이 어떠한지를 보여주는 좋은 본보기였다. 보일은 레이플리처럼 전혀 유명인이 아니었던 사람이 텔레비전과 유튜브에 의해 대중적인 스타의 자리에 오르게 된 좋은 예다.

또한, 완전한 무명인이었던 크리스 크로커(Chris Crocker)는 그의 익살스런 '브리트니는 내버려 둬'란 동영상으로 1,100만 이상의 조회 수를 달성했고, '나는 오바마에게 반했어'라는 원본 동영상은 2009년 2월 기준 1,300만 이상의 조회 수를 올렸다. 이들 동영상은 사실상의 아마추어와 유명인 하이브리드 작품으로 그 비디오가 나오기 전에는 그걸 제작한 프로듀서, 또는 창안자('브리트니는 내버려 둬'의 크리스 크로커와 '오바마 걸'의 벤 렐리스)는 전혀 알려지지 않은 사람이었지만 주인공은 이미 유명 인사였다(브리트니 스피어스와 버락 오바마). 오바마 걸 역을 맡은 앰버 리 애팅거도 역시 그 비디오가 나오기 전에는 무명인이었다.

'먹거리 싸움(Food Fight)'은 과거의 명성이 없다 해도 유튜브의 성공에는 전혀 걸림돌이 되지 않는다는 것을 보여주는 가장 좋은 예다. 유튜브의 설명 문구는 이 현명하고 재미있는 비디오를 이렇게 그리고 있다. "제2차 세계대전으로부터 현재까지의 미국 차원에서 본 전쟁의 역사를 축약한 것으로 분쟁 국가의 음식을 통해서 이야기가 전개된다." 그것은 완전히 무명인인 스테판 네이들먼(Stefan Nadelman)이 직접 제작하고, 극본을 쓰고, 애니메이션을 만들었다. 그리고 유명세를 타기 이전에는 이 애니메이션에 관해 알려진 게 거의 없었다. 유명한 배우도 없고, 유명 연기자의 목소리 연기도 없고, 오로지 애니메이션이라는 그 자체뿐이었다. 이 애니메이션은 2008년 2월 27일 유튜브에 올려졌는데 2009년 2월 현재 조회 수가 360만을 넘어섰다.

내용이 아무리 우수하다 해도 전혀 유명 인사가 포함되지 않은 그러한 동영상이 어떻게 해서 수백만의 시청자를 끌어들일 수 있다는 말인가?(저드슨 레이플리만 해도 전문적인 코미디언이었다) 내가 처음으로 '먹거리 싸움'을 본 것은 포드햄 대학의 친구이자 동료이며 마이스페이스의 '친구'인 랜스 스트레이트 교수가 나의 마이스페이스 프로필에 코멘트를 올린 덕분이었다. 그러한 우연한 비전문가적인 프로모션은 수백만 달러가 들어가는 홍보 캠페인에 버금갈 정도로 효과적이라는 점을 지적해두고 싶다. 요즈음 들어 대부분의 PR 및 홍보 회사들은 실제 시장에서 그러한 구전 언어를 전파시키기 위해 많은 돈을 쓰고 있다고 한다.

이런 형태의 프로모션을 바이럴 마케팅이라고 하는데 뉴뉴미디어 시대에 예측하기 힘들면서도 엄청나게 성공적인 프로모션 엔진으로 자리 잡아가고 있다. 네이들먼의 '먹거리 싸움'은 가장 성공적인 유튜브 비디오라고 말할 수는 없을지 몰라도 유튜브상에서만 볼 수 있는 원초적인 바이럴 비디오의 전형적인 본보기라고 할 수 있다.

■ 바이럴 비디오

바이럴 마케팅, 바이럴 비디오는—대중문화와 관련된 어떤 바이럴 제품이나 활동 웹을 통해 어떤 노래나 비디오를 좋아하는 한 사람으로 말미암아 다른 사람이 그 현상을 알게 되는 식으로 운영되는 것을 말한다. 수백만 명의 사람들이 수백만의 다른 사람들에게 그 비디오에 관해서 알도록 하면, 그것은 엄청난 인기를 끌 수 있게 되고 올드미디어에 실리는 광고나 홍보와 버금가거나 또는 능가하는 효과를 볼 수 있다.

이것은 지금까지는 '구전(word of mouth)'이라고 일컬었다. 그러나 '바이럴'은 그것 이상의 의미를 지니고 있다. 왜냐하면 디지털 구전은 전 세계의 어디에 있는 어떤 사람에게나, 수백만의 사람들에게 즉시 도달할 수 있기 때문이다. 이와 다르게, 그 이전의 말로 전하는 구전은 바로 옆에 있는 사람이나 혹은 유선 전화를 쓰던 시대에는 수화기를 들고 반대편 끝에 있는 사람에게만 도달할 수 있었다(요즈음 휴대전화, 특히 문자 메시지는 바이럴 커뮤니케이션의 수단 중에 하나로 이용되고 있다). 그러면 왜 '바이럴'이라고 하는가? 우리와 우리의 육체가 살고 있는 생물학적인 세계에서 하나의 바이러스는 하나의 어미 세포를 전염시키거나 그 세포에 올라타서 움직이고 그 세포는 분열할 때마다 그 바이러스의 일부와 같이 움직인다. 바이럴 비디오도 이와 아주 유사하다. 그 비디오를 본 사람의 생각을 감염시키든지 아니면 그 사람의 생각에 올라탄다. 그리고 이렇게 감염된 사람들이 뉴뉴미디어에 접속하여 이야기하고, 링크하고, 동영상을 편집까지 하게 되어 바이럴 확산은 거의 유행병처럼 번져나간다. 다른 말로 하면, 생물학적인 세계건 팝문화의 세계건, 바이러스나 바이럴 비디오는 스스로 판매 활동을 한다고 볼 수 있다.

리처드 도킨스(Richard Dawkins)는 1991년 그의 논문 「마음의 바이러스(Viruses of the Mind)」에서 '밈(meme)'을 논하며 최초로 이러한 유사 바이러스를 인간의 정신 세계에 적용한 사람이다. 인간은 행복, 불행, 자의식 등의 생각의 주인이 된다. 그리고 모든 인간이 말하는 단어, 저자나 기자나 현재의 블로거들이 쓰는 책이나 문장들까지도 다른 사람들에게 이러한 생각들, 아니면 이러한 '밈'들을 전달하기 위해 뻗어나간다. 그것은 바이러스들이 유전인자를 세포에서 세포로 전파시키는 것과 똑같으며 DNA가 살아 있는 유기체들의 재생산 과정 속에서 영구히 살아남는 것과 같다. 도킨스는 여기에서 새뮤얼 버틀러(Samuel Butler)의 유명한 관찰(1878), 즉 닭은 계란 입장에서는 더 많은 계란을 생산하기 위한 도구로 쓰일 뿐이라는 말을 인용했다. 도킨스의 도식에 의하면 살아 있는 유기체는 단지 DNA가 더 많은 DNA를 만들기 위해 이용하는 기계에 불과하다. 도킨스는 밈 또는 전파력이 강한 아이디어와 생물학적인 바이러스를 동일한 것으로 간주한 때로부터 약 15년 전인 1976년, 그의 눈부신 명저『이기적 유전자(The Selfish Gene)』에서 DNA에 관한 그의 관점을 처음으로 세상에 발표했다.

도킨스의 '마음의 바이러스' 이전에는, 그리고 생활의 중요한 요소가 된 웹이 등장하기 이전에는, 이 유사 바이러스는 일부의 파괴적인 컴퓨터 프로그램을 사람들이 '컴퓨터 바이러스'라고 지칭한 컴퓨터 시대에 두드러지게 나타났다(도킨스는 1991년에 발표한 그의 논문에서 컴퓨터 바이러스를 특별히 인정하고 그것에 대해 설명했다). 정상 컴퓨터 프로그램이나 코드에 붙어 있는 것으로서, 이 바이러스는 일단 컴퓨터 안에 풀리기만 하면 파일을 지우고, 사용자의 일을 방해하는 여러 가지 폐해를 주어, 마침내 컴퓨터를 망가뜨리기도 한다. 이 유사 바이러스는 바이럴 마케팅에서 말하는 바이러스보다는 생물학적인 바이러스와 더 닮은 점이 많다. 왜냐하면 생물학적 바이러스와 컴퓨터 바이러스는 그들의 숙주를 파괴시키기 때문이다. 인간이나 동물의 병을 유발하여 사망시킬 수도 있는 것처럼 컴퓨터를 사용하지 못하게 하거나 망가뜨릴 수 있다.

그러나 유사 바이러스가 대중문화에 옮겨지면서 반드시 어떤 나쁜 것을 의미하는 '바이러스'가 되지는 않는다. 결국 바이럴 비디오는 교훈적이고 재미가 있다.—예를 들어 '먹거리 싸움'의 경우처럼—이 경우 그들이 전쟁 도발자이지 않는 한 숙주에게 아무런 해악을 주지 않으며, 그 비디오로부터 무언가를 배울 수 있다(다른 말로 비유하자면, 형용사 '바이럴' 사용의 증가와 확대는 계속되어왔는데 이런 사항이 나쁘다고 할 수 없는 이유는 그 용어를 통해 이 시대가 유튜브, 뉴뉴미디어와 전반적인 대중문화가 21세기에 접어들어 증가일로에 있음을 이해하는 데 도움을 주기 때문이다).

그렇다면 항상 파괴적인 결과만을 가져다주는 컴퓨터 바이러스와는 달리, 바이럴 비디오 또는 어떠한 종류의 바이럴 대중문화는 파괴적인 것에서부터 혜택적인 것까지 광범위하게 펴져 있다고 말할 수 있다. 단지 바이럴한 측면 때문에 한 동영상이 좋다 나쁘다 하는 것은 맞지 않다는 것이다. 생물학 세계에서의 바이러스가 항상 또는 반드시 자기의 숙주에게 파괴적이라고 말할 수 없는 것같이 바이럴 비디오는 항상 해악을 끼치는 컴퓨터 바이러스와는 달리 자연계에 살고 있는 일반적인 바이러스에 더 가깝다고 할 수 있다.

하지만, 유튜브상에 남용 사례가 계속 증가하고 있는 것은 사실이다. 제작자의 비뚤어진 만족과 일부 시청자의 비뚤어진 즐거움을 위해 사람이나 동물을 때리거나 다른 식의 학대를 하는 동영상이 올라오는 것이 그런 예에 속한다.

■ 바이럴 비디오가 타락하다

모든 개방적 시스템의 불가피한 결점, 또는 모든 뉴뉴미디어의 민주적 혜택에 대한 대가는 바로 개방적 시스템에서는 가끔 나쁜 계란이 허용될 수밖에 없다는 점이다. 위키피디아의 경우, 다음 장에서 보게 되겠지만, 훼방을 놓는 필자와 편집자들이 행하는 폐해는 위키피디아에 올려지는 글에 대한 것이다. 이러한 얼룩은 쉽게 드러나고, 제거되거나 그렇지 않으면 다시 고쳐질 수 있다.

구타나 '폭력'을 담은 동영상도 유튜브에서 쉽게 제거될 수 있다. 문제는 실제 인물들이 구타를 당하기 때문에 그 폐해는 단지 글을 망치는 정도와는 달리 그 여파가 훨씬 크고, 이런 불쾌한 동영상을 삭제한다 해도 그 구타나 학대를 없었던 일로 되돌려놓을 수는 없다.

반면에 이런 유비쿼터스 비디오의 장점은 지워지지 않는 범죄의 기록이 그대로 남게 되어 범행자를 재판정에 세우는 데 용이하다는 점이다. 그러나 유튜브는—어느 비디오 저장소같이—이런 장점을 제공하는 장임에도 불구하고 이런 의문이 들 수밖에 없다. 올바른(대량적인 매력을 가진) 바이럴 비디오로 인해 누구나 스타가 될 수 있는 유튜브가 생산하는 문화가 정신적으로 불안정한 사람들이나 윤리적 판단이 부족한 사람들에게 너무 쉬운 초청장을 남발하고 있는 것은 아닌가?

이런 질문은 일반적으로 전체 인구가 새로운 기술을 접하게 될 때마다 발생하는 질문이다. 새로운 도구 자체가 악행을 조성하거나 조장하는 경우는 드물다. 나는 1950년대(내가 선생이 아니고 학생일 때) 학교 교정에서 선생님들이 '건달들'이라고 부르던 아이들한테 얻어맞고 있던 아이들을 아직도 기억한다. 비디오테이프로 촬영하여 유튜브에 올려놓고 보기 위해 방에서 방으로 어린 아기를 던지고(O'Brien, 2008 참조), 계곡을 사이에 두고 강아지를 던지는 사람들이(Wortham, 2008 참조) 유튜브가 없다고 그런 비슷한 일을 하지 않을까?

유튜브와 다른 뉴뉴미디어를 통해, 아니면 그것들을 대신하여 자행된 폭력과 다른 나쁜 행태에 관해서 "11장, 뉴뉴미디어의 어두운 측면"에서 자세하게 살펴볼 것이다. 지금은 2008년 살롱에 올라온 파하드 만주(Farhad Manjoo)의 생각을 곱씹어보는 것이 좋을 듯하다. "웹이 아이들을 구타하는 행위에 무감각하게 만들고 마이스페이스가 십대의 잔인성을 만들어냈다는 생각은 근거가 아주 애매한 주장에 불과하다. … 괴롭히기, 싸움, 십대의 불안이 마이스페이스가 나오고 더욱 악화되었다는 신문 기사들이 많았지만 우리는 그 케이스를 입증할 만한 어떠한 증거도 보지 못했다. 또한 이런 대서특필성 사건들이 10대 청소년들의 폭력을 조장이 아니라 오히려 저지한다고 볼 수는 없는 것인가?"

만주의 마지막 요점은 유튜브상에서 자신이 가해자로 그려진 구타 동영상을 본 학생이 생각이 있는 아이라면 그 동영상이 자신에게 불리한 법적 증거로, 또한 미래에도 계속되는 수치로 남는다는 사실을 인지한다는 점을 암시하고 있다. 자기 홍보를 갈망하는 잠재적 폭력자들을 억제하는 역할을 할지, 하지 않을지는 단언하기 어렵지만 유튜브가 있든 없든 간에 아마도 그들은 머지않은 장래에 비통할 만한 어떤 일을 저지르고 말 것이라는 건 예측할 수 있다. 그리고 유튜브는 계속적으로 해가 되는 일보다는 좋은 일에 더 많이 공헌을 하고 있는 게 사실이다. 다음에 계속해서 사회 공익적인 효과에 대해 고려해보기로 하자. 그러나 오용되는 면에 대해서 시선을 거두어선 안 되고 혜택을 유지 및 증가시키는 한편 오용의 케이스를 줄이거나 제거하는 방법을 찾아내는 노력을 계속해야 한다.

■ 대중문화에서의 유튜브 혁명

마셜 맥루한에게 영향을 준 학자 중 한 사람인 해럴드 이니스(Harold Innis)는 모든 미디어가 공간적으로 또 시간적으로 거리를 단축시켜준다고 했다. 이니스는 공간과 거리를 넘어(로마의 대로를 따라 서류를 수송하는 경우와 같이), 시간을 넘어(벽에 새겨진 상형문자의 경우처럼), 아니면 두 가지를 다 넘어(인쇄기에 의해 책이 만들어지는 경우처럼) 커뮤니케이션이 쉬워지는 것에 관해 처음으로 책을 쓴 것이다. 맥루한이 관찰한 것처럼(1962,1964) 19세기와 20세기의 새로운 기술은 기본적으로 공간 아니면 시간을 뛰어넘는 이런 종류의 '확장(extensions)'을 계속해서 촉진시켰다. 전신이나 전화는 공간을 넘은 확장이었고 사진은 시간을 초월한 확장이었다.

21세기에 들어선 지금, 모든 뉴뉴미디어는 웹상에서 전달되는 정보의 속도(공간상에서)와 회수(시간상에서)로 인하여 공간, 시간에 모든 관련이 단축되어 있다. 특히 이 두 가지 역할을 다 잘 이행하는 유튜브는 아주 우수한 미디어라고 볼 수 있다.

지난 해, 나는 밥 딜런(Bob Dylan)의 '노 디렉션 홈(No Direction Home)'에 관한 마틴 스콜세지(Martin Scorsese)의 2005년 명작 DVD를 봤다. 그 다큐멘터리에는 1963년 7월 뉴포트 포크 페스티벌에서 딜런과 조안 바에즈(Joan Baez)가 딜런의 노래 'With God on Our Side'를 부르는 클립이 들어 있다. 바에즈는 딜런의 손을 잡고 무대에 나와 노래를 합창하기 시작했다.

그 영화를 본 다음, 나는 유튜브에서 바에즈와 'With God on Our Side'를 쳐서 1966년 스웨덴의 스톡홀름에서 그녀가 부른 이 노래의 전곡을 발견할 수 있었다. 나는 이 유튜브 동영상을 나의 웹사이트 인피니트 리그레스.tv에 올려놓고 대통령에 출마한 후보자들에게 그것을 보도록 추천했다. 특히, "만약 주님이 우리 편이라면, 주님은 다음 전쟁을 막으실 겁니다"를 들었으면 해서였다.

유튜브에는 이것과 같이 음악 공연 실황을 동영상으로 만들어 올려놓은 예가 아주 많다. 그것은 모든 컴퓨터와 연일 증가하는 휴대전화의 스크린을 사용자 마음대로 하루 24시간 동안 볼 수 있는 온디맨드(On Demand) 텔레비전 또는 공간과 시간을 초월하여 쉽게 볼 수 있는 윈도로 바꿔놓았다.

로이 오비슨의 기타

트래블링 윌베리스(The Travelling Wilburys)는 내 의견으로도 그렇고 많은 비평가들과 팬들의 의견으로도 지금까지의 최고의 슈퍼 록 그룹이었다. 밥 딜런(Bob Dylan), 조지 해리슨(George Harrison), 제프 린(Jeff Lynne), 톰 페티(Tom Petty), 로이 오비슨(Roy Orbinson)은 1988년부터 1990년까지 그 이름으로 함께 녹음을 했다. 이 그룹의 가장 유명한 노래는 'Handle with Care'와 'End of the Line'이었다.

로이 오비슨은 1988년 12월 52세의 나이로 죽었다. 그래서 노래 'End of the Line'을 비디오로 녹화할 때에 윌베리스는 오비슨 대신 그가 리드를 맡은 부분의 1분 44초 동안 오비슨의 록킹 기타를 흔들의자에 올려놓았다. 그리고 'End of the Line' 의 마지막 부분에서도 그 록킹 기타를 볼 수 있다.

위키피디아의 트래블링 윌베리 사이트에서 이런 모든 것에 대해 읽을 수 있다. 또 유튜브에서 언제든지 오비슨을 추도하기 위해 마련한 그 장면을 볼 수 있다. 가정에서나 직장에서는 물론이고 유튜브와 연결되는 아이폰과 같은 휴대전화 기기만 있으면 어디에 있든지 볼 수 있다.

다른 말로 바꾸면 대중문화에 관한 한 유튜브는 죽음 또는 종결이라는 의미를 조금은 바꿔놓았다고 할 수 있다. 시정삭적인 대중문화의 'End of the Line'은 유튜브상에서는 불멸의 존재로 바뀐 것이다.

세대를 뛰어넘은 '나의 기타, 소리 죽여 운다(My Guitar Gently Weeps)'

로이 오비슨의 기타만이 유튜브상에서 영원히 살아 있는 것은 아니다. 트래블링 윌베리스의 또 한 사람의 단원이자 이미 세상을 떠난 조지 해리슨도 유튜브상에서 많이 연주되는 기타 곡을 가지고 있는데 유튜브의 또 하나의 대표적 특징을 부각시켜준다. 즉, 실제 있었던 이벤트를 약간씩 다른 각도에서 촬영한 수많은 장면들이나 동일한 노래와 작품이 셀 수 없을 만큼 많은 버전으로 만들어져 올라 있다.

동일한 이벤트의 조금씩 다른 장면들은 카메라폰이나 휴대용 비디오 카메라를 가지고 공연 현장에 있었던 수많은 관객들로부터 올려질 수 있다. 또, 같은 노래를 가지고도 수많은 버전이 올라갈 수 있는데 그것은 수십 년 동안 열린 공연을 서로 다른 전문가들이 녹화한 것이 생성되면서 생기는 일이다.

유튜브는 해리슨이 1971년 방글라데시 콘서트에서 부른 것을 시작으로 그의 곡 'While My Guitar Gently Weeps'를 적게 잡아도 10여 개 내장하고 있다. 그중에는 에릭 클랩턴(Eric Clapton)이 연주한 것도 있고, 2002년 조지를 위한 추모 콘서트에서 에릭 클랩턴과 폴 매카트니(Paul McCartney)가 부른 것도 있으며, 해리슨이 솔로 음악가로서 록큰롤 명예의 전당에 사후에 헌액된 것을 기념하여 개최된 2004년 공연에서 프린스의 출중한 기타 반주로 톰 페티와 제프 린의 작품(내가 제일 좋아하는)도 올라 있다.

우리는 이런 비디오를 보면서 해리슨의 20년간의 변화, 클랩턴의 30년간의 변화를 목격할 수 있으며 그들의 노래가 작가 이후에도 계속 생존해간다는 슬프면서도 감동적인 사실을 느끼게 된다. 일부는 콘서트의 관객이 찍은 화질도 나쁘고 음향도 좋지 않은 해적판 비디오이고, 텔레비전 방송에 적합할 정도의 고품질 비디오도 있다. 유튜브는 역사의 도서관이며, 그 안에 저장된 수많은 레코드도 듣게 해준다. 그리고 언제라도 내용물을 보탤 수도 있고 뺄 수도 있으며 우리 자신이 만든 동영상을 집어넣을 수도 있다.

유튜브와 뉴뉴미디어의 본질은 바로 이런 것이다.

또한 조지 해리슨의 노래 'All Things Must Pass'의 약 열 가지 버전을 유튜브에서 볼 수 있는데, 그중에는 폴 매카트니가 해리슨의 사망 후 부른 버전도 포함되어 있다(그러나 내가 제일 좋아하는 매카트니의 공연, 즉 조지가 죽은 지 1년 후인 2002년 11월 29일 런던의 로열앨버트홀에서 열린 조지를 위한 추모 공연에서 부른 곡을 2008년 11월에 보려고 했더니 유튜브에서 이미 사라졌었다. 그 이유는 저작권법 위반 때문이었는데 이 문제는 이 장의 후반부 '유튜브의 아킬레스건'에서 더 관찰할 것이다).

아무튼 그 노래에서 눈에 띄는 가사는 "해는 정확히 제 시간에 뜬다"이다.

좋은 것도 나쁜 것도 영원하지는 못하다.

이 세상 모든 것이 지나가기 마련이다. 그러나 해리슨의 지각적인 노랫말에 다음과 같은 것을 보태고 싶은 유혹을 느낀다. 동영상에 수록된 공연은 없어지지 않으며 그것은 유튜브에서 영속할 수 있다. 현재 상태의 유튜브가 생명을 다하는 날이 올 수도 있고 어떤 다른 형태의 것으로 바뀌거나 흡수될 수도 있겠지만, 유튜브에 현재 올라 있는 동영상, 특히 비틀스나 트래블링 윌베리스 같은 그룹의 것이나 마이클 잭슨(Michael Jackson)이나 현대의 위대한 아티스트의 것은 그러한 유튜브 이후의 미디어에 포함되지 않을 것이라고 가정할 이유는 전혀 없다.

■ 유튜브는 MTV 프로그램도 재생시킨다

'비디오는 라디오 스타를 죽인다(Video Kill the Radio Star)'는 영국의 뉴 웨이브 그룹 '버글스(The Buggles)가 1979년에 노래했다. 이는 1980년대 MTV의 뮤직 비디오의 성공을 예고하는 노래였고, MTV가 1981년 개국하자 그들이 처음으로 방송한 비디오이기도 했다.

그렇지만 현실은 이랬다.

1950년대 엄청나게 텔레비전 수상기가 쏟아져나와 급속히 확산되자 많은 사람들은 라디오의 시대는 끝났다고 생각했다(1955년의 유명한 잡지 《뉴요커》 표지는 페리 발로우[Perry Barlow]의 '다락방에 간 또 하나의 라디오'란 제목 아래 먼지 낀 구석의 고장난 빅트롤라[Victrola] 축음기 옆에 힘없이 놓인 라디오를 마치 상당히 오래 전 시대의 유물처럼 보여줬다. 1951년 《뉴요커》에 실린 칼 로즈[Carl Rose]의 만화도 이와 비슷하게 디락방에 들어간 어린 소녀와 그녀의 어머니를 그렸는데 소녀는 라디오를 가리키며 엄마에게 "엄마, 저게 뭐야?" 하고 묻는다). 텔레비전은 드라마, 시리즈물, 뉴스 등 라디오가 시작하여 큰 성공을 거둔 네트워크 프로그램을 결국 빼앗아왔다.

그러나 라디오는 사라지기는 고사하고, 계속 번창하여 투자 대비 이익 면에서 가장 이익을 많이 내는 매체가 되었다. 라디오는 레코드 회사에서 공짜로, 때로는 돈을 얹어주면서 공급해주는 록큰롤 레코드를 방송하면서 이익을 냈다

(미국 정부가 이것을 '뇌물'이라고 주장하면서 퇴출시켰지만). 그리고 라디오는 다른 일을 하면서 들을 수 있다는 청각 미디어의 장점을 십분 활용하였다.—운전을 할 때나 아침에 일어나서 등등. 이러한 록큰롤과 여러 가지 전략으로 1950년대 1960년대에 톱 40대 라디오가 성공을 거둘 수 있었고 1960년대와 1970년대에는 FM라디오의 시대가 열렸다(상세한 사항은 Levinson 1997 참조).

1980년대 초반 MTV의 등장은 라디오에서 텔레비전 스크린으로 스포트라이트가 옮겨가는 계기가 되었다. 그러나 MTV는 라디오나 라디오 스타를 죽이지 못했고 1990년대 중반 쯤에는 오히려 CD와 MP3가 대중문화의 대세를 청각 미디어로 돌려놓을 정도였다.

유튜브가 2005년에 문을 열 때의 상황은 이러했다. 그리하여 유튜브는 이런 뮤직 비디오들을, 지난 수십 년 전부터 현재에 이르기까지 생성된 이 비디오들을 대중문화 속에서 새롭게 확대시켜 생존할 수 있게 해주었다.

요약하자면, 첫째로 비디오는 라디오를 죽이지 못했다. 그리고 유튜브는 1980년대 MTV 시대보다 뮤직 비디오를 더 활성화시켰다. 이것은 뉴뉴미디어(유튜브)가 덜 올드한 미디어(MTV 또는 케이블 텔레비전)를 대체한 하나의 예가 되었다.

■ 유튜브는 아이튠스를 망하게 할 수 있을까?

지금까지 관찰한 것처럼 뉴뉴미디어(블로깅, 유튜브)는 올드미디어(신문과 텔레비전)와 경쟁할 뿐 아니라 웹상의 기존 뉴미디어와 경쟁한다. 뉴미디어 이용은 요금제이고, 엄격하게 편집을 통제하면서 운영하는 것은 물론 올드 매스미디어의 상당 부분의 관행을 따라하는 매체들이다.

2009년 1월 현재 노래 한 곡당 66센트, 99센트, 1달러 29센트(Mintz, 2009)를 받고 있는 아이튠스가 무료인 유튜브와의 경쟁에서 얼마나 오래 살아남을 수 있을까? 구독료를 받고 있는 아이튠스, 아마존닷컴과 온라인 신문들은 '뉴뉴' 미디어에 대비되는 '뉴' 미디어의 고전적인 본보기다. 올드미디어는 오프라인 형태로 존재한다.

뉴미디어는 온라인상에 존재하되 비즈니스 운영 방법이 올드미디어들이 하던 것과 흡사하다. 아이튠스는 돈을 받고(팟캐스트만 제외하고) 자기의 페이지에 실리는 것에 대해 엄격하게 통제한다. 뉴미디어와 뉴뉴미디어의 중간쯤에 위치하고 있다고 볼 수 있는 허핑턴포스트는 무료이지만 아직도 올드미디어의 엄격한 게이트키핑과 편집 통제를 행사하고 있다. 뉴뉴미디어는 온라인의 뉴미디어들과 공존하고 있지만 돈을 받는다든가 편집을 통제하는 올드미디어의 구속을 털어버렸다.

유튜브와 비교할 때 아이튠스에 장점이 전혀 없는 것은 아니다. —보유하고 있는 노래의 수가 많다는 것과 노래를 찾기 쉽게 만들어놓은 점이 주요 장점이다. 현재 아이튠스에서 팔리는 음악이 대부분의 유튜브 동영상보다 품질 차원에서 낫다고 말할 수는 있지만 유튜브에도 고품질의 동영상이 점점 많아지고 있으므로 이러한 차이는 곧 사라지게 될 것 같다. 또 유튜브와 비디오가 아이폰으로 옮겨가면서 아이팟에서 연주되는 MP3와 경쟁할 수 있게 되었다. —애플이 아이폰과 아이팟을 다 만들었으므로 이런 현상은 참 아이러니다. 리슨투유튜브닷컴(ListentoYouTube.com) 같은 사이트는 유튜브 동영상에서의 음악이나 음향을 '떼어내(rip)' MP3식으로 바꿀 수 있게 했다. 그리고 이런 음악은 컴퓨터, 아이팟, 아이폰에서 들을 수 있는 것이다.

아마도 그러한 걱정 때문에 2008년 10월 아이튠스가 아이튠스에서 팔리는 노래에 대해 아티스트나 레코드 제작자들이 로열티를 올리라고 한다면 문을 닫을 수밖에 없다고 공표하게 만들었는지도 모른다(Ahmed, 2008). 워싱턴시에 있는 저작권료 위원회는 아이튠스의 입장에 동조한 나머지 다운로드 1회당 9센트에서 16센트로 로열티를 올리려던 계획을 취소했다(Frith, 2008).

그러나 애플사는 이래도 저래도 잘 될 것이다. 그 이유는 아이튠스 사업을 닫더라도 아이폰과 아이팟으로 큰 사업을 계속해나갈 것이며 이 두 제품으로 점점 더 용이하게 유튜브와의 연결을 주도할 것이기 때문이다.

■ 유튜브는 루이스 멈퍼드의 말문을 막고 비디오 클립을 인쇄된 문장처럼 만들어버렸다

루이스 멈퍼드는 1970년에 발간된 그의 저서『The Pentagon of Power』(294쪽)에서 텔레비전을 시청하는 것을 '집단 정신 이상' 상태에 비유함으로써 다수의 텔레비전 비평가들과 입장을 같이했다. 멈퍼드의 불만은 텔레비전을 시청하고 있는 동안에는 앞뒤로 왕래가 가능한 책이나 신문을 읽을 때와는 달리 과거나 미래에 대한 감각이 마비된다는 것이었다.

VCR 기술은 1976년부터 시청자들로 하여금 텔레비전상에서 과거에 대한 어느 정도의 통제권을 부여했다. 그 이후로 DVR과 티보 기술이 발전되자 사용자들은 몇 주 후의 TV드라마를 미리 녹화 저장할 수 있게 되어 이젠 TV의 과거와 미래를 통제할 수 있게 되었다.

그런데 이런 기술보다 유튜브가 한 차원 더 높은 이유는 아이폰 또는 인터넷 접속이 가능한 어떠한 도구만 있다면 언제, 어디서나 유튜브에 올라와 있는 동영상을 볼 수 있는 사용자 위주의 통제 범위를 엄청나게 확대시켰기 때문이다. 유튜브와 이동 미디어의 조합을 통해서 시청각 영상은 마침내 독자가 읽는 책의 한 장 한 장처럼 시청자가 마음대로 통제할 수 있는 단계에 이르렀다(미디어의 세계에서 이동성의 역사와 현재의 반향에 대해서 알려면 나의 저서『Cellphone : The Story of the World's Most Mobile Medium,』2004 참조. 아이폰이나 이와 비슷한 미디어가 웹상에서의 뉴뉴미디어에 끼친 역할에 관해서는 이 책의 13장 참조). 멈퍼드의 과장된 주장은 처음부터 신빙성이 없었지만 이제 유튜브로 인해서 그의 주장이 확실하게 지나간 지식 역사의 다락방에 가두어지게 되었다.

사실상 유튜브는 온라인 비디오를 온라인에 올라 있거나 손에 든 문장만큼 쉽게 볼 수 있고 '읽을 수 있게' 만들었다. 독자가 한 문장을 읽다가 중지하고, 다시 뒤로 돌아갔다가, 앞으로 또 읽어나가고 마침내는 읽었던 단원을 다시 읽을 수 있는 것처럼, 유튜브의 시청자는 스크린 위에서 동영상을 가지고 똑같이 할 수 있다. 뉴뉴미디어의 사용자 입장에서 볼 때 온라인 스크립트와 비디오 사이에는 문장을 읽기 위해 문맹이 아니어야 한다는 것 빼고는 아무런 차이가 없다. 다음과 같은 비유를 할 수 있다. 손에 든 필사본이나 책이나 신문을 VCR이나 DVD와 비교하는 것은 트랜스크립트 또는 온라인 책을 유튜브나 다른 온라인 비디오와 비교하는 것과 같다. 모든 뉴뉴미디어의 목표는—아리스토텔레스의 용어로 '최종의 대의'는—전 세계의 모든 콘텐츠를 손에 든 책처럼 쉽게 사용할 수 있게 만드는 것이다.

■ 팀 러서트, 1950–2008

유튜브는 금방 지나간 과거도 잊혀지지 않게 만들고 그런 자료를 전 세계 어디에서나 접속할 수 있게 만든다. '미트 더 프레스(Meet the Press)'의 사회자이자 NBC의 워싱턴 뉴스 책임자인 팀 러서트(Tim Russert)는 2008년 6월 13일 뜻밖에 세상을 떠났다. 이 사건은 미국의 3대 케이블 뉴스 네트워크를 통해 사망 당일 하루 종일 그리고 주말 대부분 시간에 방송되었다.—MSNBC, CNN, 폭스 뉴스. 유튜브는 다른 역할을 했다. 그가 사망한 지 24시간 안에 500개 이상의 그에 관련된 클립을 추가시켰다.

유튜브의 공헌은 뉴미디어(케이블 텔레비전)와 뉴뉴미디어(유튜브) 간에 현격한 차이가 있음을 보여주었다. 비록 CNN 인터내셔널은 세계 각지에서 수신이 가능하지만 러서트가 사망한 이후 다음 날부터 다른 이야기로 뉴스의 초점이 바뀌었다(MSNBC와 폭스 뉴스는 국제적 도달률이 훨씬 낮다). 이와는 반대로 유튜브의 러서트 클립은 즉시 전 세계 어디서나 쉽게 찾아볼 수 있고 앞으로도 수년간 존치되어 있을 것이다. 아니면 앞서 지적한 로이 오비슨과 조지 해리슨의 뮤직 비디오처럼 이론상으로는 영원히 남을 것이다(러서트의 사망에 관한 초기 보도에 뉴뉴미디어가 개입된 것을 놓고 벌어진 논쟁을 보려면 "4장, 위키피디아" 참조).

■ 유튜브의 아킬레스건 : 저작권

많은 블로거들은 다음과 같은 일을 겪어보았을 것이다. 좋아하는 노래나 좋아하는 음악 공연에 관해 흥미 있는 포스트를 쓴다.–예를 들어, 나는 2008년 6월에 2002년 로열앨버트홀에서 열린 추모 콘서트에서 폴 매카트니가 부른 조지 해리슨의 'All Things Must Pass'에 관해 포스트를 만들었다.–그리고 유튜브에서 따온 공연 동영상을 거기에 덧붙인다. 그 결과는 보기도 좋고 듣기도 좋은 블로그이다. 그런 다음에 디그, 파크(Fark), 레딧(Reddit)을 비롯하여 다른 사이트들과 링크를 연결시킨다. 처음엔 잘 만들었다는 칭찬의 메시지를 많이 받는다. 그러나 몇 달이 지나면 그 비디오를 '더 이상 볼 수 없게 되었다'는 통보를 실망한 독자들로부터 이메일로 받게 된다. 그래서 블로그 사이트와 유튜브를 점검하게 되고 급기야는 그 비디오가 '서비스의 조건'을 위배하였기 때문에 유튜브에 의해 삭제되었다는 사실을 알게 된다.–더 간단한 말로 하자면, 어떤 개인이나 회사가 비디오 저작권을 위반했다고 유튜브에 통보해온 것이다. 시들해졌으나 아예 위력을 잃은 것은 아닌 올드미디어의 저작권 굴레가 뉴뉴미디어 창출에 걸림돌이 되고 재미를 빼앗아가는 역할을 하고 있음이 틀림없다. 또 하나의 부가적 은유를 더 한다면, 당신은 유튜브의 아킬레스건인 저작권 집행관의 발에 차인 셈이다.

방금 보았던 동영상이 내일, 아니면 지금부터 5분 후에라도 없어 질 수 있다는 사실이 유튜브의 맹점이다. 따라서 웹상의 다른 곳으로 링크한 것이나 비디오를 퍼가고 퍼오는 작업이 정상으로 돌아가리라는 보증이 없다는 걸 의미한다. 어떤 면에서 보면 인터넷은 많은 종이 매체와 비교할 때 안정성이나 일관성이란 측면에서 '퍼마링크(permalinks)'를 통해 훨씬 좋은 성과를 보였다('신뢰할 수 있는 위치 추적'을 보기 위해서는 Levinson, 'The Book on the Book,' 1998; Levinson, 'Cellphone,' 2004; Levinson, 'The Secret Riches' 2007 참조). 그러나 퍼마링크로 받은 텍스트나 비디오도 내림을 당할 수 있다. 비디오를 처음으로 올린 사람에 의해 삭제가 되는 경우도 그렇지만 저작권 문제를 둘러싼 유튜브의 취약성은 올드미디어

쪽으로 뒷걸음치는 심각한 문제가 아닐 수 없다. 누구나 프로듀서가 될 수 있고 누구나 그 결과물을 영원히 볼 수 있다는 유튜브와 뉴뉴미디어의 위대한 자산이 한계점에 이르게 된 것이다. 이런 행위가 극단적으로까지 전개된다면, 이것은 유튜브와 비디오의 자유라는 심장에 단도를 들이대는 것이나 마찬가지일 것이다.

링크나 임베드(embed)가 아니라 사용자가 직접 비디오를 다운로드할 수 있게 해주는 소프트웨어가 있기는 하다. 이렇게 하면 유튜브나 다른 비디오 저장 미디어, 그리고 블립TV, 메타카페, 데일리 모션 같은 방출 사이트랑 상관없이 비디오들을 자기 자신의 웹 페이지에 올릴 수 있게 된다.

그러나 이것도 또한 저작권 위반 문제에 봉착할 수 있다. 위반 사실이 발각되기는 아주 어렵겠지만, 발각될 수 있다는 가능성 자체가 올드 · 뉴미디어와 뉴뉴미디어 간에 저작권이란 전선을 형성시킨다.

저작권—문자 그대로, 복제(copy)의 권리(right)—은 15세기 중반 인쇄술이 도입된 이후 유럽에서 군주의 특권으로 시작되었다. 군주들은 인쇄업자들에게 복사본을 만들 수 있는 권한을 줌으로써 자기들의 왕국 내에서의 정보 생산을 통제하였다. 그리고 1710년에 영국 의회는 앤법(Statute of Anne)을 통과시켰는데 그 법은 저자가 저작권을 소유하고 저자를 대신하여 국가가 그 권리를 보호하도록 규정하였다(Kaplan, 1966; Levinson, 1997 참조).

오늘날 저작권에 관한 상황은 다음과 같다. 저자의 이익을 세 가지 방법으로 보호한다. 저작권의 소유자는 누가 그 작품의 복제본을 만들 수 있는지, 그리고 누가 그 복제본으로 인하여 돈을 벌 수 있는지, 또는 누가 새로운 작품의 창작에 그 원작의 일부분을 사용할 수 있는지를 결정할 권리가 있다.

저작권의 응용에 관한 상세한 내용은 상당히 복잡하며 계속하여 변화되어왔다. 20세기 초반에는 저자가 저작권을 주장해야만 받아들여졌다. 20세기 후반에 들어와서는 저작권은 저자에게 소속된 기본 권리로 수용되었다(정부에 저작권을 등록함으로써 저작권에 대한 권리 집행이 더 용이할 수는 있으나 저작권 자체를 주장하기 위해서 더 이상은 필수 요소가 아니다). 100년 전 미국의 저작권 유효기간은 28년이었고 1회의 갱신이 가능했다. 현재는 저자가 생존해 있는 동안에다 75년을 더한다(미국과 다른 163개국이 조인한 베른협약은 저작권 유효기간을 저자의 생존 기간 더하기 50년으로 보장하고 있다. 그 이상으로 늘리는 문제는 각 나라의 재량에 맡겼다). '정당한 사용(Fair Use)'은 법정에서 보장하고 있는 관행으로서 교육적인 용도나 그와 유사한 목적으로 저작의 일부분을 포함시키는 것은 저작권 소유자의 승인을 받지 않아도 된다. 저작권으로부터 나오는 모든 권리는 증여될 수도 있고 사고팔 수도 있다.

자기의 웹사이트에 다른 사람의 유튜브 동영상을 삽입(embed)시키는 사람은 아마도 위에서 나온 이야기들은 거의 염두에도 없이 행동했을 것이다. 웹상에서 임베드를 하는 수백만 사람들의 그 숫자가 나날이 증가하고 있다는 현실은–유튜브 표준문안상에 저작권에 대해 아무리 떠들어도–전통적인 올드미디어적인 형태의 저작권은 뉴뉴미디어 시대에 와서 되돌릴 수 없을 정도로 고장났다는 사실을 대변해주고 있다.

그렇다면 저작권의 근본 개념이 완전히 무너진 것인가, 아니면, 가능하다면, 일부 지켜지고 적용될 사항들이 남아 있는가? 복사본 제조에 대한 무조건적인 권리는 없어졌다고 볼 수 있다. 그리고 그렇게 된 것이 옳은 것일 것이다. 그러나 저작으로부터 발생하는 모든 이익에 대한 저작권자의 전체 또는 일부에 대한 권리–그리고 어떤 개인이나 회사에게 그 저작을 이용하여 수입을 창출할 수 있게 허가해주는 권리–는 주장할 만한 사항이라고 본다. 더욱이 웹 페이지에 올라온 수많은 임베드를 추적하는 것보다는 수입원을 추적하는 것이 훨씬 쉽기 때문에 저작권의 이러한 상업적 측면은 강제하기가 별로 불가능하지도 않고 어려운 일도 아니다.

표절도 또한 예방해야 하고 처벌해야 하는 사항이다. 최악의 경우, 표절자가 다른 사람의 작품을 가져다가 자기의 것인 양 남에게 유통시키는 것은 물론이고 거기서 수입을 만들려고 하는 일도 있다. 이런 상황에선 웹이 표절자의 좋은 친구가 될 수 없다. 왜냐하면 웹상에서는 모든 것이 모든 사람에게 자유롭게 노출되고 접속 가능하기 때문에 누군가 그 원작을 알아차리는 사람이 조만간 표절 버전을 보게 될 것이고, 그런 경우 원작자나 현재의 저작권 소유자에게 표절이 발생했음을 보고하기 쉽다.

단적으로 말하자면 MP3 레코딩이든, 유튜브의 동영상 클립이든, 어떤 작품의 복제본이 퍼져나가는 것은 뉴뉴미디어의 환경에서는 막기가 불가능하다. 다만 그 작품을 이용해 돈을 번다거나 또는 대놓고 표절을 한다거나 하면(원작자를 뒤로 숨긴 채) 가능한 방법을 동원하여 중지시킬 필요가 있다.

실제로 공유만 허용하고 돈을 벌지는 못하게 할 목적으로 MP3의 확산을 막아보려는 미국 레코딩 산업 협회(RIAA)의 기도는 장기적으로 성공하지 못할 것이다(RIAA가 얼마나 음악 애호 대중 집단을 소외시켰는지를 알려면 Marder, 2007이나 Levinson, 2007, 'RIAA's Monstrous Legacy' 참조). 이와 마찬가지로 무료 블로그에 실리는 자기 기사의 인용에 대해 사용료를 요구하는 어소시에이티드 프레스(AP)도 성공하지 못할 것이다(Liza, 2008 참조). 저작권의 장래를 위해서는 창작자가 어떤 종류의 권리는 주장하지 않고 세상에 내놓겠다고 명시하는–예를 들어 카피의 권리는 허용하지만 상용으로 쓰는 것은 불허한다는 식으로–'크리에이티브 커먼스(Creative Commons)'와 유사한 방식으로 진화해야 저작권의 생존이 가능하지 않을까 생각된다(creativecommons.org 참조).

'순수 중립성(Net Neutrality)'이나 '개방 자료(Open Source)' 시스템은 포스트 구텐베르크, 포스트 마르코니 시대에–혹은 포스트 올드 대중 미디어 시대에–지적 재산권에 접근하는 적당한 방식일 수도 있다. 순수 중립성이 추구하는 것은 어떠한 개인 컴퓨터에서든, 또는 미이크로소프트나 애플이 아닌 어떤 프로그램, 또는 저작권이나 특허권으로 보호되지 않은 어느 프로그램을 통해서라도 디지털 아키텍처 혹은 운영 시스템과 웹의 위젯이 자유롭게 이용 가능하게 되는 것이다. 개방 자료 시스템은 어느 누구에게나 웹 페이지의 운영 코드를 볼 수 있게 허용한다. 그러면 시청자는 그 코드를 따와서 새로운 페이지를 만드는 데 사용한다. 위에서 말한 이 두 가지 접근 방법은 아직 전 세계적으로 실현되고 있지는 않지만 만약에 현실화된다면 아마추어에게든 비전문적 웹 사용자에게든 전문 프로그래머에게든–결국 모든 사람–뉴뉴미디어가 모든 독자, 청취자, 시청자에게 주고 있는 똑같은 프로듀서 가능성을 주는 것이다. 다시 말해서 순수 중립성과 개방 자료가 뉴뉴미디어의 구조와 아키텍처와 연관이 되는 것은 블로깅, 유튜브 이외에 이 책에서 고려되는 모든 것들과 뉴뉴미디어의 콘텐츠와 그 콘텐츠의 생산 및 수용과의 관계와 같은 맥락에 있다고 할 수 있다.

■ 유튜브에서의 입증자 코멘트 : 플리트우즈

모든 뉴뉴미디어의 경우에도 마찬가지이지만, 유튜브에 누구나 동영상을 업로드할 수 있는 개방성은 그런 동영상과 연관된 정보의 일부가-작은 스크린에 따라오는 간단한 설명이나 제목까지도-일부러든지 우연이든지 틀릴 수 있다. 누구나 써서 올릴 수 있는 텍스트나 동영상 코멘트가(만약 동영상의 원작자가 이러한 옵션을 허용한다면), 블로깅에서 코멘트를 하듯이, 그러한 오류를 개선하는 자동 메커니즘 역할을 한다.

플리트우즈(Fleetwoods)의 경우를 보자. 이 캘리포니아 트리오는 부드러운 목소리에 아름다운 하모니가 대중을 매료하여 1950년대에 두 개의 대박 히트곡 'Come Softly to Me'와 'Mr. Blue'를 내놓았다. 이 그룹은 구성부터 특이하여 남자 한 명과 여자 두 명으로 되어 있었다. 게리 트록셀(Gary Troxel), 그레천 크리스토퍼(Gretchen Christopher), 바바라 엘리스(Barbara Ellis)가 멤버였다. 유튜브에는 1959년 '아메리칸 밴드스탠드'에서 이 그룹이 연주한 'Come Softly to Me'의 걸작 동영상이 올라와 있었다(내가 어린이였을 때에 딕 클라크의 사회로 이 공연을 본 기억이 있다. 플리트우즈는 그때나 지금이나 내가 좋아하는 그룹이다).

유튜브에는 또 2007년 8월의 PBS 특집 공연 실황과 2007년 11월 라스베이거스 공연을 포함하여 예닐곱 개의 다른 플리트우즈 공연 비디오가 올라 있다. 그러나 좀 더 자세히 들여다보면 이 두 공연이 원래 플리트우즈 맴버들 셋이 한 공연이 아니라는 걸 알 수 있다. PBS 공연상에서 게리 트록셀은 아직도 부드러운 리드를 맡고 있지만 두 여자 멤버는 다른 사람이었다. 그리고 라스베이거스 공연을 보면 그레천 크리스토퍼만이 원래의 멤버라는 걸 알 수 있다.

그러나 이 동영상을 보는 사람이 어떻게 이 사실을 알아낼 수 있을까? 그룹의 이름과 곡명과 장소를 말해줄 뿐인 제목과 약간의 설명을 보고 알아낼 방법은 없다. 다행히도 분별을 가능하게 하는 식견 높은 시청자들의 코멘트들이 있다.

물론 잘못된 정보를 가지고 있는 동영상이 이러한 코멘트에 의해 모두 고쳐진다고 말할 수는 없다. 그러나 유튜브의 시청자가 수백만 명에 달하는 점과 그들의 집단적 현명성을 고려하면 뉴뉴미디어의 자가 수정 능력은 인정해줄 수 있을 것이고 이는 다음 장에서 살펴볼 위키피디아에서 더 잘 드러날 것이다.

유튜브는 2008년부터 '주석(annotation)' 기능을 추가했는데 그것은 동영상을 업로드하는 사람들에게 동영상 자체에 주석을 삽입할 수 있도록 한 장치다. 동영상에 누가 그리고 무엇이 나타나는지를 분명하게 알려주는 데 도움이 될 수 있다.

■ 교황의 채널

2009년 1월 "교황 베네딕토 16세가 대중적 동영상 웹사이트인 유튜브에 자신의 독점적인 채널을 발족시켰다"는 뉴스가 떴다(BBC, 2009). 이어서 나온 AP 기사는 "교황은 2007년 12월 고유의 유튜브 온라인 채널을 개설한 엘리자베스 여왕은 물론이고 대통령 취임식 날 공식 백악관 채널을 개설한 버락 오바마 대통령과도 같이 유튜브상에 자신의 고유의 채널을 설립했다"고 보도했다(Winfield, 2009).

윈필드에 의하면, 뉴뉴미디어를 바티칸이 받아들였다고 조건이나 논쟁의 여지없이 무조건적으로 수용한 것은 아니었다. 한편으로는, "교황 베네딕토 16세는 세계 통신의 날 기념 메시지에서 페이스북과 마이스페이스 같은 사회적 네트워크 사이트들의 이점을 사람 간의 우정과 이해를 증진하는 '인간애의 선물'이라고 칭찬했다." 다른 한편으로는, 교황은 "또한 '지나친' 온라인 네트워킹이 사람들을 사회적 상호 교류로부터 소외시키고 사람들을 사회에서 뒤쳐지게 함으로써 디지털 간격을 더 벌려놓을 수 있다"고 말하면서 가상 세계에서의 위험에 대해 경고하였다.

전에 '바이럴 비디오가 타락하다'에서 보았듯이, 그리고 "11장, 뉴뉴미디어의 어두운 측면"과 마이스페이스와 페이스북을 다루는 장에서 더 자세하게 관찰하겠지만, 소셜미디어가 사이버 스토킹이나 사이버 불링은 물론 테러리스트에 의해서 악용되는 경우까지 여러 가지의 위험 요소를 가지고 있다는 사실을 부인할 수 없다. 그러나 소셜미디어가 실제 생활에 있어서 상호 교류를 대신하게 되고 사람과 사람 간의 접촉으로부터 사람들을 소외시킨다는 우려는 뉴미디어나 뉴뉴미디어에 국한된 것이 아니고 훨씬 이전으로 돌아가 20세기 초반 영화가 나왔을 때에도 제기된 문제였다(McKeever, 1910). 그뿐 아니라 그 우려는 '책벌레(book worms)'에 대한 걱정의 근간, 혹은 실제 삶에 시간을 충분히 할애하지 않고 책 읽는 일에 너무 많은 시간을 보내는 사람들에 대한 것이었다(가상과 실제의 상호 교류에 대해 상세하게 알려면 Levinson, 2003 참조; 또한 이 책의 "9장, 세컨드라이프" 참조). 그러한 해악이 실제로 있는지에 대한 아무 증거가 없을 뿐 아니라 버락 오바마가 선거 운동 기간에, 그리고 선거일과 2009년 대통령 취임식 날에 인터넷을 이용하여 크고 작은 모임에 수백만 명의 사람들을 불러모은 것을 보면 소셜미디어가 실제 생활에서의 회합이나 교류를 방해한다는 가설을 손쉽게 뒤집어놓는다. "12장, 뉴뉴미디어와 2008년 미국 대선"에서 더 상세하게 관찰하겠지만, 오바마의 인터넷 성공은 하층 사회 경제적 집단이 인터넷 과정에서 소외됨으로써 날로 증가하는 '디지털 격차'의 희생자라는 주장도 근거가 희박함을 입증해주고 있다. 블로깅, 유튜브, 위키피디아, 마이스페이스, 페이스북과 모든 뉴뉴미디어들은 결국 어떠한 종류의 컴퓨터로도 접속이 가능해졌고 이제는 휴대전화로의 접속이 나날이 더 커지고 있다.

교회는 1450년대 인쇄술이 최초로 도입되었을 때 당시의 그 뉴미디어를 혼란스럽게 받아들인 것이 사실이다. 글쓰기가 '펜의 사도직'으로 간주되고 있었으므로 인쇄된 단어는 일부 교회의 신부들에겐 손으로 쓴 문장을 타락시키는 행위로 받아들여졌다. 글을 쓰는 손은 성령에 의해 인도된다고 믿었었기 때문이다(Eisenstein, 1979 참조). 1519년 인쇄된 성경에 의존했던 종교개혁파는—마르틴 루터는 사람들에게 성경을 스스로 읽어볼 것을 권유했는데, 대량으로 인쇄된 성경이 없었다면 이는 불가능한 일이었다.—아이러니하게도 인쇄술에 대한 교회의 우려를 현실화시켰으나(Levinson, 1997 참조), 예수교 반개혁 교단은 인쇄술의 학자적, 선교적 가치를 재빨리 인정했다. 20세기 후반에 들어와 교회는 또다시 텔레비전의 힘을 인정하는 데 시간을 끌었지만 1962년부터 1965년까지 계속된 제2차 바티칸 공의회가 이 문제를 바로잡았다. 예수교단의 인쇄매체 보증과 제2차 바티칸 공의회의 일방적 전파 대중매체 인정과 같이 교황 베네딕토 16세의 유튜브 채널은, 교회의 근거 없는 의혹이 아직도 남아 있지만, 21세기에 교회의 가르침을 효과적으로 전파하기 위해서는 오늘날의 뉴뉴미디어를 활용할 필요가 있음을 잘 보여주는 사례다.—유튜브의 경우엔, 세계 어디서나, 언제나, 자기가 원할 때 동영상 메시지를 볼 수 있다.

■ 국제적 정보 해방자로서의 유튜브

미국의 유튜브가 국가 원수나 길거리의 사람들에게 똑같이 정보의 소비자와 생산자로서 개방되어 있듯이 국제적으로도 영국의 여왕이나 로마의 교황에게뿐 아니라 모든 세계 시민에게 열려 있다.

율리아 골로보코바(Yulia Golobokova)는 24세로 소비에트 유니온에서 태어난 러시아 국민이다. 2008년 12월 포드햄 대학 대학원 가을 학기 '매체 조사 방법' 과정의 마지막 시간에 대학원생 율리아는 그녀의 마지막 프로젝트로 미디어 또는 커뮤니케이션의 한 측면에 관한 조사에 관해 10분간 요약하는 프레젠테이션을 했다. 그녀의 주제는 유튜브였다. 그녀가 말한 중요한 점들은 거의 내 강의 중에 대부분 소개되었던 것이었고 또 이 책에서도 이미 언급한 것들이지만 그녀가 말한 다음 이야기는 나의 뇌리에 콕 박혔다. 그녀는 자기가 모스크바에 사는 동안 세계가 어떻게 돌아가고 있는지 그리고 진실이 무엇인지를 유튜브를 통해서 알 수 있었다고 말했다. 그녀의 나라에서는 텔레비전과는 달리 유튜브는 정부의 통제를 받지 않았던 것이다.

유튜브의 아름다움은 그것이 어떠한 정부의 통제도 받지 않는다는 점이다.—러시아는 물론이고 미국 정부의 통제도. 물론 나는 그런 사실을 잘 알고 있었다. 그러나 그렇기 때문에 그 사실을 당연하게 여겨왔던 것이다. 전 세계적인 매체인 유튜브, 그리고 뉴뉴미디어의 가치는, 강의실에 선 러시아의 한 학생을 통해 이론이 아니 현실로 훨씬 더 실감 있게 다가왔다.

내가 율리아를 만난 것은 2008년 9월. 우리의 첫 강좌가 시작되기 며칠

전으로 그녀가 연구실로 찾아와 자기를 소개했다. 나를 만나서 아주 행복하다고 말하면서 나의 모습과 목소리가 자기가 기대했던 바와 같다고 했다.

"어떻게 된 이야기지?" 어떻게 해서 그녀가 내 모습과 목소리에 대해 선입견이 있었는지 궁금해서 물었다.

"저는 모스크바에 있을 때 유튜브를 통해 교수님의 비디오를 여러 차례 봤어요." 그녀가 대답했다. 뉴뉴미디어의 세상에서는 뉴욕이나 모스크바의 컴퓨터 스크린에 아무런 차이가 없다.―기술적으로 말하면 유튜브상에서 두 도시는 거리가 동일하다.

물론 파키스탄 정부처럼 이유를 들어서 유튜브를 금지시킬 수도 있다. '반이슬람 콘텐츠'라는 이유로 2008년 2월 최소한 두 시간 동안 유튜브를 금지시켰었다(Malkin, 2008). 그 금지 조치는 유튜브의 세계적 서비스와 관련하여 범세계적인 문제를 야기했다. 다른 모든 뉴뉴미디어도 마찬가지이지만 시스템, 접속, 서버 관리 등의 면에서 많은 문제를 발생시키는 것이다. 파키스탄 정부는 자국의 '잘못된 인터넷 프로토콜'로 인해 파키스탄 밖의 나라들에서 문제를 일으키고 있다는 사실을 알고 그 금지 조치를 풀었다.

다행스럽게도 독재 정부의 미디어에 대한 규제의 시도는 성공한 예가 거의 없다. 나치 독일의 '백장미' 반나치 사진복사기 사건(Dumbach & Newborn, 1986)과 소련의 1980년대 '사미즈다트(samizdat) 비디오 사건'이 좋은 예다(Levinson, 1992). 파키스탄의 경우에는 2008년 페르베즈 무샤라프(Pervez Musharraf)의 사임과 함께 민주주의를 회복했다(2009년 6월 반정부 군중들의 트위터 사용에 관해서는 8장 참조). 정부를 향해서나 미디어를 향해서나 권위에 저항하는 일이 유튜브와 뉴뉴미디어의 시대인 오늘날만큼 쉬웠던 적은 없었다. 다음 장에서는 위키피디아가, 적어도 백과사전 차원에서 전문가들의 독재를 어떻게 넘어뜨렸는지 보게 될 것이다.

04

위키피디아

보통 '지식'이란 자신에게 도달되기 전에 전문가들에 의해 만들어지고 확인되며 보장된다는 전통적인 생각을 갖고 있다. 성직자든 교수든 신문사 편집자든 결과는 마찬가지다. 지식은 세상 사람들의 눈과 귀에 도달하기 전에 전문가들에 의해 수용되고 보장되어야만 한다. 물론 누구든지 모든 종류의 지식과 정보, 사실과 오류들을 볼 수 있고 들을 수 있으며, 발견할 수도 있다. 그러나 동서양을 막론하고 어느 문화권에서든지 고대에서부터 깊게 뿌리박혀 있는 우리의 전통은 어떤 지식이 연구나 전파할 가치가 있는 것으로 간주되기 위해서는 전문가의 허가나 승인 도장을 받을 것을 필요로 한다. 이러한 확인 과정을 웃어 넘기기에 앞서, 우리는 그 논리를 이해해야만 한다. 그것은 진실을 창조하고 퍼뜨리는 것만큼, 거짓말을 만들어내고 확산시키는 것 역시 쉽기 때문이다. 게이트키퍼가 무엇이 우리에게 전달될 것인지를 세심하게 규제하지 않는다면, 우리는 잘못된 정보들(오류들)에 의해 쇄도당할 수도 있다.

반면에 우리의 이성은 오류나 거짓으로부터 진실을 구별해내고 혼잡한 영역에서 진실을 식별하는 것이 아닌가? 분명히 존 밀턴(John Milton)은 그렇게 생각했다. 1644년에 발간된 그의 『아레오파지티카(Areopagetica)』에서 밀턴은 진실과 거짓은 사상의 시장에서 싸워나가도록 허용되어야 한다고 주장하였다. 밀턴은 사상이 이러한 전투에 진입하지 못하도록 통제받음으로써 결과가 왜곡되지 않는 한 진실은 알려질 것이라고 확신하였다. 토머스 제퍼슨(Thomas Jefferson)은 전폭적으로 이에 동의했는데 이는 왜 제퍼슨과 생각이 비슷한 버지니아 출신의 미합중국의 '건국의 아버지'들이 수정헌법 제1조인 "의회는 언론과 출판의 자유를 축소시키는 어떠한 법도 만들지 못할 것이다"를 미국 헌법에서 주장했는가 하는 것이다.

위키피디아 이전에 백과사전에 들어갈 것을 결정하는 전문가 이사회들은 물론 정부 차원에서의 검열원도 아니었고, 수정헌법 제1조를 위반하지도 않았다. 그렇지만 그럼에도 불구하고, 그들은 사람들이 일반적으로 사실적인 문장에서 진실이냐 거짓이냐를 결정하거나, 보다 복잡한 문제인 상대적 중요성의 위치를 정하는 일에 일종의 검열이나 게이트키핑을 실행하였다.

2001년 1월에 지미 웨일스(Jimmy Wales)와 래리 생어(Larry Sanger)가 온라인상에 탄생시킨 위키피디아는-웨일스는 위키피디아 행정에서 주도적 역할을 지속적으로 수행함-2009년 2월까지 275만 개의 영어 기사들을 기록함으로써 철학자와 왕 같은 전문가들의 통치를 전복시켰다. 위키피디아 기사 중 그 어느 것도 지명된 전문가에 의해 쓰여지지 않았으며, 만약 전문가들이 기사들을 썼다면, 그들의 공식적인 전문성에 근거해서가 아니라 위키피디아 기사에 담은 지식의 합리성에 의해 그 기사의 생사가 결정된 것이었다.

■ 피클과 페리클의 사례

위키피디아에서는 거의 누구나 기사를 쓰고 편집할 수가 있다(여기서 '거의'란 규제를 받게 되는 일부 사람들을 언급한다. 이는 이 장의 후반부에서 '모든 위키피디언들은 평등하지만 일부 사람들은 다른 사람들보다 더 평등하다'라는 문항에서 논의할 것이다). 위키피디아에서는 나이, 교육, 지역, 성별, 그 어느 것으로도 차별받지 않거나 차별하지 않도록 되어 있다. 진입 기사를 돕기 위한 의도든, 그것을 망가뜨릴 반대 의도이든 처음에는 전혀 차이를 두지 않는다. 그러므로 위키피디아 진입 단계에서는 고의로 오류들을 소개하는 말성꾸러기들의 작업들로 바글거린다. 이러한 것들은 그러나 독자/편집자들(위키피디아상에선 이들은 동일인이다)에 의해 신속하게 수정된다. 실제로 위키피디아에서는 기사들을 진실되게 올리고 유지하려는 자들과 무슨 이유에서든지 이러한 과정을 파괴하려는 자들 사이에 끊임없는 전쟁이 있다.

내가 가장 좋아하는 사례는 아주 사소하지만 교훈적인 것인데 몇 년전 페리클(Pericles)이라는 엔트리가 위키피디아의 첫 페이지에 올려졌을 때이다(위키피디아의 첫 페이지에 올릴 기사[엔트리]는 독자이자 편집자 집단들에 의해서 선정된다). 엔트리의 첫 줄에 페리클의 다른 철자인 'Perikles'도 원래 연람되어 있었다. 그런데 내가 그 페이지에 로그인하는 순간, 어떤 익명의 악당이(vandal) '페리클'을 피클(Pickles)로 바꾼 것을 발견했다. 그래서 피클을 다시 페리클로 변경시켰는데 그 당시만 해도 나는 위키피디아에 계정조차 갖고 있지 않았지만, 익명의 사용자로서 단지 또 하나의 IP 주소의 소유자였다. 그런데 또 다른 악당, 적어도 첫 번째 악당과는 다른 IP 주소를 가진 누군가가 곧 페리클을 피클로 다시 변경해놓은 것이었다. 이 피클 싸움은 적어도 몇 시간에 걸쳐 다양한 전투 인파가 보충되며 지속되었다.

물론 이런 종류의 전투보다 훨씬 더 심각한 전투가 매일, 심지어 매 시간마다 위키피디아에서 벌어지고 있다. 이러한 전투들은 공적 인물들과 유명 인사들에 대한 캐릭터 죽이기에 관한 것이나 정치적 후보자들에 관해 올려진 비난, 그리고 다른 잘못된 정보들이다. 2008년에 버락 오바마를 이슬람교도로 허위 묘사한 사례는 가장 흔한 잘못 표현된 사례로 간주된다. 모든 경우에, 사소하거나 심각하거나 다이내믹은 같다. 빛의 군단 혹은 면역 시스템 혹은 선한 경찰이-어떤 은유적 표현이 더 어필하든지-위키피디아의 해로운 균, 어둠의 군단, 진실의 약탈자와 싸우는 것이다.

전문가 주도의 편집 과정을 거친 명성 있는 브리태니커와 같은 백과사전들과 대중의 집단 지성 중심의 위키피디아 같은 백과사전 사이의 차이점을 평가하기에는 의학적인 비유가 가장 적합할 수 있다. 전문가 주도의 시스템상에서는 정신적인 악의가 없고 다른 부적격성으로부터 자유롭다고 인증받은 사람들에게만 저술할 권리가 주어진다. 하지만 보통 사람들 주도의 시스템에서는 누구나 글을 쓸 수 있기 때문에 모든 독자나 편집자들이 해로운 세균에 의한 질병, 즉 잘못된 정보들을 고칠 항체로써 기여할 수가 있다.

그런데 사실 위키피디아상의 전투는 이보다 훨씬 더 복잡하다.

■ 포함주의자 대 배제주의자 : 위키피디아 영웅들 사이의 전투

영웅과 악당 사이의 전투만이 세상에 존재한다면, 인생은 보다 간단해질 것이다. 그러나 실제로 전투 혹은 적어도 불일치는 종종 진리를 수호하는 대변인들 사이에서 발생한다. 위키피디아에서 끊임없는 전투가 두 종류의 독자/편집자 사이에 벌어지는데 양쪽 다 온라인 백과사전을 최고로 만들기 위해 노력한다. 양측 모두 파괴자들을 볼 때마다 뿌리를 뽑으려고 최선을 다한다. 그러나 그들의 전투는 반달리즘에 관한 것이 주가 아니라, 어떤 종류의 진실된 정보가 위키피디아에 허용되어야 하는가에 있다. 따라서 그들의 전투장은 진리에 대한 것보다는 백과사전에 포함되어야 할 적절성과 가치에 관한 것이다.

그들의 이름들이 제시하듯이–각기 분파가 자랑스럽게 내걸은 이름–'배제주의자' 혹은 '삭제주의자'들은 위키피디아에 기입되는 글들을 제한하고자 하는 반면에 '포함주의자'들은 여러 사람들로 하여 기입하는 행위를 유지하고 확장하고자 한다. 그러나 기입을 아예 못하게 하는 것과(물론, 이는 배제주의자들조차 원하는 것은 아니다), 아무리 사소한 것(물론, 이는 포함주의자들도 정말로 원하지는 않는다)이라도 누구나 무엇에 관해서든지 진실이라면 쓸 수 있다는 견해 사이에는 상당한 여백이 존재한다. 또한 각 집단 안에서도 미묘하고 다양한 차이가 있다. '삭제주의자'들은 백과사전에서 가치가 없다고 여겨지는 기사들을 완전히 제거하는 데 초점을 둔 반면에 '배제주의자'들은 수용 가능한 기사들의 부적절한 부문이나 중요하지 않은 부분들을 제거하는 데 더욱 신경을 쓴다. '합병자'들은 두 개 혹은 세 개의 기사들을 하나로 합치기 원하는 '삭제주의자' 학파에 속하다. 왜냐하면, 어떤 기사들은 그 자체만으로는 중요성에서 충분하지 않거나 기사에 이롭지 않게 여겨지기 때문이다. 만약에 이러한 집단들이 거의 종교적이거나 정치적 파당과 같이 느껴진다면 맞게 본 것이다. 다만 주제가 반드시 종교적이거나 정치적일 필요는 없으며, 실제로 모든 토픽에 해당될 수 있다. 위키피디아상에서 이렇게 파당을 정치적이거나 종교적인 것처럼 느끼게 하는 것은 그들이 어떤 주제에 역점을 두어서가 아니라 그들의 편집 철학의 강도와 특정성 때문이다.

브리태니커와 같은 전문가 주도의 백과사전들은 배타적이었으며 그럴 수밖에 없었다. 왜냐하면 종이에 인쇄할 지면이 제한되었기 때문이다. 누가 1000권, 혹은 만 권의 백과사전을 구매할 것인가? 그러므로 브리태니커 백과사전은 새로운 기사 수를 제한할 뿐만 아니라 편집자들이 상관성이 적다고 판단되는 옛 기사들을 없애거나 줄이는 것이다(내가 쓴 소설『소크라테스를 구출 작전』 서문에서 1950년대 중반부터 혹은 그 이전의 브리태니커의 가치에 대해 지적한 바 있다. 고대 역사에 관한 브리태니커 기사들은 1950년대 중반에 상당히 줄여졌는데 그 이유는 과학 지식의 엄청난 성장과 후속 시대에 정치적 발전에 관한 지면을 더 할애하기 위한 것이었다).

포함주의자들은 온라인 백과사전은 이러한 강압적인 지면 관리자하에서 만들어지지 않음을 지적한다.

위키피디아에 관해 가장 빈번하게 논란이 되는 이슈는 기사 주제의 '지명도(notability)'다. 즉 현재나 역사적인 인물이 위키피디아 기사에 실릴 만큼 중요한가? 편집자나 독자들이 그러한 결정을 하는 데 사용되는 지도 원칙 중에 하나는 '지명도란 상속되는 것이 아니다'라는 것이다. 예를 들어, 당대의 철학자인 데카르트는 포함되어 있으나, 그의 딸, 프란신 데카르트에 대한 기사는 발견하지 못할 것이다. 반대로 위키피디아에서 제임스 밀(James Mill)의 아들이자 그 자신이 중요한 철학자인 존 스튜어트 밀(John Stuart Mill)에 대한 주요한 기사를 찾을 수 있다(제임스 밀은 후대에 영향 면에서 그의 아들만큼 중요하진 않았다). 여기서 요점은 존 스튜어트 밀은 그의 아버지가 무명의 마부였다 할지라도 위키피디아 기사에 실릴 자격이 되었을 것이라는 점이다.

물론 그 어느 독자도 위키피디아상에 프란신 데카르트에 관한 기사를 언제라도 게재할 수 있다. 그렇지만 즉시에 삭제될 가능성이 높다는 게 사실이다(이 장의 후반부에서 '모든 위키피디언들은 평등하지만 일부 사람들은 다른 사람들보다 더 평등하다'라는 문항에서 삭제에 대하여 참조).

'저명도는 타고난 것이 아니다'라는 원칙은 프란신 데카르트와 존 스튜어트 밀의 경우에는 논란의 여지가 없거나 적용하기에 전혀 어렵지가 않다. 그러나 다른 여러 경우에는 논란의 여지가 많을 수 있다.

예를 들어, 버락 오바마의 인도네시아 계부인 롤로 소에토로(Lolo Soetoro)에 관한 기사를 생각해보자. 오바마와 연관된 이 남자의 짧은 역사를 살펴보면 버락 오바마의 어머니인 앤 던햄(Ann Dunham)이 오바마의 생부(버락 오바마 1세)와 이혼한 후에 소에토로와 결혼을 했다. 후에 상원의원이자 대통령이 된 버락 오바마는 6세에서 10세까지 4년 동안 인도네시아에서 살았고, 그 후 홀로 하와이로 이주해 그의 조부모와 함께 살았으며, 고등학교까지 중등교육을 그곳에서 마쳤다. 그러면 롤로 소에토로에 관한 위키피디아 기사의 정당성은? '저명도는 물려받는 것이 아니다'는 후손에게든 조상에게든 그렇지 않다고 제시하지만 문제는 2008년에 미국 대선 선거전에서 전통적인 배제주의자 · 포함주의자의 논쟁점과 전혀 상관없는 이유로 문제가 야기되었다. 오바마 지지자들은 소에토로 기사에 우호적인 독자/편집자들이, 오바마의 이슬람적인 성장 과정에 주목을 끄는 방식으로서 오바마를 비미국인 후보자로 위키피디아에 그릴 의도를 갖고 있다고 생각했다. 따라서 대체로 포함주의자였던 몇몇 독자/편집자들이 이 기사에 대해 반대하였다. 즉 그 기사를 삭제, 합병, 아니면 다른 곳으로 이동시키는(예를 들어 앤 던햄에 관한 기사 참조) 것을 원했다.

롤로 소에토로 기사는 위키피디아에서 제거되었고 이에 대한 검색은 일반적인 '버락 오바마 가족'으로 이동 · 연결되었다. 그리고 이 기사의 한 부분으로 소에토로에 대한 이야기가 담겨 있었다(원칙적으로는 그의 기사가 '삭제' 된 것이 아니라 '가족' 기사 안에 합병된 것이었다). 그러나 소에토로 기사는 2008년 6월에 다시 쓰였고, 적어도 또 한 번 제거되고 합쳐지는 시도를 거쳐 살아남았다(웰맨의 2008년 글을 보면, 소에토로 기사에 대한 위키피디아 전투에 대한 설명이 상세하게 나온다. 내 아내인 티나 보직은 위키피디아에서 'Tvoz'를 편집하는데 그녀는 이 논의에서는 '포함주의자'적인 그녀의 일반적 견해를 떠나 합병주의자의 역할을 했다).

위키피디아에서 '배제주의자'들과 '포함주의자'들이 논쟁하는 비정치적 예제로는 '소설 속의 유대인(Fictional Jews)'의 '유목(category)'을 들 수 있다. 위키피디아 상에서 유목은 다양한 기사들을 한데 모을 수 있는 링크다. 링크는 기사의 아래쪽 바닥 부분에 보이고 주제와 관련된 이름들 혹은 기사들의 제목이 나타나는 모든 '종합'면에 함께 나타난다. 모든 유목들이 논쟁을 일으키지는 않는다. 예를 들어, 배제주의자들에게도 수용되는 유목, '소설 속의 탐정들'(Fictional detectives)에는 셜록 홈스, 에르큘 포와로, 샘 스페이드, 마이크 해머 등이 지면상에 등장한다. 그러나 '소설 속의 유대인'의 사례는 전혀 다르다. 이 유목 아래 셰익스피어의 샤일록(Shylock)에서부터 제임스 조이스의 레오폴드 블룸(Leopold Bloom), '법과 질서(Law and Order)'의 존 먼치(John Munch), 그리고 유명하지는 않지만 내 소설의 주인공인 닥터 필 다마토(Phil D'Amato)에 이르기까지 다양한 인물이 수록되었었다. 그런데 2008년 3월에 이 유목이 없어졌는데 그 상위 유목인 '소설 속의 종교 인물'과 함께 제거된 것이었다(그렇지만 '소설 속의 유대인 리스트'는 계속 존재하는데 이는 리스트가 유목보다 위키피디아에서 덜 다이내믹한 구성 요소이며, 리스트 아이템은 목록상에 있는 사람이나 아이템에 대한 기사의 하단에 나타나지 않는다).

'소설 속의 캐릭터' 삭제건은 계속되는 포함주의자들과 배제주의자들 사이의 전형적인 논쟁 사례라고 할 수 있다. 배제주의자 입장에서는 그러한 유목이 본질적으로 있어야 할 이유가 없다. 즉 샤일록과 블룸 혹은 다른 가공 인물들에 대한 주제 기사 자체에 필요한 정보는 다 포함되어 있다는 것이다. 그러나 포함주의자 입장에서는 이런 유목은 정보를 접근하는 또 다른 방식을 제공하는 것이었다. 즉, 또 하나의 링크와 배움에 연결로서 말이다. 그리고 위키피디아의 저장 공간과 대역폭은 지면상에 인쇄된 단어들과 비교해 실제로 무한하기 때문에 그러한 유목을 포함시키는 것이 어떤 해를 끼칠 것인가 하는 입장이다.

■ 편집자들의 중립성과 이해관계의 갈등

필 다마토는 1999년의 나의 소설 『실크 코드(The Silk Code)』(1999)와 다른 단편스토리들에 주인공으로 등장한다. 나는 저자로서, 내 소설 인물에 관한 설명이 나열되어 있는 위키피디아상의 유목이 계속 유지되는 것에 큰 관심을 갖고 있었다. 나는 실제로 '소설 속의 유대인' 유목에 대해서는 삭제된 이후에나 알았기 때문에, 찬성 혹은 반대에 관한 온라인 논쟁에는 참여하지 못했다. 그리고 사실 위키피디아의 이상적인 편집자는 자신이 쓰거나 편집한 기사 또는 지면에 확정된 이해 관계를 갖지 않는 독자라고 할 수 있다. 이것은 편집자가 페이지상에 적힌 글로 인해 재정적으로나 개인적으로 혹은 전문가 차원에서도 얻거나 잃을 것이 없음을 의미한다. 이해관계의 갈등에 관한 위키피디아 가이드라인에 적혀 있듯이, 카를 마르크스(Karl Marx)에 관한 기사를 편집할 가장 적절한 사람이 프리드리히 앵겔스(Friedrich Engles)는 아니라는 것이다.

그러나 지금, 위키피디아상에서 현대사에 대한 글을 편집할 때, 어떤 행동이 적합한지는 그렇게 명확하지 않을 수 있다. 예를 들어, 오바마 지지자들이 그와 그의 업적에 관한 지면들을 편집하지 못하게 하거나, 혹은 이미 알려진 오바마 후원자들이 다른 편집자들에 의해 공공연하게 밝혀지든지, 위키피디아 관리자들에 의해 오바마 지면을 편집하지 못하도록 경고받아야 하는가? 만약 이러한 주장이 당신에게 극단적인 것처럼 여겨진다면, 오바마가 아닌 세라 페일린에 대한 조취라면 어떻게 생각하겠는가?

정치적 영역에서 머물면서, 이해가 상충하는 층층으로 올라가 보자. 민주당의 지역선장은 어떤가? 백악관의 최고자문인 데이비드 액설로드(David Axelrod)나 전 민주당 최고의장인 하워드 딘은? 미셸 오바마는 또 어떤가? 그녀에게도 오바마 대통령의 위키피디아 페이지를 편집할 수 있는 권리를 허락해야 하는가?

마지막 세 명의 사람들은 그들이 오바마가 주제인 위키피디아의 어느 지면이라도 편집했다면 이해상충을 자초하는 것으로 여겨질 것이다. 그러나 그들이 편집하는 것을 금지하는 것은 공정한 일인가?

결국 위키피디아 기사의 중립성을 강제하는 유일한 객관적 방법은 지면상 글의 내용을 평가하되 글을 쓴 사람은 평가하지 않는 것일 것이다. 문학평론가인 I.A 리처드가 1929년에 이미 경고한 바 있듯이 작가의 모든 의도를 측량할 수 없으며 현실적으로 그 텍스트의 영향과는 실제적인 연관성이 없는 것이다. 리처드는 또, 텍스트의 분석과 비평에 해당되는 것은 텍스트 그 자체만이라고 했다. 더 나아가 편집자의 정체를 확인하고 그의 중립성을 평가하는 문제는 익명의 계정이 쉽게 만들어질 수 있는 위키피디아 방침 때문에 더욱 어려워진다.

■ 정체성 문제들

뉴미디어와 뉴뉴미디어 세계에서는 가짜 아이덴티티를 만드는 일이 지메일과 야후에 이메일 계정을 만드는 것만큼 간단하기 때문에 도처에서 사용자들

(독자, 저자, 평론가 등)의 진위가 문제시되고 있다. 무슨 이름을 선택해서 사용하든 마이스페이스나 페이스북, 여기, 저기 도처에서 이메일 계정 자체를 입증 자료로 인정하기 때문이다.

그러나 문제는 특히 위키피디아에서 첨예하게 나타난다. 왜냐하면, 위키피디아는 처음부터 독자나 편집자들이 온라인상의 토론을 통해 달성한 합의를 거쳐 운영되기 때문이다. 여기서 초기부터란 문제가 행정 직원에게 전달되기 전에 문제에 대한 논의가 이뤄진다는 것을 뜻한다. 어떤 위키피디언들은 자신의 입장을 지지하기 위한 목적에서 '양말꼭두각시'(sock puppets) 계정들을 만들어 토론에 참여한다.

위키피디아에서의 계정 창출은 실제로 마이스페이스나 대부분의 온라인 시스템상에서의 계정 만들기보다 수월하다. 기존의 이메일을 통한 확인 과정이 필요가 없기 때문이다. 사실 계정 없이도 편집이 가능한데 이럴 경우 그 사람들은 고유의 IP 주소로만 그 정체가 확인 가능하다. 위키피디아는 참여를 권장하고 극대화시키는 데에 초점을 맞추고 있다. 모든 참여적이고 민주적인 일이 그렇듯이, 참여자들이 더 많을수록 일이 더 잘 진척된다.

이렇게 계정을 쉽게 만들 수 있다는 것은 또한 꼭두각시 행위를 쉽게 추구하게 하는 결과를 낳고 있다. 그리고 영리한 꼭두각시 계정자의 정체를 밝히는 것은 어려울 수 있다. 가짜 계정들은 여러 컴퓨터상에서 다른 IP 주소들로 만들어질 수 있으며, 수개월 동안 숨어 있다가 꼭두각시 계정자 자신의 실제 동기와는 아무 상관없는 위키피디아 토론에 참여하기도 한다. 그리고 언젠가 이들이 결국 등장해서 자신의 관심사 안에 있는 기사들에 대해 글을 쓰기 시작할 때, 지지를 촉구하든 삭제를 촉구하든, 이 독자/편집자에게 숨은 목적이 있다는 것을 쉽게 의심하게 되지 않는다. 따라서 이렇게 가장 지적이고 효과적인 형태로 이용되는 꼭두각시는 뉴뉴미디어의 숨은 잠복균이라고도 할 수 있다. 예리한 사람은 이런 행태를 보고 뭔가 이상하다, 글이 독특하다 생각하여 의심할 수도 있겠지만, 그러한 의심들은 글 쓰는 스타일의 유사성에만 근거해서 증명하기는 어렵다.

꼭두각시에서 유래한 역성어로–실제로는 매우 다르지만–'미트꼭두각시(meat puppet)'라는 말이 있다. 이것은 위키피디아상에서 친구나 동료의 프로젝트를 지지하려는 목적에서 실제 사람이 창출한 실제 계정을 말한다. 그렇지만 양말꼭두각시와 미트꼭두각시를 동일시하는 문제는 어느 사람이든 그의 동기를 명확하게 알기가 불가능하다는 것이다. 내가 만일 위키피디아에서 한 기사를 삭제할 것인지 유지할 것인지에 대한 논의에서 친구를 돕기로 한다고 하자. 사실, 나 외에 누가 내가 정말로 친구의 입장을 지지하는지, 친구가 없더라도 같은 입장을 취했을 것인지, 혹은 이슈에 대해 전혀 관심이 없는데 오로지 친구의 입장을 생각해서 토론에 끼었는지 알겠는가? 혹은 두 요인이 혼합된 상태에서 토론에 가담한 게 진실일 수도 있다. 즉 그 이슈에 대해서 동의하지만 글을 쓰게 된 이유는 친구의 격려 때문이라는 것이다.

'양말꼭두각시'와 '미트꼭두각시' 같은 이슈들과 그것들을 규명하거나 방어하는 데 어려움은 온라인 생활에서도 실제 생활에서와 마찬가지로 일상의 복잡함과 문제점들을 피할 수 없다는 것을 보여준다. 이 두 가지 다 반달(vandals)들과 말썽군들에게 이용당할 수 있는 부분이다. 그리고 이런 이들을 온라인으로 대응하기는 다소 어려울 수도 있다. 하지만 파괴적 특성을 가진 온라인의 한 가지 장점은 그 자체로는 현실 세계에서 물리적인 손해를 전혀 야기할 수 없다는 점이다.–현실 세계로 그런 행동이 옮겨지거나 잘못된 정보가 행동을 좌우하도록 허용하지 않는다는 전제하에서 말이다. 위의 원칙은 페이스북이나 마이스페이스상에서 사이버 불리를 다루는 경우나 위키피디아에서 지식을 파괴하는 반달들을 다루는 사례에서도 마찬가지다.

모든 위키피디언들은 평등하지만 일부 사람들은 다른 사람들보다 더 평등하다

위키피디아는 인터넷상에서 가장 철저하고 일관되게 사용자 주도로 움직여지는 시스템이다. 바로 이런 차원에서 소비자들이 생산자가 될 수 있도록 허용하는 뉴뉴미디어의 특성을 가장 잘 반영하고 있다. 그러나 비록 모든 독자들이 실제로 위키피디아의 편집자들이 될 수 있음에도, 예비 설문조사는 위키피디아의 90퍼센트 편집된 내용은 가장 적극적인 위키피디아 편집자의 상위 15퍼센트에 의해 만들어진다고 발표하였다(Heil과 Piskorski(2009)에 인용된 Mikolaj Jan Piskorski와 Andreea Gorbatai의 조사 보고서). 이는 모든 민주주의 과정들의 고유 결점 중 하나인 투표와 같은 경우에 모두 참여할 능력을 갖고 있지만 실제로는 부분적으로만 참여하는 것과 같은 것이다. 그리고 비록 편집자들이 특정 기사나 기사의 일부가 위키피디아에 수록될 가치가 있는지의 여부를 토론과 합의를 거쳐 대개 결정하지만 만약에 이들이 결정할 수 없을 때는 어떻게 되는가? 혹은 편집자가 반달로서 행동하든지 자신의 입장을 지지하기 위해 꼭두각시를 생성시키면 어떻게 되는가? 또, 어떤 특정 기사에 대한 논란이 너무 많아서 몇 분마다 수시로 변경될 정도로 지속적인 삭제와 재진술로 갈라진다면 어떤 일이 생길 것인가?

이럴 때를 위해 위키피디아에는 '관리자(administrators)' 제도가 있다. 이들은 편집자들의 공적 토의와 합의에 의해 시명되며 선출된다(편집자는 자신을 포함해 어느 편집자든 지명할 수 있다). '뷰로크라트(bureaucrat)'라 불리는 특별한 최고의 행정가들은—이들도 합의에 의해 선출된다—편집자가 관리자로 승진할 수 있도록 합의가 도달되었는지를 검사하며, 만약 그렇다면, 편집자를 관리자로 승격시켜준다. 몇몇 관리자들은 또한 '검토자(checkusers)'로서 활동한다. 그들은 기명의 IPs주소나 독자/편집자가 보유하고 있는 계정을 볼 권한이 주어진다.

관리자들의 두 가지 권한 중 하나는 성도를 벗어나는 편집자들의 계정 이용을 막는 것이다. 반달리즘도 결함 사항이지만 '세 번 번복(three-revert)' 규칙을 위반하는 행위도 위반 사항이다. 즉 어느 편집자도 주어진 기사에 대해 24시간 내에 3회 이상 변경한 것을 다시 복귀하거나 삭제한 것을 재진술하고, 재진술된 것을 다시 삭제할 수 없다는 것이다. 실제로 관리자들은 세 번의 복귀 전이라도 편집자의 계정을 막을 권한이 있지만 세 번이 보통 정해진, 그래서 대개 따라지는 숫자다.

계정은 한 시간, 하루, 한 주, 한 달 혹은 무한정으로 차단될 수 있다. 차단된 편집자는 어필할 수 있고, 또 다른 관리자가 차단하는 관리자의 결정을 뒤집을 수도 있으며, 판정을 줄여 줄 수도 있다. 그렇지만 차단하는 목적의 일부가 두 명의 편집자가 서로의 작업을 방해하는 소위 '편집 전쟁(edit wars)'을 줄이거나 진정시키는 데 있기 때문에 관리자들은 반복적으로 편집자들을 차단하거나 해제함으로써 혹시 자신들도 유사한 전쟁을 주도하지 않도록 노력하고 있다(위키피디아의 용어로 '바퀴전쟁[wheel wars]'이라고 한다).

관리자들의 두 번째 주요 권한은 독자/편집자에 의해 더 이상 편집되지 못하게 기사를 보호하는 것이다. 계정을 차단할 때와 마찬가지로 그 기간은 무제한이며, 어느 관리자도 편집을 갱신하기 위하여 기사를 재개방할 수 있다. 따라서 '바퀴전쟁,' 또는 서로의 행동을 전복시키는 관리자들 간의 행동은 이런 부분에서도 피해야 할 위험 요소다.

그렇지만 페이지들을 보호하는 것은 아주 까다로운 일이다. 예를 들어, 어느 날 반달들과 악의를 가진 사람들이 버락 오바마 페이지에 그가 이슬람 교도라는 거짓말을 분주히 삽입하고 있다고 가정하자. 선의의 편집자들은 거짓말을 삭제하기 위해 최선을 다한다(여기서 중요한 건 '세번 번복'의 룰에 대한 예외가 있는데 그것은 분명한 거짓말을 수정하거나 반달의 작업에는 적용되지 않는다는 것이다. 다만, 거짓말이 분명해야 할 것이다). 버락 오바마 페이지상에 정보 방화자들이 놓는 국지적 산불을 연속적으로 끄는 일이 계속되고 있음을 인지한 어떤 관리자가 있다고 하자. 그런데 그 기사를 보호하기 위해 더 이상의 편집으로부터 잠그기를 가행한다면 우선 잘못된 정보가 보호에 앞서 어느 부분에서도 남아 있지 않은지 확인해야 한다. 그렇지 않으면 뻔한 실수가 담긴 기사가 위키피디아상에 올려져 전세계가 볼 수 있음은 물론이고, 그 어느 편집자도 이런 오류를 수정할 수 없게 된다. 영리한 반달들은 이런 오류들을 일부러 여러 개 삽입시켜 관리자가 모르고 기사 접근을 차단시키길 바랄지도 모른다. 오류 수정이 완전히 안 된 상태로 말이다.

페이지들은 또한 익명이거나 새로운 계정자의 편집으로부터 반쯤 보호되거나 차단될 수도 있다. 오바마의 페이지는 2007년부터 간헐적으로 보호되어왔다(오바마 위키피디아의 반달은 Vargas, 2007 참조).

위키피디아는 적어도 반달에 대해서는 추가로 내장된 방어 기제를 갖고 있다.

■ 위키피디아 페이지상의 투명성

아무리 근면한 반달조차도 파괴할 수 없는 위키피디아의 특징은 모든 기사에 연관된 모든 편집 내역이 완벽하게 기록되어 있다는 사실이다. 모든 변화나 추가, 또는 삭제가, 심오한 것이든 사소한 것이든, 독자나 편집자들에게 스크린상에서 보여진다는 것이다. 어느 반달은 대량의 무차별적인 반달리즘에다 한 중요한 오류를 일부러 번들링해서 숨기고자 할 수도 있고, 또 도움이 되는 것이든 파괴적이든 일반 독자는 일개의 수정사항을 편집해 스토리 내역에서 놓칠 수도 있지만 그럼에도 불구하고 명백한 사실은 모든 수정 작업이 목록화 되어 있다는 것이다. 또한 위키피디아는 모든 페이지가 편집 전과 후에 어떻게 다른지를 보여주는 기능도 갖추었다.

위키피디아에서 투명한 히스토리 페이지들은 웹상의 대부분 블로그들과 근본적으로 차별화된다. 즉 한 페이지가 편집되었을 때 보통 블로그는 편집 날짜를 나열하는 것에 그치고 구글의 블로그스팟(나의 인피니트 리그레스의 호스트) 같은 경우에는 아예 편집 역사를 나타내지 않고 있다. 마이스페이스나 페이스북상의 프로파일 페이지도 비록 사용자가 로그인했던 마지막 때를 공개하는 옵션은 있지만, 그 페이지가 언제, 얼마나 자주 편집되었는지 제시해 주지 않고 있다. 블로거들만이 자신의 블로그를 편집할 수 있는 것과 대조적으로(마이스페이스와 페이스북의 경우는 계정자만), 위키피디아의 페이지는 무수한 사람들에 의해 편집될 수 있기 때문에 이와 같이 극도로 투명한 위키피디아의 편집 히스토리는 그 사용 이념에 적합하다고 볼 수 있다.

그렇지만 위키피디아의 투명성 조치는 페이지들에만 한정되어 있고 독자/편집자에게까지 확대되지는 않는다. 위에서 제시한 바와 같이 위키피디아를 편집하기 위해서는 계정이 필요 없다. 대신 개인의 IP로 정체를 밝힌다. IP란 인터넷에 연결된 컴퓨터의 고유한 주소다. 만약 노트북 컴퓨터를 친구 집에 들고가서 와이파이를 통해 로그인한다면, 그 상황에선 친구의 IP를 이용하게 되는 것이다(아이폰과 같은 모바일 미디어는 기기 자체의 고유 IP를 지니고 있다). 따라서 IP로만 독자/편집자의 실체를 밝히는 데는 문제가 있을 수 있다.

만약 위키피디아상에 무료 계정을 등록한다면 그 순간부터 계정 이름으로 정체가 확인되며 더 이상 IP에 의해 확인되지는 않는다. 그러나 이 제도의 단점은 한 개인에게 다수의 계정 등록이 허용되어 양말꼭두각시 같은 계정으로 악용할 수 있다는 것이다(방해를 하려는 의도 없이 한 개 이상의 계정을 원할 수도 있지만). 특별히 지명된 관리자들, '체크유저'들은 어느 IP 계정이라도 볼 수 있기 때문에 꼭두각시 조종자들을 추려낼 수 있다. 하지만 악질 계정자들은 IP 주소를 옮겨가면서–도서관이나 애플 가게나 학교–꼭두각시 계정을 조성할 수 있다.

■ 위키피디아 대 브리태니커

위키피디아는, 모든 오류나 안전장치 내용들을 감안했을 때, 또, 반달과 편집자들, 편집자들과 편집자들, 편집자들과 관리자들, 때로는 관리자들 간의 갈등을 고려했을 때, 오로지 위키피디아상의 기사들이 정확하고 적합한 정보만을 담고 있는지를 확인하는 목적을 위해 어떻게 처리하였는가? 오류는 부적합성보다는 쉽게 밝혀질 수 있다. 만약 독자의 끊임없는 입력과 편집으로 기사가 생성되는 위키피디아가 예를 들어, 저명한 전문가들이 쓴 브리태니커 백과사전처럼 오류가 전혀 없다면, 그것은 뉴뉴미디어의 참으로 민주적인 자체 생산된 항체가 엄격하게 게이트키핑되고 오래된 신뢰받는 참고자료들과 견줘질 수 있다는 아주 중요한 점을 시사할 것이다.

2009년 2월 기준, 위키피디아는 브리태니커 백과사전에 잘 맞서고 있는 듯싶다. 그리고 이 자체만으로도 대단한 성과이지만 아직 완전히 동등 대우를 받을 만한 경지에 닿아 있는지는 의문이다.

《사이언스(Science)》와 함께 세계 양대 과학 잡지 중 하나인 《네이처(Nature)》는 2005년에 실시한 연구 결과를 발표했는데 전문가들이 위키피디아와 브리태니커의 42개 기사들을 각각 조사한 연구였다(Giles, 2005). 전문가들은 위키피디아 기사당 평균 네 개, 브리태니커 기사는 평균 세 개의 오류(부정확성)를 발견했는데, 다시 말하면 그렇게 큰 차이가 없었다는 것이다. 이러한 결과는 공공연하게 널리 보도되었지만(예를 들어 AP 2005 보도), 그 대신 브리태니커의 격심한 반대를 초래하였다. 브리태니커는 오히려 네이처의 조사자들이 브리태니커의 사실을 잘못 파악한 것이며, 그렇지 않다면 전문가의 판단이 아닌 단순한 의견을 제공한 것이라고 비난했다(Orlowshki, 2006). 브리태니커는 네이처가 보도를 철회하도록 촉구하였다. 그러나 네이처(2006)는 조사 방법과 결과에 대한 긴 설명과 함께 '우리는 우리의 기사를 철회할 의향이 없다'고 결론내렸다. 3년 후에도 네이처는 2005년의 결과물을 고수하였다(Giles, 2008). 이러한 전문가들의 싸움으로부터 얻는 가장 분명한 교훈은 전문가들의 의견이 생각만큼 그렇게 늘 옳지 않을 수 있다는 사실이다. 즉 네이처의 전문가들이 잘못했든지 네이처를 비판하는 브리태니커가 틀렸든지, 아니면 둘 다 틀리든지 말이다. 이러한 결과라면 위키피디아상에 민주주의에 의한 백과사전을 추구하는 게 마땅하다는 의견이 나올 수 있다. 네이처 연구의 결과가 시사하듯이 말이다.

■ 팀 러서트의 사망 보도에 있어 올드 대 뉴뉴미디어

위키피디아는 올드미디어 백과사전과 경쟁할 뿐만 아니라 신문, 라디오 및 텔레비전의 올드미디어 뉴스 보도와도 경쟁하고 있다. 〈언론과의 만남(Meet the Press)〉 사회자인 팀 러서트가 2008년 6월 13일 오후 2시 20분을 막 넘긴 시간에 갑자기 죽었을 때, NBC와 다른 전통 뉴스 미디어들은 일반 공중에서 알리기 전에 가족들이 부음을 받을 때까지 당연히 기다렸다. 탐 브로커가 그날 NBC, CNBC 그리고 MSNBC 오후 편성 시간인 3시 30분에 러서트의 사망 소식을 알렸을 때, ABC, CBS, CNN 그리고 폭스 뉴스는 모두 브로커의 공식 보도를 기다렸다가 자신들의 뉴스 보도와 기사들을 방송했다.

위키피디아는 기다리지 않았다. 2008년 6월 23일자 《뉴욕타임스》에 따르면, 6월 13일 그 사건이 있던 날, 위키피디아상의 러서트 페이지는 3시 1분에 그의 사망을 반영하기 위해 업데이트가 되었다(위키피디아의 러서트 페이지의 '히스토리'를 보면 알 수 있다). 또한 《뉴욕타임스》에 따르면, 위키피디아상의 내용을 변화시킨 사람은 인터넷 방송서비스의 '초급사원'이었다. 이 회사는 지역 NBCTV 방송국과 다른 회사들에 서비스를 공급하는 조직으로 이 초급사원은 나중에 해고되었다(《뉴욕타임스》는 브로커의 공식 발표 5분 전에 자체 웹사이트에 러서트의 사망 기사를 올렸다).

러서트 사망에 대한 위키피디아와 텔레비전의 기사 처리의 차이점은 뉴뉴미디어가 올드미디어 및 뉴미디어가 작동하는 방식과는 현격하게 다르다는 것을 강조한다. NBC와 모든 다른 방송 및 케이블 미디어의 경우에는 일종의 게이트키핑 편집자인 부장(executive)이 언제 기사가 방송될지에 관해 결정을 내린다. 방송과 케이블TV를 보거나 라디오에서 듣거나, 신문에서 읽는 모든 기사들에 해당된다. 대조적으로 위키피디아에 고용된 어느 누구도 그러한 결정을 내리지 않았다. 왜냐하면 위키피디아는 그런 식으로 운영되지 않기 때문이다(위키미디어 재단과 위키피디아를 위해 일하는 변호사들조차도 발간 결정을 내리지 않는다). 위키피디아와는 전혀 무관한 어느 회사의 직원이 러서트 페이지를 업데이트한 것이었다. 누구나(여러분과 나도) 그렇게 할 수 있었다. 혹은 러서트나 다른 누구에 대해서라도 완전히 잘못된 스토리를 올릴 수도 있었다.

위키피디아가 온라인 백과사전으로서 무엇이 발간되어야 하는지에 대한 기준이 없다는 것은 아니다. 물론 기준이 존재한다. 하지만 그 기준은 당신과 나 그리고 그 기사를 우연히 읽게 된 누구에 의해서라도 적용될 수 있다. 위키피디아의 주요 기준 중 하나는 기사가 위키피디아에 유지되려면 다른 미디어에서 검증을 필요로 한다는 것이다. 예를 들어, 러서트의 사망에 관한 내용을 증명하는 다른 아무 보도가 없었기 때문에 3시 1분에 올려졌던 업데이트는 10분 후에 삭제되었다(《뉴욕타임스》에 따르면, 또 다른 인터넷 방송 서비스 컴퓨터를 사용하는 누군가에 의해서다). 물론, 곧이어 그것이 다시 진술되었지만 말이다.

독자/편집자가 이러한 것에 대해 알고 있으며, 위키피디아상의 기술에 대한 다른 많은 가이드라인을 인지하고 있을까? 위키피디아에는 방대하고 상세한 기준들에 대한 설명과 해설들, 그리고 요약들이 포스트되어 있으며 이러한 것들은 수많은 방식으로 접근 가능하다(예를 들어, '유목 : 위키피디아 행동 가이드라인' 참조). 어떤 민주주의 체계에서와도 마찬가지로 시민들이 법률에 대해 쉽고, 믿을 만한 접근권을 가질 때 그 시스템은 제대로 작동할 수 있다. 또한 그 어느 민주주의 사례에서처럼 법률이나 가이드라인들은 끊임없이 논의되고 정제된다.

테드 케네디와 로버트 버드의 사망 소식을 잘못 보도한 위키피디아

그런데 실로 터무니없이 잘못된 위키피디아의 보도가 있었다. 2009년 대통령 취임식 날에 테드 케네디(Ted Kennedy)와 로버트 버드(Robert Byrd)의 사망 소식은 지미 웨일스로 하여금 새로운 수준의 편집 리뷰를 강력히 촉구하게 하였다. 즉 새로운 편집자나 익명의 편집자가 올린 모든 인명 관련 자료를 '신뢰할 수 있는 편집자들'이 승인할 필요가 있다는 것이다(Pershing, 2009; Kells, 2009). 사실상 테드 케네디는 발작을 일으켜 의사들에 의해 취임 행사 후 오찬에서 병원으로 옮겨졌었다. 91세의 버드 역시 건강이 염려되어 오찬을 떠나기로 결정했다. 케네디는 회복했고, 버드는 처음부터 사실 아픈 것이 아니었는데, 초기의 혼동에 의해 위키피디아에는 두 상원의원들이 타계한 것으로 실렸다.

우연에 의한 것이든 반달리즘에 의한 것이든, 그러한 잘못된 포스트들은 위키피디아의 신뢰성에 의문을 제기한다. 수많은 독자들과 편집자들의 수정 능력에 힘입어 5분 안에 이 포스트들은 제거되었지만, 그럼에도 불구하고 무수한 독자들이 잘못된 보도를 보았다. 층층의 편집 리뷰를 임명하는 것은 분명히 이러한 문제를 완화할 수 있지만, 동시에 그것은 위키피디아의 근본적인 이상, 즉 누구나 페이지상에서 쓰고 편집하며, 발행할 수 있다는 정책을 약화시킬 것이다. 2009년 2월 현재, 이러한 이슈들에 관한 몇 개의 프러포즐이 논의 중에 있다(독일 위키피디아는 이미 모든 기사들에 대해 주제가 무엇이 되었든지 그러한 검토 정책을 이행하고 있다. Wales, 2009 참조. Wales 외 위키피디아가 David Rohde라는 납치범에 대한 보도를 억제하여 그의 도망에 어떻게 이용되었는지는 Perez-Pena, 2009 참조).

백과사전인가 신문인가?

위키피디아에서 팀 러서트의 사망에 대한 즉각적인 공지와 케네디와 버드에 대한 잘못된 보도는 위키피디아가 과연 백과사전인가 아니면 신문인가 하는 또 다른 논쟁적인 이슈를 분명히 보여주고 있다. 신문이 하는 것은 결국 뉴스를 가급적 빠르게 발간하는 것이다. 속보에서는 비슷할지 모르지만 그래도 위키피디아와 신문사가 같지는 않다.

대체로 뉴스 미디어는 어떤 의미에서 진실하고 중요한 사건들을 가급적 빨리 보도하도록 되어 있다. 분명히 사전은 처음의 두 가지, 즉 사전에 담긴 모든 것은 진실하고 중요한 것들을 갖추고 있지만, 속도 대신에 백과사전은 아마도 일종의 영속적인 적합성을 가진 정보를 발행하고자 한다. 그리고 만약 누군가가 맹신을 갖고 어제 일어난 사건이 10년 후의 일반 독자들에게 관심사가 될 것이라고 예측하고 가정하지 않는 한 바로 이러한 항구적인 정의는 즉시성과는 공존할 수 없음을 의미한다.

어떤 예측은 쉽게 할 수 있다. 예를 들어, 누가 미국 대통령 선거를 이기든 상관없이, 그 선거의 결과가 어느 정도 계속해서 역사적인 중요성을 갖을 것이라는 사실을 확신한다. 그러나 팀 러서트와 같이 명망 있는 뉴스 사회자의 예기치 못한 죽음의 경우는 어떠한가?

2008년 6월 그의 사망 후 며칠 지나서 위키피디아상에 이미 존재한 그의 기사는 수백 번 업데이트되었을 뿐만 아니라 팀 러서트의 죽음에 대한 유명 인사들의 반응과 다른 정보들로 추가적인 페이지들이 삽입되었다. 이러한 기사 증가 시에 위키피디아는 백과사전으로서 작용하는가 아니면 신문으로서 작용하는 것인가?

물론 신문들은 즉각적인 긴급 뉴스를 보도할 뿐만 아니라 후속 기사와 회고 기사들을 발간한다. 위키피디아 기사들이 신문기사만큼 철저하게 조사된다는 사실은? 신문기사 자체도 그 정도의 조사를 거친다고 전제해야겠지만—위키피디아 기사를 신문의 후속 기사와 잘 구별되지 않게 만든다. 역설적으로, 위키피디아 가이드라인들은 출처를 밝히기를 요구하는데, 비록 어떤 출처에 대한 선호도는 명시되어 있지 않지만, 올드미디어인 신문은 블로그 포스트들보다 높은 정보원으로 간주된다. 따라서 세계적 명성을 가진 《뉴욕타임스》와 같은 신문들이 정보원으로서 고등학교 신문들보다 선호도가 높은 것은 당연하다. 이러한 점은 "2장, 블로깅"에서 보았듯이 뉴뉴미디어와 올드미디어의 관계가 상호 의존적이고 애증 관계에 있다는 또 다른 예를 보여주는 것이다. "7장, 페이스북"

에서도 우리는 뉴뉴미디어에 속한 그룹이 신문이라는 올드미디어를 구하는 데 어떤 도움을 주는지 접하게 될 것이다.

결국, 위키피디아가 사전인가 신문인가 혹은 둘 다인가를 결정하는 지배적인 원칙은 세상 사람들이 위키피디아를 어떻게 보고 사용하는지에 있다는 것이다. 그리고, 그렇기 때문에 위키피디아의 편집자나 관리자들은 그 사항에 대해 정말로 할 말이 별로 없다는 것이다. 실제 이슈는 사람들이 전반적으로 그것을 어떻게 사용하는가에 달려 있다. 만약 독자들이 위키피디아를 《뉴욕타임스》보다 더 최신판 신문으로 취급한다고 어느 위키피디언이 그것을 막을 수 있겠는가?

다시 강조하면 이것이 뉴뉴미디어의 기본 원칙이다. 유저가 생산자가 될 뿐만 아니라 바로 유저들 전체가 항상 뉴뉴미디어의 방향, 또는 어떻게 사용될지를 결정한다. 이것은 유저란 개념에 새로운 의미를 부여한다. 매체를 소비하고 사용할 뿐만 아니라 그 매체를 사용하는 행위 자체가 그 매체의 정체를 정의시켜준다는 것이다. 진실은 실제 사용과 경험을 통해서 인식되고 도달할 수 있는 것이지 기존의 생각과 분석을 통해서가 아니라고 주장했던 미국 철학자인 존 듀이(1925)는 위의 말에 틀림없이 찬성했을 것이다.

■ 위키피디아는 도서관을 불필요하게 만드는가?

만약 위키피디아가 아직은 아니지만 일종의 신문이 될 수 있다면, 원칙상 무한한 기사 수를 가진 온라인 백과사전은 실제 도서관과 어떻게 비교할 수 있을까?

미국 조지 부시 대통령의 1기 집행부(2001-2005)의 국무장관이었던 콜린 파월(Colin Powell)은 위키피디아의 초기 감상자(진가를 이해하는 사람)였다. 그는 2008년 12월 14일 CNN방송 자카리아의 〈GPS〉 프로그램에서 파리드 자카리아(Fareed Zakaria)에게 그가 2001년 국무부에 부임했을 때 모든 직원들에게 이렇게 이야기했다고 말했다. "사무실에 있는 모든 책들을 없애라. 몇 개의 검색 엔진들과 위키피디아가 있는 한 더 이상 책들이 필요하지 않다." 그리고 마지막으로 직원들에게 도전했다. "세계 국가들에 나타나는 변화와 관련해 위키피디아만큼 정통하도록 말이다."

2003년 이라크 전쟁에 앞서 파월은 UN에서 사담 후세인이 대량 학살무기들을 갖고 있다고 했으나 후에 명백히 보유하고 있지 않았음이 밝혀졌다. 이 부분에 대해 역사가 뭐라고 말하든 파월은 아주 초기부터 위키피디아에 대한 중요성과 더 오래된 미디어들에 비해 위키피디아의 장점들을 인식하고 있었다. 선반 위의 책들은 수정되거나 업데이트되는 데 있어 전적으로 무능에 시달리고 있다. 단어들이 종이와 결합한 모든 인쇄 매체들은 마찬가지로 변경될 수 없으며, 이러한 결정적인 측면에서 상형문자가 피라미드에 새겨진 것 이상으로 다르지 않다(Levinson, 1997 참조).

신문들은 매일 새로운 판을 발행하고 수정뿐 아니라 후속 기사와 업데이트 기사들을 제공함으로써 이러한 경직된 영역에서 최선을 다하고 있다. 사실 20세기 중반 전자매체의 승리 전에는 더 빈번하게 신문을 인쇄했었다. 그러나 작년도의 책들과는 달리 지난 달의 신문들은 필요한 정보를 제공하기보다는 포장상자에 채워질 경향이 훨씬 더 크다.

도서관들의 책들은—온라인상이나 디지털로 전달되든 혹은 읽기 전용의 포맷이든—참고문헌 매체로서의 부담을 수반하고 있다. 그러나 인쇄된 백과사전에서 본 것과 같이 그러한 책들과 도서관들상의 정보는 콜린 파월이 2001년에 이미 주목했듯이 구식이 되었을 수 있다.

이러한 점이 도서관에서의 책들에 비해 위키피디아를 유리하게 만든다. 그러나 파월이 "우리는 더 이상 책이 필요하지 않다"라고 말한 것은 국무부에 적용하든 전 세계에 적용하든 좀 지나쳤다고 볼 수 있다. 그리고 여전히 2009년에 와서 보아도 그 말은 너무 앞서간 감이 있다.

위키피디아는 2009년 현재 도서관과 비교해 두 가지 단점을 갖고 있다. 첫째는 어떤 자료가 되었든, 국제 정치, 지리, 그밖에 무슨 주제이든 책 속에 있는 정보를 위키피디아가 다 소장하지 못하고 있다는 명백한 사실이다. 이것은 내가 '애벌레 비평'(Levinson, 1988)이라고 일컬은 전형적인 예이다. 즉 애벌레 단계만 보고 날 수 없다는 것을 문제삼는 것처럼 한 매체의 약점을 진전 중인 과

정형으로가 아니라 마치 시간에 영속된 것처럼 평가한다는 것이다. 차후에는 이 세상의 그 어느 책 속의 지식도 위키피디아상에 없을 것이라고 생각할 이유는 없다는 말이다. 실제로 책들이 필요하지 않을 것이라는 콜린 파월의 조언은 비록 오늘날에도 여전히 100퍼센트 옳은 발언이라고 할 수는 없지만 2001년보다는 지금 2009년에 그 지적이 좀 더 적절해졌다는 사실을 부인할 수는 없다. 그리고 이것은 매년, 매일 매시간 더 적합하게 될 것임을 예측할 수 있다.

그러나 책에 비교했을 때 위키피디아는 지금 보기에는 전혀 해결책이 없는 훨씬 더 고질적인 두 번째 단점이 있다. 2장과 3장에서 살펴본 바와 같이 온라인에 대한 것이든 검색을 위한 URL에 링크로 연결된 것이든, 책들과는 달리 '믿을 만한 위치 추적성'이라 불리는 것이 결여되어 있다. 만약 이 단어들을 읽고 있다면, 이 책의 33쪽, 63쪽 혹은 어느 페이지의 단어들을 읽고 있든지, 그리고 책이 제본된 페이지들로 구성되어 있다면, 단어들은 내일이든 내년이든 심지어 백 년이나 수백 년 후에도 책이 안전한 곳에 저장만 되어 있다면 찾는 자료는 정확히 바로 원래 제 자리에 있을 것이다. 책을 책장 위에 올려두는 간단한 행동 자체로 다음에 찾을 때 그 글들이 원래 자리에 고스란히 남아 있을 것이라는 확신을 갖게 된다.

이러한 기대감의 예외 사례는 그 책의 일부 페이지들을 좀먹는 벌레가 먹었든지, 또 다른 예기치 않은 물질적인 피해를 입었을 때일 것이다. 선반 위에 있는 책조차도 망가질 수 있다('책장의 역사와 영향력에 대해' Petroski, 1999 참조). 페이지가 찢어지거나 박살날 수도 있으며, 이것은 신뢰할 만한 위치 추적성이 텍스트의 영구한 보존을 완전히 보장하지는 않는다는 것을 의미한다. 그래도 인쇄된 단어와 종이의 결합은 영구적이며, 이것은 웹상에서 단어나 이미지 등 독자들이 다음의 참고를 위해 어디에서 예상되며 기억되고 주목하거나 인용될 것인지에 대한 기대감보다 더 큰 확신을 준다.

물론 다른 뉴뉴미디어들에 비해 위키피디아는 위치 추적성 차원에서 가장 믿을 만한 웹상의 정보원이라고 할 수 있다. 위키피디아의 무수한 독자/편집자들은 종종 하나의 경로 이상에서나 특정 기사의 이름 혹은 제목의 대안적인 스펠링 같은 기사와 연관된 어떤 변경이라도 자동적으로 재전달되도록 특별히 신경쓰고 있다. 이전에 제시한 바와 같이 위키피디아는 어떤 페이지에서 행해진 모든 수정과 편집의 완전하고 접근 가능한 히스토리들을 보유하고 있다. 하지만 그 시스템도 아직은 완벽하지는 않다. 예를 들어, 완전히 삭제된 기사는 위키피디아 관리자들에게만 가능할 수 있으며, 일반의 편집 공중에게는 가능하지 않을 수 있다. 그리고 어느 것이라도 온라인상에서 삭제될 수 있는 완전한 편의성은, 필요한 액세스를 가진 누군가가 어떤 것이 사라지길 바란다면, 가장 확고한 온라인 기사라도 어느 오래된 책보다 덜 안전하다는 것이다. 실제로, 위키피디아는 단지 웹 페이지가 만들어진 날짜뿐만 아니라 그것이 위키피디아 기사에 실린 날짜를 기사 하단에 나열하면서도 책들이나 다른 올드미디어들과 비교해서 웹 소스들이 본래 소실되는 특성을 인정한다. 같은 이유에서 나는 이 책의 참고문헌에서 사용한 링크들이 2009년 2월상으로 유효하다고 제시하였다.

따라서 우리의 일상생활에서 오프라인 미디어들의 참고 자료로서의 역할은 점차 줄어들겠지만 서적들과 도서관, 그리고 CD나 DVD와 같은 오프라인 디지털 미디어들의 미래는 위키피디아와 다른 뉴뉴미디어로부터 조만간에 생길 수 있는 위험에 처해 있다고 할 수는 없다(엔터테인먼트 시장에선 넷플릭스가 우편물상의 DVD보다는 웹사이트를 통해 다운로드 된 영화와 텔레비전 쇼를 더 많이 제공하고 있다). 신문과 마찬가지로 책은 온라인이든 오프라인이든 모든 디지털 미디어에 비해 편리함에서 장점을 보유하고 있다. 즉 종이에 인쇄된 것은 아무데나 가까이 있는 조명 아래에서 읽을 수도 있고, 배터리나 전원단자를 필요로 하지 않는다.

역사를 통해 책이 금지되고 불에 태워졌었지만, 2장에서 교회와 갈릴레오에서 보았듯이, 책이 한 번 인쇄되고 배포되면, 책의 모든 사본들을 한곳에 모은다는 것은 현실적으로 불가능하기 때문에 정부나 상업적인 혹은 종교적인 명령에 의해 완전히 금지되기는 힘들다.

우리가 이 장의 결론 부분에서 볼 수 있듯이 위키피디아를 포함한 모든 온라인 미디어에는 이런 내재된 보호가 적용되지 않는다.

■ 영국 대 위키피디아

백과사전은 금지될 텍스트 대상 중에 아마도 마지막으로 기대되는 텍스트일 것이다. 특히 그 단어가 풍기는 것처럼 1770년대 스코틀랜드에서 처음으로 발행된 브리태니커 백과사전이 있는 영국에서는 그렇다. 반면에 백과사전은 어떤 정권에는 정치적으로 문제를 야기시키기도 했다. 그러나 영국에서 2008년 12월에 위키피디아가 조우했던 문제와는 다르다.

그것은 록 그룹, 스콜피언의 1976년 '버진 킬러(Virgin Killer)'라는 앨범이 위키피디아에 올려진 사건인데 영국의 인터넷 감시재단(Internet Watch Foundation)의 관심을 끌었다. 즉 그 앨범의 표지가 어린 소녀의 나체 영상을 담고 있었다(국소부분은 조각난 유리 효과로 이미지가 명확히 보여지진 않았지만). 인터넷 감시재단은 영국 정부 관련 단체가 아니다. 그러나 그 재단의 블랙리스트는 영국 정부가 정한 품위 기준을 유지하도록 되어 있는 영국 인터넷 제공자들에 의해 아주 심각하게 받아들여진다. 결과는 영국 인터넷 이용자들의 95퍼센트가 인터넷 감시재단이 금지 조항을 해지할 때까지 3일 동안 위키피디아로부터 블록당했다(Raphael, 2008; Collins, 2008). 정말이다. 영국 인터넷 이용자들이 하나의 앨범 표지 때문에 위키피디아의 모든 것으로부터 블록당했던 것이다. 비록 의도는 불미스러운 페이지를 차단하는 것이었지만, "감시견으로서 인터넷 감시재단이 지난 금요일 영국에서 보이는 인터넷 콘텐츠에 대해 취한 초기의 대응은 일부의 사람들이 위키피디아의 어떤 페이지도 볼 수 없게 했으며, 다른 사람들은 사용자들이 생성한 백과사전의 페이지들을 편집할 수 없었다"(Arthur, 2008).

2008년 2월 몇 시간 동안 유튜브에 대한 파키스탄의 차단처럼, 영국에서의 매우 유감스러운 위키피디아 차단은 뉴뉴미디어의 심각한 취약성을 강조하고 있다. 비록 뉴뉴미디어가 현재로는 미국에서 FCC 감독의 범위 밖에 있지만, 세상의 다른 지역에서는 통제와 금지를 당하고 있다. 위키피디아의 사례에서 이 점은 특히 파괴적일 수 있다. 왜냐하면, 위키피디아에 접근할 수 없는 독자가 바로 온라인 백과사전의 생명선인 편집 토의 과정에서 합의점에 도달하기 위해 쓰고 일하는 편집자이기 때문이다(Arthur는 2008년에 금지령이 수백만 명의 영국인들이 위키피디아 사이트에서 편집할 수 없도록 처하게 했다고 보고하였다). 또한 뉴뉴미디어에서 모든 것이 상호 연결되는 것은 즉, 위키피디아 경우에는 모든 페이지들이 상호 연결되는 이유로 단지 한 페이지를 금지하는 것이 전체 백과사전을 오프라인으로 되게 하거나 금지 조치가 실행되는 나라에서 인터넷을 접근하고자 하는 모든 사람에게 접근하지 못하게 하는 것을 의미한다. 이것은 서점이나 도서관에서 단지 한 권의 책을 대중의 손에 못 미치도록 하기 위해서 서점이나 도서관에 자물쇠를 채우는 것과 동등하다.

실제로, 파키스탄의 경우에는 그 나라 전체가 영향을 받았을 뿐만 아니라 세상 전역의 유튜브에 접근하는 것에 악영향을 미쳤다. 단지 해당 서점만이 닫힌 게 아니라 세상의 다른 모든 서점들도 닫히게 된 것이었다.

짐작컨대, 조만간 디지털 수술 기술이 불미스러운 페이지만을 제거할 수 있거나, 뉴뉴미디어의 중요 기관을 차단하기보다는 종양이라고 생각하는 것에 대중이 접근하지 못하도록 검열자 차원에서 조절할 수 있게 될 것이다. 그러나 근본적인 문제는 여전히 남는다. 현재의 뉴뉴미디어 구조와 그들의 도관은 중앙 당국자들이 너무 쉽게 금지시킬 수 있게 만들어져 있다. 뉴뉴미디어의 확연한 역설(아이러니)은 인간 역사에서 뉴뉴미디어를 가장 민주적인 미디어로 만드는 디지털 공학 기술이 정부와 다른 정부 관계자(당국자)들에게 거의 400년 전에 교회가 갈릴레이의 책들을 금했던 것보다 더 확대된 금지령 권한을 주고 있다는 것이다.

검열과 싸우는 관점에서 지구촌이 갖고 있는 문제는 지구 전체가 대로변의 몇몇 정보 제공자를 차단함으로써 검열될 수 있다는 것이다.

다행스러운 것은, 우리가 다음 장인 디그에서 볼 수 있는 것처럼, 모든 디지털 탑에서 이런 검열에 대한 반대를 아우성칠 수 있는 더 좋은 수단들이 나오고 있다는 사실이다.

05

디그

만약 위키피디아가 온라인 백과사전으로 간주되면서 동시에 온라인 신문으로서 사용된다면, 디그의 창업자들, 캐빈 로스(Kevin Rose), 오언 번(Owen Byrne), 론 고로드츠키(Ron Gorodetzky), 그리고 제이 아델슨(Jay Adelson)은 2004년 12월에 디그를 웹상에 발간된 모든 뉴스 인덱스(index)로서 간주하였다. 디그는 신문들의 온라인 신문으로서, 또는 뉴스의 즉각적인 업데이트 다이제스트로서 운영되고 있다. 레딧과 버즈플래시(Buzzflash) 및 적어도 여섯 개의 다른 온라인 뉴스 리스팅 서비스와 함께 디그에 나타나는 기사들은 다른 온라인 신문에서 게재되고 독자들에 의해서 선택된다. 디그의 경우에는 독자들이 첫 페이지에 나타나도록 선택하는 것을 더그(Dugg)라고 한다. 디그는 가장 크며 잘 알려졌고, 2008년 6월 25일 알렉스(Alex) 사가 리스트한 미국의 100대 온라인 사이트 중에서 32위를 차지하였다.

디그의 순위는 2008년 12월에는 294위로 하락했고, 2009년 2월에는 272위였다. 2008년 6월에 비교해 의미심장한 하락은 대통령 선거 후에 관심사가 줄어든 데 기인한 것 같지만, 그래도 이 정도의 성과는 굉장한 것이다(그에 비해 나의 인피니트 리그레스를 담은 paullevinson.blogpost.com은 알렉스 사 랭킹 49만 2,000위였다). CNET 뉴스가 2008년 5월에 보도한 바에 따르면, 2008년 대통령 선거와 함께 디그는 또 다른 목소리가 높은 뉴스 정키들–정치적 군중들 사이에 인기를 얻었고, 이러한 현상은 확실히 사이트의 숫자들을 올리는 데 도움이 되었다. 현재 디그는 매달 2억 3,000만 페이지 뷰를 자랑하며, 2,600만 명의 고유 방문자를 갖고 있고, 매일 1만 5,000개의 기사가 제출되고 있다(McCarthy, 2008).

디그에 등록하는 것이 위키피디아에 등록하는 것보다 더 흥미롭다. 왜냐하면 이메일 계정을 요구하기 때문이다. 한 번 등록되면, 이용자는 URL로 블로그포스트나 온라인 신문 기사, 사진, 비디오 등 어떤 것이든 올릴 수 있다. 모든 이용자들은 그들이 좋아하는 포스트들을 제한 없이 디그(digg)하거나 묻(bury)을 수 있다. 그러한 행동들의 이름은 바로 들리는 그대로를 의미한다. 디그스란 승인하는 것이며, 묻는다(bury)는 것은 게재된 링크를 싫어한다는 뜻이다.

제출한 포스트가 일정 수의 알 수 없는 수의 디그를 받고 대신 묻자고 하는 숫자가 적을 때(디그는 디그스/묻다의 알고리즘을 비밀로 유지하고 있음), 그 포스트는 '인기 있는' 것이 되어서 디그의 첫 페이지에 놓여진다.

이용자들이 포스트에 대한 코멘트를 달 수 있는데, 이 또한 포스트의 인기도를 측정하는 데 적용된다. 코멘트는 포스트를 지지할 수도 있고, 비판할 수도 있으며, 디그나 묻다 혹은 둘 다 아닌 걸 선택하는 이용자들에 의해 만들어진다. 또, 코멘트를 악용하는 것은 보고될 수 있다. 그리고 이런 악용자들을 위키피디아의 사례처럼 디그 사용자들이(위키피디아의 독자나 편집자에 상응할 수 있는) 통제를 하는 게 아니라 디그 관리자에 의해 제어받는다. 그리고 관리자들은 궁극적인 처벌로서 그런 악용 사용자의 사이트 이용을 금지시킬 수 있다.

따라서 '인쇄에 적합한 모든 뉴스'라는 《뉴욕타임스》와는 대조적으로 디그는 사용자들이 디그나 코멘트를 통해서 지지하는 포스트면 모두 발행하며 앞면에는 '인기'에 따라 게시된다. 2장에서 지적한 바와 같이 《타임스》의 모토도 물론 아예 처음부터 적용되지 않았던 것이 사실이다.

그러나 디그의 운영도 항상 이상처럼 완벽하게 부합되지는 않는다. 모든 사람들 사이에서나 비전문가 지향의 뉴뉴미디어의 경우에서처럼 디그는 악용되거나 '게임'에 말리기도 한다. 즉, 게임이란 사용자들이 그들이 진정으로 가치 있다고 보는 것을 디깅하기보다는 첫 페이지에 기사를 올리기 위해서 한팀으로 짜서 몰아주는 행위를 말한다.

이런 악용 사례는 민주주의만큼 오래 되었다. 정부나 뉴스 발행물이 국민의 뜻을 수렴하기 위해 더 개방적이 될수록, 소수의 집단에 의해 더 이용당할 수 있다는 것이다. 정부와 관련된 이런 과정을 '로비'라고 부른다. 디그와 뉴뉴미디어에서는 게이밍이라고 명명한다. 이 장에서 우리는 디그의 민주화 기법들을 살펴보고, 또, 어떻게 그것들이 게임자들에 의해 이용되며, 전체적으로 민주화와 게이밍이 이 세상에 어떤 영향을 미쳤는지 탐색하고자 한다.

■ 디그를 위해 샤우팅하거나 돈을 지불하기

원칙적으로 디그상의 기사들은 각 개별 독자들의 평가에 따라 디그되거나 묻히도록 되어 있다. 하지만 실제로 디그나 묻히는 것들은 종종 독자들의 고의적인 캠페인을 통해 축적되고 있다. 위키피디아상에서 '미트꼭두각시' 문제의 경우처럼 디그나 묻히는 것 등에 따른 타당성에 대해 항상 의문이 남는다. 즉 디거(digger)나 버리어(Burier)들이 성발로 그 기사를 디그하거나 묻은 것일까? 또 독자가 어떤 간청을 받은 후에 디그나 묻히는 것이 발생했다고 그 선택을 무효라고 해야 하는가?

디그 그 자체는 위키피디아보다 시스템의 운영상 관리가 더욱 적극적이며, 따라서 더욱 상의하달식이거나 위키피디아보다는 더 올드미디어화되어 있다. 이런 디그는 간청된 디그스나 묻힘에 대해 응답이 일관되지 못하다. 2007년에서 2009년 사이의 디그상의 강력한 특징은 한 이용자가 200명의 '친구들'까지 '샤우팅(shouting)'할 수 있게 허용하였다는 것이다. 그러한 샤우팅들은 디그나 묻기를 권장할 수 있다(디폴트 샤우팅은 '공유'였기 때문에 묻기보다는 디그를 권장하는 것이 좀 더 쉬웠다). 디그는 2009년 5월에 '샤우팅' 특징을 제거하였고 대신 디그 페이지에서 제공되는 버튼을 통해 트위터와 페이스북상 디그 기사들에 대해 외치기를 계속하도록 권장하였다(Milian, 2009).

그때, 디그 관리 차원의 걱정은 디그 자체의 '샤우팅' 특성이나 트위터와 페이스북상에서 디그 기사의 비공식적인 공유나 프로모션이 아니라 시스템상에서든 그 외에서든 디그스 또는 묻다는 기사들을 조작하기 위한 고의적인 캠페인들이었다. 여기에는 주어진 기사에 대해 디그를 몇 번 할 때마다 얼마의 대가를 주겠다고 한 작당도 포함된다(Newitz, 2007). 블로거는 더 많은 독자들을 얻기 위해서뿐만 아니라 더 많은 독자 수를 가진 블로그가 생성할 수 있는 광고 재원 때문에 그러한 서비스를 이용하는 데 유혹받을 수도 있었다.

그 숫자는 상당했다. 2007-2008년에 내 블로그에 게재된 후 디그에서 '인기'를 얻게 된 열 개의 기사들 중에 내 블로그에 끌린 추가 독자들의 최소 숫자는 1만 5,000명이었으며, 최대치는 5만 명이었다. 그러나 책 판매와 방문자의 숫자로부터 나온 광고 수입과 관련해, 디그상에서의 '인기' 기사들은 은퇴할 정도의 수입을 가져다줄 정도의 충분한 영향력을 발휘하기는커녕 디그스 구매 비용도 안 나왔다(대부분의 기사들이 1면에 올려지기 위해서는 적어도 200에서 300개의 디그스를 받아야 하는데 150개의 디그스를 각 1달러로 가정한다).

그러나 디그는 디그 기사들이 디그 웹사이트를 벗어나 프로모션되는 것을 결코 반대하지 않는다. 디그는 다양한 '버튼'과 위젯을 제공하는데 위젯은 블로거들이 블로그 자체에서 직접 기사를 디그할 수 있도록 사이트상에 올려놓을 수 있게 되어 있다. '허핑턴포스트'와 블로그비평 닷컴과 같은 블로그들에는 그들의 기사들 중에 어느 것이 지금 디그에서 급등하고 있는지를 제시하는 위젯들이 내장되어 있다.

이러한 것들은 디그상에 기사들을 향상시키기 위한 윤리적인 핵심 요소들이다. 웹상에서 촉진된 기사들, 즉 디그상에서 기사들이 나타나고 '친구들'에 의해 승격된 것들은 좋다. 그러나 특히 돈의 교환이 연루되고 디그 외부 집단에 의해 승격되거나 쓰레기가 된 기사들은 그렇지 않다. 물론 디그나 묻는 기사들에 설정된 '양말꼭두각시'는 공식적으로는 위키피디아에서처럼 허용되지 않지만 위키피디아의 경우와 마찬가지로 발각될 때까지 의심할 수도 없고 않는다(Saleem, 2006 참조. 또, 게이밍에 대한 분석을 보려면 Saleem의 '디그 경험을 망치다' 참조).

또는 디그의 '이용 약관(2009)'에 게재된 바와 같이 디그는 다음과 같은 목적으로 사용되서는 안 된다. 즉 '디그의 서비스들을 인위적으로 변경하기 위한 목적에서 별도의 이용자 계정을 만드는 방식을 포함해 인위적으로 디그스 수나 블로그 수, 코멘트 혹은 다른 디그 서비스들을 부풀리거나 변경하는 것, 표를 교환하기 위해 돈이나 다른 보수들을 주거나 받는 행위, 디그의 서비스 결과를 인위적으로 변경하는 방식의 어떤 다른 조직화된 노력에 참여하는 것 등'은 허용되지 않는다.

그러므로 기사들에 대한 개인의 선호도에 더하여 디그가 목표로 하는 것은 진실함과 인공적이지 않은 커뮤니티인 것이다. 그러나 온라인 '친구'에 대해서 무엇이 진실하다고 할 수 있겠는가?

■ 뉴뉴미디어상의 '친구들'

디그는 이 책에서 이제까지 처음으로 완전한 '친구들'이라는 표현으로 만난 최초의 장소다. 사실 온라인 '친구들'이란 마이스페이스와 페이스북에 핵심적이며, 세컨드라이프에서도 중요한 역할을 수행한다. '친구들'은 뉴뉴미디어의 중요한 부분인 '소셜미디어'의 본질 요소다.

온라인 '친구들'의 본질은—그들의 최상, 최고의 원리—그들이 실제 세상에서 현실의 친구들과 혹은 오프라인 친구들과는 공통점이 적다는 것이다. 오프라인상의 누군가와 친구가 되는 것은 아주 초면일 경우라도 그가 어떻게 생기고 어떤 목소리를 가졌는지를 포함해서 그에 대한 많은 것들을 알 수 있음을 의미한다. 물론 오프라인상에서도 연기가 가능하지만 온라인상에서보다는 훨씬 덜 빈번하다. 실제로 온라인 친구의 정체를 확인하는 현재까지의 최고 방법은 그 사람을 오프라인에서 만나는 것이다. 따라서 온라인 친구들의 신뢰성은 오프라인상의 친구 정도에서 유래된다고 할 수 있겠다.

그렇다면 온라인 친구는 오프라인 대상과 전혀 공통점이 없는 메타포(은유법)로 완전히 부적절하고 기만적인 용도인가? 아니다. 성공적이고 폭넓게 사용되는 메타포들은 대개 그들의 지시 대상들과 적어도 일부 중요한 특성들을 공유하고 있으며, 그런 차원에선 온라인 친구들은 오프라인 친구들과 결정적으로 중요한 점들을 공유하고 있다. 즉 둘 다 공통된 관심사와 그런 관심사를 토대로 한 커뮤니티의 일원이라는 것이다.

디그의 '친구들' 경우에는 공통된 관심사는 아마도 같은 종류의 기사들에 대한 취향이라고 볼 수 있다. 그러한 '우정'에 대한 첫 단계로서 어느 이용자도 디그상에 또 다른 사용자의 팬이 될 수 있다. 팬이 된다는 것은 그 사람의 포스트를 좋아하든지 무슨 이유로든 추종하길 원하거나 그가 제출한 기사들, 디그스, 코멘트 등 디그상의 그 사람의 활동을 열심히 좇는 것이다. 만약 그 이용자가 화답하여 팬의 팬이 된다면 이 둘은 '친구'가 되는 것이다(이것은 두 사람이 서로에게 '샤우팅'을 하도록 허용하기도 한다).

이러한 두 단계의 온라인 우정의 접근 방식은 또한 트위터의 특징이기도 하다. 즉, 트위터는 사용자들이 다른 이용자들이 올린 노트들을 선택해 '추종' 할 수 있으며, 차례로 추종될 수도 있다. 마이스페이스와 페이스북을 포함한 다른 시스템들에서는 '우정'을 위한 요청 자체로는 아무 효력이 없으며 그 요청이 수락되어야만 '친구'의 특권이 부여된다.

디그를 포함한 대부분의 뉴뉴미디어 시스템에서 이용자들은 자신의 프로파일들 내에 그들의 블로그들과 사진 및 다른 정보들에 연관된 링크들을 올려놓으며, 그들은 그러한 정보가 모든 사람들에게 이용 가능한지 혹은 단지 '친구들'에게만 이용 가능한지를 결정할 수 있다. 그러나 아무도, 예를 들어 프로파일상의 사람이 방문자에게 알려진 사람이 아니라면, 프로파일상의 사진들이 실제 사진들인지 혹은 프로파일에 묘사된 사람이 실제 인물인지를 확신할 수 없다.

진실성에 관한 그러한 이슈들은 뉴뉴미디어에 대하여 그들이 현실 세상에 어떤 영향을 미치는가와 같은 근본적인 의문들을 제기한다. 한쪽 끝에는 오프라인상으로 아무도 모르게 또는 무관심 속의 상황에서 온라인으로 필명하에 글을 쓰거나 참여하는 이용자들이 있다. 또 다른 끝에는 온라인 활동이 실제 세상에 심오한 결과를 가져오는 경우가 있다. 마이스페이스와 페이스북, 그리고 '뉴뉴미디어의 어두운 측면'에 관한 후속 장들에서 뉴뉴미디어의 위험성을 포함해 온라인 인간관계의 개인적인 영향을 살펴볼 것이다.

다음 부문에서는 디그의 영향과 그것에 관련된 실제 정치 세계 활동에서의 온라인 행위들을 검토할 것이다.

■ 디그상의 론 폴 대 버락 오바마

2007-2008년 미국 공화당 대통령 예비 선거에서 입후보자였던 론 폴에 대한 기사들은 디그에서 엄청나게 인기가 있었다. 2007년 8월 CNET은 "디그에서 론 폴이 약 16만 건의 언급이 있을 정도였으며, 이는 그다음으로 가장 인기 있는 네 명의 후보자들을 합한 것보다 많은 언급이었지만"(McCullagh, 2007), "폴에 대한 여론조사 숫자는 공화당 후보자들 사이에서 약 2퍼센트도 안 되었다"고 보도하였다. 실제로 론 폴은 공화당 예비 선거에서 미국 전역의 5퍼센트도 안 되는 표수를 획득하였다. 버락 오바마에 대한 기사들 역시 디그에서 인기가 매우 높았지만 예비 선거에서는 론 폴만큼은 아니었다. 그런데 왜 오바마는 오프라인 정치에서 실제로 성공을 했으며, 론 폴은 그렇지 못했는가?

디그에서 론 폴의 성공은 부풀려지고, 조작되었거나 게이밍되었나는 게 쉬운 설명일 수 있지만 아마도 사실이 아닐 것이다. 두 후보자들의 지지자들이 디그에서 각자의 후보자를 어떻게 홍보했는지에 대한 확실한 자료가 있는 것은 아니지만, 그렇다고 론 폴의 지지자들이 오바마의 지지자들보다 더 많은 무언가를 했다든지 색다른 작업을 했다는 결론을 내릴 만한 근거도 없다.

오프라인 여론조사와 예비투표에서 너무 낮은 득표를 했기 때문에, 디그에서의 론 폴의 유명세는, 그것도 오바마를 능가하는 유명세는 일반의 관심을 더 끌 수밖에 없었다. 다양한 참관인들로 인해 '웹을 인수한 비주류 정치인'으로서 처음에는 예고되고 매도되었지만, 디그에서의 론 폴의 성공은 곧 무하마드 샐림(Muhammad Saleem)과 같은 소셜미디어 전략가들에 의해 심각한 분석 대상이 되었다. 샐림은 2007년 7월에 "몇 달 전에 나는 여러 가지 사회적 콘텐츠 사이트에서 론 폴 후보자의 인기를 보고 놀랐으며, 단순히 온라인 민주주의가 실행되는 결과였다고 생각했다. 그렇지만 며칠 전에 이러한 이미지는 산산조각이 났다…." 산산조각 난 이유는 또 다른 소셜미디어 분석가인 론 샌손(Ron Sansone, 2007)의 폭로에 의해서였다. 샌손의 조사를 보고 설득된 샐림은 디그상의 폴의 인기는 간단하게 이야기해서 대량 조작의 결과였다고 밝혔다. 즉, 론 폴을 위해 디그에 참여하라고 론 폴 지지자들이 다양한 웹사이트에서 권유했고, 또 론 폴의 기사에 투표하도록 했다는 것이다. 후에 샐림은(2007년 11월) "론 폴에 관한 포스트는 한 시간도 안 되어 100개의 디그를 획득할 수 있고", "샤우팅이 이러한 문제점을 악화시켰다"고 언급하였다.

반대로, 론 폴의 지지자들은 2007년 동안 자신들의 후보자에 대한 기사들이 디그의 첫 페이지를 더 많이 차지할 수 있었으나 론 폴을 반대하는 '묻자 단체'들의 공격 때문에 그렇지 못했다고 대응하였다(Jones, 2007). 와이어드 닷컴(Wired.com)과 같은 주류 온라인 미디어는(꼭 론 폴에 관한 것만 아니라) 디그에 게재된 다양한 기사들에 대해 잠재적인 '묻자 단체'들에 대해서나 투표로 떨어뜨리는 조직화된 노력들을 몇 개월 동안 보도했었다(Cohen, 2007). 그리고 역설적이게도 샐림은 위 코멘트를 하기 몇 달 전에 이런 단체의 행위에 대한 증거를 내놓았었는데 그건 론 폴을 겨냥한 '묻자 단체'의 악행을 제시한 것이었다. "디그에서 '묻자' 행위는 불필요하거나 부적합한 콘텐츠를 제거하는 데 사용하게 되어 있지만 이 메커니즘은 종종 통찰력 있는 콘텐츠를 제거하는 데 일부 악질 유저에 의해 악용 또는 남용되고 있다"는 것이었다.

오바마는 '다른 인터넷 후보자'로 예비 선거 초기에서부터 전반에 걸쳐 인지되었으며(Stirland, 2007; VanDenPlas, 2007), 총선 기간에는 홀로 '인터넷 후보자'의 명칭으로 일컬어졌다("12장, 뉴뉴미디어와 2008년 미국 대선" 참조). 한 참관인은 2008년 8월 말에 디그에서 오바마에 관한 무수한 기사들이 "2,000표 이상과 수백 개의 코멘트를 남겼다"(Galdkova, 2008)고 했다. 즉, 일면 상단에 쉽게 놓여졌음을 주목하였다. 같은 기간 동안 《비즈니스위크》의 한 기사는 "오바마 지지자들이 오바마에게 유리한 기사 또는 그의 적수에게 비판적인 기사들에 대해 디그하도록 요청할지도 모른다"(Hoffman, 2008)고 보도하였다. 그러나 재미있는 것은 이런 모든 보도 내용은 오바마 지지자들이 시스템을 노골적으로 게임화했다고 주장하기 앞서 중단되었다는 것이다. 바로 그 일 년 전에 스콧 반덴플라스(Scott VanDenPlas)의 보고서는 론 폴과 버락 오바마의 디그에서의 성공에 대한 지속되는 인식을 다음과 같이 요약하고 있다. "폴의 결과는 더 조작된 것처럼 보인다. 왠지 민주주의적인 시스템의 장치를 조작해서 후보자에게 유리하게 가공했다는 느낌이 든다. 오바마의 지지는 숫자상으로도 나타나지만 보다 자연스럽게 조성된 것같이 보인다"(VanDenPlas, 2007).

그러나 '오바마에 유리한 기사를 디그'하도록 요청받는 것과(Hoffman, 2008) 디그를 '조작'하는 것(Sansone, 2007) 사이의 차이점이 무엇인가? '론 폴은 시스템을 조작했고 오바마는 그렇지 않았다'는 것에 대한 대안으로서의 설명은 왜 디그에서 론 폴의 탁월한 성과가 예비 선거에서는 불충분한 결과를 낳았으며, 반면에 오바마의 우수한 성과는 민주당의 후보가 되어 선거를 이기게 되었는지와 상관관계가 있는지 하는 것이다. 여기서 내가 한 가지 가정을 제시한다면 그것은 위의 결과는 폴과 오바마를 지지한 디거들의 윤리와 진지함과는 아무런 상관이 없으며 후보자들의 나이와 더 관련이 있다는 것이다.

디그에 등록하려면 이용자 나이가 13세 이상이 되어야 하며, 기사나 디그 또는 묻기, 코멘트를 하려면 등록 없이는 불가능하다. 그렇지만 등록 과정에서 나이를 증명하는 절차가 없기 때문에 13세 미만의 어린이들일지라도 디그에서 기사들을 제출하고, 디그 등을 했을 것이라고 추측할 수 있다. 그러나 13세 이상이라는 조건이 100퍼센트 지켜진다고 해도 13세에서 17세까지 5년 사이의 사람들이 기사들을 디그할 수 있지만 예비 선거나 대선에서 투표할 수는 없다는 것이다.

왜 정치적 후보자가 디그에서 그에 관한 기사들이 첫 면을 차지할 정도로 아주 훌륭하게 해냈지만 실제 선거에서는 큰 차이로 실패했는지를 이해하기 위해선 위 차이점을 주시하는 게 가장 적절한 시작 단계라고 할 수 있겠다. 2008년 1월 11일 디그의 스냅샷 분석에서 소셜미디어트레이드닷컴(socialmediatrade.com)은 론 폴이 인기 있는 기사나 첫 면 기사에서 가장 큰 3,000개에 가까운 숫자를 차지했다고 보도했다. 이는 두 번째로 큰 숫자를 차지한 힐러리 클린턴의 2,000개보다 1.5배가 넘는 숫자였다. 힐러리 클린턴 다음으로 다른 후보자들은 그녀의 숫자와 단지 수백 개의 차이만을 보였는데, 루디 줄리아니가 3위를 차지했고, 마이크 그래블은 4위, 데니스 쿠치니는 5위, 마이크 허커비는 6위를 차지했다. 이들은 모두 디그 숫자에서 7위를 차지한 버락 오바마보다 앞섰는데 오바마의 첫 면 기사에는 1,500개가 약간 안 되는 디그가 그날 기록되었었다. 존 매케인은 오바마보다 약 100개가 적은 디그로 8위를 차지했다. 이 통계는 1월 3일 아이오와 정당 대회에서 오바마가 민주당 후보 1위가 되고 힐러리가 3위였으며, 론 폴은 공화당 후보에서 중간인 4위를 차지한 지 약 8일 후였다. 뉴햄프셔에서 있었던 1월 8일 전당 대회에선 클린턴이 민주당 1위였으며, 매케인은 공화당 1위였고, 론 폴은 5위를 차지하였다. 이런 결과를 놓고 보았을 때 1월 11일 통계는 실제 전당 대회에서나 예비 투표 부스에서 일어나고 있는 현상과는 거리가 먼 사정을 보여주고 있었다. 그리고 특히 론 폴의 경우에는 이런 점이 두드러졌다.

그 이유가 그 시점에 론 폴 지지자들은 이미 디그 시스템을 게이밍하고 있었고 버락 오바마 지지자들은 그렇게 하지 않고 있었기 때문이었을까? 그것이 기여하는 요인일 수도 있었겠지만, 또 다른 각도에서 디그와 예비 선거의 결과 사이에 큰 격차를 검토해보기로 하자. 오바마의 캠페인은 명확히 아이오와에서 이길 정도로 풀뿌리 작전에 성공한 것이었으며, 뉴햄프셔에서는 2위를 차지하게 했다. 그러나 론 폴의 캠페인은 두 주에서 모두 형편없는 성과를 보였다. 이것은 오바마의 캠페인은 론 폴의 캠페인보다 18세 이상의 전당 대회에 참여가 가능한 훨씬 더 많은 유권자를 동원시켰다는 의미다. 유사한 비율(0-100퍼센트 사이에 어디든)의 오바마와 폴의 투표자들이 디그를 하게 되었거나 이미 예비 선거 기간에 디그를 했다고 가정해보자. 그렇다면 18세 이상의 지지자들을 이용해, 폴의 캠페인이 게이밍을 했거나 디그를 조작했을 것이라는 설명보다는 디그상에 13세에서 17세 사이의 혹은 그보다 더 어린 많은 수의 지지자들이 론 폴의 기사들을 첫 페이지에 높게 올리도록 했다는 상상을 해볼 수 있다.

위의 전제대로라면, "3장, 유튜브"에서 이미 보았듯이(Wertheimer, 2008; Baird, 2008), 소위 '젊은 층'의 후보자로 알려진 버락 오바마는 디그의 13-17세 사이 지지자들을 많이 끌지 못했다는 소린가? 나의 의견은 오바마의 캠페인 측이 실제로 전당 대회에 참여하거나 투표할 수 있는 18-30세 사이의 사람들에게 현명하게 집중했다는 것이다. 론 폴의 캠페인은 풀뿌리 활동 같은 기반이 부족했고, 그러므로 연령에 상관없는, 18세 이상이든 이하든, 광범위한 인터넷 홍보에 의존해야 했던 것이다. 다시 말하면, 오바마의 인터넷 캠페인은 유권자들을 겨냥한 막강한 직접적인 캠페인의 기초에 근거해 있었으며 그 작전을 인터넷과 성공적으로 접목시켰던 것이다. 반대로 론 폴의 캠페인은 인터넷으로 시작해서 결국 그 이상을 넘어서지 못하고 인터넷으로 마친 것이었다.

디그 사용자들의 나이에 대한 과학적인 통계는 존재하지 않는다. 그러나 2006년 9월에 보도된 여론조사에 의하면 디그 사용자들의 5퍼센트가 13세에서 16세 사이이며, 17-20세가 22퍼센트, 21-24세가 28퍼센트, 25-28세가 20퍼센트를 차지한다고 했으며(Ironic Pentameter, 2006), 그것은 확실하게 젊은 이용자들 쪽으로 기울었음을 나타내주고 또, 디거들의 상당한 비율이 18세 이하임을 제시하고 있다(최하 5퍼센트, 최상 27퍼센트). 더욱 최근에 널리 공유되는 디그 유저들에 대한 견해는 그들의 평균 나이가(적어도 심리적 나이) 약 15세라는 것이다(MacBeach, 2008).

어떤 면에서는 게이밍 효과보다 위에 나열한 유서 나이 문제가 론 폴의 디그 성공과 실제 투표의 실패에 더 영향이 있었다고 난 믿는다. 반면, 오바마의 캠페인은 젊은 투표 연령대의 사람들한테 집중한 결과, 예비 선거에서 일등과 이등을 차지하도록 도왔으며, 궁극적으로 론 폴만큼 막강한 디그상의 위치를 갖게 하였고, 끝내는 대선에서 혁명적인 승리를 거두게 하였다. 이와는 대조적으로 론 폴은 디그와 인터넷을 벗어나 결코 성공하지 못했다. 그 이유는 게이밍의 실패로 투표 연결을 못해서가 아니라 디그의 론 폴 후원사 체계가 일반 미국 유권자들의 견해를 반영하지 못하는 구성원으로 이루어졌기 때문에 선거에서 패한 것이었다.

■ 론 폴과 올드미디어

론 폴의 지지자들에 의한 게이밍 가능성과 유저 나이 문제는 디그가 아닌 올드미디어, 즉 텔레비전과 텔레비전의 예비 선거 캠페인 및 토론에 관한 보도에서도 다루어졌다.

ABC는 론 폴이 토론 후 여론조사에서 1위였다는 사실을 한 번이라도 언급하지 않고 지나갔다. 또, 자사 온라인 보드상의 론 폴 지지자들의 코멘트를 없앴으며, 그것을 폐쇄하였다. 그리고 ABC는 아이오와 전당 대회 전에 화면상으로 밋 롬니(Mitt Romney)를 위한 대규모 군중들을 조명한 데 비해 론 폴의 경우는 홀로 서 있는 론 폴의 지지자를 보여주었는데 사실, 론 폴 지지자의 군중 규모도 롬니를 버금갔다(Levinson의 '네트워크 뉴스의 시청률' 2007년 자료를 참고하면, 론 폴 보도에서 네트워크 방송사들의 단점들을 요약한 것을 볼 수 있음). CNBC는 론 폴이 승리했던 토론 후 여론조사를 제거했고(Wastler, 2007; Levinson's 'Open Letter to CNBC' 2007), 폭스 방송사의 숀 해니티(Sean Hannity)는 또 다른 사후 토론 조사에서 론 폴의 1위 결과 보도는 소규모의 지지자들이 전화 걸기를 반복해서 되었다고 폄하하였다. 반대로 앨런 콤스(Alan Colmes)는 론 폴이 첫째로 끝낸 것을 액면 그대로 보도하였다(Hannity & Colmes, 2007).

오바마는 대체로 올드미디어에 의해서 위와 같은 거친 처리는 당하지 않았지만, MSNBC의 여론조사 보도자인 척 토드(Chuck Todd)는 오바마의 성공은 그의 지지자들이 여론조사에 대응하기 위해 반복해서 휴대전화를 걸었기 때문에 케이블방송사의 사후 토론 조사에서 오바마가 성공했다고 깎아내렸다('오바마의 여론조사 결과 폄 당하다', Levinson, 2007).

해니티 역시 휴대전화를 생각했을지도 모르며 그것이 폴과 오바마를 전화 여론조사에서 승리하도록 추동한 매체였다고 생각한 그나 토드 둘 다 맞는지도 모른다. 하지만 반복 전화 또는 소수의 지지자들에 의한 무수한 전화 투표 때문에 그런 결과가 나온 것은 아니다. 물론 예비 선거에서 투표를 할 수 없는 15세라도 휴대전화를 통해서 25세와 마찬가지로 사후 토론 여론조사에 쉽게 반응할 수가 있는 것은 사실이다. 그러나 아무리 지지자들이 사후 토론 여론조사에서 반복해서 투표를 던질 수 있다는 걸 인정한다 하여도 적어도 2007년 10월 22일 폭스 방송사의 문자 여론조사에는 가능하지 않았다는 것은 명백하다. 왜냐하면, 나는 직접 어떻게 여론조사 투표가 집계되는지를 알기 위하여 시험상 두 번 문자를 보냈는데 두 번째 보낸 문자는 투표로 합산되지 않았다. 물론, 다른 전화기로 추가로 투표를 던질 수도 있었고, 내 친구들에게 문자로 그들의 전화기로 내 후보자를 위해 투표하도록 할 수도 있었다. 그러나 사후 토론 전화 여론조사에서 론 폴의 성공에 대한 설명은 디그상에서 그의 성공에 대한 설명과 더 가까울 수 있다. 즉 게이밍과 조작도 일조를 하였겠지만, 전화 건 사람들 가운데 투표 연령보다 어린 사람들이 많이 있었을 것이란 중요한 요인이다. 오바마는 예비 선거에서도 잘했으므로–그를 위해서도 투표 연령보다 낮은 사람들이 전화 투표를 던졌을 가능성이 충분히 있지만–여론조사의 성공에 대해 더 많은 설명이 필요 없었다.

18세 이상으로 전화 여론조사를 제한하는 것은 웹상의 디그나 다른 사이트상에서 18세 이상의 사람들에게만 연결을 제한하는 것만큼 하기 어렵고 어필되지 않는다. 따라서 전화 여론조사에서 론 폴의 성공과 예비 선거에서 그의 수행 결과 사이의 현저한 격차는 아마도 전화 여론 시스템에서 피할 수 없는 잡음으로 기록하는 것이 가장 현명한 자세일 것이다.

그렇지만 네트워크 방송사들은 론 폴의 승리를 보여주는 여론조사를 제거하고 그의 지지자들을 증거없이 폄하하기보다는 이러한 구체적인 분석을 제공했었더라면 더 좋았을 것이다.

■ 레딧, 파크, 버즈플래시와 디그의 대체 사이트들

디그만이 웹상의 유일한 이용자 생성 헤드라인 뉴스 서비스가 아니다. 일부 뉴뉴미디어는 단독의 거물급으로 채워지고 있는데 그 예로 백과사전에 위키피디아가 있으며 마이크로 블로깅에 트위터가 있다. 반면에 마이스페이스와 페이스북은 다음 두 장에서 살펴보겠지만, 냉전 시대의 두 개의 초강국처럼 소셜 미디어의 세계를 두 개의 거대한 경쟁 영역으로 분할하고 있다. 이러한 연속체 사이에 유튜브는 위키피디아와 트위터에 가까우며, 비디오 영역을 지배하고 있지만, MSNBC와 CNN과 같이 자신들의 사이트에 쇼에서 나온 비디오들을 올려놓는 케이블네트워크들과 텔레비전의 에피소드를 게재하는 훌루(Hulu) 및 TV 닷컴과 같은 사이트들과 마찬가지로 데일리모션, 블립tv, 메타카페와 같은 사이트들과 경쟁하고 있다. 이러한 연속선상에서 경쟁이 전혀 없음을 대표하는 위키피디아와 트위터를 극좌에 위치시키고 두 개의 거물급 사이에 경쟁을 대표하는 마이스페이스와 페이스북을 극우에 놓는다면, 유튜브는 위키피디아와 트위터의 오른쪽 약 10퍼센트 정도에 놓일 것이다. 디그는 좌측에 위키피디아와 트위터, 우측에 마이스페이스와 페이스북에서 동등한 거리의 중간쯤 어딘가에 놓일 수 있다.

레딧은 디그의 대체물 중 가장 디그 같은 사이트다. 독자들은 디그상에서처럼 기사들을 제출하고 기사들을 위 또는 아래로 투표한다. 독자들은 또한 코멘트를 입력할 수 있는데 이것 또한 위/아래 투표 평가를 받는다. 필요한 수의 '위' 투표 수를 받은 기사들은 1면을 구성한다. 2008년 12월 기준, 비록 레딧은 알렉사 순위에 디그가 294위인 데 비해 한참 아래인 5,122위를 차지했으나 그래도 뉴뉴미디어 뉴스 사이트 중에는 2위를 차지하고 있었다.

파크(Fark)는 독자 주도의 온라인 뉴스 리스팅 중에서 가장 덜 뉴뉴미디어답다. 누구라도 링크로 기사를 제출할 수 있지만 오로지 파크 편집자에 의해서 어떤 기사들이 첫면을 구성할지 선택된다. 그리고 선택되기는 매우 힘들다. 2009년 2월까지 내가 제출한 수백 개의 기사 중에 단지 세 개만이 파크의 첫면을 차지했는데 데니스 쿠치닉이 투표 연령을 16세로 낮추길 원한다는 것에 대한 블로그포스트와 히스토리 채널에 공상 과학 역사에 대해 내가 말한 몇 년 전의 히스토리 채널상의 내 모습의 비디오 클립, 그리고 '화성에서의 삶을 TV로 만나다'라고 내가 명명했던 '화성의 생활(Life on Mars)'의 에피소드에 대한 리뷰였다. 파크가 선택하는 데 있어 주요 부분은 유머이며, 특히 기발한 헤드라인들이다. '화성에서의 삶을 TV로 만나다'라고 제목을 붙힌 에피소드 리뷰가 선택된 이유는 그것이 내 인피니트 리그레스 블로그에서 발간되었기 때문이라고 확신한다(두 대의 비디오 카메라가 시각적 무한회기를 생산하는 방식으로 서로를 가리키는 블로그였다).

파크의 첫 페이지–파크에 따르면 5퍼센트도 안 되며, 내 경험상으로는 1퍼센트도 안 되지만–를 장식하지 못하는 기사들은 이러한 기사들을 광범위하게 코멘트할 수 있는 '토털 파크' 커뮤니티에 올려진다. 그러나 그러한 기사들과 코멘트들을 볼 수 있는 유일한 사람들은 '토털 파크'의 구성원들이며, 이러한 멤버십은 유료 가입자에 한한다. 요컨대, 파크는 독자들이 제출한 기사들에 의지하기 때문에 그러한 점에서는 뉴뉴미디어이지만 독자들의 선택이라기보다는 편집자 측의 선택과 무료 사이트가 아닌 유료 토털 파크 회원제라는 점이 접근 방식에서 결정적으로 올드미디어다.

버즈플래시는 몇 가지 중요한 측면에서 다르다. 그 가운데 가장 중요한 것은 '진보적인' 정치 수용자들에게 지향되었다는 점이다. 비록 반진보적인 아이템에 대한 링크를 발행하기도 하지만. 예를 들어, 버락 오바마에 대해 좌우 모두에서 비판적인 것들은 대개 논평에서 공격을 받지 첫 면에 내보내지는 않는다. 따라서 버즈플래시는 《뉴 리퍼블릭》이나 《내이션》 및 다른 진보적인 뉴스 및 논평 잡지에 상응하는 뉴뉴미디어로 간주된다.

버즈플래시는 또한 첫 면에 올려질 수 있는 두 가지 방법을 제공한다는 차원에서 디그와 다르다. 하나는 디그와 비슷하게 이용자들의 선호도에 따라 '플래싱'되는 기사들과 그것들에 대한 코멘트에 의해 작업된다. 필요한 숫자의 플래시를-디그와는 대조적으로 대개는 24시간 내에 25개-가진 기사들은 첫 페이지로 올라간다. 적어도 수백 개의 찬성이 필요한 디그와 그 보다는 낮지만 그래도 중간 수치 정도 되는 레딧과 대조된다. 차이는, 버즈플래시 편집자들이 버즈플래시닷넷(Buzzflash.net)은 물론 버즈플래시닷컴(BuzzFlash.com)에도 일면 기사를 게재할 수 있다는 것이다. 그리고 이러한 방식으로 버즈플래시 운영은 올드미디어와 뉴뉴미디어 양쪽 모두의 장점을 이용하고자 한다.

디그와 레딧 및 다른 헤드라인 순위 서비스들의 주요 목적이 새로운 뉴스 기사들을 위 또는 아래로 투표하는 것임을 고려해볼 때, 그들은 종종 자신들과 서로에 대한 기사들을 게재하며 아주 편파적인 방식으로 순위를 매겨나가고 있다.

2008년 12월 25일 레딧의 첫 페이지에 있는 기사의 제목은-20위 안에 드는 기사로서 2,258개(3,378 업 투표 대 1,170 다운 투표)의 포인트와 이에 대한 843개의 코멘트를 보였다.-"독자 중 또 누가 디그를 떠나 레딧으로 왔는가?"였다. 코멘트들의 요지는 디그가 형편없고 레딧은 훌륭하며 그래서 레딧이 이미 디그를 묻었든지 혹은 곧 묻을 것이라는 내용이었다.

첫 코멘트를 읽어보면, "처음에 디그, 그 다음에 둘 다, 그리고 지금은 레딧이다. 디거들에 대해 반감 같은 건 없다. 다만 첫 페이지에 콘텐츠를 올리기 위해 너무 무작위로 많은 친구들을 만들어내야 하는 게 싫다." 두 번째 코멘트를 읽어보면, "레딧의 첫 규칙은 다른 지성인들에게 레딧에 대하여 말하는 것이다. 둘째 레딧의 규칙은 멍청한 사람들에게 디그에 대해 이야기하는 것이다" 등등.

그러나 위에서 언급한 것처럼 디그의 294위에 비교해 한참 낮은 레딧의 5,122위 알렉사 순위는 다른 이야기를 말해준다. 굳이 언급 안 해도 다 아는 사실이지만, 민주적으로 선택된 뉴스 미디어라고 꼭 진리를 추정해서 제공한다고 할 수는 없다는 것이다. 실제로 또 다른 디그 같은 시스템인 스텀블어폰(StumbleUpon)은 알렉사 순위가 811위인데—레딧보다 훨씬 높은—많은 커뮤니티 애플리케이션을 갖고 있으며, 그런 점에서는 마이스페이스와도 유사하다(Bennett, 2009).

다음 장에선 알렉사 순위상의 논란의 여지가 없는 두 개의 소셜미디어를 살펴보고자 한다(한 두 포인트 변동은 있을 수 있지만). 아무튼, 둘 다 상위 10위안에 드는 최고의 사이트들이다.—마이스페이스: 7위, 페이스북: 5위.

06

마이스페이스

뉴미디어와 올드미디어, 모든 미디어는 본질적으로 사회적이다. 고대 상형문자도 일반적 커뮤니케이션과 마찬가지로 제대로 소통하기 위해서는 쓰는 사람과 읽는 사람, 이렇게 최소 두 사람을 필요로 했나. 구어든 문어든, 아무에게도 들리지 않고, 보이지 않는다면 그것은 속담에도 나오는 아무도 없는 숲에서 쓰러지는 나무처럼 실재하지만 커뮤니케이션은 아니다.

뉴뉴미디어는 모두 커뮤니케이션의 중대한 사회적 측면을 강화한다. 위키피디아와 디그는 편집자와 디거들의 그룹이 없으면 작동하지 않을 것이다. 또한 이용자들의 코멘트가 없는 블로그는 기술적으로는 여전히 블로그라 할 수 있겠지만 그보다는 오히려 온라인 매거진이나 온라인 신문에 가깝다. 코멘트가 없는 블로그는 뉴뉴미디어라기보다는 뉴미디어에 가깝다. 물론 인쇄 신문과 같은 올드미디어에도 편집자에게 보내는 독자의 편지가 게시되지만, 오늘날 블로그에서의 코멘트에 비하면 훨씬 작은 역할을 한다.

그러나 어떤 뉴뉴미디어는 작동을 위해서 소셜 네트워크에 의지하는 수준을 훨씬 넘어서기도 한다. 콘텐츠를 작성하고 편집하기 위해 사람들을 필요로 하는 위키피디아와 달리, 소셜 네트워크를 창조하고 개발하는 것 자체를 목적으로 하는 뉴뉴미디어 종(species)이 있다. 그러한 미디어는 블로그 서비스나 동영상을 저장하고 배포하는 유튜브와 같은 역할을 하기도 하지만, 그들의 일차적 목적은 정보를 제공하거나 오락을 제공하는 것이 아니라 어떤 목적에서든 사람들이 서로 연결될 수 있도록 하는 것이다.

자, 그럼 마이스페이스와 페이스북이 지배하는 소셜미디어라는 뉴뉴미디어 영역으로 들어가보자.

■ '친구'들의 저항할 수 없는 요청

마이스페이스는 2003년 8월, 브래드 그린스펀(Brad Greenspan, 당시 e-Universe의 CEO)과 톰 앤더슨(Tom Anderson), 크리스 드울프(Chris DeWolfe)와 조시 버먼(Josh Berman, e-Universe 임원)에 의해 설립되었다. 마이스페이스는 아메리카 온라인과 컴퓨서브, 메시지보드, 포럼과 컴퓨터 컨퍼런스들이 서로 영향력을 주고받는 사회적 동력에 기반하여 만들어졌지만(Levinson, 1985;Ryan, 2008;Vedro, 2007 참고), 차이점은 그린스펀이 프렌드스터(2002)도 그랬듯이 뉴뉴미디어의 핵심 가치가 계정에 대해 돈을 지불하지 않는 것이라고 본 점이다. 루퍼트 머독의 뉴스코퍼레이션은 마이스페이스를 2005년 7월에 5억 8,000만 달러에 인수했다. 마이스페이스는 현재 3억 개의 계정을 보유하고 있으며, 페이스북과 함께 온라인 소셜미디어의 두 개 거대 기업 중 하나다. 물론 3억 개의 계정 중에는 한 사람이 여러 개의 계정을 사용하는 것도 있지만, 여전히 이 숫자는 전 세계 대부분의 국가별 인구를 넘어서는 엄청난 숫자이며, 아마도 2009년 2월 기준, 1억 7,000만 명의 액티브 유저를 보유하고 있는(이에 대해서는 다음 장에서 자세히 살펴볼 것이다) 페이스북의 계정 수를 앞지르고 있을 수도 있다.

《뉴욕타임스》의 '보도하기 적합한 모든 뉴스를 보도한다(all the news that's fit to print)'라는 모토나 폭스 뉴스의 '공정하고 균형 잡힌(fair and balanced)보도'라는 모토와 같은 역할을 하는 마이스페이스의 태그라인은 바로 '친구를 위한 장소'다. 이 슬로건은 신뢰할 만한 것인가? 이것은 3장에서 살펴본 유튜브의 '스스로 방송하세요(broadcast yourself)'라는 모토처럼 마이스페이스를 정확히 묘사하는 정의인가? 앞에서 살펴본 바와 같이, 1897년부터 신문 첫 면에 등장한 《뉴욕타임스》의 오래된 모토는 보도하기 적합한 모든 뉴스를 보도하는 것이 아니라 《뉴욕타임스》의 편집자들이 보도하기 적절하다고 생각한 뉴스를 보도한다는 사실을 은폐하고 있다. 1998년 폭스의 슬로건은 그 글의 뜻 자체가 보다 주관적이어서 반박하기가 더 어렵다. 과연 '공정하다'는 것은 정확히 무엇을 의미하는가. 그러나 폭스를 제외하고는 그 아무도 폭스의 앵커와 코멘테이터(논평자)들이 좌우의 관점 혹은 민주당과 공화당의 관점을 '균형 있게' 보도한다고 생각하지 않을 것이다.

그렇다면 마이스페이스에서 '친구'란 무엇인가? 5장에서 살펴본 디그의 '친구'처럼, 순수 온라인 친구는 오프라인의 친구와 한 가지 중요한 공통점밖에 없는데 그것은 서로 공통 관심사를 가지고 있다는 것이다. 나는 2005년 마이스페이스에 가입한 직후 나와 비슷하게 공상 과학(SF) 소설을 좋아하는 한 이용자에게 친구 요청을 했는데, 그가 보내온 응답이 기억난다. 그는 "우리 같이 어울리자는 겁니까?"하며 조금은 빈정어린 투로 글을 보내왔다. 그래서 미안하다고 했고 '친구'가 되자는 초대가 단지 공상과학 소설이라는 같은 취향을 나누자는 의도보다 훨씬 더 많은 것을 의미한 걸 유감스럽게 생각한다고 사과했다.

마이스페이스나 여타 다른 온라인 시스템에서의 '친구'가 진짜 친구가 아니라는 문제는 폴 레빈슨이라는 나의 현실의 정체성을 가지고 상대방의 현실의 정체성을 통해서 온라인 친구가 될 수 있느냐는 문제를 훨씬 넘어서는 것이다. 만약에 소크라테스나 아리스토텔레스 또는 TV 시리즈 〈로스트〉의 등장 인물인 소이어나 케이트라는 아이디를 가진 사람으로부터 '친구 요청'을 받는다면 과연 어떻게 할 것인가? 이러한 요청의 한 가지 장점은 당신이 진짜 소크라테스로부터 친구 요청을 받은 것이 아니라는 것을 즉각 알게 될 것이라는 점이다. 그러나 만약 당신이 잘 모르는 역사적 인물이나 가상의 인물로부터 요청을 받게 된다면 어떨까?

'시에라 워터스'는 나의 소설 『소크라테스 구출 작전』과 『불타지 않는 알렉산드리아(Unburning Alexandria)』(2008)의 주인공이다. 나는 이 이름으로 2008년에 마이스페이스와 페이스북에 계정을 만들었다. 계정의 프로필 페이지를 보았다면 시에라 워터스가 소설의 캐릭터라는 것을 분명하게 알 수 있었다. 그럼에도 불구하고, 나는 마이스페이스에서 남성들—혹은 남성의 이름을 한 계정 이용자—로부터 성적 프로포즈가 담긴 다수의 이메일을 받았다.

■ 마이스페이스에서의 사이버 불링(폭력)

어떤 사용자든지 거짓 정체를–이름만 거짓이 아니라 성별이나 나이에서 또한–이용할 수 있다는 사실은 이로 인해 온갖 종류의 폭력적이고 위험한 행위가 발생할 수 있다는 가능성을 야기한다. "11장, 뉴뉴미디어의 어두운 측면"에서 살펴보겠지만, 올드미디어와 뉴미디어 모두 폭력적이고, 위험한 범죄 행위로부터 자유롭지 못하며, 또 11장에서 우리는 뉴뉴미디어의 여러 특성과 거짓 정체성으로 인한 폭력적인 사례들을 살펴볼 것이다.

그중에는 외견으로는 무해하게 보이는 것도 있으며, 어떤 특성들은 범죄 의도가 없는 이용자에게는 실제로 유용할 수도 있다. 그러나 로리 드루(Lori Drew)의 '사이버 불링' 사례는 마이스페이스가 얼마나 잘못된 방향으로–소셜미디어가 사람을 죽이는 데 이용되거나 '친구의' 죽음을 가져올 수도 있다는–이용될 수 있는지를 보여주는 예로 여기서 우리는 이것을 소셜미디어의 왜곡된 사례로 우선 살펴볼 것이다.

먼저 로리 드루의 사례는 대개 허위 이름과 사진을 가진 누군가가 마이스페이스에서 다른 사람과 친구가 되어–대개 연약한 십대 소녀–어떤 범죄 의도를 가지고 오프라인에서 직접 이 사람과 만남을 가지는 단순한 사이버 스토킹의 사례가 아니다. 이런 종류의 사이버 스토킹에 대한 대처법은 절대로 온라인에서만 아는 사람을 직접 만나지 않는 것이다. 혹은 공공장소나 안전한 장소에서만 만나는 것이다.

그리고 이 사례는 한 사람이나 여러 사람이 특정인을 괴롭히거나 조롱하거나 망신을 줄 목적으로 행하는 전형적인 사이버 불링이 아니었다(11장 참조).

로리 드루의 사이버 불링 사례는 다른 형태였다. 불링이 가능했던 이유가 온라인상의 친구를 현실에서 이미 알고 있지 않는 한 진짜로 누구인지 알 수 없다는 것에서 기인한 것이다.

이 사례의 배경은 다음과 같다. 49세의 주부인 로리 드루에 따르면, 이웃인 13세의 메건 마이어가 드루의 딸에 대한 추잡한 소문을 퍼뜨렸다. 이에 대해

로리 드루가 복수를 한 것이었다. 그녀는 마이스페이스에 '조시 에반스'라는 허위 아이디를 만들어서 메건 마이어와 친구가 되었다. 그녀는 이 아이디를 이용해서 메건을 좋아하는 척했다. 그리고 13세인 메건이 조시의 사랑을 확신했을 때, 조시/로리는(조시이자 로리는) 메건에게 '니가 없으면 세상은 더 좋아질 것'이라는 내용의 이메일을 보냈다. 절망한 메건은 목매어 자살했다(Masterson, 2008).

지방 검사는 로리 드루와 메건 마이어가 거주하던 미주리 주에서는 로리 드루를 기소할 수 없었다. 그러나 연방 검사는 로리 드루를 LA(마이스페이스를 소유한 뉴스 코퍼레이션과 폭스의 본사가 위치한)에서 기소하였는데, 혐의는 세 건의 불법적인 컴퓨터 접속(경범죄)과 한 건의 중범죄로 컴퓨터 사기와 남용 방지법(Computer Fraud and Abuse Act)을 위반한 혐의였다. 배심원들은 로리 드루에게 경범죄인 세 개의 혐의에 대해서는 유죄를 선고했다.

'와이어드(wired)'의 킴 젠터가 지적한 것처럼(2008년 11월 26일), 로리 드루에 대한 기소는 누군가를 괴롭히기 위해 마이스페이스를 이용한 것(마이스페이스의 사용 약관을 위반한 것)과 연방법에서 금지하고 있는 '해킹'을 등가로 취급하는 이른바 '진기한' 상황에 근거한 것이었다. 마이스페이스는 로리 드루를 기소하는데 협력했지만, 수많은 법률 전문가나 인권 활동가들은 기소에 반대했다(Zenter, 2008. 5. 15). 그리고 대개 나는 법률 전문가나 인권 운동가들의 의견에 동의하지만(내 '수정헌법 1조 무시하기'를 보라, 2005), 이번 경우에는 그들의 의견에 동의하지 않았다. 내 생각에 이번 판결은 그것이 경범죄에 대한 것이라도 중요한 선례가 된다고 생각했다. 재미로 허위 아이디를 만들거나 역할 놀이, 기만적이지 않은 상업 행위는 괜찮다. 그러나 누군가를 괴롭히기 위해서 허위 아이디를 이용하는 것은―특히 성인이 미성년자를 학대하는 것―수정헌법 제1조에 의해서도 보호될 수 없는 학대 행위라고 생각한다(2009년 7월 연방 판사는 판결을 번복하겠다고 의사 표시를 했지만 나는 여전히 유죄 선고가 정당했다고 생각한다; Zavis, 2009 참조).

뉴뉴미디어의 관점에서 살펴보면, 이런 시스템은 여러 차원에서 개인에게 행동 권리를 부가한다. 거기에 포함되는 것 중에 하나가 누군가에 대한 분노로 인해서―자신의 아이를 슬프게 한 누군가의 자녀가 대상이 될 수도 있다―부모가 아주 잘못된 행위를 할 가능성도 있다. 그러므로 사회는 분노로 인한 이런 행위가 쉽고 강력한 뉴뉴미디어라는 방법을 통해서 이루어지는 것을 예방하고, 중단시키고, 처벌할 수 있는 안전망을 만들 필요가 있다.

어떤 면에서 메건 마이어의 사건에 가장 황당한 점은 그녀가 '전형적인' 사이버 스토킹의 피해자가 아니었다는 것이다.-어리석게 온라인 친구를 사적인 장소에서 면대면으로 만났기 때문에 죽은 것이 아니었다. 사실, 그녀는 어리석거나 잘못된 행동을 전혀 하지 않았다. 다만 마이스페이스에서 '한 소년'과 사랑에 빠졌기 때문에 죽은 것이다.

과연 우리는 이런 종류의 발생 가능한 치명적인 악행위로부터 아이들을 보호하기 위해서 무엇을 할 수 있을까?

아이들에게 인터넷을 완전히 금지하든가 지인이 아닌 경우 '친구'가 되는 것을 금지하는 것 외에-현실에서 이 두 가지 방법 모두 성공할 가능성은 낮다-유일한 대비책은 배심원들이 로리 드루에게 했던 것처럼, 성인들에게 책임을 묻는 것이다.

그러나 마이스페이스나 다른 온라인 사이트에서 아이들이 다른 아이들에게 괴롭힘을 당하는 것 또한 가능한 일이고 결국, 뉴뉴미디어나 올드미디어, 혹은 다른 어떤 곳에서건 표출되는 최악의 본능으로부터 우리를 완벽하게 보호할 수 있는 법이나 법집행은 존재하지 않는다.

■ 뉴뉴미디어는 사이버 불링에 대한 처방을 제공한다

내가 마이스페이스의 블로그에 메건의 끔찍한 이야기(Levinson, 2008)를 게시하고 며칠 지나지 않아서, 한 홍보 전문가가 메시지를 보내서 'Truth on Earth'밴드가 작곡하고 발표한 'Shot with a Bulletless Gun'이라는 노래에 대해서 알려주었다. 그 노래는 다음과 같은 가사로 시작된다. "당신이 전혀 알지도 못했던 한 아이에 의해 마음의 이면에 총알 없는 총을 맞았을 때, 나는 그게 어떤 느낌일지 설명하려 애썼네…(I try to explain what it feels like when you're shot in the back of your mind with a bulletless gun by a kid that you don't even hardly know…)"(밴드 멤버인 세레나, 카일리, 테스 작곡).

그 밴드는 웹 페이지를 만들어서(http://truthonearthband.com/bg), 노래의 MP3와 가사를 게시했으며, '사이버 불링에 관한 사실들'을 읽을 수 있는 링크도 게시했다. 이 밴드는 세 명의 십대 자매들로 구성되어 있다. 그들의 음악적 영향은 '크로스비, 스틸스와 내시, 크리던스 클리어워터, 레너드 스키너드, 제스로 툴, 에릭 클랩턴과 산타나'를 포괄하며, 사회적 영향력을 준 위인으로는 마틴 루터 킹 목사와 마하트마 간디를 들고 있다.

Truth on Earth 밴드는 '우리의 주요 목적은 모두가 문제를 겪으며 그냥 살기보다는 문제를 해결하는 데 참여하는 수준으로 의식을 고양하는 것'이라고 밝히고 있다.

나는 바로 이 밴드야말로 뉴뉴미디어가 가진 최고의 질병에-이 경우에는 사이버 불링-대한 해결책을 제시하는 한 사례라고 생각한다. 이는 치료법은 아니지만 뉴뉴미디어의 오용이라는 위험으로부터 사람들에게 경각심을 일깨우게 하는 예방책이다(다음의 '마이스페이스 음악과 뉴뉴미디어'와 Truth on Earth와 팟캐스팅을 다룬 10장을 참조).

■ 마이스페이스 : 원스톱 소셜미디어 카페테리아

대부분의 뉴뉴미디어 시스템에서, 그 시스템의 목적에 대한 질문은-과연 뉴뉴미디어가 무엇을 하는가-쉽게 대답해진다. 위키피디아는 백과사전이고 디그는 헤드라인 뉴스 서비스이며, 유튜브는 동영상을 보여주고, 블로그스팟은 (당연히) 블로그를 서비스한다. 그렇다면 마이스페이스의 목적은 사람들을 모이도록 하는 것이라고 말할 수 있다.-그래서 그것의 명칭이 소셜미디어다.-그러나 마이스페이스는 또한 다른 목적을 위한 서비스를 제공하는데, 그것은 또 하나의 거대 소셜미디어인 페이스북을 제외한 다른 모든 뉴뉴미디어와 완전히 다른 종류의 목적이다.

다른 종류의 목적이란 바로 단지 한 가지 면이나 기능을 말하는 것이 아니다.-사실 그것은 마이스페이스의 뷔페식 다양성을 말하는 것으로 이용자들에게 다양한 뉴뉴미디어 활동에 참여하게 하는 하나의 장소 혹은 플랫폼을 제공한다는 것이다. 여기에는 개인 메시지, 게시판, 모든 친구에게 보내는 그룹 메시징, 블로깅, 사진, 동영상, 음악 게시, 인스턴트 메시징, 취미 활동 공유와 같은 활동이 포함된다.

마이스페이스 이용자의 '프로필' 페이지는 사이버 명함이나 원스톱 광고판과 같은 역할을 하는데, 이용자의 허영심이나 사회적 지위, 온라인/오프라인 전문 분야를 드러내준다. 이 프로필 페이지에는 다양한 종류의 사진, 동영상, 음악과 텍스트가 게시되어 있다. 다음 절에서 우리는 마이스페이스 프로필을 통해 음악이나 시를 홍보하는 것을 살펴볼 것이다.

■ 마이스페이스 음악과 뉴뉴미디어

마이스페이스의 '음악 페이지'는 특히 혁명적이다. 성공한 가수가 되는 전통적인 통로는 레코드 회사의 'A&R'(Artist & Repertoire) 담당자의 주목을 받는 것으로 이는 대개 라이브 공연이나 레코드 회사에 데모 테이프를 보냄으로써 이루어진다. 보통 콘서트가 선호되는 방법인데, 이는 가능성 있는 가수에 대한 대중의 관심을 레코드 회사가 가늠해볼 수 있기 때문이다.

마이스페이스의 '음악 페이지'는 2005년에 시작되었는데, 색다른 접근법을 택했다. 마이스페이스의 계정을 만들고, MP3 쇼케이스와 같은 특별한 종류의 페이지를 만든다. 사람들을 초대해서 마이스페이스에서 공짜로 음악을 듣도록 한다. 친구 목록을 키워간다. 그리고 적당한 때가 되면, 레코드 회사에 당신의 음악 페이지가 얼마나 흥미로운지 얼마나 많은 관심을 받고 있는지 알린다.

이것은 이제 고전적인 뉴뉴미디어 접근법으로 보일 것이다. 장래에 음반을 낼 가수나 그룹은 더 이상 클럽과 연결되기 위해서 에이전트에 의존할 필요가 없으며, 공연을 하기 위해 클럽에 의존할 필요도 없이 아티스트가 가진 대중적 영향력을 레코드 회사에 보여줄 수 있다. 대신에 가수는 공연을 위해서 마이스페이스 내에 적절한 가상 공연장이나 클럽을 만들면 된다. 그렇게 함으로써 여러 단계의 중간상이나 전문가를 통하지 않아도 된다.

실제로 2006년 9월에 이러한 전문가 배제는 더욱 심화되어, 마이스페이스가 '스노캡(SNOCAP)'과 협력하여, 무료로 샘플 음악을 제공하는 온라인 주크박스 서비스를 제공하였는데, 샘플을 들은 후 전곡을 듣고 싶으면 온라인 가수가 직접 설정한 가격으로 그 음악을 구매할 수 있는 옵션을 제공하였다(Arrington, 2006).

마이스페이스 음악 페이지는 다양한 장르의 음악을 구비하고 있다. 아래의 가수들은 모두 2008년 12월 시점에 마이스페이스 음악 페이지에 계정을 가지고 있었다. 또 나는 그들의 음악을 내 팟캐스트인 라이트 온 라이트 스로에서 틀었는데, 단순히 홍보 자료를 읽어보는 것 이상으로 그들에 대해서 좀 더 잘 알게 되는 기회가 되었다. 마이스페이스는 나의 직업 관계에 있어서 매우 중요한 부분이 되었다.

2006년 11월에 노스캐롤라이나에 사는 에보니 무어(Ebony Moore)가 자기 음악을 들어보라고 초대해서—마이스페이스는 아니었다—처음으로 그녀의 음악을 들었었다. 나는 그때 막 라이트 온 라이트 스로라는 팟캐스팅을 시작했고 에보니의 'Make it Count'라는 곡이 팟캐스트 중에 틀을 만한 잘 어울릴 음악이라고 생각했다.

그래서, 2006년 11월 25일의 팟캐스팅인 'Every Eye's a Camera, Every Ear's a Mike'라는 회차에 그 곡을 틀었고(그날 방송분은 2008년 12월 시점에 1,100번이나 다운로드되었다), 이에 고무받은 에보니는 음악을 홍보하기 위해서 마이스페이스 음악 페이지를 갖게 되었다. 그녀는 2006년 11월 28일에 마이스페이스 페이지를 개설하였다. 2008년 12월 기준, 그녀의 페이지는 11만 조회 수를 기록하고 있다. 에보니는 자신의 음악을 '얼터너티브/크리스찬'으로 규정짓고 있다(내가 보기엔 그것은 팝과 소울의 혼합체이기도 하다).

제임스 해리스는 영국의 버밍엄에 거주하고 있으며, 초기 비틀스의 폴 메카트니와 비슷하기도 하고, 게리 앤 더 페이스메이커(Gerry and the Pacemaker)의 'Ferry Cross the Mersey'(1964년의 히트 레코드로 미국에서 '브리티시 인베이전'으로 간주된다.—이 그룹의 매니저는 비틀스의 매니저인 브라이언 엡스타인이었으며, 비틀즈와 마찬가지로 리버풀 출신이다)에서의 게리 마스덴과 비슷하다. 제임스의 첫 번째이자 현재도 이용하고 있는 마이스페이스 계정은—현재 그는 다양한 자신의 음악을 제공하기 위해서 최소한 여섯 개의 계정을 가지고 있다—2006년 11월 26일, 우연히도 에보니 무어가 자신의 마이스페이스 페이지를 개설하기 이틀 전에 만들어졌다. 나는 제임스가 2007년 1월에 나를 친구로 추가하기 전에는 제임스나 그의 음악을 몰랐다. 나는 그의 'Tonya McCreary'를 듣자마자 그의 음악을 내 팟캐스팅에서 틀고 싶었고, 2007년 2월 11일 회차인 'How to Research Ancient History for Science Fiction'(2008년 12월 기준 4,100번 이상 청취된)에 그의 음악을 포함시켰다. 제임스의 'Walking On Air'를 2007년 4월 15일 회차인 'Four Imus Fallacies'에서 틀었고, 라디오 쇼 'Imus in the Morning'의 호스트, 아이므스가 당연히 자기 라디오 프로에서 해고 당했어야 한다고 동의했다. 그는 라디오와 텔레비전에서 인종차별적인 언급을 한 이유로 잘렸다(에보니 무어의 'Make it Count'와 제임스 해리스의 'Tonya McCreary'에서처럼, 내 팟캐스팅의 주제와 곡의 가사와는 아무런 관계가 없었다.) 'Imus Fallacies' 팟캐스트는 2008년 12월 시점에 1,200번 이상 청취되었다. 제임스는 내 1969년 곡인 'Looking for Sunsets(In the Early Morning)'(1972년 앨범인 'Twice upon a Rhyme'의 곡)의 리메이크 버전을 2007년 가을에 레코딩했다. 이 곡은 2007년 9월 10일 개설된 마이스페이스의 '제임스 해리스, II'페이지에 수록되어 있으며, 2008년 12월에 5,500 조회 수를 기록하였다. 제임스의 메인 마이스페이스 페이지는 10만 5,000 조회 수 이상을 기록하고 있다.

우리는 이미 Truth on Earth 밴드가 사이버 불링이라는 위험에 맞서는 예방책, 항체의 예로써 살펴보았다. 세레나와 카일리와 테스는—밴드를 구성하는 세 자매—여러 노래들에서 우리 세계가 겪고 있는 문제, 그것이 온라인이든 오프라인이든, 노숙자 문제, 아동학대, 심지어 '미디어 관계(Media Relation)' 라는 노래로서 매스미디어의 기만을 다루었다. 앞에서 언급한대로, 이 밴드는 자신들의 음악적 기원으로 크로스비, 스틸스와 내쉬에서부터 산타나까지를 들었지만 그러나 이에 더해서 노래 가사의 통렬함으로 보아, 이 밴드는 딜런, 필 오크스와 피터, 폴과 메리와 같은—보다 최근의 음악인으로는 스티브 얼과 홀리 니어가 있다—저항 음악의 전통을 이어받았다. "10장, 팟캐스팅"에서 2008년 12월에 '사이버 불링과 대비책'에 대한 55회차의 라이트 온 라이트 스로를 어떻게 제작하게 되었는지를 차근차근 설명하고 논의하였는데, 그 회에서 Truth on Earth 밴드의 'Shot with a Bulletless Gun'의 노래를 소개하고 스카이프(skyep, 인터넷 전화)를 통해서 이루어진 세 자매와의 20분 분량의 인터뷰를 방송하였다. 그 회의 팟캐스트는 에보니 무어와 제임스 해리스의 노래를 다룰 때와 같은 '버라이어티 쇼'와 같은 접근법과 달리—앞에서 말한 것처럼, 팟캐스트에서 소개한 이 두 사람의 노래는 그 팟캐스트의 주제와 관련이 없었다.—Truth on Earth 밴드의 노래는 '사이버 불링'이라는 주제와 관련되어 있다.

Truth on Earth의 마이스페이스 페이지는 2008년 4월 17일에 개설되었고—그 그룹의 홍보 담당자가 나에게 연락을 하기 9개월 전인—2008년 12월 시점에 5,100뷰를 기록하고 있었다. 밴드는 이 책에서 다루고 있는 거의 모든 뉴뉴미디어에 참여하고 있다. 유튜브의 페이지와 계정을 가지고 있으며(2008년 12월을 기준으로 두 개의 동영상을 포함하여), 트위터, 페이스북('팬' 페이시), 블로그스팟의 블로그와 'I LIKE'를 포함한 여기서 다루지 않는 여러 개의 소셜미디어에 참여하고 있다. 그들의 음악은 아마존과 아이튠스에서 판매되고 있으며 수익의 70퍼센트는 공익을 위해 사용된다(에보니 무어의 음악 또한 아마존과 아이튠스를 비롯한 다양한 온라인 사이트에서 구입할 수 있으며, 제임스의 노래 일부도 아이튠스에 있다).

2009년 2월 현재, 에보니 무어, 제임스 해리스, Truth on Earth 밴드는 아직 주류 음악계에 편입하지 못했다. 그러나 마이스페이스의 음악 페이지는 여러 명의 아티스트를 발굴하여 소셜미디어에서 올드미디어로 도약하게 하여, 이제는 대중적으로 알려진 아티스트들의 성공에 기여하였다.

케이트 내시(Kate Nash)는 아일랜드 토박이로 2006년 2월 18일에 마이스페이스를 시작하였다. 당시 그녀는 "음반을 내줄 제작자를 찾기 위해서 스스로 매니저를 찾았다"(wikipedia, 2009)고 했다. 그녀의 첫 번째 싱글 음반은 2006년 아이슬란드에서 1,000장 한정으로 제작되었다. 그사이 그녀의 마이스페이스 팬의 규모가 늘어났다. 2009년 2월 기준으로 그녀의 페이지는 1,200만 조회 수를 기록하고 있다. 노래는 2,000만 번 이상 청취되었다. 그녀에게는 20만 명 이상의 '팬'(마이스페이스의 뮤지션은 '친구'뿐 아니라 '팬'도 가질 수 있다)이 있다. 그리고 그녀의 앨범 'Made of Bricks'는 플래티넘(백만 장 판매)을 기록하였고, 2007년 영국 인기 순위 1위를 기록하였다.

런던에 사는 릴리 앨런은 "2005년 11월에 자신의 데모곡들을 포스팅하기 위해서 마이스페이스 계정을 만들었다"(wikipedia, 2009). 그녀는 팬들을 끌어모으고, 특히 영국의 《가디언》과 같은 주류 언론의 관심을 받았다(Sawyer, 2006). 그녀의 싱글 'Smile'은 몇 달 후에 영국 인기 차트 1위에 올랐으며, 앨범 'Alright, Still'은 330만 장 이상 팔렸다. 2009년 2월 기준으로 그녀의 마이스페이스 친구는 45만 명이다.

숀 킹스턴(Sean Kingston)은 마이애미, 플로리다 출생으로 원래 이름은 키시안 앤더슨(Kisean Anderson)이다. 자메이카의 킹스턴에서 유년기를 보냈는데, 자신의 음악 경로를 조금 다른 방향으로 틀어보기 위해 마이스페이스를 이용하였다. "나는 하루에 여덟 번 정도 그에게 도와달라고 부탁하였다. 한 4주 정도 매일 하루에 여덟 번씩 부탁했더니 드디어 성공했다"고 킹스턴이 설명하였다(2007). 여기서 '그'란 바로 조너선 J. R. 로템(Jonathan J.R. Rottem)으로 마이스페이스 계정을 가지고 있는 음반 제작자인데 킹스턴은 2007년 7월 7일에 시작한 자신의 마이스페이스 계정을 통해서 메시지를 보내는 방법으로 부탁을 한 것이었다. 킹스턴은 미국 캐나다 호주에서 인기 차트 1위에 올랐다(Wikipedia, 2009).

에보니 무어와 제임스 해리스 그리고 Truth on Earth의–아직도 돌파구를 찾으려 여전히 애쓰고 있는 아티스트들–마이스페이스 이야기는 케이트 내시, 릴리 앨런, 숀 킹스턴의 성공 스토리보다 훨씬 자주 있는 일반적인 사례다. 2008년 1월 현재 약 800만 개 이상의 마이스페이스 음악 페이지가 대중의 관심을 받기 위해 경쟁하고 있다(Techradar, 2008).

그러나 내시와 앨런, 킹스턴과 일단의 아티스트들이 마이스페이스를 통해서 성공했다는 사실은 상황을 완전히 바꾸어 놓았으며, 음악 산업에 한해서는 탑 다운 방식의 올드미디어에서 벗어나 뉴뉴미디어의 가능성을 보여주고 있다(3장의 유튜브와 음악 성공 스토리를 참조).

■ 마이스페이스의 시

나는 이 절의 제목을 '마이스페이스의 시(MySpace Poetry)'로 정했는데, 그것은 어떤 관계나 마이스페이스에서 발견할 만한 종류의 글에 대한 서정적인 묘사를 하기 위해서가 아니고, 일단의 자칭 시인(모든 진정한 뉴뉴미디어 제작자들은 모두 그렇다)들에 의한 블로그 이용에 주목해보기 위해서다.

랜스 스트레이트는 포드햄 대학교의 동료이자, 1998년에 커뮤니케이션/미디어 스터디 학과의 학과장으로 처음 랜스가 나를 포드햄 대학교에 영입시켰다. 우리는 동료이자 친구다. 그리고 둘 다 닐 포스트만(Neil Forstman)에게 서로 다른 시기에 지도를 받으며 뉴욕 대학의 미디어 생태학 박사 학위를 받았다. 그리고 이와 자주 뉴뉴미디어와 그 영향력에 대해서 이야기를 나눈다. 사실 이 책의 서문에서 밝힌 바와 같이, 이런 토론은 내가 학과장이었던 2007년 가을, 내 주요 전공 과목 중 하나에 '뉴미디어'라는 말이 어울리지 않다는 점에 대해서 랜스와 토론하는 중에 '뉴뉴미디어'라는 명칭이 블로그나 유튜브, 위키피디아, 마이스페이스, 페이스북과 트위터와 같은 것을 묘사하는데 훨씬 걸맞은 것이라는 것을 깨닫게 되었다.

랜스는 그 대화 몇 달 전에 마이스페이스에 가입하였는데, 그 시점은 약 1년 간의 토의 후에 일이었다. 토의의 주제는 마이스페이스가 연구 그룹들을 활성화시키는 데 얼마나 가치 있는 도구냐 하는 것이었다(당시 랜스는 우리 둘과 다른 몇 명이 1998년에 만든 미디어 에콜로지 연합의 의장을 맡고 있었다). 2007년 7월의 어느 이른 아침–랜스와 나는 그해 여름에 대학원 강의를 하고 있는 중이었다.–랜스가 내 연구실로 걸어 들어와 "마침내 해냈다"고 했다. 그는 당시 2007년 7월 4일에 개설한 마이스페이스의 블로그에 대해서 말하고 있는 것이었다. 랜스가 이전에 블로그스팟에서 개설한 블로그와는 달리(이것 또한 나의 종용하에 개설하였던 것이었다), 랜스는 이 마이스페이스 블로그에는 시를 쓸 것이라고 말했다.

랜스는 이전에 어떤 시도 출간한 적이 없었다. 시라는 분야에 있어서 그는 비전문적 뉴뉴미디어 제작자라는 완벽한 전형이었다. 2008년 12월 기준으로, 랜스는 마이스페이스 블로그에 150개의 시를 게시하였다. 그 시들에는 1만 3,000개의 리플이 달렸고, 수백 명의 친구들은 6만 6,500번의 뷰를 기록하였다. 친구들의 대부분은 마이스페이스에 자신들도 시 블로그를 가지고 있는 사람들이었다. 그중 래리 큐클린(Larry Kuechlin) 같은 사람은 자기의 시를 가지고 '챕북/소책자(chap books)'−종이로 만들어진 아마존에서 구매할 수 있는 책−를 출판하기도 했다.

2009년 1월에 랜스와 마이스페이스의 시인 동료들은 마이스페이스에서 진짜 공간으로 나오는, 혹은 뉴뉴미디어의 영역에서 올드미디어의 세계나 크게 보아 그냥 세계로 나오는 새로운 시도를 하였다. 그들은 독립 출판사로 새로운 전자 미디어 환경의 창조적인 욕구와 정신을 반영하는 걸출한 시인과 소설가, 작가들을 소개하고 출판하는 네오포이에시스 프레스(NeoPoiesis Press, 2009)를 창립하겠다고 발표하였다. 네오 포이에시스 페이지에는 길고 부드러운 잔디가 타자기의 키를 뚫고 자라나는 아름다운 그림과−새로운 바이럴 미디어의 연합(스스로 퍼지는 잔디)과 단어를 만드는 전통적인 방식(타자기)−파트너 리스트(마이스페이스의 프로필 이름은 괄호 안에 기재하였다)가 있다. 리스트는 다음과 같다. '에린 바도(Ciannait), 데이비드 콘로이(David), 시 필브룩(Si), 아만다 피어스(Amanda), 랜스 스트레이트(Lance Strate), 데일 윈슬로(Blackbird). 랜스 말로는 블랙버드가 그림을 그렸고, 네오포이에시스라는 이름은 자신이 만들었다고 했다. 마이스페이스와 실제 현실에서의 이름을 나란히 적는 것은 앞에서 말한 그림에서처럼 뉴미디어와 올드미디어가 혼재된, 즉 점점 더 많은 뉴뉴미디어 활동을 특징으로 하는 현실을 보여준다.

일반적인 패턴은 이렇다. 첫째, 블로깅이 인쇄 신문이나 온라인 신문의 대안이 되고, 유튜브가 TV의, 위키피디아가 인쇄 백과사전의 대안이 되는 것처럼 뉴뉴미디어가 뉴미디어와 올드미디어에 대한 대안으로 부상한다. 둘째, 터커 맥스(Tucker Max)가 자신의 블로그 포스트를 베스트셀러로 성공시킨 것처럼(2006), 유튜브의 동영상은 지상파나 케이블 방송에서 점점 더 많이 나오고, 아마도 네오포이에시스 프레스도 시나 소설, 예술 작품으로 그렇게 하겠지만, 뉴뉴미디어가 그룹, 비즈니스, 제품을 만들어 올드미디어, 오프라인 세계로 되돌려보내

성공시킨다.

■ 마이스페이스 '본스' : 올드미디어 내러티브와 뉴뉴미디어의 협력

우리가 2장의 블로그에서 살펴본 올드미디어와 뉴뉴미디어의 애증 관계는 종종 소셜미디어에도 해당된다. 마이스페이스와 페이스북은 방송과 신문에게 야수들의 해방구라는–과연 수억이 모인 어떤 집단에서 몇 명의 사이코나 범죄자가 없는 집단이 있을까만은–비난의 표적이 되고 있으며 페이스북은 TV 시리즈인 〈세라 코너 연대기〉에서 현실에서 도피하는 건전하지 않은 것으로 언급되기도 했다(2장 참조). 이런 사례들은 올드미디어의 뉴뉴미디어에 대한 증오의 사례가 될 수 있을 것이다.

한편 올드미디어의 뉴뉴미디어에 대한 사랑 혹은 애정의 측면은 2007년 봄에 폭스 TV에서 방송된 〈본스(Bones)〉의 두 번째 시즌, 20번째 에피소드인 'The Glowing Bones in the Old Stone House'에서 찾아볼 수 있다. 살해된 피해자인 요리사가 마이스페이스 페이지를 가지고 있었고, 그 페이지에는 그녀의 레스토랑을 찍은 동영상이 올려져 있었는데 이것이 수사에 결정적인 단서를 제공하게 된다. 나중에 출시된 DVD의 스페셜 코멘트에서, 스티븐 네이선(작가), 카렙 디샤넬(여주인공인 에밀리 디샤넬의 아버지이자, 이 에피소드의 연출가)과 에밀리 디샤넬이 설명하기를, 에피소드에 대한 관심을 불러일으키기 위한 방편으로 제작자가 이 에피소드에서 사용된 레스토랑의 동영상을 방영 5주 전부터 마이스페이스에 올려두었다는 것이다. 이는 매우 현명한 행동이었다. 과연 텔레비전 스토리를 진짜 소셜미디어에 올려두고, 반대로 소셜미디어가 스토리의 일부가 되는 것보다 사람들의 흥미를 끄는 좋은 방법이 또 있을까?

나중에 살펴보게 될 9장의 세컨드라이프라는 가상 현실(아바타) 소셜미디어는 TV라는 올드미디어의 이야기 속에서 점점 더 중요한 역할을 담당하고 있다. CBS의 허구의 〈CSI-NY〉의 요원들이 현실 세계에서 사이버 스토킹을 통해서 세컨드라이프의 이용자를 살해한 누군가를 추적하기 위해서 세컨드라이프에 접속한다. 이런 예는 이 허구의 텔레비전 스토리의 살아 숨쉬는 진짜 사람이 세컨드라이프의 아바타에 의해서 생명을 얻게 되는 것이다. 시청자들은 "세컨드 라이프에 가입하고 이 사건을 해결하기 위해 CBS의 웹사이트에 접속하도록 권유받는다"고 던컨 라일리가 'CSI:NY Comes To Second Life Wednesday'에서 설명했다(2007).

또한 마이스페이스와 페이스북에는 폭스나 CNN과 같은 방송 미디어가 페이지를 개설하고 있는데, 폭스나 CNN은 기자들이 여론, 혹은 점점 더 온라인에서 더 많은 시간을 보내는 대중들의 의견을 파악하기 위한 방편으로 마이스페이스와 페이스북 모두에 페이지를 개설하고 있다. CNN의 기자이자 주말 앵커인 돈 레몬(Don Lemon)은 트위터를 비롯한 마이스페이스, 페이스북 모두에 계정을 가지고 있는데, 정기적으로 그가 진행하는 주말 뉴스에서 온라인 '친구'들과 '팔로'로부터의 반응을 주말 뉴스 쇼 내에서 구연한다.

페이스북은 특히 이런 작업에 유용한데, 그것은 페이스북이 사회적 대의를 위한 수단으로서는 마이스페이스에 우위의 입지를 보이는 미디어로 발전했기 때문이다.

07

페이스북

2008년 9월 29일 뉴스에 이렇게 나왔다. "제임스 본드 비밀 요원으로 유명한 영국의 M16(미국의 CIA와 같은)이 페이스북을 신규 채용 도구로 사용했다"(Havenstein, 2008). 페이스북에 실린 광고 문자는 다음과 같았다. '세계 중대사를 경험할 수 있는 직업은? 영국을 보호하고 세계에 영향력을 미칠 수 있는 사람 : 실무장교 직. 역할 : 글로벌 기밀 정보 수집 및 분석.'

생각해보면 페이스북은 이러한 광고를 싣기에 아주 적합한 곳이다. 1억 7,000만 이상의 활발한 페이스북 사용자들이 있을 뿐 아니라—지금은 마이스페이스보다 더 많은 것 같고(마이스페이스는 활동/비활동에 대한 정확한 구분을 안 함) 그리고 더 빠르게 성장하는 것은 확실함(Nakashima, 2009)—페이스북 사이트 자체의 원동력이자 검문 역할을 하는 대학 커뮤니티에 그 근거를 두었기 때문이다. 다음의 진짜 제임스 본드나 에마 필(〈어벤저스〉라는 영화의 여주인공)을 채용하기에 갓 졸업한 대학생들이 이렇게 많이 모이는 곳보다 더 좋은 곳이 어디 있겠는가?

페이스북과 마이스페이스의 다른 점은 무엇일까? 두 시스템 모두를 사용하는 한 친구가—순전히 온라인상의 친구로 만난 적 없음—최근에 나에게 둘 중 어느 것을 더 선호하는지 물어왔다. 그는 양쪽 시스템을 한꺼번에 이용하는 행위 자체가 '이상하게도 불쾌'하게 느껴진다고 하였다.—답글, 현황 리포트 등등—그래서 마이스페이스나 페이스북을 탈퇴할 것을 생각하고 있다고 했다.

어려운 질문이라고 한 다음에 이렇게 대답했다. "얼마 전, 나도 코멘트 및 메시지와 양쪽 모두에 있는 '친구'들을 관리하느라 짜증이 조금 났었다. 그렇지만 지금은 양쪽 모두를 사용하는 데 있어 상당히 편해졌다. 어떤 면으로는 두 가지를 다 한다는 것을 즐기기까지 한다. 왜냐하면 이 두 개의 사이트가 내 관점에서는 각각 다른 류의 서비스를 제공하기 때문이다."

■ 마이스페이스 대 페이스북 : 주관적 차이

소위 내가 말하는 '첫사랑 신드롬'에 의해 사이트에 대한 선호도 차이가 대두되는데, 이런 현상은 온라인 시스템에서뿐 아니라 영화, TV쇼, 소설에서도 볼 수 있다. 즉, 사람은 보통 처음 경험하는 것을 가장 사랑한다는 것이다. 『반지의 제왕』 3부작을 책으로 먼저 읽은 사람은 영화를 보고 즐겼을지는 모르지만 대개 소설만큼 정확하지도 못했고 재미가 덜했다고 평가한다. 반면에, 영화를 먼저 경험한 사람은 소설이 재미있긴 하나 가끔씩 두서가 없어 보였다고 생각한다. 영화를 먼저 본 사람들 중에 많은 이들은 소설을 다 끝내지 못할 때도 있다. 정식으로 조사를 한 것은 아니지만 수년 동안 많은 사람들과 대화를 하면서 내린 결론은 이렇다. 같은 내용의 책과 영화 또는 같은 책과 TV쇼를 보았을 때 어느 것을 더 좋아하는지 물어보면, 대부분의 사람들이 선호하는 것은 제일 처음에 경험한 것이라는 사실이다. 나의 페이스북 계정은 2004년에 시작됐다. 그 당시에는 페이스북 계정은 오로지 닷에듀(.edu)로 끝나는 이메일 계정을 갖고 있는 사람만 받을 수 있었는데 그래서 그런지 대다수의 회원들이 대학생들이었다. 내 아들은 초기 페이스북 열광자이며 하버드 대학생이었다. 하버드는 페이스북의 창시자인 마크 주커버그(Mark Zuckerberg)가 다닌 학교이면서 그가 2004년 2월 4일 처음으로 페이스북을 론칭한 곳이기도 하다. 나도 페이스북에 가입할 수 있었는데 그 이유는 포드햄 대학 교수로서 닷에듀 이메일 주소를 갖고 있었기 때문이다. 하지만, 사실 아주 가끔씩만 페이스북을 이용하였다. 왜냐하면 아들과 학생들 외에는–그들은 전화나 이메일로 손쉽게 연락이 가능하였다–특히 페이스북으로 연락해야 할 만한 사람이 없었기 때문이다.

위와 같은 현상은 온라인 시스템과 온라인 커뮤니티의 평가에 관한 중요한 주관적 원칙을 한 가지 일깨워준다. 즉, 사이트들 간에 어떤 객관적인 차이와 혜택이 있든 간에, 그 사이트의 최고 가치는 각기 개인 유저의 욕구를 얼마나 잘 충족시키느냐에 달려 있다는 사실이다. 예를 들어 100명과 연결이 가능한 온라인 커뮤니티가 있다고 하자. 그리고 어떤 한 사람에게는 이 100명과의 연락이 중요하고 반대로 나에게는 단지 몇몇과의 연결이 중요하다고 하자. 그렇다면 나보다는 그 사람에게 이 커뮤니티가 더 중요하고 가치가 있게 느껴질 것이다. 포드햄의 한 학생의 권유로 나는 2005년 5월 마이스페이스에 가입했다. 출판 홍보에 관한 나의 강의를 들은 그녀가 마이스페이스야말로 책을 홍보하기에 적합한 곳이라고 조언해주어서 마이스페이스에 가입한 것이다.

그러나 처음엔 그녀 외엔 아는 사람이 아무도 없어서 전혀 이용을 안 했다. 다음 해, 내 과학 소설인 『소크라테스 구출 작전』이 출판되었던 2006년 2월까지 마이스페이스에 다시 돌아오지 않았던 것이다. 나는 즉시 과학 소설이나 시간 여행에 관심 있는 사람들을 찾아보았다. 며칠 안 되어 나는 20명 정도의 친구를 만들었는데—그들 모두 실제 생활에서 무슨 일을 하고 있는지 모르는 사람들이었다. 이중 몇 명은 오늘날까지도 계속해서 마이스페이스상의 친구로 되어 있다—지금은 친구가 6,000명 정도 된다. 그들은 내 블로그와 프로파일 페이지에 들어와서 코멘트를 달고 메시지를 보내거나 그들의 블로그에 초대를 하며, 할로윈데이나 추수감사절에 잘 지내라고 인사를 보낸다. 이들 중 내 책을 구입한 사람들도 약 40-50명이 있는데, 더 이상 그것 때문에 이 사람들과의 온라인 '우정'이 중요한 건 아니다. 중요한 것은—정치적 이슈, TV쇼, 또는 영화에 대한 코멘트를 공유하는 커뮤니티로서—몇몇을 빼놓고는 만난 적도 없지만, 같은 커뮤니티에 속해 있다는 사실이다.

■ 마이스페이스 대 페이스북 : 객관적 차이

내 마이스페이스 친구가 내게 마이스페이스로 마이스페이스와 페이스북 중에 어느 것을 더 선호하는지를 물어봤을 때, 나는 적어도 두 개의 시스템상에 객관적인 차이가 있음을 깨달았다. 즉, 내 실생활 속의 친구들이 마이스페이스보다 페이스북을 더 많이 공유한다는 사실이다.

페이스북의 유래는 대학생들이 서로를 만나기 위한 방법으로써 시작되었다. 물리적인 만남 없이도 상대방이 어떻게 생겼으며, 관심사는 무엇인지 볼 수 있게하는 구조가 온라인 커뮤니티로서 성장할 수 있게 한 것이다. 처음엔, 커뮤니티의 일원들이, 원한다면, 서로 쉽게 만날 수 있는 사람들 사이에서 이루어졌다. 왜냐하면 다 같은 학교를 다녔기 때문이다. 학생들끼리는 페이스북에서 만나기 이전에 이미 안면이 있거나, 아니면 페이스북에서 만나서 그 후에 직접 만남을 가졌거나 결과는 동일했다. 페이스북이란 온라인 공동체는 실생활에 근거를 두었던 것이다. 나중에 페이스북이 1억 7,000만 명의 액티브 사용자를 가지고 있는 마이스페이스의 경쟁 상대로 부각되면서도 이와 같은 실생활에 근거를 둔 기본은 지속되었다.

나는 현재 페이스북에서 나의 두 아이들과 아홉 명의 조카들 그리고 다섯 명의 먼 친척들과 '친구' 관계에 있다. 또, 적어도 150명의 전, 현 제자들, 개인적 친분이 있는 포드햄과 타 대학 교수 30명 그리고 작가로서, 라디오 쇼의 게스트로서 사업상 관련이 있는 적어도 20명의 사람들과 '친구' 관계를 맺고 있다. 여기에 오프라인에서도 어느 정도 친분이 있는 100명 가량의 작가와 팟캐스터를 더하고–몇몇은 아주 좋은 친구임–그리고 내 생애에 거쳐 맺은 적어도 수십 명의 친구를 더하면 내 페이스북에 있는 2,000명에 달하는 '친구'들 중에 약 4분의 1의 비중을 이들이 차지한다. 반대로, 마이스페이스에서 만난 6,000명의 '친구' 중에는 겨우 100명을 알까 말까한다. 마이스페이스는 페이스북과는 또 다른 객관적 차이점이 있다. 마이스페이스는 사용자가 프로파일 페이지의 모든 색상과 이미지 그리고 HTML(독립 블로그와 매우 유사함)을 통한 사운드로 마음대로 꾸밀 수 있도록 한 반면, 페이스북은 프로파일 페이지를 기본 문구와 기본 링크만을 연결하도록 하였다. 그러나 어느 시스템에서도 무엇보다 가장 중요한 특징은 프로파일 페이지가 아니라 '친구'라는 사실이다.

■ 지식 기반 자료로서의 페이스북 친구

페이스북과 마이스페이스에는, 트위터의 경우도(다음 장 참조) 마찬가지지만, 온라인상에서 당신이 무엇을 생각하고, 무엇을 하며, 무엇을 느끼고 있는지를 온라인상으로 말해주곤 하는 상태바(status bars, 컴퓨터 화면에 열려 있는 파일의 정보를 제공하는 윈도 하단의 바)가 내장되어 있다. 이는 또한 웹상에서 답변을 찾을 수 없을 때 질문을 묻기 위해 사용될 수도 있다.—내 경우에 교수로서, 상당수의 전, 현 수강생들이 있는데 페이스북을 기반으로 한 '친구 찾기'의 특성은 특히 이와 같은 종류의 지식 획득에 좋다.

아래 예를 보자.

2008년 11월 17일, 키스 올버맨(Keith Olbermann)과 레이철 매도(Rachel Maddow)는 자신들의 MSNBC TV 쇼, 〈카운트다운〉과 〈레이철 매도〉에 아무런 이유 없이 나타나지 않았다. 올버맨의 자취에 대한 아무런 설명 없이 다만 데이비드 슈스터(David Shuster)가 나와서 자기가 올버맨 쇼를 대신한다고 간략하게 말했다. 매도 쇼에서는 매도 자신이 나와서 자기의 쇼를 다음 며칠 동안 대신 맡게 될 사람을 소개하는 것으로 시작했다.—첫째 날에는 아리아나 허핑턴(허핑턴포스트의 설립자), 둘째 날에는 알리슨 스튜어트(Allison Stewart). 이 대리인들은 〈레이철 매도 쇼〉 맨 마지막 부분에 그녀가 '곧' 돌아올 것이라는 말로 끝을 맺었다.

MSNBC사에서 아무 언급이 없었을 뿐 아니라 두 사람에게 무슨 일이 일어났는지를 궁금해하는 몇 몇 사람들을(Arnold, 2008) 제외하고는 웹에서도 이것에 대하여 아무것도 찾아볼 수가 없었나. 짐작하건대 그들이 일종의 휴가를 떠난 것 아닌가 했는데…. 그래서, 페이스북에 있는 나의 '상황(Status)'에 질문을 적어 올렸고 당연히 나의 옛 제자 중 가장 똑똑하고 유식한 마이크 플루(Mike Plugh)가 대답해왔다(Levinson 참조, '올버맨과 매도가 어디로 사라졌을까?' 2008).

> 휴가 갔을 겁니다. 선거 때문에 한순간도 못 쉬었지요. 그 사람들, 아마 레이철은 에어 아메리카 크루즈를 행운 청취자와 타고 있을 겁니다. 올버맨은 어쩌면 자기 지하실에서 'SNL'에 나온 벤 애플렉(Ben Affleck)의 연기를 반복해서 보고 있을지도 모릅니다(벤 애플렉은 올버맨의 성대묘사를 너무나 우습게 거의 똑같이 했었다).

마이크는 멋지게 답을 제공했을 뿐 아니라 정보 자원으로서 뉴뉴미디어의 가치에 대한 아주 중요한 교훈을 주었다. 올드미디어의 소식통이 미흡하고,

웹상에서의 '구식' 정보 찾기도 답을 못 주면, 뉴뉴미디어와 작가와 정보 제공자 행세를 할 수 있는 독자들이 우리가 찾는 답변을 줄 수 있는 것이다. 이런 차원에서 페이스북과 마이스페이스는 위키피디아보다는 한 발짝 앞서 있다. 즉, 뉴뉴미디어 세계 전체가 하나의 커다란 백과사전이 되면서 온라인의 어느 친구든지 질문의 답을 쓸 수 있다.

■ 실시간 지식자료로서의 페이스북 친구

2008년 11월 21일 지금 이 글을 쓰면서 나는 동시에 페이스북을 하고 있다. 페이스북 친구인 제임스 윈스턴(James Winston)이(개인적으로는 만난 적은 없지만) 자기가 쓰고 있는 논문에 대해 한두 가지 질문을 해도 되는지를 물어왔다. 제임스는 노던일리노이 대학교(Northern Illinois University)에서 커뮤니케이션 & 미디어를 공부하는 학생이다. 그의 질문은 '정보의 과부하'에 관한 것이었다.―웹이 과부하에 일조한다고 생각하는지, 그리고 대학에서 학생들에게 이런 문제에 대한 대처 기능을 충분히 가르쳐준다고 생각하는지 물어왔다.

나는 설명했다. "문제는 '과부하'가 아니라 '부족한 정보'에 어떻게 대처하는가이다"라고. 즉 성공적인 웹의 이용을 위해 뉴뉴미디어를 최대한 활용하게 해줄 만한 정보가 모자란다는 것이 내 대답이었다. 결국 인간들에게는 다중처리 유기체가 내재되어 있지 않은가. 나는 그 학생에게 제임스 윌리엄(William James)의 '혼란을 꽃피움'의 세계 그리고 이것이 통달할 수 있는 인간의 능력에 대해 알아보라고 했다("1장, 왜 뉴뉴미디어인가?" 참조). 오늘날의 세계와 미디어 차원에서 보면, 항해 정보만 정확히 있다면 아무리 많은 정보가 쌓이더라도 문제가 없다는 뜻이다.―도서관이나 책방의 어마어마하게 많은 책들에도 불구하고 그 안에 정확한 항로 시스템이 있는 걸 알기 때문에 사람이 압도당하지 않듯이 말이다. 우리는 어렸을 때부터 어떻게 도서관과 서점에서 길을 찾는지를 배워왔다(Levinson, 1997 참조, pp 134-135, 그리고 '마크 모라도 인터뷰' 2007, '경부하'와 같이 '과부하'에 대한 더 많은 정보 참조).

대학 차원에서의 교육에 대해선 이렇게 대답했다. "대학에서 뉴뉴미디어에 대한 교육을 어느 정도는 실행하고 있지만 이러한 미디어의 이용법을 배우는 가장 좋은 방법은 실제로 사용하는 것이다"(John Dewey, 1925, 1장에서 이미 다룸).

제임스에게 답하는 과정에서, 그와의 대화가—페이스북을 통해 질문과 답이 오가는 상황—상호적인 지식의 장으로서뿐 아니라 실시간 정보의 좋은 본보기의 한 예라는 것을 깨달았다. 둘 사이의 이 대화를 이 책에 수록하게 될지도 모르겠다고 제임스에게 말했으며 그는 흔쾌히 동의했다. 위의 모든 일들이 이 장을 쓰기 몇 분 전에 일어난 것들이다.

또한 제임스에게 책이 나오면 한 권 보내주겠다고 약속했다. 독자가 이 책을 읽을 즈음, 제임스는 이 책을 이미 받았을 것이다. 그리고 바로 이 부분을 지금 읽고 있을지도 모른다. 제임스는 한 가지 질문을 더했다. 웹의 혜택과 내용이 어린 사람들(Y세대)에게 좀 더 유용하다고 생각하는가였다. 나는 '미디어의 매체'라고도 불리우는 인터넷은 모든 연령내의 사람들에게 필요한 정보를 제공할 수 있다고 답했다('디지털 맥루한' 1999).

제임스는 내게 감사하다고 말했다.—그의 질문에 대한 답변과 또 이 책에 자신을 삽입시켜준 것에 대하여—그러고는 나중에 또 질문이 있으면 연락해도 되겠느냐고 해서 얼마든지 그렇게 하라고 대답해주었다. 그리고 대화는 끝났다. 제임스에게 필요한 자료원으로써 나의 지식은 그렇게 간단했다. 그는 일리노이 주에 있었고 나는 뉴욕에 있었지만, 서로 지구의 반대편에 있었던들 아무 문제가 없었을 것이다. 또 이런 대화는 제임스와 다른 교수들, 또는 다른 학생들과 나, 또는 교수나 학생 등 누구든 두 사람 사이에서 동일한 방법으로 수월하게 일어날 수 있다. 뉴뉴미디어 세계에서는 역사상 그 어느 시대보다 지식을 쉽게 얻을 수 있게 되었다.

그러나 내가 제임스에게 악의로든지 아니면 무지 때문인지 간에 잘못된 정보를 주게 된다면 어떻게 될까? 만약에 이런 일이 있다면, 제임스는 웹상의 내 글들을 찾아 정확성을 확인해보는 작업을 할 수 있을 것이다. "4장, 위키피디아"에서 살펴보았듯이, 뉴뉴미디어는 지식 정보를 제공해줄 자원뿐만 아니라 계정이 필요한 어떤 지식을 점검하고 수정할 수 있는 자원도 제공한다.

■ 사회/정치 세력으로서의 페이스북 그룹

마이스페이스와 페이스북은 모두 '그룹'이라는 게 있다.–즉, 글이나 사진, 비디오 같은 관심사를 공유하고 토론하는 공동체를 의미한다. 실제로 그룹 또는 포럼과 메시지 보드 같은 유사한 온라인상의 활동은 1980년대부터(Levinson, 1997 참조) 온라인 세계의 기초가 되었던 요소다. 그러나 차이점은 이런 그룹들이 페이스북을 통해서 대단한 사회활동과 날카로운 정체세력을 형성하게 되었다는 것이다.

페이스북의 '버락 오바마(버락을 위한 100만 세력)' 그룹은 2008년 11월 4일 선거 이후에도 계속 성장하여 2009년 5월 현재 회원 수가 100만 명 이상이 되었다. 이런 그룹들은 순식간에 형성될 수 있다(마이스페이스에서도 마찬가지로 빨리 생성 가능하다). 주제를 선택하고, 짧은 설명과 현재까지 발전된 상황에 대하여 간단하게 한두 문단 정도 서술하고, 사진을 업로드한 뒤 친구들을 초대하면 되는 것이다.

'원 밀리언 스트롱(One Million Strong)' 그룹은 '관심 분야 : 정치' 카테고리 속에 포함되었었다. 이 사이트는 "이것은 가장 큰 오바마 페이스북 그룹이다. 우리는 공식적인 선거 캠페인 이전부터 활동하였으며 자원자, 후원자, 기부자들의 도움으로 활동하고 있다"고 설명하고 있으며, 선거를 이긴 후 "우리가 해냈어…"라고 사이트에 덧붙였다.

그러나 페이스북은 미국에서만 이용되는 사회적 매체가 아니다. 그 안에서 성립되는 그룹들은 전 세계적 사회 활동의 매개로써 활동한다. 에릭 숀(Eric Shawn)은 폭스 뉴스(2008. 12. 1)에서 전 세계 190개의 도시에서 1,200만 명의 사람들이 콜롬비아의 테러리스트 그룹인 FARC에 반대하기 위하여 '가두시위'를 벌였는데 이는 페이스북 그룹에 있는 'FARC를 반대하는 백만의 소리'라는 그룹이 오스카 모랄레스(Oscar Morales)의 조직을 반대하기 위한 시위라고 보도했다. 미 국무부의 제러드 코헨(Jared Cohen)은 숀에게 이렇게 설명했다. "페이스북 때문에 침실에서도 사회 활동가 역할을 할 수 있다."

아무리 미비하거나 특이한 주제라도 페이스북을 통해 그것에 대한 그룹을 형성하기가 얼마나 쉬운지–'오바마를 위한 100만의 세력'과 'FARC에 반대하는 100만의 소리'처럼 대중을 향한 그룹과 반대로–아래 예를 보자.

2008년 추수감사절 주말, 금요일 저녁 늦게 나는 집으로 돌아왔다. 이날은 인도 뭄바이에서 테러가 발생한 지 사흘 째 되던 날이었다. 이것에 대한 뉴스를 알아보려고 가장 좋아하는 뉴스 채널 MSNBC를 틀었으나 거기서 나오는 건 고작 MSNBC의 〈Doc Bloc〉이었다. 그것도 '카메라 고발'이라는, 수년 전 이미 녹화된 프로였다.

나는 여러 개의 블로그에 이렇게 글을 써서 올렸다. "뭄바이가 불타고 있는 이 순간 MSNBC는 사건 보도 대신 예전에 녹화된 다큐를 재방송하고 있다." 그리고 이에 대한 사람들의 코멘트와 이메일을 보며 많은 사람들이 같은 생각을 하고 있다는 것을 알 수 있었다. MSNBC 시청자 모두 원하는 건 24시간 365일 뉴스 보도였다. 오늘 이 시대에 전 세계 모두가 바라는 바였다(11장에서 페이스북과 트위터 같은 뉴뉴미디어가, MSNBC 같은 올드매체와 달리, 뭄바이의 테러리스트 공격과 그의 결과에 대한 결정적 초기 보도를 어떻게 제공하였는지를 보자).

MSNBC는 최고의 인터넷과 TV의 파트너십으로 1990년에 출범했다. 즉 올드미디어(NBC)와 뉴미디어(마이크로소프트)와의 결합인 것이었다. 나는 뉴뉴미디어의 소셜 파워로 TV 프로그램에 영향을 미칠 수 있는지 시험해보기로 하였다.–페이스북을 이용해서. 그리고 2008년 12월 1일, 나는 페이스북에 'MSNBC는 〈Doc Bloc〉을 중지하라'라는 그룹을 만들었고, 설명란에는 "금요일 저녁 나는 늦게 집으로 돌아왔다…" 로 시작하여 다음과 같이 이어갔다.

> 이 페이스북 그룹에 여러 사람이 가입하는 그 자체로 MSNBC가 시청자들과 자사를 위해 무엇이 중요한지 – Doc Bloc을 중지하는 것 – 를 인지한 후 우리가 정말로 원하는 뉴스를 제공해주길 바란다! 다른 뉴스 중독자들 모두에게 이 FB그룹에 대해 홍보 부탁함!!

그리고, 페이스북에 있는 1,600여 명의 내 친구 중에 약 1,500여 명을 초대했다. 한 유저 당 최대 300개의 그룹에 가입할 수가 있는데, 그 이유 때문에 다른 100명은 제외되어야 했다. 나는 퍼블릭 도메인의 빨간색 스톱 사인을 다운로드했으며, 무료 GIMP프로그램(포토샵과 흡사)을 이용하여 스톱 사인 아래에 'Doc Bloc'을 써놓았다. 그리고 이 이미지를 그룹에 올려놓았다. 두 시간도 채 안 되어 카페의 회원이 50명 이상이 되었다. 24시간 후에는 150명의 회원이 되었는데 그중 최소 15명은 내가 직접 초청하지 않은 사람들이었다. 바로 이런 것이 바이럴 마케팅의 산 예다.—이 경우엔 사회의 유익을 위해서 누구나 페이스북에 있는 카페에 가입을 할 때마다, 그것에 대한 '통지'가 가입자 카페 페이지에 공지되고 또 가입자의 모든 친구들에게 보내진다. 이런 통보를 받은 친구 또한 그룹에 관심을 갖게 된다면, 똑같이 가입할 수 있으며, 이렇게 해서 주기가 다시 시작된다.

2009년 5월 'Doc Bloc을 중지하라'는 겨우 300명의 회원이 조금 넘는 카페였고, MSNBC는 주말 프로그램을 조금도 변경하지 않았다. 모든 그룹이 성공할 수는 없다. 그러나 미래에 이 그룹이 어떤 변화를 일으켜서(월별 소수의 새로운 코멘트 또는 '벽보'가 꾸준히 올라오고 있다) MSNBC 프로그램에 어떠한 영향을 줄지는 예측할 수 없는 일이다. 아무쪼록, 페이스북 그룹의 영향력은 누구도 부인할 수 없으며 그러한 이유로 올드미디어와 그 유저들마저도 페이스북 그룹을 이용하여 각자의 입지를 세우려고 노력한다. 마크 헌터(Mark Hunter)는 자신의 팟캐스트에서(2009) 페이스북에 올라온 '신문을 구독하여 한 명의 저널리스트라도 살리자'라는 모토 아래, '신문이 죽도록 놔두지 말라'라는 명분('명분'은 특별한 그룹임)에 관하여 소셜미디어의 아이러니를 지적했다. 아이러니한 것은, 최신 뉴뉴미디어를 이용하여—비록 몇 명이 페이스북을 통해 뉴스를 받는지 정확히 알 수 없지만—올드미디어의 생존을 애원한다는 사실이다.

물론, 이런 어필이 해가 될 수는 당연히 없겠고, 신문 애독가들로 인해 이런 명분 그룹(cause-group)이 형성되었다는 그 자체가 그들이 뉴뉴미디어의 영향력을 인지한다는 사실일 것이다. 2009년 5월 '신문이 죽도록 놔두지 말라'라는 그룹은 8만 명이 넘는 회원을 자랑하고 있다.—아마도 신문의 감소를 멈추기에는 충분하지 않지만 말이다. 물론 신문이 당장 완전히 죽는 처지에 빠진 것은 아니다(2장 참조, 올드미디어 조사 보도를 지속적으로 필요로 하는 블로그 사이트에 대한 논의).

■ 수많은 동내 펍으로서의 페이스북

페이스북에서 이뤄지는 모든 그룹이나 토의가 꼭 주요 이슈나 어떤 정치 후보에 대한 것이어야 할 필요는 없다. 그룹이나 그 안의 토의 주제를 쉽게 생성시킬 수 있다는 사실은 거대한 페이스북 집회 외에도 수많은 작은 그룹이 존재할 수 있다는 걸 시사한다. 그리고 이런 '모임'이 정치성을 띨 때는 옛날의 펍(pub: 미국 식민지 시대에 동네 사람들이 술을 마시며 대화를 하기 위해 모이던 술집 장소, 그 유래는 영국) 같은 느낌이 들게 한다.

미국 식민지 시대의 오프라인 펍은 어떤 느낌을 주었을까? 뉴욕의 이스트 빌리지(East Village) 3번가 64번지에 있는 펍, 빌리지 포어하우스(Village Pour-house)의 뒤쪽 방에서, 나는 2007년 8월 28일 저녁에 NYC의 론 폴을 지지하는 'Meet-Up' 그룹과 만난 자리에서 공화당 대통령 지명자를 위한 선거 캠페인 중에 론 폴에 대한 대중 매체의 홀대와 부실 보도에 관해서 연설하였다. 대중 매체 행위(5장 '론 폴과 올드미디어' 참조)에 대한 역사적인 선례와 철학적인 맥락을 짚어보고 해결책을 제시했다. 약 30여 명의 참석자가 있었다. 유리잔 울림과 기쁘고 활기찬 건배 소리를 배경으로 우리는 존 밀턴, 토마스 제퍼슨, 미합중국 헌법 제정 그리고 이 나라를 세운 이상적인 것들에 대하여 토론했다(Levinson, 2007, '8월 28일의 유튜브' 참조).

위에 언급한 비디오가 나간 후 바로 다음 날부터 코멘트들이 올려졌고, 한 블로거는 이야기하길 "혁명 기원의 많은 창시자들이 펍에서 행동을 계획하고 정책을 토론하며 시간을 보냈었다. 나는 론 폴과 미디어에 대해 논의할 장소 중 펍만큼 적합하고 숭고한 자리는 있을 수 없다고 믿는다. 바라건대 석상에 있었던 모든 사람들이 열심히 동참했기를 바란다(펍 주인을 행복하게 하기 위해서라도). 작은 테이블이라도 마련해 놓았다면 머그를 들어올려 건배를 외친 후 목을 축일 수 있어 보이던데, 아쉽다 … 둔감한 바보 같으니 … 뒤의 배경은 아주 좋았다"라고 했다.

페이스북에 가상 펍의 장점은 펍 호스트의 서비스가 필요 없다는 것이다. 사실 아무 서비스도, 특히 목을 축이는 건 필요 없을 수 있다. 왜냐하면 구두로 토론을 하는 게 아니라 글자로 하니까. 그리고 회의는 비정규적으로 며칠, 몇 주, 몇 달, 몇 년을 걸쳐 계속되어도 상관이 없다.

페이스북 자유당 그룹에는 1만 2,000명의 회원이 있으며 나도 이곳에 가입해 있다. 그리고 '나는 진보적인 자유주의자다'라는 블로그를 기초로 한 주제로 토의를 시작했다. 이 주제를 맨 처음에 650글자로 내 인피니트 리그레스 블로그에 올렸을 때는 6개월이 걸려 겨우 30개의 코멘트가 붙었고 그중 절반이 코멘트에 대한 나의 코멘트였다. 그런데 페이스북에 주제를 올려놓은 지 하루도 안 돼 60개의 코멘트가 올라왔고 이중, 내가 올린 것은 열 개 미만이었다. 빌리지 포어하우스에서의 청중과 마찬가지로 페이스북 토론자의 대다수가 대학생이었다. 다른 점은 이들이 전국에 흩어져 있다는 것이었다. 더 중요한 것은 이 토론이 참가자들이 원할 때까지 계속 이뤄질 수 있으며, 새로운 참가자가 도중 어느 때라도 들어올 수 있다는 것이다. 온라인 정치 펍은 모든 뉴뉴미디어와 마찬가지로 거리나 시간을 무관하게 만든다. 만약에 미국 건국의 아버지들이 펍이 아닌 페이스북 그룹에 참여하였었다면 나라를 더 효과적으로, 더욱 좋게 이끌 수 있었을까? 타임머신으로 시간을 되돌려 역사를 바꾸지 않는 한 이 질문에 대한 답은 있을 수 없다. 그래도 페이스북과 다른 뉴뉴미디어를 통해 일어나는 정치적 양상이 어떤 것인지, 흥미로울 것이다.

■ 현실 세계에서 온라인상의 친구를 만남

페이스북의 두 가지 초기 논리–알고 있는 친구에 대하여 페이스북에서 찾아보거나, 페이스북상으로 얼굴은 보았으나 모르는 이를 실제 학교 내에서 찾아보는 것–는 사람들이 온라인을 뛰어넘어 실제에서 우정이나 관계를 맺을 것이라는 가정에서 시작되었다. 학교 내에서는 안전성이 큰 비중을 차지하지 않았다. 페이스북을 통해 알게 된 사람을 학교 카페테리아 같은 공공장소에서 다른 친구들과 함께 쉽게 만날 수 있었기 때문이다. 이러한 배경의 만남은 마이스페이스를 통해 가끔 이루어지는 대면 미팅과는 상당히 다르다. 즉 두 사람이, 실제 캠퍼스에서는 아무 연관이 없는, 온라인상에서 서로를 '알게됨'에 따라 현실에서 만나게 되는 것을 이야기한다. 이러한 미팅은, 이전 장에서도 보았고 앞으로 "11장, 뉴뉴미디어의 어두운 측면"에서도 더 자세히 살펴보겠지만, 정말 위험한 요소로 가득 차 있다.

그런데, 페이스북이 캠퍼스를 넘어 마이스페이스와 유사하게 확장되면서 만남이 위험하든 득이 되든 알 수 없지만, 온라인상의 친구를 현실에서 만나는 행태를 취하게 되었다. 마이스페이스를 통한 만남과 같이 사람을 안전하게 직접 만나려면 첫째 공공장소에서 만나거나 아니면 직업과 관련된 장소에서 만나는 것이 좋다. 공공장소의 좋은 예로 레스토랑을 들 수 있고, 사무실은 온라인상으로 연결된 잡-인터뷰를 하기에 적합한 장소다.

안전성을 차치하고라도(11장 참조), 디지털 코드가 인간으로 전환될 때, 어떻게 온라인상의 관계가 대면 관계로 전환되는지에 대해서 우리는 무엇을 아는가? 1996년 '디 소프트 에지 : 자연사와 미래 정보의 혁명'(1997)에 기술한 것과 같이, 1980년대 중반 이후로 많은 사람들이 온라인 미팅을 하고 사랑에 빠지고(e하모니는 현재의 소셜 매체가 현실 세계의 로맨틱한 관계로 가기 위해 많은 공헌을 한 좋은 예가 될 수 있음), 또 온라인 회의를 하고 이를 성공적인 사업 관계로 이어가고 있다.

나는 여러 번 온라인으로 시작하여 두 종류의 비즈니스나 전문적인 관계로 발전한 사례의 일원이었다.

1985년부터 1995년까지 내 아내인 티나 보직과 나는 커넥티드 에듀케이션(Connected Education)을 만들고 관리했다. 석사 과정을 수료할 수 있는 최초의 온라인 프로그램이었으며, 미디어 학과 석사학위(MA)를 완전히 온라인만으로도 가능케 했다. 미 전역 40개가 넘는 주와 전 세계 20개 국의 나라에서 수천 명의 학생들이 등록을 하고 이들은 뉴스쿨(New School), 폴리테크닉 대학교(Polytechnic University), 영국의 바스칼리지, 그리고 그 외에도 수많은 대학에서 학점 인정을 받을 수 있었다(자세한 것은 1997, Levinson 참조). 커넥티드 에듀케이션에 등록한 학생 중 직접 알던 학생은 5퍼센트 미만이었다. 그리고 또 약 5퍼센트를—이전에 만난 적이 없는 학생들 중에—예를 들어 미국 내에서 또는 해외에서 개최되는 컨퍼런스에 참석했을 때 또는 무슨 일로 혹시 학생이 뉴욕에 오게 되었을 때 만날 수 있었다.

처음으로 온라인상에서의 인연을 직접 만났을 때 인지한 점이 있는데, 다른 온라인상에서의 학생, 친구 또는 지인들에 대한 인상은 그 이후에 만남에서도 같은 느낌이었다. 즉, 직접 만남에 대한 초기의 충격은 겨우 몇 분간만 지속되고 결과적으로 건너편에 앉아 있는 사람에 대해서 온라인상으로 받았던 똑같은 느낌을 인지하게 된다는 것이다. 그 당시에는–1985년에서 2000년 초까지–특히 대부분의 온라인 커뮤니케이션이 이미지나 사진 없이 문자로만 온라인을 주고받았었다. 글만 가지고 상상했던 사람을 직접 보고 목소리도 듣고 그의 성품을 직접 확인해볼 수 있게 되었으니 몇 배로 더 낯설 수 있었다. 즉, 당신과 테이블 앞에서나 한 방에서 마주한 사람이 전혀 다른 사람이라고 결론지을 가능성이 높았다. 그러나, 사실은 정반대였다.

또 다른 상황은 이렇다. 전문적인 일로 인해 온라인상에서 알게 된 사람들 중에 특정한 온라인 커뮤니티의 무려 50퍼센트나 되는 사람들을 직접 만나게 되었다. 주로 작가들과 과학 소설 출판사들이 컴퓨서브(CompuServe)와 제니(GEnie, The General Electric Network for information Exchange)와 같은 다양한 온라인 시스템에 대한 논의를 시작했던 1990년대 초반에서 중반 사이에 일어난 일이었다(Levinson, 1997 참조). 그 당시 나는 막 과학 소설을 출간한 때였고, 1998년에 미국 과학 소설 작가 회장직을 맡기도 했었다. 그로 인해 회장직 전후로 하여(1998-2000년까지 엮임), 나는 수백 명의 작가와 수십 명의 출판업자 그리고 편집자를 크고 작은 회의에서 직접 만날 수 있었는데 이미 온라인상으로 서로 정보를 교환하여 알고 지낸 이들이 대부분이었다. 학생들과의 사례와 마찬가지로 직접 대면했을 때 그들의 온라인상의 모습과 실제 모습이 일치한다는 사실을 다시 한 번 확인할 수 있었다.

■ 온라인에서 옛 친구와의 재접촉

온라인에서 만난 친구를 실제로 만나는 것과는 반대로, 실제로 아는 친구든지 또는 알지만 오랫동안 연락두절되었던 지인들을 온라인을 통해 재접촉하는 사례가 있다. 이러한 일들이 내겐 벌써 10년 이상 빈번히 일어나고 있다.

대부분은 오래된 친구들이나 동창, 또는 옛 제자들이 TV에서 나를 보고 이메일로 접촉해오는 것이다. 2000년 새해 첫 날, 나는 폭스 뉴스의 '뉴 밀레니엄 : 과학, 소설, 판타지'라는 코너의 패널로 나갔었다. 얼마 후 나는 1963년 이후로 단 한 번도 못 만났던 고등학교 동창인 펠릭스 폴즈(Felix Poelz), 그리고 1972년 'Twice Upon a Rhyme'이라는 앨범을 함께 발표한 기타리스트인 피터 로젠탈(Peter Rosenthal, 그와 나는 70년대 중반 이후로 연락이 끊어졌음)로부터 이메일을 받았다. 1980년대와 1990년대에는 많은 옛 제자들로부터 이메일을 받았다. 이러한 것들은 21세기 소셜미디어의 세기가 등장하기 이전에 이미 사이버공간의 위력, 즉, 시간과 거리를 정복하는 힘을, 친구들과 지인들과의 연결로서 보여주는 이른 조짐이었다고 할 수 있다.

2006년 초 나의 마이스페이스 이용이 늘면서 위와 같은 연결이 좀 더 빈번해졌지만 페이스북에는 비할 수준이 못 되었다. 대학 캠퍼스에서 시작된 페이스북은 이런 온라인 연결을 새로운 수준으로 끌어올렸다. 페이스북에 있는 약 2,000명의 '친구'들 중 적어도 100명은 수년간 연락이 끊겼던 옛 제자들과 친구들이었다. 요즘도 매주 한두 명의 옛 지인으로부터 친구 요청을 받는다. 페이스북에서는 졸업 연도로 분류한 고등학교나 대학교 동창들을 쉽게 찾을 수 있다. 펠릭스의 이름은 페이스북에 나와 있는 1963년 크리스토퍼 콜럼버스 고등학교 졸업자 명단에는 없었지만(그는 페이스북 회원이 아님), 100명 정도의 이름 중에 낯익은 게 꽤 있었다. 온라인상에서 실제로는 모르는 '친구'를 대면하는 것이 뉴뉴미디어 소셜미디어의 취약점이라면 옛 친구들과 지인들과의 연락이 다시 될 수 있다는 점은 소셜미디어의 가장 감동적이며 큰 장점이라고 할 수 있다. 인간은 우주 자체를 심문하는 사물일 뿐이라고 한 칼 세이건(Carl Sagan)의 말에 동의한다면, 소셜미디어를 통한 옛 친구들이나 지인들과의 재결합은 우주 차원에서의 관계 회복을 의미한다고 하겠다.

■ '숨겨진 차원'을 위한 보호 : 온라인 페이지 정리하기

모든 뉴뉴미디어 자체 제작의 '숨겨진 차원'은 다름이 아니라 웹상에서 한 번 저술되거나 창조된 것은 영원히 지속된다는 사실이다. 이 문구는 에드워드 T. 홀(Edward T. Hall)이 인터넷이 있기 오래 전, 인간관계에 있어서 사람과 사람과의 거리적, 공간적 중요성을 다룬 1966년의 책 제목에서 빌렸다. 대화의 진행과 그 결과에 미치는 강력한 요소를 사람들은 등한시하는 경향이 있다는 것이었다. 요즘 사람들은, 마찬가지로, 긴 생명력을 내포하고 있는 블로그나 유튜브 동영상, 또는 마이스페이스, 페이스북 페이지에 특별한 주의를 기울이지 않는다. 한 번 올려놓은 이미지나 글이 오랜 시간이 지난 후에도 존재할 수 있고 또 사람들에게 읽혀질 수 있어서 처음 의도와 다른 결과를 낳을 수도 있다.

나는 2006년에서야 블로그를 시작했지만, 내가 수십 년 전에 쓴 글들을 지금에 와서도 구글에서 찾아볼 수 있다. 다행히도 내가 저술했거나 온라인에서 작성한 모든 것들은-마이스페이스, 페이스북 포함-개인적이 아닌 직업과 관련된 것들이었다. 그래서, 1990년 초에 내가 제니에 올린 과학 소설에 대한 코멘트나(Levinson, 1997 참조), 1976년에 처음으로 출간된 기사나(The Media Ecology Review에 실린 '쌍방향 미디어를 위한 재정립') 또는 1972년에 발표한 'Twice Upon a Rhyme'이나(2008년에 한국의 Big Pink사에 의해 CD로 재제작됨.) 지금 보더라도 특별히 부끄러울 게 없다. 사실, 이 모든 것들이 오히려 자랑스럽다.

마이스페이스와 페이스북 대부분의 회원들은 자신들의 페이지를 직업상으로가 아닌 개인용으로 사용하고 있다. 아마 지금쯤은 페이스북 계정을 갖고 있는 학생이라면 개인 신원상의 위험성을 잘 알 것이다. 예를 들어, 페이스북상에 파티에서 술에 취해 정신을 잃었거나 그런 류의 사진을 올렸다고 하자. 그리고 1, 2년이 지난 후 취업 과정에서 상사가 될 사람이 그러한 사진을 우연히 보게 된다면 그 상사가 상사가 안 될 수도 있다는 것이다. 술 취한 사진 한 장이 직장을 잃게 한 것이다. 이상적인 세계에서는, 미래의 상사는 2년 전(아니, 이틀 전이었더라도) 그 사람이 파티에서 무엇을 했든지 신경쓰지 않을 것이다. 일터에서 어떻게 업무를 실행할 것인가만이 중요할 것이다(이런 주장을 난 2004년 폭스 뉴스의 '디 오렐리 팩터'라는 프로의 객원으로 참가하여 빌 오렐리에게 말했다. 즉, 휴가 중인 방송국의 앵커가 젖은 티셔츠 컨테스트에서 옷을 벗은 일을 옹호한다는 것이 나의 의견이었다. Levinson, 2004 참조). 또는, 지인만이 사진을 보게 하는 이상적인 상황을 꿈꾸어볼 수 있다. 그리고 페이스북은 제한된 사람에게만 계정을 공개시키는 옵션을 제공하기도 한다. 그러나 문제는 이런 조치도 자신의 사진이 선의 뜻으로 포스팅되는 것을 막을 수 없다는 것이다. 특히 온라인상에서는 음악부터 비디오 사진까지 모든 것들이 쉽게 복사되어 2차 보호를 가치 없게 만들며, 인간의 본성은 일반적으로 첫 번째 방법으로 사진 등을 얻고자 할 것이다.

결론적으로 황당하게 여겨질 사진이나 다른 뉴뉴미디어의 창작물에 대한 최고의 해법은 이것이다.-그런 종류의 자료는 아예 올리지 않는 것이다. 만약에 올렸다면, 더 이상 그 가치를 못 느낄 때 빨리 내리라는 것이다. 그러나 항상 기억해둘 것은 바이럴 보급과 온라인 수단을 감안할 때 페이스북에 올려진 모든 콘텐츠는 이미 누군가의 페이지, 웹사이트 또는 컴퓨터에 옮겨가 있을 수 있다는 것이다. 다른 말로, 페이지를 깨끗이 지워야겠다고 결심했을 때 이미 그런 행동이 헛수고일 공산이 크다는 것이다.

■ 모유 수유하는 사진이 페이스북에서 금지되다

마이스페이스와 페이스북은 사용자들이 올린 사진 또는 이미지를 깨끗이 하고자 노력했다. 몰론, 처음에 기대했던 것보다 더욱 어렵다는 것이 증명되었지만 말이다.

2008년 말 즈음에, 페이스북은 포르노류의 사진들을 전폭적으로 제거하는 작업에 나섰다. 그러한 사진이 페이스북 정책상 허용된 적도 없었지만 그렇다고 중앙 시스템에서 모든 사진을 완전히 감시할 수도 없었다. 아무튼 '불쾌한' 포르노성 내용에 여성의 가슴 노출도 포함되어 있었다(마이스페이스도 유사한 규정이 있다). 그러나 리사 M. 크레거(Lisa M. Krieger)가 새너제이 머큐리뉴스(San Jose Mercury News, 2008)에서 보도한 바와 같이, 이러한 정책은 엄마가 아이에게 젖먹이는 사진이 '외설적이거나 포르노 또는 노골적인' 것과 같은 것으로 평가되어서 회원들의 페이스북 페이지에서 삭제되는 결과를 가져왔다고 설명하였다. 이것은 바로 온라인과 현실상에서 페이스북에 대한 반발을 유발했고 페이스북에 수유하는 사진에 대해 찬성, 반대하는 페이스북상의 풍성한 그룹과 대의에 대한 논의를 초래했다(페이스북 그룹이나 대의를 찾아보면 더 자세한 내용을 알 수 있다).

아이러니한 것은 40개 주에서만이 공공장소에서 수유하는 것을 허용한다는 사실이다(궁금한 것은 왜 50개 주가 안 되느냐는 것임. 아기들은 공공장소에서는 배고플 권리가 없다는 말인가? 왜? 점잖은 양반의 눈에 거슬릴까봐? 그냥 다른 데를 쳐다보는 게 가장 현명한 방법이 아닐까?) 크레거에 의하면 페이스북에서 알리길, 대부분의 수유 사진은 제거되지도 않았고 제거하지도 않을 것이다. 다만 유륜(유두 주위의 검은 부분)이 보이는 사진들만 제거한다는 것이었다.

뉴뉴미디어 학생들에게 있어 이 이야기의 교훈이란 뉴뉴미디어를 자기 자신이나 삶과 욕망의 연장으로 아무리 생각한다 하더라도(인간의 '연장선'으로서의 모든 미디어에 대한 맥루한의 관점, 1964), 사실은 그렇지 않다는 것이다.—적어도 전체는 아니다. 그리고 뉴뉴미디어 시스템이 자신의 소유라고 아무리 느낄지라도 뉴뉴미디어는 엄청난 제작의 힘과 자기 투영을 제공해주기 때문에, 온전히 자신의 것이 될 수 없다. 페이스북의 경우 거기서 생성되는 뉴뉴미디어의 일부는 페이스북의 소유다. 이런 것은 위키피디아에서도 디그에서도 또 향후 이 책에서 검토할 모든 뉴뉴미디어에도 적용된다. 이 심오하고 근본적인 불변의 원리는 올드, 뉴, 그리고 뉴뉴미디어에 있어서 아무런 차이가 없다. 그렇다고 이제까지 보아온 뉴뉴미디어와 올드미디어 사이의 깊은 차이가 없다는 것은 아니다. 확실한 차이가 있다. 다만 뉴뉴미디어의 전부가 아니라는 것이다.

이 책에서 살펴보았듯이 여러 뉴뉴미디어가 계속적으로 새로운 이야기를 만들어내고 있다.—구 독재 권력과 새로운 민주주의 사이의 갈등처럼—그들만의 방법으로. 위키피디아는 페이스북과 마이스페이스보다는 자체 페이지 제거성이 훨씬 덜 '구식'이라고 할 수 있다. 그럼에도 불구하고 위키피디아 입장에서 적절하지 않다고 판단되는 문구나 기사, 사진이 있다면 독자/편집자의 그룹에 의해 여전히 제거될 수 있다는 것이다. 다시 말해서 위키피디아는 권위주의와 전문적인 통제를 좀 더 민주적인 그룹 통제로 대체하였지만 그렇다고 개인의 표현을 통제하거나 제거하는 권리를 포기한 것은 아니다.

뉴뉴미디어 중에 개인의 표현을 가장 무제한으로 극대화시킬 수 있는 최상의 방식은 바로 트위터다.

08

트위터

이 세상의 모든 사람들에게 당신이 어떤 영화를 방금 보았는지 또는 볼 것인지, 선생님이나 상사 또는 대통령에 대하여 어떻게 생각하는지, 그리고 점심에 무엇을 먹었는지 또는 무엇을 먹으려고 하는지, 그리고 비가 오는지 안 오는지 등 알리고 싶은 모든 것을 단지 몇 초 안에 즉시 알리고자 하는가? 트위터는 손쉽게 이런 모든 것들을 가능하게 한다.

어떠한 정보든지, 세계의 어느 곳으로든지, 그 사람들이 트위터의 계정을 갖고 있는 한 전파가 가능하다. 트위터는 어떠한 소셜미디어보다도 더 빠르게 성장하고 있으며(Schonfeld, 2009), 2009년 5월에는 전 세계에 3,200만 명의 사람들이 트위터를 이용하였다. 그리고 2009년 12월 처음으로 지구-우주 간에 트윗이 전송되었다(Van Grove, 2009).

휴대전화나 블랙베리 같은 어떠한 모바일 기기로든지 인터넷에 접속만 가능하다면 트위터 이용이 가능하다.

사생활 보호가 걱정되는가? 다른 모든 온라인 시스템처럼 익명으로나 가상 신분으로도 등록할 수 있다. 심지어 TV 스타나 캐릭터의 이름을 차용할 수도 있고(트위터상에서 '매드맨' 캐릭터를 보려면 2장 참조), 또는 국회의원(Donnelly, 2009)이나 아니면 칼 로브(Karl, Rove, Carpenter, 2009) 같은 유명 인사이면 일부러 실명으로 트윗할 수 있다. CNN의 릭 산체스(Rick Sanchez)와 돈 레몬(Don Lemon); MSNBC의 데이비드 슈스터, 노라 오도넬과 탐론 홀(Tamron Hall) 그리고 〈미트 더 프레스〉의 앵커 데이비드 그레고리(David Gregory)도 아주 활발하게 트위터를 사용하고 있으며(2009년 2월 현재) 실제로 그들의 TV 뉴스쇼 일부 코너에서 트위터를 인용하고 있다. 이는 올드미디어와 뉴뉴미디어의 상호 협력 관계를 잘 나타내주는 또 다른 예라고 할 수 있다.

급성장하는 '마이크로 블로그' 세계로 온 것을 환영한다. 즉 트위터는 자기에 관한 한두 줄의 이야기, 또는 하고 싶은 짧은 말, 개인적인 것이든 정치적인 것이든, 시간의 제한 없이 아무 때나 온라인으로 보급될 수 있다. 트위터는 미디어의 떠오르는 샛별로 2006년 3월 오데오(Odeo) 팟캐스트 일원인 잭 도르시(Jack Dorsey), 노아 글라스(Noah Glass), 비즈 스톤(Biz Stone)과 에반 윌리엄스(Evan Williams) 등에 의해 시작되었다. 트위터의 성장이 유명 인사 사이에서뿐 아니라 주류 매체 차원에서 얼마나 폭발적으로 성장세를 보이고 있는지-트위터는 2009년 2월 당시 겨우 600만 명의 사용자를 기록했는데 이는 페이스북과 마이스페이스와 견주었을 때 얼마 안 되는 수치였다.-2009년 2월 8일 《뉴욕매거진》(Leitch, 2009)에 실린 기사는 "만약에 여러분이 이 세상에서 트위터가 무엇인지 아직도 모르는 마지막 사람이라면, 여기에 간단한 설명이 있습니다"라고 트위터에 관해 보도했다. 그리고 2009년 6월 15일에는, 놀라운 일이 아닐테지만 저명한 《타임》의 표지 기사로 장식되었다(Johnson, 2009).

그러나 트위터를 한다는 것은-위의 두 기사에서 언급되었고 아래에도 기술하겠지만-대단히 복잡하고도 심오하다.

■ 즉시성의 화신

문자든 이미지든 음향이든 화상이든 간에 뉴뉴미디어의 특징 중 하나는 즉각적인 전파력이다. 그러나 이 책에서 이미 여러 뉴뉴미디어를 통해 살펴보았듯이 어떤 뉴뉴미디어냐에 따라 그 특징이 더 두드러진다.

"2장, 블로그"에서 언급했듯이 보통 음향이나 시청각 녹음보다는 문자를 만드는 것이 더 쉽다. 예를 들어 한 문단을 쓰는 작업이 휴대전화 카메라를 찍는 것보다는 시간이 더 소요되겠지만 대신 웹사이트에 복사하는 부분에선 문자가 조금 더 빠를 것이다. 한두 줄 정도의 문장-트위터상에서는 140자까지만

–보다 더 빠르게 이동할 수 있는 매체는 없다.

자신이 단어 하나하나에 신경을 쓰는 필자라면 한 문장을 지어내기 위해 한 단어 한 단어의 선택을 고심하여 오래 걸릴 수도 있다. 그 예로, 난 한 번은 공상 과학 북클럽으로부터 200자 내로 내 책에 대한 광고문을 작성해달라는 부탁을 받은 적이 있었다(200단어가 아닌 200자). 그런데, 이 짧은 광고문을 작성하는 데 무려 15분이 걸렸다. 왜냐하면 내 글자 하나하나가, 또한 모든 단어 하나하나가 나의 소설(2001년에 출판된 『Borrowed Tides』)을 독자들에게 어필할 수 있기를 바랐기 때문이다. 만약에 내가 포드햄 거리를 거닐다 방금 사먹은 한 조각의 피자가 얼마나 맛있었나에 대한 글을 쓰는 것이었더라면 아마도 몇 초 안에 해냈을 것이다.

모든 생각은 마음에서 비롯되는 것이다.–또는, 덜 형이상학적인 표현을 쓰자면, 두뇌에서 비롯된다. 한 종류의 신경접합부는 우리가 말을 하기 위해 우리의 생각을 발성 기관으로 전달한다. 또 다른 종류의 신경접합부는 우리의 생각을 타이프나 글을 쓰는 데 이용되는 손가락으로 전달한다. 예컨대 의사소통을 위한 이 두 종류의 신경접합부의 길이가 같다는 사실이다. 생각의 여정은 같은 속도로 혀와 손가락으로 전달되는 것이다.

전자 미디어의 출현 이전에, 혀까지 전달된 개인의 사고는 그 사람의 목소리가 들릴 수 있는 곳까지만 전달이 가능했다. 손가락까지 전달된 사고의 신속성은 더욱 제한적이었다. 손가락 자체에서 끝나는 것이었다. 왜냐하면 무엇이 쓰였는지 누군가 읽기 위해서는 양피지나 파피루스 또는 종이에 쓰인 글이 사람들의 손에서 손으로 전달되는 방법밖에 없었기 때문이다. 비록 이 비전자 '디지털' 전송이–손가락을 영어로 'digit'라고도 한다.–빠르면 빠르다고 할 수 있었으나 음속보다는 느리기 때문이었다. 그래서 속도 면에서는 말로 하는 것이 글로 쓰는 것보다 유리하였다('디지털' 혹은 손가락 의사소통의 형태로서의 육필에 대해서는 Levinson의 'Digital McLuhan' 1999 참조).

빛의 속도로 전기가 움직인다는 사실은 어떠한 전자식 메시지든–목소리화 또는 문서화 되는–전송되는 순간 이 세상 어디든지 즉각적으로 보내질 수 있다는 것이다. 전기는 1초에 18만 6,000마일을 갈 수 있다(참고로 적도 주변을 중심으로 지구 한 바퀴의 둘레가 2만 4,000마일이다). 그러나 이 사실만으로 모든 전자 메시지가 즉각적으로 받아들여졌다고 (듣는 것이든 읽는 것이든) 하기는 힘들다. 그 이유는 TV를 켜거나 전화를 받으러 걸어간다든지 하는 중에 소비되는 시간 때문에, 아무리 빛의 속도로 전달된 메시지라도 궁극적으로 수신자에게 연결시켜 주는 데 적어도 몇 초 이상이 더 추가된다는 것이다.

트위터의 혁명이란, 어떠한 올드미디어나 뉴미디어 또는 뉴뉴미디어보다, 어느 개인의 생각과 그가 쓴 문자를 거의 즉각적으로 어디에든지 전송하고 받을 수 있다는 것이다. 손가락의 가벼운 움직임 하나로 트위터상의 메시지를 창조하고 보내고 받을 수 있다. 그러므로 글로 하는 장거리의 커뮤니케이션도 마치 대화를 나누듯이 간단해진 것이다.

또한 트위터를 통해 전달된 메시지는 시스템상에서 자기의 '트위터' 또는 '트윗'을 팔로하는 사람이라면 누구든 읽을 수 있다.—이것이 기본 설정이다. 아니면, 내정된 단체나 어느 특정인에게만 보내질 수도 있다. 이 의미는 트위터는 역사상 가장 즉각적인 글의 매체일 뿐만 아니라 역사상 가장 잘 조합된 대인(interpersonal) 및 대중 매체의 형태라는 것이다.

■ 대인 및 매스 커뮤니케이션을 합치면 트위터다(Interpersonal + Mass Communication = Twitter)

바로 위의 제목이(영문으로 따졌을 때) 대략 45자 정도로 트위터상으로 간단히 보낼 수 있는 문구다. 그리고 이것은 두 가지의 거대한 커뮤니케이션의 양대 산맥인 대인 커뮤니케이션과 매스 커뮤니케이션을 결합한 방법으로 보내졌을 것이다.

커뮤니케이션에서 주시할 점의 하나는 그것이 두 가지 종류로 이루어진다는 것이다. 대인 커뮤니케이션은 한 사람이 다른 사람에게 메시지를 전달하는 것으로 구성되고, 메시지를 방금 받은 사람이 수신인에서 곧바로 전달자로 전환될 수 있다는 것이다. 예를 들어 직접 얼굴을 맞대고 의사소통을 하거나, 서면으로 하거나, 컴퓨터상의 메시징하는 것 그리고 전화로 말이나 문자를 주고

받는 것이 있다. 매스 커뮤니케이션은 한 사람 또는 한 소스가 많은 사람들에게 동시에 메시지를 전달하는 것이다. 그런데 이러한 수신을 받은 사람은 돌아서서 전달자가 될 수가 없다. 벽화, 책, 신문, 동영상, 라디오, TV, 또는 댓글을 금지한 블로그가 그 좋은 예다. 다시 말해서, 대인 커뮤니케이션은 정해진 사람과의 쌍방적 소통이며 반면에 매스 커뮤니케이션은 광범위한 사람들과의 일방향식 소통이다('Broadcast[방송]'라는 단어는 농사에서 씨를 넓게[broad] 퍼뜨린다[casting]는 말에서 유래).

사람들은 대인 커뮤니케이션은 꼭 하이테크가 아닐 거라는 오해를 한다. 그리고 매스미디어는 반면에 꼭 하이테크든지 적어도 인쇄기와 같은 공업 기술에 의존한다고 믿는다. 그러나 전화는 대인 커뮤니케이션에 이용되는 좋은 테크놀로지의 예이며 벽보 또는 칠판의 글은 거의 테크놀로지가 부가되지 않은 매스 커뮤니케이션 형태를 갖추고 있다고 할 수 있다.

칠판과 상관없이, 교실이야말로 매스 커뮤니케이션과 대인 커뮤니케이션이 용이하게 교체될 수 있는 장소 중의 하나다. 교실에서 강의할 때 학생들은 대중 매체의 수신자가 된다. 즉 나의 메시지를 많은 사람들이 듣게 된다. 그러나 학생이 나에게 질문을 하고 내가 대답하는 순간, 대인적인 의사소통이 이뤄진다.–그 순간 나머지의 학생들은 아직도 매스 커뮤니케이션 상태에 머물고 있다. 첫 번째 학생의 질문에 대한 답을 끝냈고 또 다른 학생이 질문을 던지면, 첫 번째 학생은 다시 대중 매체의 청취자로 되돌아가고 두 번째 학생과 나는 새로운 대인 커뮤니케이션으로 들어가게 된다.

트위터는 교실을 글로벌 차원으로 끌어올렸다. 비록 미디어에서 선례가 없는 건 아니지만–채팅방과 개인 메시징 또한 대중과 대인 소통과의 사이를 넘나들고 있지만–트위터는 채팅 방이자 교실이자 하루 24시간, 일주일 내내, 돌아가는 모임이다. 그리고 트위터에서의 메시지가 교육적일 수도 있지만, 교실 내에서의 내용보다는 그 커뮤니케이션 구조가 트위터를 전 세계적으로 확대시켰다.

트위터는 교실 커뮤니케이션 구조를 다양한 면으로 확장 가능케 한다. 그룹에서 개인으로의 커뮤니케이션이 개인에서 그룹으로(선생님이 학생들에게) 만큼 쉬워진다는 것이다. 다양한 목적을 가진 무수한 그룹들이 트윗을 보낸다.-대통령이나 그 밖의 여러 고위직에 관련된 뉴스나 정치적인 선거운동에 관한 속보를 내보내는 폭스 뉴스와 CNN 같은 거대한 올드미디어, 그리고 앞의 장에서 언급된 것처럼 페이스북이 아기에게 수유하는 사진 게재를 금지하는 것에 반대하는 세력을 동원하는 데 도움을 준 트위터 맘과 같이 특정한 사회적 목적을 추구하는 사회적 단체들이 여기에 속한다. 그러한 주제에 관한 140자의 문자는, 웹상에 있는 더 큰 콘텐츠로 접속이 가능한 링크와 함께, 같은 휴대전화, 블랙베리, 아이폰을 쓰는 트위터러는 물론이고 "방금 내가 치과병원을 떠났다"는 것과 같은 트윗을 노트북 컴퓨터로 보는 사람들에게까지 도달한다.

트윗은 또한 직업적이거나 개인적인 정보를 힘들이지 않고 '방송' 가능하게 해준다. 한 예로 2009년 2월 14일에 칼 로브가 띄운 문자로 다음과 같은 내용이 있었다. "워싱턴으로 돌아왔습니다. 이번 주말에는 책을 쓸 것입니다. 내일 아침 폭스 뉴스 보세요. 나는 크리스 월러스(Chris Wallace)의 100일 기념 특집에 출연합니다." 내 트위터 계정에는 나의 모든 블로그와 팟캐스트에 접속할 수 있는 링크가 올라 있어 나의 1,600명(2009년 5월 현재)에 달하는 '팔로어'들은 나의 TV와 라디오 출연에 관한 트윗을 보는 것처럼 그것들을 접할 수 있다.

웹에 있는 모든 것들과의 링크를 트위터에 자동으로 보내는 기능(애플리케이션이나 '앱'을 통해서)-블로그 포스트, 비디오, 보도기사, 뉴미디어와 뉴뉴미디어 전반에 걸쳐-그리고 즉각적으로 이러한 것이 페이스북과 프렌드-피드와 같은 뉴뉴 시스템인 '메타'로 자동적으로 트윗 되는 기능('메타'는 그들의 콘텐츠가 트위터, 페이스북, 유튜브 그리고 다른 뉴뉴미디어 활동 체제로 복수적으로 링크되도록 구성되어 있다), 이런 형태는 일부러 의도된 것이 아니고 자연히 자생되고 넓어지는 네트워크와 같다. 마치 우리와 함께 살아가는 유기체들과 진화 시스템과도 같다(미디어의 유기적인 진화에 대한 더 많은 정보는 1979년과 1997년판 Levinson 참조).

■ 스마트 티셔츠나 장신구 같은 트위터

감정 상태를 나타내는 기능을 할 때–'지루해' 또는 '기분 좋아' 등–트위터는 가상의 옷이나 보석류와 같은 일을 한다. 우리가 검은색 모자나 밝은 색 목걸이를 착용하여 우리의 감정을 나타내는 것과 유사하다.

트위터상의 메시지가 "나는 방금 오바마에게 투표했어"와 같이 좀 더 구체적일 때 그 메시지는 장신구에서 캠페인 핀이나 메시지가 박힌 티셔츠로 옮겨간다. 퍼스널 컴퓨터 혁명이 도래하기 10년 전인 1970년대에 게리 굼퍼트(Gary Gumpert)는 '미니컴 시대가 온다'는 제목으로 글을 썼다. 그는 여기에서 사람들이 자신들의 개인 메시지 또는 자기의 감정이나 견해를 나타내는 메시지를 티셔츠나 다른 옷 등에 인쇄하여 '널리 알리는' 것에 대하여 말했다. 인쇄 영역에서의 보는 발전처럼, 디지털 시대에 와서 개인적이거나 정치적인 메시지는–트위터 같은 뉴뉴미디어에서의 업데이트를 통해–어떠한 말이든지 '인쇄' 가능하다. 즉 트윗이 곧바로 전 세계로 전파되며, 그 수신자들은 각자 자기들의 팔로어들에게 리트윗을 하게 되고 같은 시간에 (원래의 글쓴이가 원한다면) 몇 초 내에 새로 수정하든지 바꾸어서 새로운 '트윗'을 내보냄으로써 한 단계 앞선 '미니컴'이 실현되는 것을 볼 수 있다.

물론 티셔츠에 있는 메시지는 제품을 홍보하는 차원에서는 상업적으로 이용 가능하지만 정치적으로나 개인적으로도 이용될 수 있다. 트위터의 메시지 내용들은 자기의 정서 상태나, 정치적 후보자에 대한 의견이나, 또는 공공데모에 대한 보도 같은 차원에 국한되지 않는 큰 다양성을 가지고 있다. 더 나아가 이러한 메시지들은 웹에 연결된 매체들에 의해 잘 수용되기 때문에, 트위터 메시지는 간편한 URL이나 링크로 웹상에 있는 어떤 아이템이나 활동에 관하여 논쟁을 유발하기에 아주 적합하다.

URL은 폭스나 CNN 그리고 《뉴욕타임스》가 자기들의 지면에 나오는 주요 뉴스에 링크를 만들어 트위터 메시지를 보낼 때 자주 이용된다. 바로 이러한 기능을 할 때 트위터는 AP나 로이터와 같은 통신 서비스를 하게 되는 것이다.

이러한 메시지를 받은 '팔로어'들은 보통은 답장을 하지 않는다. 메시지를 받은 수신자들이 트위터를 통해서 그들끼리 서로 더 주고받고 할 수 있지만 보통 이런 커뮤니케이션 환경에선 트위터가 대인 매체라기보다는 대중 매체로서의 역할을 하는 것이다(디그처럼 트위터도 일방향적인 팔로어도 허용하고, 즉 A는 B가 트윗하는 모든 것을 받을 수 있지만 B는 A로부터 아무것도 못 받게 할 수 있다. 또 쌍방 팔로어도 허용한다, 즉 A와 B가 서로의 모든 트윗을 볼 수 있다).

반면 트위터가 일대일 커뮤니케이션의 한 형태로 기능할 때에는 그것은 장신구의 역할에다 새로운 전신(neo-telegraph)의 역할을 한다고 할 수 있다. 즉 2007년 11월 세컨드라이프 인터뷰 당시 내가 켄 허드슨(Ken Hudson)에게 말했던 것처럼 "전신은 마이크로 블로깅과 매우 흡사하다."

블로거들은 그들의 블로그를 트위터에 연결해놓을 수 있는데 이전에 언급했듯이 트위터피드(TwitterFeed)라는 무료 서비스를 이용하여 메시지당 그 기능을 가동할 수도 있고 아니면 아예 자기의 모든 블로그와 자동으로 이어지게 해놓을 수도 있다. 예를 들어 2008년 하반기에 나의 '인피니트 리그레스'라는 블로그 독자의 약 5퍼센트 정도가 내 페이지와 자동 연결된 트위터피드를 통해서 참여하게 되었다. 장신구나 티셔츠의 비유로 잠깐 되돌아오자면 트위터 메시지의 범위가 기성품(CNN에서 받은 뉴스)에서부터 수제품(개별적으로 블로그에 링크한)까지 다양하다. 다른 모든 뉴뉴미디어의 경우와 마찬가지로 기성 미디어는 없어지는 것이 아니고 트위터에 포함되어 발전된다.

블로그에서와 같이 트위터상에서도 애드직스닷컴(adjix.com)과 같은 광고 서비스를 이용해 광고 수입을 벌 수 있는 방법도 있다. 즉, 트위터들이 자신의 트윗에 상업적 링크를 끼워 넣어주는 대가로 돈이 지불되는데 구글의 애드센스와 유사한 방법으로 클릭과 함께 수입이 쌓인다. 트위터는 마이크로 블로깅의 엔진일 뿐만 아니라 또한 뉴뉴미디어 세계의 축소판이기도 하다.―블로깅, 광고, 사진과 영상의 송출, 디그를 위한 캠페인, 그리고 온라인상의 '우정' 추적과 유지가 그 안에서 이루어진다.

■ 파운스(무료 소셜 네트워크)와 그 밖의 트위터 유사 매체

파운스(Pownce)는 디그의 디자인팀에 의해 개발된 것으로, 2008년 12월 폐쇄되기 전까지 2007년과 2008년에는 매우 작기는 하지만 유일한 트위터의 경쟁자로 존재했다. 링크로만 연결하는 트위터와 비교해서 가장 큰 장점은 영상, 음악, 이미지와 같은 파일을 메시지와 함께 보낼 수 있다는 점이었다. 파운스의 수신자들은 링크를 클릭할 필요 없이 곧바로 음악이나 비디오를 파운스 자체 내에서 받을 수 있었다. 그러나 이러한 장점이 마이크로 블로깅 시장에서 틈새시장을 공략하여 성공할 수 있을 만큼 충분한 것은 아니었다. 위키피디아가 온라인 백과사전의 대명사인 것처럼 트위터는 마이크로 블로깅 시장에 독보적 존재로 남아 있다. 거대한 소셜미디어의 '친구 맺기'라는 영역에서 페이스북과 마이스페이스가 공존하는 것과는 좋은 대조가 된다.

사실 페이스북과 마이스페이스는 트위터와 마찬가지로 사용자들의 프로파일 상단에 있는 '상태' 박스를 통해 트위터와 사용자들의 자가 광고 경쟁을 벌이고 있다. 상태 박스에서는 사용자들의 감정 상태가 어떤지, 지금 무엇을 하고 있는지 등을 마치 트윗하는 것처럼 나타낼 수 있다. 페이스북의 '찜'-발신자가 당신에게 '찜'(문자를 보냈다) 차원에서 "안녕" 같은 관심의 표현함-은 트위터 이전의 초기 난계의 트윗식의 전송 선구자로 여겨질 만하다. 이런 걸 트위터상에서는 직접 메시지(Direct Message, DM)라고 부르는데 다용도로 이용 가능하며 수신자만이 볼 수 있다.

다른 뉴뉴미디어에서 일어나는 것과 같이 시스템의 융합 현상이 증가하고 있다. 페이스북과 마이스페이스의 많은 특징들이 이메일을 통해 전달될 수 있게 되고, 더 많은 사람들이 그런 이메일을 트윗을 받듯이 휴대전화, 아이폰, 블랙베리 그리고 다른 모바일 기기를 통해서 받는다. 따라서 트윗하는 것과 페이스북/마이스페이스에서 업데이트하는 것의 차이점이 점점 더 희미해지고 있다. 사실 페이스북과 마이스페이스는 이미 '모바일' 앱을 제공하고 있으며, 이 앱은 상태 정보 업데이트, 친구 찾기 등 여러 가지 요소를 휴대전화를 통해 전달한다(모바일 기기와 뉴뉴미디어에 대한 내용은 "13장, 하드웨어" 참조).

이와 동시에 트위터 '박스'를 블로그나 프로파일 페이지에 쉽게 끼워 넣을 수 있는데 이러한 박스는 지속적인 트위터 스트림을 트위터를 만든 어느 사람에게서도 받을 수 있게 조정 가능하다. 마이스페이스는 완전히 이런 박스가 삽입되는 것을 허용하고 있으며 페이스북은 약간 다른 식으로 트윗을 접근할 수 있게 해놓았다.

■ 트위터의 위험 : 트윗을 너무 많이 한 국회의원

만약에 당신이 하는 일이 도발적이거나 당신이 안전상 취약할 뿐 아니라 누구나 쉽게 접근할 수 있는 장소에 있을 때, 자기가 하고 있는 일을 트윗을 통해 전 세계에 알리는 것은 대단히 위험한 일이다.

독자는 어쩌면 수다쟁이(chatterbox)–'트위터 박스'가 이 경우엔 더 적합하겠지만–아이들이나 이 같은 실수를 저지른다고 생각할 것이고, 사실 그렇기도 하다. 그런데 2009년 2월 6일 피터 호크스트라(Peter Hoekstra) 하원의원(공화당-미시간 주)이 내보낸 트윗 시리즈를 한 번 보자. –"방금 바그다드에 도착했다…." 그리고 이어서 "헬리콥터로 그린 존으로 이동했다. 궁전 위에 이라크 국기가 보인다. 새 미국 대사관으로 향하고 있는데 지난번에 왔을 때보다 덜 혼란스럽고 조용해 보인다"(Donnelly, 2009). 미국 하원 정보위원회의 일원인 호크스트라는, 1980년대 온라인 통신이 시작된 시점부터 문제가 되고 있는, 위험한 환상의 먹이가 되어버린 것이다.

즉, '플레이밍(Flaming–열을 받게 한다)'이라고도 불리는 불쾌한 메시지를 올렸을 때 의도하지 않은 이들이 보게 되어 상황이 악화된다는 것이다. 이러한 실수나 오해가 생기는 이유는 스크린을 볼 때–예전에 책상 위의 컴퓨터 스크린이건 지금 이용하고 있는 블랙베리의 작은 스크린이건–이러한 개인용 기기가 자기의 개인적인 생각이나 또는 분노를 오로지 자기가 생각하고 있는 특정인에게만 간다고 착각하기 때문이다. 사실 1980년대에는 이런 기기를 '퍼스널 컴퓨터'라고 불렀으니 말이다. 트위터는 더 큰 오해를 일으킬 수 있는데 왜냐하면 자기의 트윗이 해당 팔로어에게만 보일 것이라는 착각을 하고 있기 때문이다. 한 사람의 트윗은 프로파일의 '보호'라는 것을 선택하지 않는 한 자기의 팔로어뿐만 아니라 트위터 세계의 모든 사람들이 볼 수 있다.

호크스트라는 오로지 뉴뉴미디어에 대한 열정만 가졌지 그것의 모든 특징과 통제 메커니즘을 체크하는 것을 소홀히했다. 충분히 이해는 할 수 있지만 그건 치명적인 실수였다. 우리는 새로운 양식의 의사소통 도구를 만나 그것을 사용하게 되면 어른이 그냥 아이가 되어버린다. 특히 몇 개의 키를 치는 것만으로 우리의 개인적, 전문적 인생에 새로운 장이 열리는 트위터 같은 것을 만나면 더욱 그렇게 된다. 트위터를 사용하는 평균 연령은 2009년 2월에 트위터에서 이뤄진 비과학적 표본 조사에 따르면 37세다(Weist, 2009; 또한 2009년 Heil&Piskorski의 과학적 표본 조사 참조-가장 활발한 10퍼센트의 트위터들이 전체 트윗의 90퍼센트를 차지한다는 것과 "남성들은 평균적으로 다른 여성의 것보다 다른 남자의 트윗을 거의 두 배 팔로한다"는 것 등 다른 흥미로운 인구 통계적 자료가 있다). 전체적인 뉴뉴미디어와 특히 최첨단에 위치한 트위터는 이제 더 이상 아이들만의 것이 아니다.

뉴뉴미디어의 더 큰 위험은 그것을 잘못 사용하는 데서 오는 게 아니라 나쁜 행동을 하려는 사람들에 의해 교묘하게 악용되는 데서 온다. "11장, 뉴뉴미디어의 어두운 측면"에서는 테러리스트들이 어떻게 트위터를 이용하고 있는지를 살펴보고자 한다.

그리고 트위터는 또한 민주주의적 표현을 가능하게 한 강력한 도구 구실을 해왔다.

■ 트위터와 이란의 물라(이슬람 율법학자)

2009년 6월 이란에서는 대통령 선거에서 부정행위를 목격했다고 주장하는 국민들이 이에 항의하며 거리를 점거하는 사건이 있었다. 이는 독재 정권하에서 자주 일어나는 이야기다.-사람들은 공공 광장에서 시위를 벌인다.-그리고 1989년 중국의 천안문 광장 사건의 경우처럼 민주주의 발전에 불행한 결과를 초래하는 경우가 많다. 그러나 2009년에 들어와 민중과 민주주의는 자기 마음대로 쓸 수 있는 새로운 도구를 만났다.

마무드 아마디네자드의 재선을 지원한 이란의 최고 지도자는, 자기와 같은 생각을 하는 물라들과 연대하여, 선거 결과에 대한 반대가 증폭되고 있다는 사실뿐 아니라 재선거를 요구하는 시위자들이 구타당하고 피살되고 있다는 사실의 보도를 금지시켰다. 그러한 보도 금지 조치는 방송과 같은 전통적, 중앙 집중식 매체에 의한 직접적인 현장 보도에는 효과가 있었고 보도를 하려고 할 경우 추방의 위협에 직면하는 전문적 저널리스트들에게도 유효했다. 그러나 유튜브와 페이스북, 트위터를 막거나 통제하는 것은 결코 쉬운 일이 아니었다.

이란에서는 그 당시 인터넷과 휴대전화가 간헐적으로만 제한되거나 필요에 따라 부분적으로 폐쇄되었다. 그러나 트윗과 유튜브에 동영상 올리는 것을 중단시키기 위해선 모든 인터넷과 휴대전화 서비스를 중단해야 했는데, 그렇게 되면 이란의 비즈니스와 다른 필수적인 정보 교환에 악영향을 미칠 수 있다는 우려 때문에 이란 당국은 그런 조치를 할 수 없었다. 그 결과 저항 세력과 시민 기자들에게 트위터와 동영상을 전송할 수 있는 통로가 열리게 되었고 외국에 있는 사람들은 이란 정부 당국으로부터 합법화한 '프록시(Proxy)'를 이용해 이란 내부로 리트윗할 수 있었다.

이와 동시에 이란 당국도 물론 트위터를 이용하여 거짓 정보를 내보내고 있었다. 2009년 6월 16일 LA의 KNX라디오와의 인터뷰에서 이란에서 보내온 트윗 정보가 진실인지 허위인지를 어떻게 알 수 있느냐는 질문에 나는 이렇게 대답했다. "위키피디아의 수많은 독자/편집자와 마찬가지로 트위터의 전체 인구는 정보의 정확도에 대해 견제와 균형을 제공하게 된다(Levinson, 2009, '뉴뉴미디어 대 물라[Mullahs]' 참조). 그리고 이란 정부에 의해 심어진 트윗들은 적발되고 밝혀졌다"(Grossman, 2009 참조).

2009년 6월 현재 이란에서의 시위의 결과와 또 저항을 가능하게 해준 트위터와 다른 뉴뉴미디어의 성공 여부는 아직 확실하지 않다. 그러나 1970년대 말의 새로운 매체인 오디오 카세트가 1979년 이란 혁명에 중요한 역할을 했고(Zunes, 2009 참조), 휴대전화가 2001년 필리핀에 있었던 제2의 시민 혁명이 성공을 거둘 수 있도록 도왔다(Rheingold, 2003과 Popkin, 2009 참조). 그리고 미 국무부에서는 트위터의 역할이 2009년 이란의 시위 초기에 아주 중요하다고 판단, 트위터 사의 정기검사를 위한 계획된 시스템 정지를 대부분의 이란인들이 잠든 시간까지 연기하라고 권고했다(Grossman, 2009).

다음은 20세기와 21세기에 발생한 독재 정권과 뉴뉴미디어의 중요한 충돌 연대표다.

년도	사건
1942~1943	백장미(The White Rose)는 포토카피를 이용해 독일인들에게 나치 정부에 관한 진실을 알림. 나치를 축출하는 데 실패함.
1979	아야톨라 호메이니의 오디오 카세트가 이란에 배포됨. 샤(왕)를 몰아내는 혁명을 선동하는 데 성공함.
1980년대	소련 정부를 비난하는 사미즈타트 비디오가 소련 내에 유포됨. 고르바초프의 페레스트로이카와 글라스노스트 그리고 결국 소련의 종말의 길을 닦다.
1989	톈안먼 광장의 시위에 대하여 이메일을 통해 전 세계에 알림. 중국 정부를 축출하는 데 실패함.
2001	휴대전화가 필리핀의 에스트라다 대통령에 반대하는 평화적 시위를 일으키는 데 도움을 줌. 제2의 시민혁명 성공.
2009	이란의 대통령 선거 결과에 대한 이란인들의 반대를 트위터와 유튜브를 통해 전 세계에 알림. 결과 : 이 글을 쓰는 현재까지 아직 확실치 않음.

■ 마이크로 블로거로서의 맥루한

트위터라는 간단한 형태는 정치적으로도 효율적이고 개인적 차원에서도 꼭 필요한 것이다. 그러나 이런 간단한 문자 형태는 트위터가 나오기 훨씬 이전부터 개발되어 잘 알려진 문서 형태로 나와 있었다. 마셜 맥루한은 1980년 마지막 날에 숨을 거두었는데, 이때는 마이크로 블로그와 블로그가 없었을 뿐 아니라 이메일이 출현하기 몇 년 전이었으며 손쉽게 접속할 수 있는 웹의 시대가

오기 10년 이상 전이었다. 그러나 그는 그의 가장 유명한 책 중 하나인『구텐베르크 은하계(The Gutenberg Galaxy)』(1962)에서 이미 트위터와 마이크로 블로그 같은 것을 하고 있었다. 즉, 책 속의 장 제목 또는 '어휘(glosses)'를 이용했는데 그것은 다음과 같다. "정신분열증은 문자 해독 능력이 가져온 필요한 결과다", "새로운 전자적 상호 의존은 지구촌이라는 이미지 안에 새로운 세계를 재창조한다." 그 책에는 이런 '트위터'적인 문장이 107번이나 나와 있다.

나는 트위터가 나오기 약 20년 전부터 맥루한의 글쓰기가 디지털과 연관성이 깊다고 알고 있었다. 1986년 나는 '마셜 맥루한과 컴퓨터 컨퍼런스'라는 제목으로 IEEE(전기, 전자 기술자 협회)의 전문적 커뮤니케이션의 사례에 기고한 적이 있다. 그의 글을 특징화하는 간결하고 격언 같은 문체는─1960년대부터 나온 그의 위대한 저서를 보면 하나의 장의 길이가 1페이지나 2페이지에 지나지 않는다─사실상 오늘날 웹에서의 글쓰기(컴퓨터 컨퍼런싱)나 우리가 말하는 블로그와 아주 유사한데 그는 웹이나 온라인 커뮤니케이션이 나오기 20여 년 전부터 그런 글쓰기를 시작했던 것이다.

21년이 훌쩍 지나서…, 내가 2007년 여름 트위터에 가입하고 몇 달이 지나서 나는 트위터의 오픈 페이지를 검색하다가 대부분의 트윗들이 맥루한의 책에 나오는 짧은 장(chapter)의 제목과 매우 유사하다는 걸 알고 깜짝 놀랐다. 만약 그의 책에 나온 장의 내용들이 하나의 장과 다음 장을 연결할 필요가 없이 순서가 무시된 한 페이지나 두 페이지 정도의 생각을 정리한 블로그였다면 그러한 장의 제목들은 바로 트위터로서 사람들의 시선을 사로잡는 한두 개의 문장이 되는 것이다. 맥루한이 책의 장 제목으로 쓴 '어휘'는, 다른 말로 하면, 트위터가 나오기 이전에 나온 트위터라고 할 수 있다(Levinson, 2007년 10월 참조). 물론『구텐베르크 은하계』에 있는 한 장의 제목 '글자를 해독하지 못하는 사회에서는 아무도 문법적 오류를 만들지 않는다' 같은 제목은 트위터상에서 나오는 어떠한 트윗보다 우수하다. 그래서 맥루한의 제목들은 이미 트위터를 예견한 것들임은 물론이거니와 트위터상에서 만들어질 수 있는 최고 수준의 것을 미리 써놓은 것이라고 해도 지나친 말이 아니다(실제로 그의 유명한 문장을 쓰는 맥루한 이름으로 된 트위터 계정이 여러 개 있다).

그러면 마셜 맥루한은 디지털 시대를 어떻게 보았을까? 그가 미래를 엿볼 수 있는 수정 볼 같은 것을 갖고 있지는 않았을 것이다. 시간을 뛰어넘어 장래를 볼 수 있는 환상적인 투시경을 가진 것도 아니었다. 어떤 이유 때문인지 모르지만 맥루한은 오늘날의 디지털 시대, 특히 뉴뉴미디어 시대에 부합하는 생각을 가졌었고 그것들이 우리들의 스크린과 생활에 투영된 것이라고 봐야 할 것이다. 한편 그렇게 짧고 간단한 문장을 쓸 수 있는 능력은 우리 인간 누구나 가지고 있었으나 우리의 문화와 교육이 그걸 제한했거나 배제했는지도 모른다는 것을 암시하고 있다. 맥루한은 그러한 기대를 무너뜨렸고, 그로 인해 그러한 문체가 지금 문장 구성, 아이밍, 상황보고, 트위팅의 표준이 되고 있는 것이다.

이것은 또한 올드미디어와 뉴뉴미디어 사이의 더 일반적인 역사적 역동성이 있음을 적시한다. 우리는 항상 우리의 참고 문헌을 읽는 것 못지않게 쓰기를 원했고 우리의 뉴스를 받는 것 못지않게 선택하기를 바랬다. 그러나 우리의 문화유산과 교육과 훈련은 우리로 하여금 수저로 떠주는 것을 먹도록 가르쳤다. 그러나 앞에 나온 짧고 간단한 문장처럼 우리는 인간이 가진 생산 욕구를 잃어버리지 않았고, 그래서 그러한 욕구가 트위터, 위키피디아, 디그 그리고 이 책에서 다루고 있는 뉴뉴미디어로 되살아나고 있는 것이다.

새로운 과학 기술에 의해 이전의 의사소통 형태들이 되살아나는 것은 맥루한의 미디어 도식(schema)의 중요한 부분으로서, 그의 '테트라드(tetrad)' 또는 그가 말한 미디어의 '효과'의 4분 모델에 잘 나타나 있다. 모든 새로운 매체는 우리의 커뮤니케이션 측면을 '증폭'시키고(예를 들면 라디오가 소리를 장거리로 증폭시킴), 이미 널리 퍼져 있는 형태를 '퇴화'시키기도 하고(라디오가 책읽기의 대역을 맡는다), 이전 형태의 것을 '되살리고'(라디오가 구어를 되살림), 그리고 마침내 다른 어떤 것으로 변환시킨다(라디오가 시청각 매체인 TV로 바뀜). '디지털 맥루한'(Levinson, 1999)에는 테트라드에 대한 예와 상세한 내용이 실려 있다. 그러나 트위터에 관해서 이야기하자면 그것은 짧고 간단한 문장을 증폭시켰고, 긴 문장의 블로그나 전화를 퇴화시켰으며, 시적인 문구와 맥루한 식의 문장을 되살렸고, 그리고 다른 것으로 변환시킬 텐데… 글쎄, 무엇이 될지는 아직 두고 봐야겠다.

맥루한의 저작은 미디어를 이해하는 데 있어 대단히 큰 도움을 줬으며(1964년 그의 걸작 《미디어의 이해(Understanding Media)》처럼), 뉴뉴미디어를 이해하는 데에도 매우 유용하다. 그가 주장한 또 다른 개념은 '총체적 몰입(total immersion)'이었다.—우리가 다른 일을 하면 그 하고 있는 일을 생각할 수 있는데 한 매체를 사용하는 동안에는 그 매체에 완전히 몰입되고 만다는 주장이다(McLuhan&Fiore, 1967 참조). 그러나 모바일 매체는, 바로 이런 몰입과는 반대로 작동한다. 만약 모바일 도구를 사용하여 위키피디아나 유튜브를 보거나 블로그를 쓴다면, 책상에 놓여 있는 컴퓨터에 매여 있을 때보다 우리는 바깥세상이나 주변에 있는 사람들과 더 많이 접촉할 수 있다.

그러나 하나의 뉴뉴미디어는—사실 이 책에서 마지막으로 다루고자 하는 특별한 시스템인데—상당한 정도로 우리에게 총체적 몰입의 환상을 가져다준다. 다음 장에서 세컨드라이프에 대하여 살펴보고자 한다.

09

세컨드라이프

2007년 12월의 어느 일요일 초저녁, 뉴욕 시는 추운 날씨에 비가 내리고 있었다. 나는 나의 소설『소크라테스 구출 작전』을 세계 각국의–미국은 물론 루마니아나 다른 지역의 사람들–독자들에게 읽어주고 있었는데 여느 독서 여행을 할 때와는 달리 단 한 방울의 비도 맞지 않았다. 그것은 내가 현실에서 한 것이 아니고 세컨드라이프에서 한 일이기 때문이었다.

세컨드라이프에서는 아바타들이 그들의 책을 큰소리로 다른 독자들에게 읽어줄 뿐 아니라, 실제 인간들이 세상에서 살아가면서 하는 다른 여러 가지 일들도 한다. 아바타들은 각자의 머리 스타일이 있고, 의복과 대지를 구매하고, 춤을 추며, 사랑을 나누고 가게도 운영하고 온갖 종류의 사업을 하기도 한다. 나는 세컨드라이프 세계에 있는 '책의 섬(BookIsland)'이라는 곳에 '소프트 에지 북숍'이라는 이름의 '가상' 서점을 막 열었다. 매월 임대료를 '린든 달러'로 지불하고 있었는데 이것은 실제 미화로 구입해야 하는 것으로 약 5달러 정도였다. 그 서점은 내가 집필한 책들의 표지를 전시했는데(총 15권) 방문객은 클릭을 해서 내 책에 대한 서평을 볼 수 있었고, 더 읽고 싶으면 곧바로 아마존 서점으로 링크하여 내용을 더 보거나 또는 그 책들을 구입할 수 있도록 하였다. 나의 아바타는 서점 현관에 있는 흔들의자에 앉아 있고 나는 서점 앞에 서 있는 약 40명의 아바타들에게 내 책을 읽어주었던 것이다.

이후 내가 시간을 더 이상 낼 수 없어서 그 서점은 문을 닫았지만 만약 아직도 열려 있었더라면 바로 이 책의 표지도 그 서점의 벽 한 곳에 걸려 있을 것이다(세컨드라이프에서 책을 읽어주고, 2차원적인 사무실과 서점을 설립하고, 다른 전문적 작가 활동을 한 사람들에 관한 정보를 원하면 Kremer, 2008 참조).

인생의 모든 것에는 선례가 있듯 세컨드라이프도 다르지 않다. 1980년대 프랑스의 미니텔(Minitel) 시스템이 생긴 이래로 사람들은 수십 년 동안 온라인에서 대화를 나누어오고 있다.—뉴뉴미디어는커녕 뉴미디어라는 말이 나오기도 전부터였다(Levinson, 1997 참조). 마치 블로깅으로 대부분의 뉴뉴미디어를 이용할 때와 마찬가지로(유튜브마저도 제목과 내용을 설명할 때 문자를 쓰는 것처럼) 세컨드라이프에서의 커뮤니케이션에서는 문자가 아직도 주요 요소다. 그러나 2007년에 세컨드라이프는 음성 대화 기능을 추가했다. 누구나 대본을 고르고 춤을 같이 출 수 있는 아바타를 구할 수 있다.—왈츠든, 부기든, 무엇이든 출 수 있다.—그리고 당신은 문자나 음성으로 대화할 수 있고 스크린에서 당신의 아바타가 춤추는 것을 감상할 수 있다.

세컨드라이프의 주민들은 아바타를 애니메이션으로 움직이는 데 필요한 토지, 물건, 피부 그리고 대본을 린든 달러로 구입할 수 있다. 린든 달러(세컨드라이프의 개발자이자 현재까지 그것을 발전시키고 관리하는 'Linden Labs'에서 이름을 땄음)는 페이팔 결재 시스템을 통해 실제로 달러를 주고 구입할 수 있고 세컨드라이프의 다른 주민들로부터 벌어들일 수도 있다. 2008년 12월 현재 미화 5달러는 린든 달러 L 1,310이다. 나는 나의 책이 아마존에서 미화로만 구입할 수 있도록 하였다. 하나의 이유는 나는 세컨드라이프와 실세계의 공유 영역에 흥미를 가지고 있었기 때문이고—두 세계 간의 경계선은 상호 침투가 가능할 만큼 느슨한가, 그리고 세컨드라이프에서의 성공이 현실에서의 성공으로 얼마나 전이될 수 있을까.— 다른 하나의 이유는 서점을 통해 책을 판매하여 그 돈이 출판사에 가고, 작가는 출판사에서 인세를 받게 되는 방법이 작가에게는 가장 유리하기 때문이다. 이러한 방법을 쓰면 출판사로부터 미리 받은 선불을 되갚고 출판사는 책의 판매에 감동하여 추가 부수를 인쇄하거나 차후에 있을 수 있는 책 발간 계약의 성사 가능성을 더 높일 수 있다.

내가 세컨드라이프 서점에서 처음으로 책읽기를 하기 약 1주일 전, 나는 일요일 오후 세컨드라이프의 아델 워드(Adele Ward)의 '작가와 만나다' 시리즈 초대 손님으로 나가 책을 낭독했었다. 그 낭독은 '세컨드라이프케이블네트워크티브이(SLCN.tv)'를 통해 생방송으로 방송되었으며 지금도 SLCN닷티브이 웹사이트를 통해 누구든지 볼 수 있게 되어 있다(나는 또한 이 동영상의 카피와 발췌본을 나의 블로그에 실었고 또 발췌본을 유튜브에 올려놓았다. Levinson, 2007 'The Plot to Save Socrates' 참조).

세컨드라이프에서의 '오프 세계(off world)'를 볼 수 있게 된 것은—실제 생활의 컴퓨터 스크린이나 또는 그 주민들이 말하는 것처럼 RL에서— 세컨드라이프와 인터넷의 나머지 요소들이 점점 더 혼합되어가는 흐름의 일부분이라고 할 수 있다. 나는 또한 세컨드라이프 신문에 난 나의 소프트 에지 서점 기사 때문에 에스더 드쿠어(Esther DeCuir)와 인터뷰를 했다. SLCN닷티브이 인터뷰와 마찬가지로 SLNN(세컨드라이프 뉴스 네트워크) 기사는 웹상에서 누구나 볼 수 있게 되어 있다(DeCuir, 2007). 나의 아마존 도서 링크처럼 이러한 뉴스와 TV 쇼의 운영을 보면 세컨드라이프가 온라인 세계의 다른 요소들과 어느 정도 연결되는지를 잘 알 수 있다.

책의 사진만 가지고 웹 페이지를 통해 아이밍하는 것보다 책상과 의자와 벽 위에 사진을 걸어놓은 가상 서점에서 책을 판매하는 것이 실제로 작가가 서점에서 책을 낭독한 후 판매하는 상황과 훨씬 느낌이 비슷하다. 어느 날 밤, 내 아바타가 내 서점 앞에 서 있었다. 또 다른 아바타가 지나가다 서점 문 앞에서 서서히 빙글빙글 돌고 있는 『소크라테스 구출 작전』이라는 커다란 책 표지가 앞으로 나오는 걸 보고 발을 멈췄다. 우리는 잠시 동안 책에 대하여 이야기를 나눴고 그 손님은 아마존을 클릭해서 책을 구입하였다. 나는 그가 작가 서명을 원한다면 어디로 우송하라고 내 주소도 알려주었다. 흡사 실제 서점에서 이 모든 일이 일어나는 것과 같은 기분이었는데 나는 마치 실제로 책을 손에 들고 있는 것 같은 느낌을 받았다.

이 책에서 살펴본 그 어떤 다른 뉴뉴미디어보다도 세컨드라이프의 아바타와 동영상, 그리고 사운드는 우리 삶의 부수적인 것이 아니라 대안의 세계 같은 느낌을 준다.—컴퓨터와 관계없으면서 우리 생활과 다른 제3의 장소, 그러나 컴퓨터나 휴대전화를 통해 우리가 추구해왔던 일이나 우리가 가져본 즐거움과도 다른 그런 세계다. 그러나 물론 세컨드라이프는 그럼에도 불구하고 우리의 실생활의 일부분이고 다른 뉴뉴미디어와 같이 동일한 온라인 매트릭스 안에 존재한다. 그리고 궁극적으로 즐거움, 사랑, 정치, 비즈니스 등 우리의 실제 생활과 관련한 활동에 변화를 가져다줌으로써 그 가치가 입증되고 있다.

■ 세컨드라이프의 역사와 운영

세컨드라이프는 2003년 6월 23일 시작되어 필립 로즈데일(Philip Rosedale)의 감독 아래 린든 랩(공식적으로는 Linden Research Inc)에 의해 출범하였다. 2008년 9월 현재 1,500만 명의 사용자가 있었으며, 이는 페이스북 가입자의 약 10분의 1이고 2009년 5월에는 트위터 가입자 수의 약 절반 정도였다. 페이스북과 마이스페이스와 마찬가지로 그 1,500만 명 중에는 상당수의 복수 계정과 비활동 계정이 있었을 것이다.

페이스북, 마이스페이스, 트위터 그리고 다른 성공적인 뉴뉴미디어들과 마찬가지로 세컨드라이프에 가입하는 것은—회원이나 '주민'이 되고자 하는 것은—무료다. 그러나 다른 뉴뉴미디어와는 달리 린든 달러의 형태로 돈을 써야 하는 것이 세컨드라이프의 중요한 부분이었다.

여기에 운영 방식을 소개한다. 세컨드라이프에 가입하고 나면 당신은 남성이나 여성 아바타를 고르고 나서 신체 타입을 선택한다. 입술 모양에서부터 수염까지의 용모적 특성과 의상도 결정해야 한다. 이 모든 것들은 무료다. 하지만 무료로 제공해주는 옷, 얼굴의 특성 그리고 헤어스타일 등은 누가 보아도 '초보자'라는 걸 대번에 알 수 있는 수준이다. 바로 여기가 소비가 시작되는 시점이다. 주민들은 별 볼일 없는 값싼 귀걸이에서부터 아름다운 뒷모습까지 저렴한 가격에서부터 값비싼 것까지 원하는 건 무엇이든지 즉시 린든 달러로 구입할 수 있다.

어떤 의미에서는 린든 달러는 놀이용 돈이고—독점적으로 사용되는 게임머니 같은—주민들 자신들도 세컨드라이프를 가지고 '놀았다'고 할 때가 많다. 그러나 린든 달러는 실제로 미화와 세계 여러 나라의 화폐로 구입할 수 있고 역으로 린든 달러를 당시의 환율에 따라 달러나 해외 화폐로 바꿀 수도 있으며, 그것은 세컨드라이프에서의 린든 달러의 소비가 아주 빨리 커다란 사업으로 발전할 수 있음을 의미한다. 《비즈니스위크》는 2006년 5월 현재 에일린 그래프(아바타 이름, 앤쉬 정)가 세컨드라이프에서 미화 25만 달러 이상을 벌어들였다고 보도했으며(Hof, 2006 참조), 로이터 통신의 세컨드라이프 부서는 2006년 11월 현재 앤쉬 정의 세컨드라이프 내의 '부동자산' 가치가 미화 100만 달러에 이른다고 본인이 밝혔다고 보도했다(Reuters, 2006 참조). 로이터는 또한 세컨드라이프 주민들 중 58명이 "5,000달러 이상 벌어들이고 있다"고 주장하며 "세컨드라이프에서 이익을 많이 내는 사람들이 급증하고 있다"고 보도하였다. 그러나 알파빌 헤럴드(The Alphaville Herald)(세컨드라이프 신문으로 린든 랩과 무관함)는 2008년 4월까지 "2008년 1사분기의 일인당 수익 성장이 역사상 최저 수준"이라고 보도했다(Holyoke, 2008 참조). 2008-2009년에 불어닥친 세계 경제 위기가 세컨드라이프의 영업에 어떤 영향을 미쳤는지 그리고 불황이 얼마나 오래 지속될지 궁금하다.

그러나 이것만은 분명하다. 린든 달러와 비세컨드라이프 통화(즉, 다른 나라에서 사용되는 '실제' 통화)를 페이팔 시스템을 통해 쉽게 교환할 수 있는 현실을 감안할 때 미국인의 입장에서 보면 린든 달러가 호주 달러나 캐나다 달러와 무엇이 다르겠는가? 또한 호주인의 입장에서 보면 린든 달러가 미국 달러나 캐나다 달러와 무엇이 다르겠는가? 즉 각국 개인의 입장에선 린든 달러도 그 어느 다른 해외 통화나 똑같이 단지 타 지역의 화폐로 인식된다는 사실이다.—굳이 다른 것이 있다면 린든 달러는 세계의 어느 나라에서나 노트북이나, 데스크톱이나 아이폰을 통해 쉽게 그리고 즉시적으로 접속이 가능한 가상의 세계에서 통하는 화폐라는 점이다.

■ 세컨드라이프와 실제 생활의 접점

실제 생활, 즉 컴퓨터나 휴대전화로 상호 작용을 하지 않는 동안 실제 세계에서 우리가 하는 생활은 우리가 온라인으로 하는 모든 것들과 연결되어 있거나 바로 배후에 숨어 있다. 마이버락오바마닷컴(mybarackobama.com)으로 인해 오바마를 위한 투표가 더 높아졌을까? 모든 뉴뉴미디어와 오바마의 웹사이트가 없는 상태에서 통제된 실험과 2008년 선거를 재현시킬 수 있는 방법은 없지만 그가 대통령으로 당선되는 데 그것들이 분명한 역할을 했다는 것은 틀림없다(“12장, 뉴뉴미디어와 2008년 미국 대선” 참조). 그리고 이것은 온라인 또는 뉴뉴미디어들의 일련의 활동이 실제 세계에 엄청난 영향을 가져온 좋은 본보기가 될 것이다.

세컨드라이프는, 린든 랩에 의해 개발되었지만, 온라인과 실생활에 동등하게 영향을 주는 실험을 계속하는 뉴뉴미디어라고 할 수 있다. 어떤 사람이 세컨드라이프에 있는 나의 소프트 에지 서점의 링크에 클릭한 다음 아마존에서 내 소설책을 구입할 때마다, 세컨드라이프의 주민은 세컨드라이프라는 뉴뉴미디어에서 아마존이라는 뉴뉴미디어로 이동한다. 여기서 이뤄지는 거래는—이 경우에는 린든 달러가 아닌 실제 달러로 이루어진 구매—나의 소설책이 세컨드라이프 구매자의 실제 가정이나 직장으로 배달되는 것으로 끝이 난다.

그러나 만약 이 비즈니스가 세컨드라이프와 실생활의 상호 작용 중에 가장 수량화가 쉬운 것이라고 말한다면 동의할 수 없다. 아래에서 실제의 세계에 영향을 미치는 몇 개의 다른 세컨드라이프 활동을 살펴보겠는데, 교육적 세미나에서부터 섹스에 이르기까지 다양하다.

■ 세컨드라이프에서의 한 세미나

세컨드라이프에서 음성 송수신이 가능해짐에 따라, 어느 하나의 아바타가 언제나 한 집단의 다른 아바타들에게 말을 할 수 있고, 생방송으로 진행되는 오디오 세미나, 다른 말로 하면 웨비나(webinar)를 열 수 있게 되었다.

일부 세컨드라이프의 이벤트들은 더 명백하게 세미나나 웨비나에 가깝다. 세컨드라이프에서 나의 과학 소설을 가지고 전형적인 낭독회를 할 때, 나는 통지문을 세컨드라이프에 있는 다양한 커뮤니티와 나의 세컨드라이프 친구들에게 보냈다. 그들은 나의 통지문을 세컨드라이프의 메시지 보관함을 통해 받았거나, 그러한 옵션을 설치한 사람들은 실생활에서 이용하는 이메일로 그것을 받았다. 사실상, 사람들은 세컨드라이프에 있는 그들의 아바타를 통해 나의 독서회에 초대를 받은 것이다. 그러나 이러한 세컨드라이프의 '게임'이나 경험은 너무도 사실적이기 때문에 아바타들과 사람들이 동시에 초대를 받았다고 말하는 것이 더 타당할 것이다.

나는 또한 '오프-월드' 온라인 커뮤니티(페이스북, 마이스페이스, 내 블로그)에 그 독서회를 공고하고 지메일을 통해 이러한 소셜미디어에서 만난 친구들을 초대했다. 그 초대장에는 어떻게 무료로 세컨드라이프 계정을 받을 수 있는지, 독서회 장소를 어떻게 찾는지 등의 상세한 안내문이 포함되어 있었다.

세컨드라이프에서는 모든 아바타나 주민들의 성이 세컨드라이프에 의해 제공된다. 이온(Aeon), 라테(Latte), 프리노트(Freenote) 등이 많이 쓰이는 성들이다. 만약 어떤 사람이 세컨드라이프에서 오프라인의 신분을 완전히 감추고자 한다면 자신의 진짜 이름과 전혀 상관없는 첫 이름을 지으면 쉽게 목적을 달성할 수 있다. -스타 이온(Star Aeon), 테이스티 라테(Tasty Latte)가 되는 것이다. 이러한 방법이 지금까지 세컨드라이프에서 이름을 만들어내는 가장 보편적인 방법으로 이용되고 있고 이러한 사실은 이 책에서 이제까지 다룬 모든 소셜미디어 중에 세컨드라이프가 가장 익명성이 높다는 것을 입증한다. 페이스북, 마이스페이스, 트위터의 경우에도, 당신이 원할 경우 가명, 혹은 닉네임으로 계정을 만들 수 있다. 세컨드라이프의 경우에는 당신의 실제 이름과 연관이 있는 아바타 이름을 지어야 하는 것이 숙제다. 그 방법 중의 하나는 당신의 실제 이름을 세컨드라이프의 첫 이름으로 하는 것이다. 예를 들어, 만약에 당신이 세컨드라이프에서 '폴 레빈슨 프리노트'를 만난다면 그게 바로 나라고 알면 된다.

2007년 12월 9일 일요일 오후 2시(세컨드라이프 타임, 태평양 타임과 동일), 내가 참석한 아델 워드의 '작가와의 만남'을 위한 아바타 회의가 열렸다. 이 회의는 아주 아름다운 장소-쿠키(Cookie)라는 이름의 가상 도시에 있는 타운 센터에서 열렸다. 나와 초대된 사람들은 타운 센터의 '안내 지침'을 받았는데 이것을 통해서 우리는 가상 회의 장소로 곧바로 로그인할 수도 있고 또는 세컨드라이프의 어떤 장소에서 그 장소로 텔레포트(teleport)로 도착할 수도 있다. '텔레포팅'이란 세컨드라이프의 한 장소에서 다른 장소로 즉시 이동하는 한 방법이다.

그보다 좀 더 늦은 방법으로는 비행하거나 걷는 방법이 있다. 나의 청중들은 이 세 가지 방법으로 회의장에 도착했다.

내가 책읽기를 시작하기 전, 참석자들은 도착하자마자 문자나 음성으로 서로 대화를 하고 있었다. 그곳에는 아바타들이 앉을 수 있는 의자들이 마련되어 있었으며, 그들은 거기에 앉도록 권장되었다.—아바타들에 대한 예의를 갖추기 위한 조치일 뿐 아니라 서 있으면 그 영상을 제대로 유지하는 데 세컨드라이프에서 더 많은 컴퓨터 파워가 소모되기 때문이었다(Levinson, Reading from 'The Plot to Save Socrates', 2007을 보면 인터뷰 도중에 자리에 착석한 아바타들을 몇 분 동안 볼 수 있다). 독서회가 있기 일주일 전 아델은 나에게 설명하기를—그녀의 질리 키드(Jilly Kidd)란 아바타를 통해(아델 워드는 그녀의 실명이고, 실제로 런던에 거주하는 시인임)—타운 센터 회의장은 최대한 45-50명의 아바타만 서포트(support)할 수 있다고 했다(다른 장소에서는 최대 수백 명의 아바타까지 서포트할 수 있다. '서포트'란 세컨드라이프에서 '심[sim]' 또는 가상의 영상을 유지하는 데 필요한 컴퓨터 파워로, 아바타의 숫자가 그 '심'에 필요한 세컨드라이프의 허용 용량을 초과하게 되면 화면이 부서진다). 나는 내보낸 초대장의 숫자와 세컨드라이프가 아닌 다른 온라인 이벤트에 내가 유치했던 사람들을 고려하여 나의 독서회에 최대 30명의 아바타들이 올 것이라고 예측했다. 그래서 독서회장의 무대에 내 자리를 잡고 참가자를 세어보고 36명의 아바타가 온 것을 알고 매우 기뻤다.—사람이 많을수록 작가에게는 좋은 것이다. 세컨드라이프에서와 같이 참가자가 초과되어 시스템이 주저앉는 일이 생기지 않는다면 참석 인원은 많을수록 좋은 일이다(문제가 생기는 곳은 세컨드라이프 전체가 아니라 독서회와 관련된 시청각 시스템, 즉 심이다). 물론 실생활의 서점에서는 좌석수보다 더 많은 사람이 와도 문제가 될 것이 없고 입석을 마련한 것도 그러한 경우를 대비한 것이다. 참가자가 엄청나게 초과해도 거기에선 서점이 문을 닫는 일은 생기지 않는다.

아턴 트립사(호주의 역사소설 작가), 오렐 마일즈(캐나다 밴쿠버에 거주하는 작가), 케니 허블(캐나다에 살고 있는 교수—케니에 대해서는 아래에서 자세히 다루기로 한다), 아이오대치 검보(작가, 루마니아 거주), 켈시 메텔(그리스에 거주하는 미국인 작가) 그리고 드림 데스티니(호주의 발행인)뿐만이 아니고 폴라리스 스누크, 틴커러 멜빌, 에드워드 러셀, 토리아 멈퍼드, 그리고 제로포인트 틸트–가상의 인물이므로 나는 아직 이들의 실명과 실제 거주지를 모른다–같은 아바타들이 걸어서, 날아서 아니면 텔레포트를 통해 나의 독서회로 찾아온 것이다. 이들은 스타트렉 컨벤션에서 당신들이 볼 수 있는 것보다 훨씬 더 화려한 색상의 깃털과 장신구로 치장을 하고 있었다. 그런데 한 가지 세컨드라이프와 실제 세계가 같은 공통점이 있는데 그것은 작가들의 참가율이 높고 작품을 낭독하는 사람이 교수이면 다른 교수나 학생들의 참석 가능성이 높아진다는 것이다.

위에서 지적했듯이 스타 소닉(Starr Sonic)과 그녀의 SLCN닷티브이 팀원들은 그 독서회를 녹화했다. 세컨드라이프의 독서회가 열린 지 18개월이 지난 2009년 5월 현재, 내가 유튜브와 블립 TV에 올려놓은 그 동영상은 4,500명 이상이 시청했다. 세컨드라이프의 생방송 독서회에 참석했던 36명의 아바타와, 1년 반이 지난 후 유튜브와 블립 TV를 통한 4,500회 이상의 시청은 세컨드라이프 밖의 웹의 힘, 특히 유튜브의 영향력을 잘 보여주고 있다. 유튜브에 올라온 세컨드라이프의 이벤트가 원래의 가상 참석자의 100배가 넘는 사람들을 끌어들이는 효과를 발휘한 것이다.

■ 케니 허블, 세컨드라이프 천문학자

현실의 세계에서 켄 허드슨(Ken Hudson)은 캐나다 로열리스트 칼리지의 가상 세계 디자인 센터 전략적 혁신 연구실의 책임자다. 켄이 세컨드라이프에 깊은 관심을 보이는 건 놀라운 일이 아니다. 나는 그가 주관하는 세컨드라이프 미디어 생태학 심포지엄에 초대되어 뉴뉴미디어에 대한 인터뷰를 한 바 있고 (Levinson, Interview by Ken Hudson, 2007 참조), 그것이 내가 2007년 11월 처음으로 세컨드라이프를 알게 된 계기가 되었고 종국에는 폴 레빈슨 프리노트가 탄생하는 결과를 낳았다.

켄 허드슨이 깊은 관심을 가지고 있는 분야의 하나는 항상 천문학이었다. 그래서 그의 세컨드라이프 이름이 '케니 허블(Kenny Hubble)'이 된 것이다.

2008년 케니는 세컨드라이프에 칼레돈 우주관과 칼레돈 우주 회의(CAS)를 창립했다. 칼레돈은—쿠키 타운 센터나 책의 섬처럼—하나의 가상 장소 또는 심으로 찰스 디킨스나 찰스 다윈이 반짝이는 추운 겨울 날 저녁 산책했을 만한 빅토리아 시대 어느 도시의 거리 모습이 생각나게 건설되었다. 케니는 나에게 그는 천문학을 좋아하고 하늘을 관찰하는 것뿐만 아니라 과학의 진보를 믿고 새로운 것을 발견하는 것을 기쁨이라고 믿었던 빅토리아 시대의 눈과 마음으로, 그 경이로운 감성으로, 우주를 바라보는 것을 좋아한다고 말했다(나도 그와 같이 이러한 빅토리아 시대 문화에 대한 존경심을 공유하고 있다). CAS의 설명서에는 다음과 같이 쓰여 있다. "칼레돈과 세컨드라이프의 시민들에게 베푸는 공공의 서비스로서 천문관을 운영하며 우리 CAS에서는 독서회, 강연, 토의, 시연, 사회적 이벤트 그리고 다른 천문학 관련 활동에 이르는 정기적인 이벤트를 집행한다"(Hudson/Hubble, 2008; Merlot, 2008 참조).

세컨드라이프 내에 가상으로 건설될 수 있는 가장 적합한 현실 세계의 건축물 중 하나가 아마도 우주 투영관일 것이다. 뉴욕 시에 있는 하이든(Haydn) 투영관만 해도 그렇다. 눈부시게 만들어진 영상을 통해 밤하늘의 여기저기를 실제로 보고 있다는 환상을 안겨준다. 우리는 하이든이나 어떤 다른 실제 세계의 투영관을 과거의 눈으로 보면 수십 년에 걸쳐 만들어진 세컨드라이프의 어떤 것을 보고 있다고 말할 수도 있다. 하이든 투명관의 경우에는 세컨드라이프를 우리의 작은 컴퓨터 스크린에서 볼 수 있게 되기 약 75년 전인 1935년에 개관했다. 우리가 허블 망원경을 통해 보는 것과는 달리, 즉 허블이 보는 생생한 사진들과 우주의 있는 그대로의 모습과는 달리, 케니 허블의 칼레돈 우주관이나 실제 세계의 다른 투영관에서 볼 수 있는 것은 아티스트들이 만든 우주의 모형이다. 물론 세컨드라이프나 투영관에서 실제 사진이 이용되는 경우도 있지만 대부분의 소재는 두 경우 모두 사진 이상의 것을 쓴다.

켄 허드슨은(2008년 12월 26일 페이스북 메시지를 통해) 나에게 그의 칼레돈 우주관에 대해 "주당 약 100명 이상이 별들 속에서의 휴식을 찾아 방문한다"고 말했다. 그냥 휴식이 아니라 별을 '보고 관찰하면서' 별 안에서의 휴식을 위해 방문한 것이다. 전 장의 말미에서 내가 맥루한과 미디어에 관하여 언급했듯이, 이것은 맥루한이—세컨드라이프를 모르는 상태에서—말했던 특정 매체로의 '총체적 몰입'이라고 할 수 있다.

그리고 만약에 당신이 세컨드라이프의 별에 좀 더 몰입하고자 한다면, 세컨드라이프의 텔레포트를 이용해 반 고흐 박물관으로 들어가서 박물관 테라스로 나가 반 고흐의 〈별이 빛나는 밤(The starry night)〉과 함께 시원하고 반짝이는 밤하늘을 볼 수 있을 것이다. 그러다가 돈 맥클린의 '스타리 스타리 나이트(starry starry night)' 노래가 상기되어 머리에 맴돌기 시작하면, 로비 딩고의 오프월드 페이지로 가서 그곳의 '세컨드라이프 머시니마(machinima)'를 본다(Dingo, 2007 참조). 딩고의 작품을 보기 위해서는 굳이 세컨드라이프상에 있을 필요는 없다. "세컨드라이프 내에서 촬영한 후 나중에 제작이 완료된다"고 딩고는 설명한다. "좋아하는 그림을 볼 때 그 그림 속에 들어가 보고 싶다는 생각을 해본 적이 있습니까?" 그것이 바로 딩고, 세컨드라이프, 그리고 블립 TV(딩고는 유튜브에서 동영상을 제거했다)가 그 '별이 빛나는 밤'을 위해 한 것이었다(동영상 제작에 대한 더 자세한 내용은 Au, 2007 참조).

■ 세컨드라이프에서의 성

천문학이나 인상파가 세컨드라이프의 전부는 아니다. 실생활에서와 마찬가지로 성(Sex)은 세컨드라이프에서도 온갖 형태로 범람하고 있다.

매춘부와의 밀회든 바에서의 만남이든, 세컨드라이프 내의 배우자와 벽난로 옆에서의 사랑을 나누는 것이든 가상의 영역에서의 성은 항상 신체와 대본, 두 부분으로 구성되어 있다.

신체 부분은 사람들이 원하는 대로 만들어진다. 젖가슴과 엉덩이와 외음부 등 원하는 모양이나 색상, 크기 등 어떤 것이든 구입할 수가 있다. 그리고 그것들을 '입을 수' 있다.—그것으로 아바타를 꾸미는 것이다.—갖고 싶은 보석류나 의상도 입힌다. 그러므로 세컨드라이프에서 누가 "당신은 예쁜 엉덩이를 입었군요" 하고 말한다면 그건 은유 이상의 사실적인 칭찬이라고 볼 수 있다.

그리고 자기 자신뿐만 아니라 애인에게 주기 위해 신체의 일부분을 구입할 수도 있다. 세컨드라이프에서 내가 인터뷰한 어느 여성 아바타는 한 남자를 세컨드라이프의 침실로 인도해 그에게 성교를 위한 '대본'(다음 단락 참조)을 주었는데 남자가 옷을 벗었을 때 그의 '루이빌 슬러거'(엄청나게 크다는 의미) 크기의 성기를 보고는 너무 못마땅해서 좀 더 '적당한 크기의 것'을 선물했다고 말했다.

그러나 실제 세계에서와 마찬가지로 신체 부위는 세컨드라이프에서도 섹스를 위한 시작이나 전제 조건에 불과하다. 세컨드라이프에서 아바타의 모든 비일상적인 행동은(걷기, 손 흔들기, 날기, 텔레포트를 제외한) 아바타를 통제하거나 인도하는 특별한 프로그램의 '대본'에 의해 만들어진다. 어떤 대본들은 물건 속에 포함되어 있다. 예를 들어 의자를 본 아바타를 의자에 앉히고 싶으면 '앉다'를 클릭하거나 의자의 사진에 이미 프로그램 되어 있는 대본대로 "저기 봐"(voila : 불어) 하면 아바타가 의자에 앉는다. 다른 대본들을 구입할 수도 있고 다른 아바타에게서 얻을 수도 있다. 만약에 당신의 아바타가 나이트클럽에 간다면 온갖 종류의 춤을 출 수 있는 대본이 제공된다. 당신의 아바타와 그 아바타의 파트너는 함께 룸바, 왈츠, 트위스트를 추며 가상의 밤을 지새울 수 있는 것이다.

섹스 대본은 침대나 다른 '사랑의 가구'와 함께 패키지로 나오기도 하고 또는 잠재적인 파트너에게서 제공받을 수도 있다. 그것들은 소요 시간과 원하는 구체적 성행위에 따라 다양하다. 이러한 대본에 프로그램 되어 있는 구체적인 동작은 선택이 제한되어 있고 세컨드라이프의 성행위 법에 의해 통제를 받는다. 당신은 대본을 선택할 수 있다. 그러나 당신과 당신의 파트너가 일단 그 대본으로 들어가면 당신은 자세를 변경할 수가 없고 심지어 좀 더 길게 키스를 하고 싶어도 그렇게 할 수 없다. 다른 말로 바꾸자면 자발적 행위가 허용되지 않는다는 것이다.

세컨드라이프 사용자가 사랑을 위해 필요한 신체 부위와 대본을 마련하기 위한 비용은 얼마나 될까? 2008년 12월 애니메이션 센세이션이라는 매점에서는 쇼핑객들을 초대하는 다음과 같은 안내 광고를 냈다. "어서 오셔서 다양한 종류의 제품 메뉴를 살펴보세요. 침대, 양탄자, 온수 욕조, 풀, 전망대, 그 밖에도 많이 있습니다!!! 무려 206개의 동영상이 있습니다!!! 그룹 소파도 있어요! 세컨드라이프에서의 최저의 가격입니다.—왜 다른 데서 비싸게 삽니까? 최저

550 린든 달러에서부터 있습니다. 여러분들이 상상할 수 있는 키스와 포옹 그리고 여러분이 상상할 수 있는 모든 사랑의 포지션들이 있습니다." '헨메이션스(Henmations)'는 이런 광고를 냈다. "섹시 댄스, 러브 퍼니처&디스플레이—동작을 촬영한 애니메이션. 최고 품질의 동작 촬영한 춤 그리고 사랑 동영상. 침실, 욕실, 거실, 사우나, 식당과 같은 동영상으로 된 가구를 최대로 보유하고 있어 선택의 폭이 넓습니다. 실물과 같이 선명한 피부, 다양한 종류의 디스플레이, 클럽 장비 그리고 여러분들의 세컨드라이프를 좀 더 실제 세계처럼 만들어줄 대본과 제품들. 섹스 침대, 섹스 침대, 섹스 침대들, 섹스 침대들, 섹스 양탄자, 섹스 양탄자들…." 이 모든 것을 팔기 위해 가게를 개업하고자 하는 사람에게 패키지로 230,002 린든 달러에 팔겠다고 광고한 것이었다. 550 린든 달러는 미화 약 20달러에 해당한다.

모든 사이버 섹스의 경우와 마찬가지로—1980년대 프랑스의 문사 섹스 시스템인 미니텔로 거슬러 올라가지만(Levinson, 1992 참조)—세컨드라이프에서의 섹스는 성병의 전염이나 임신을 걱정할 필요가 없다는 이점을 가지고 있다. 그러나 다른 모든 가상 또는 온라인 활동에서도 볼 수 있듯이 거기엔 확실한 문제점도 있다. 당신이 어떤 아바타를 부리는 실제 인물을 알지 못하는 한 그의 나이와 성을 알 수 있는 방법도 없다는 사실이다.

■ 세컨드라이프에서의 TV 쇼 '로스트'

현실의 오프 월드 생활(오프라인 또는 세컨드라이프를 제외한 시스템의 생활)과 세컨드라이프 생활의 관계는 쌍방향으로 흐른다. 세컨드라이프의 주민들은 돈을 벌거나 또는 벌려고 노력하고, 번 돈은 실제의 화폐로 전환될 수도 있다. 한편 사람들은 여러 가지 매체나 현실 생활의 문제들을 세컨드라이프로 가져온다. 예를 들면 내 책과 관련하여 내가 했던 일, 버락 오바마의 후원자들이 아바타 모임을 통해서 세컨드라이프와 현실 세계에서 오바마를 어떻게 홍보할 것인가를 의논했던 것, 그리고 실제 세상에서 방영된 텔레비전 쇼를 평가, 감상하기 위한 세컨드라이프상에 만들어진 단체 등이 바로 그런 것들이다.

세컨드라이프에서의 '로스트'는 세컨드라이프에 있는 실제 TV 쇼 〈로스트〉의 열성 팬 그룹을 의미하는 것이지 세컨드라이프에 깊숙이 빠져버렸다는 것을 말하는 건 아니다. 어떤 사람은 그들이 세컨드라이프의 게임에서 그들의 진정한 삶을 발견했다고 느낄지도 모른다고 말할 수도 있겠지만. 2007년 5월 〈로스트〉 시리즈 시즌 3의 엄청난 화제의 마지막 방송이 있던 즈음(TV 역사상 최고의 시간 중의 하나였다고 나는 기술한 바 있다. Levinson의 '〈Lost〉, Season 3 Finale' 2007 참조), 몇 명의 〈로스트〉 팬들은 세컨드라이프에 가상의 '로스트' 섬을 구축하기 시작했다. 그들은 TV 프로그램의 섬과 흡사한 장소를 만들어 그들의 아바타들이 만나고 프로그램에 대해 이야기 나눌 수 있게 하는 것이 목표였다. 그들은 후에 세컨드라이프 밖에다 웹사이트 sl-LOST닷컴을 만들어 그들의 세컨드라이프 그룹과 섬 이야기를 전개했다. 그것은 텔레비전 시리즈의 이야기와 거의 맞먹는 놀라움, 비통함, 그리고 구원을 사라지는 섬의 침몰과 함께 전하는 이야기, 아니 진실한 이야기였다.

앞에서 보았듯이 세컨드라이프에서 가장 깊은 실체의 하나는 모든 것에 돈이 필요하다는 것이다. 예를 들어 책을 팔기 위해 서점을 하나 오픈하고자 해도, 누군가와 〈로스트〉에 대하여 이야기를 나누기 위해 섬을 만들고자 장소를 구입하거나 임대하려 해도 이 모든 일에 린든 달러가 지불되어야 한다. 아니면 당신에게 그런 자산을 무료로 대여해줄 사람을 세컨드라이프 안에서 만나야 한다. 나의 첫 번째 서점은 세컨드라이프상의 '책 섬'에 있는 퓰리처 광장 근처에 있었는데 한 달 임대료가 미화 5달러 정도였다. 그 후에 누가 무료로 서점을 제공해준다고 해서 1호점을 닫고 예술가 마을에 2호점 소프트 에지 서점을 열었다. 4개월쯤 후에 갑자기 그 섬 주인이 잠적을 하면서 그녀의 섬과 그 안의 모든 상점들이(내 서점을 포함하여) 사라져버렸다. 새로운 서점을 세컨드라이프 내의 다른 장소에서 오픈할 수도 있었으나-언젠가는 또 열게 될지도 모른지만-그때 새로운 서점을 다시 열기에는 너무 바쁘다고 생각되었다(이 책의 집필도 그 이유 중 하나였다).

세컨드라이프의 '로스트' 그룹도 나와 비슷하게 받침대가 사라지는 문제에 봉착하게 되었다. 웹사이트에 올린 그들의 설명을 보면 "2007년 10월 어느 날 그 섬의 소유주가 그의 그룹원들에게 아무런 주의나 설명도 없이 사라져버렸다"는 것이다. 그 섬은 2007년 11월 잠시 다시 오픈 되었는데-도망가버린 주인에 의해서가 아니라 세컨드라이프 프로그램 관리자에 의해서-그것은 24시간 동안 회원들이 자기 소유의 아이템을 수거해갈 기회를 주기 위해서였다. 다행스럽게도 세컨드라이프에서의 이 '로스트' 홈리스 그룹은 결국 새로운 후원자와 새로운 본부를 갖게 되어 좋은 결말을 맺었다. 그러나 세컨드라이프 밖에 웹사이트를 가져야 할 필요성은 충분히 증명된 셈이었다. 제2의 '로스트' 섬이 세컨드라이프에 건설되기 이전 그 웹사이트는 단체원들을 결속시킬 수 있는 수단이 되었던 것이다. 나는 2008년 1월 '로스트' 그룹의 리더 중 한 사람과의 인터뷰가 출판되면서 이 그룹을 알게 되었다(그러나 아이러니하게도 그는 그 그룹의 오프 월드 웹사이트에서 사라져버렸다). 2008년에 나는 또한 세컨드라이프의 새로운 본부를 방문하기도 했다(그 가상 세계에서 이루어진 다른 TV 시리즈, 〈CSI—NY〉와의 관련 내용을 보려면 6장 뒷부분 참조).

그렇다면 '로스트' 그룹이 세컨드라이프에서 아바타를 통해 만나는 것이 왜 꼭 중요했을까? 그들은 이미 웹 페이지를 가지고 있었고 이러한 세컨드라이프가 아닌 매체를 통해 얼마든지 쉽게 '로스트'에 대해서 아이밍을 할 수 있었다. 설명을 하자면 웹에 있는 다른 것들과는 다르게 세컨드라이프는 그 속에 빠지게 만드는 매력이 있다. 세컨드라이프에 들어가면 보통 웹사이트(시뮬레이션이 가능하지 않은)와는 달리 정말로 자신이 그 커뮤니티 안에 있다는 느낌을 갖게 된다. 움직이는 그래픽과 소리의 조합, 이러한 환경 속에서 당신이 자유자재로 움직일 수 있는 아바타를 통해 간단히 읽거나 듣거나 보는 것 이상, 즉 당신이 실제로 그 안에 있는 것 같은 강력한 환상이 창조되는 것이다.

그러므로 세컨드라이프는 뉴뉴미디어 시대에 완전한 몰입이 가능한 매체의 본보기라고 할 수 있다. 유튜브를 보다가 동영상을 잠시 정지할 수도 있고, 위키피디아에서도 편집을 멈출 수도 있으며 페이스북이나 마이스페이스를 하면서 자기의 컴퓨터 화면을 놔둔 채 뭘 간단히 먹으러 갔다 와도 크게 놓치는 일은 거의 없다. 그러나 세컨드라이프에 연결된 상태에서 잠깐이라도 스크린을 떠난다는 것은 바로 자신의 아바타를 잠자거나 얼어붙은 상태로 화면에 그대로 놔두는 것이며 인근에 있는 다른 아바타들도 당신의 아바타로 대표되는 당신의 동작이 얼어붙었다는 것을 알게 될 것이다. 그리고 당신의 아바타는 그들이 말하고 행동하는 것을 듣지도 보지도 못할 것은 물론이다.

이와는 대조적으로 팟캐스트는, 모든 다른 음향 매체의 경우와 같이, 당신이 다른 일을 하면서도 들을 수 있도록 고안되었다. 우리는 다음 장에서 이 전형적인 다중 작업 처리성 뉴뉴미디어를 살펴보고자 한다.

10

팟캐스팅

역사적으로 볼 때 이미지의 기록과 송출은 사운드의 기록과 송출을 앞섰다. 축음기가 1876년 에디슨에 의해 발명된 데 반해 사진은 1830년대에 다게르(Daguerre)에 의해 발명되었다. 에디슨이 발명한 영화는—프랑스의 뤼미에르(Lumiere) 형제와 영국의 윌리엄 프리즈-그린(William Friese-Greene)도 비슷한 시기에 독자적으로 영화를 발명했다—1901년에 발명된 마르코니(Marconi)의 라디오를 10년 이상이나 앞질렀다(Levinson, 1997 참조). 만약 초기의 동굴벽화를 이미지 기록의 한 형태로 간주한다면, 이 시각 매체는 음향 매체보다 적어도 3만 년 전에 존재하고 있었다고 할 수 있다.

한편 1901년에 발명된 라디오는 1927년에 등장한 텔레비전을 앞섰고 1920년대의 라디오의 상업적 성공은 20년 후에 올 텔레비전의 상업적 성공을 미리 말해준 것이었다. 그리고 지금 2009년, 이 디지털 시대에도 사운드 프로그램의 녹음과 송출은 웹캐스팅이나 유튜브, 그리고 뉴뉴미디어적인 시청각 콘텐츠의 녹화와 송출보다 아직 더 쉽다.

사운드의 녹음과 송출(음악, 인터뷰, 독백 등)을 팟캐스팅이라고 한다. '캐스팅(casting)'이란 방송(broadcasting)이라는 단어에서 나온 말로 라디오를 통해 첫 소리를, 텔레비전을 통해 이미지와 사운드를 널리 퍼뜨린다는 것을 뜻한다. '팟(pod)'이란 아이팟(iPod)에서 나온 말인데 바로 그 도구가 팟캐스트를 가능케 할 초기 도구로 사용하려고 했기 때문이다.

그러나 팟캐스트는 지금 어느 컴퓨터에서나 구동이 가능하며 실제로 전화에 연결된 블루투스를 통해 자동차에서도 팟캐스트를 할 수 있다. 1920년대 후반 트랜지스톤(Transitone)의 발명으로 자동차에서 라디오의 청취가 가능해진 이래, 더 최근에 와서는 웹상에서 한 번의 클릭만으로도 팟캐스트에 나오는 것과 비슷한 프로그램의 청취가 가능해졌다는 사실을 볼 때 팟캐스트와 라디오는 이제 하나가 된 것이나 다름없다고 해도 좋을 것 같다.

라디오 프로그램이 전문적으로 생산되는 반면 모든 뉴뉴미디어와 마찬가지로 팟캐스트는 누구에 의해서든지 만들어지고 보급될 수 있다는 중요한 차이점만 제외하면 다를 게 없다고 할 수 있다.

2008년 12월 어느 날 "팟캐스트가 무엇인지를 설명해주실 분이 있나요? 그리고 장점은 무엇이죠?"라고 팟캐스탤리닷컴(Podcastalley.com)이라는 팟캐스터와 청취자들을 위한 소셜 네트워크 사이트의 한 신입 회원이 질문해왔다. 나는 이렇게 대답했다. "그것은 웹상에서 무료로 제공받을 수 있는 청각, 또는 시청각 프로그램입니다. 그리고 이것의 장점은 팟캐스트는 직접 팟캐스터로부터 오는 것이기 때문에 라디오나 텔레비전 방송 제작자들이 필요로 하는 요구 조건을 맞추어야 할 필요가 없다는 점입니다. 이것은 팟캐스트가 독창적이고 특이한 매체라는 것을 의미하고 그것을 영속시키기 위해 일정한 숫자의 청취자와 시청자를 끌어들여야 할 필요가 없고 다만 팟캐스터의 자유 재량에 완전히 맡겨진다는 점이 특징입니다"(Levinson, "'팟캐스트가 무엇이지요?'에 대한 응답" 2009 참조).

■ 팟캐스트는 어떻게 만들어지는가?

팟캐스트를 만들기 위해서는 마이크와 음향-녹음 프로그램이 필요하다. 다른 대부분의 뉴뉴미디어 소프트웨어와 마찬가지로 음향-녹음 프로그램은 구입할 수도 있고(내가 사용하고 있는 Sound Forge 같은 것), 아니면 웹상에서 무료로(Audacity 같이) 다운받을 수 있다. 유료 프로그램에 부가 기능이 더 많지만 무료 프로그램도 작업하는 데에는 큰 무리가 없다.

그럴듯하게 팟캐스트 녹음을 하려면 어느 정도의 재능이 필요하고 물론 목소리도 괜찮아야 한다. 그러나 작은 실수, 기침 또는 다른 음향적 오류는 편집을 통해 쉽게 제거할 수 있다. 그리고 무료 전문적인 프로그램(한 예로 레벨레이터를 사용하여)을 이용하여 음향의 질을 높일 수 있고 음의 고저와 강약을 조절할 수 있다.

팟캐스트는 짧게는 몇 분에서 길게는 몇 시간까지 갈 수 있다. 팟캐스트가 길어질수록 저장을 위해 더 커다란 파일이 요구되고, 그 팟캐스트를 웹으로 보급하기 위해 더 큰 용량의 주파수대역이 요구된다. 녹음된 자료는 다양한 음향 포맷으로 저장이 가능한데 예를 들어 압축되지 않은 웨이브(WAV) 파일에서부터 초압축이 필요한 MP3가 있다. MP3는 라디오에서 대화를 듣는 정도의 수준인 64kbs 압축에서부터 아주 깨끗하고 선명한 음질을 제공해주는 320kbs의 CD 수준까지 다양하다. kbs 압축이 더 크고 세밀할수록 그 파일을 저장하기 위한 공간이 더 많이 필요하게 되고 그것을 송출하기 위해 더 큰 대역폭이 필요하게 된다.

일단 녹음이 끝나면, 팟캐스트는 웹 어딘가에 업로드되어 전 세계로 송출된다.–컴퓨터를 가진 사람이나 아이팟 소유자, 아니면 자동차 안에서 휴대전화를 쓰는 사람들에게….

■ 팟캐스트를 위한 청사진

비록 팟캐스트가 블로그에 글을 쓰는 것보다는 제작하는 데 더 많은 노력이 들지만 어떤 다른 사람의 허가를 받지 않고도 만들고 제작될 수 있다는 점은 다른 블로그나 모든 뉴뉴미디어와 마찬가지다. 텔레비전 시리즈의 운영자나 텔레비전 쇼에 어떤 아이디어를 처음 낸 사람들과는 달리 팟캐스터는 개념화 상태에서 제작까지 몇 시간, 혹은 몇 분 안에 끝낼 수도 있다. 물론, 며칠이 걸리는 경우도 있지만….

여기서 내가 만든 새로운 팟캐스트 '라이트 온 라이트 스로'의 예를 들겠다. 이 책 "6장, 마이스페이스"에서 언급했듯이, 2008년 11월 말 내가 마이스페이스의 블로그에 사이버 집단 폭력에 대한 글을 올린 지 얼마 되지 않아 'Truth on Earth'라는 밴드의 홍보 담당자가 내게 연락을 해왔다. 그 밴드는 신곡, '총

알 없는 총으로 쏘다'를 나에게 알리기를 원했고, 나는 이 곡이 뉴뉴미디어를 통해 일어나는 사이버 집단 폭력 남용을 치료할 수 있는 인터넷 음악 약품이라는 것을 바로 알게 되었다.

노래를 듣고 난 다음 나는 이걸 어떻게 홍보할 것인지 고민하다가 밴드의 구성원들에게 내 팟캐스트에서 인터뷰를 하겠느냐고 물었고 그들은 이에 동의했다. 나는 내 스카이프를 그들의 것에 연결하여 그 밴드 구성원들을 스카이프로 불러냈다. 보이스 오버 IP 커넥션(voice over IP connection)을 줄여 VOIP라고 하는 것이다. 음질은 좋았고 비용이 전혀 들지 않았다. 나는 나의 팟캐스트 장비인 마이크와 이어폰만 사용했다. 세 명의 젊은 여자들 서리나(Serena), 킬리(Kiley), 테스(Tess)로 구성된 그 밴드는 그들의 맥 컴퓨터에 내장된 마이크와 스피커를 사용했다. 나는 또 다른 무료 프로그램인 '핫 레코더 포 VOIP(Hot Recorder for VOIP)'를 이용해서 그 프로그램을 녹화했다(이를 위해 '핫 레코더를 위한 오디오 컨버전' 프로그램이 필요했는데 이미 1년 전에 15달러를 주고 구입해놓은 것이 있어서 그것을 팟캐스트를 만드는 데 이용했다).

그 인터뷰는 약 15분간 진행되었고 그중에는 그 밴드가 집 없는 사람들을 주제로 한 새 노래의 라이브 공연도 포함되었다. 그 밴드는 팟캐스트에 포함시키기 위해 '총알 없는 총'의 MP3를 이메일로 이미 보내왔다. 나는 인터뷰 녹음이 잘 나왔다는 것을 곧 확인했다. 현재까지 녹음을 포함한 전 과정을 마치는 데 걸린 시간은 총 45분이었다.

앞으로 며칠 안에 사이버 집단 폭력을 소개하고 그 문제점에 대한 논의를 녹음할 계획인데 그것은 나의 문자 블로그를 목소리로 옮기는 작업이 될 것이다. 나는 팟캐스트의 맨 처음과 끝부분에 '범퍼' 음악을 삽입할 계획이다. 이것은 1972년의 나의 앨범 'Twice Upon a Rhyme'에 들어 있는 대표곡 '석양을 바라보며(이른 아침에)'에서 따온 반복 악절이 될 것이다. 나는 여기저기에 음향 효과를 넣어 팟캐스트를 맛깔스럽게 만들 것이고 몇 개의 광고도 넣을 생각이다. 예를 들어 내 소설『실크 코드』나『소크라테스 구출 작전』의 광고이거나 틀어주고 돈을 받는 광고가 될 수도 있다(이 장의 후반에 나올 '팟캐스트에서의 광고' 참조). 아직 최종 결정을 하지는 않았지만 팟캐스트의 특성을 감안할 때 나는 아마도 상업성 일변도로 가지는 않을 것 같다. 그러나 몇 개의 홍보물이나 다른 팟캐스트에 관한 무료 광고를 팟캐스트의 끝부분에 삽입할까 한다. 팟캐스트를 위한 모든 요소들이 모이면 앞에서 언급한 바 있는 무료 프로그램인 '레벨레이터(Levelator)'에 그 전체를 집어넣을 계획이다. 레벨레이터는 팟캐스트의 모든 부분의 톤과 음의 크기를 고르게 조정해주는 도구다. 이것은 특히 팟캐스트가 여러 부분으로 구성되고 여러 방식으로 각각 녹음되었을 때 특히 중요하다. 라이트 온 라이트 스로 에피소드의 경우처럼, 내 목소리(도입 부문)와 서리나, 킬리, 테스와의 나의 인터뷰, '총알 없는 총 쏘기'의 스튜디오 녹음 MP3, '오늘밤 당신이 자는 곳(Where You Sleep Tonight)'의 라이브 공연 등이 혼재되어 있을 때엔 더욱 필요한 과정이다.

이런 모든 것을 완성하는 데 소요되는 시간이 지금 이 팟캐스트에 관하여 글을 쓰는 시간보다는 조금 더 걸리겠지만 크게 다르지는 않다. 아마도 1시간 이내가 될 공산이 크다. 그런 다음 팟캐스트는 전송될 준비가 끝난 것이다.

■ 팟캐스트 저장과 전송 : 음악 플레이어, 아이튠스, RSS 피드

팟캐스트가 전송되기 위해서는(노트북, 아이팟 또는 휴대전화로 들을 수 있게 되려면) 우선 제작자의 컴퓨터에서 웹상의 저장소로 업로드 해야 한다. 이 사이트는 음향 팟캐스트를 올린다는 것을 제외하고는 블로그 사이트나 다를 것이 거의 없다. 블로그 포스트가 팟캐스트와 함께 올려질 때도 있는데, 이런 경우 팟캐스트가 놀아가는 동안은 물론 그 이전 이후에도 블로그를 읽을 수 있다. 만약 팟캐스트가 '피드'를 통해 아이튠스나 다른 시스템으로 전송되면 팟캐스트는 아이팟을 통해 무료로 청취할 수 있도록 다운로드 될 수 있고 블로그 포스트는 팟캐스트와 동반되도록 코드화되어 아이팟 스크린 위에서도 읽을 수 있게 된다. 팟캐스트의 저장 사이트는 자동적으로 그런 일을 수행한다.

블로그 사이트와 마찬가지로 팟캐스트 저장 사이트도 무료이거나 다양한 형태의 '임대' 형식으로 운영된다. 내가 시작한 레빈슨 뉴스 클립(Levinson

News Clips) 팟캐스트는 5분 내지 6분 정도의 미디어와 정치적 뉴스에 대한 간단한 논평으로 시작하여 나중에 TV 쇼에 대한 비평으로 발전하였는데 메비오닷컴(Mevio.com)에 올려져 무료로 볼 수 있다. 토크슈닷컴(Talksheo.com)에 올라 있는 '애스크 레브'라는 나의 팟캐스트는 약 5분에서 10분 정도의 분량으로 제작자들에게 충고와 안내를 해주는 것으로 이 또한 무료로 제공하고 있다. 메비오와 토크슈는 앞이나 끝부분에 자체 광고를 넣는 경우도 있고 다른 팟캐스터들에게 자기들의 사이트를 이용하여 광고 수입을 올릴 수 있는 기회도 제공한다(이 장 후반부 '팟캐스트에서의 광고' 참조). 또한 다른 사람들의 웹사이트에 당신의 팟캐스트를 알리는 광고가 실릴 수도 있다.—그러한 사이트들이 수입을 올리는 방법의 하나다. 나의 '라이트 온 라이트 스로' 팟캐스트는 대략 30분 정도 분량으로 대중문화와 정치의 다양한 측면을 다루고 있는데 립신닷컴(Libsyn.com)에서 볼 수 있으며 나는 한 달에 5달러에서 60달러까지의 요금을 지불하는데 요금은 팟캐스트의 수와 시스템에 저장하고자 하는 분량에 따라 다르다(나는 생산하는 팟캐스트의 숫자에 비례하여 매월 5달러에서 12달러를 지불한다). 그 외에도 수많은 다른 무료 또는 유료 팟캐스트 호스트들이 있다.

왜 팟캐스트 제작자들이 무료 사이트를 두고 유료 사이트를 이용하는가? 립신은 무료 사이트보다 팟캐스트의 전송에 대한 아주 자세한 정보와 더 좋은 통계 숫자를 제공해주고 있기 때문이다. 팟캐스터는 자신의 팟캐스트가 얼마나 많은 사람들에게 청취되었는지 그리고 어떤 방법을 통해 보급되었는지에 관심이 크다. 그리고 그들은 즉시 또는 즉시에 가까운 시간에 그런 정보를 얻는 것을 선호한다. 립신은 위의 두 가지를 다 제공할 뿐 아니라 HTML 디자인에 관한 정보와 팟캐스트 환경에 관한 정보를 제공하여 팟캐스터들로 하여금 블로그의 모양과 느낌을 통제할 수 있도록 해준다.

팟캐스트가 한 번 웹사이트에 올려진 이후에 최대한의 청취자들을 유인하는 방법은 블로거가 자기의 블로그를 위해 하는 것과 같이 웹상의 가능한 모든 곳에 최대한 많이 링크를 걸어놓는 것이다. 2008년에 나의 라이트 온 라이트 스로 팟캐스트는 7만 5,000명이 넘는 사람들을 끌어들였으며 레빈슨 뉴스 클립스는 12만 5,000명이 넘는 사람들이 청취했다. 그들 중 거의 90퍼센트 가까이가 내 팟캐스트 페이지에서의 링크를 통해 그걸 들었는데 내가 페이지에 올려놓은 여러 개의 '팟캐스트 플레이어' 중 하나를 보고 링크를 통해 넘어온 것이었다.

팟캐스트 플레이어는 당신의 팟캐스트 호스팅 서비스에 저장되어 있는 각각의 팟캐스트 에피소드의 MP3로의 링크를 포함하고 있는 일종의 도구다. 립신이나 메비오나 토크슈는 자기들의 페이지에 있는 모든 블로그 포스트에 자동적으로 링크될 수 있는 시스템을 팟캐스트에 제공한다. 그들은 또한 다른 블로그 페이지나 웹사이트로 연결될 수 있는 플레이어들을 제공한다. 이와 동시에 빅 콘택트(Big Contact)는 립신을 포함하여 어떠한 블로그 페이지나 웹사이트에 연결되는 '피드 플레이어(feed player)'들을 제공한다. 나는 내 립신 팟캐스트 페이지와 내 블로그에 위에서 말한 두 종류의 팟캐스트 플레이어와 다른 여러 플레이어를 설치해놓았다.

2008년 나의 청취자들 중 나미지 10퍼센드 가운데 9퍼센트는 아이튠스로 내 팟캐스트를 들었고 나머지 1퍼센트는 주스(Juice), 쥰(Zune), 아이파더(iPodder) 같은 더 작은 전달 시스템을 통해 들었다. 다시 말해서 나의 독자들의 99퍼센트는 나의 팟캐스트에 직접 링크해서 듣거나(90퍼센트) 아이튠스를 통해 들었다(9퍼센트)고 볼 수 있다.

이러한 모든 경우에 팟캐스트는 청취자들에게 무료로 제공된다.—바로 그것이 어필되는 큰 요소 중에 하나라는 데 이의를 달 사람은 없다. 아이튠스가 음악을 제공하는 대가를 받을 때는 올드미디어이거나 웹의 뉴미디어 안의 올드미디어 역할을 한다고 할 수 있다. 그러나 팟캐스트(또는 비드캐스트[vidcast]—비디오가 추가된 팟캐스트)를 무료로 제공할 때에는 뉴뉴미디어에 더 가까운 역할을 하게 된다. 이것들은 아이튠스에 직접 로그인한 후에 팟캐스트를 직접 찾아가는 방법을 쓰거나 아니면 아이튠스의 팟캐스트를 구독하는 방법을 써서 들을 수 있다.

그러면 팟캐스트가 어떻게 호스트 사이트(립신)에서 아이튠스로 이동되는가? RSS(Real Simple Syndication의 머리글자로 된 말)를 통해 대부분의 작업이 진행된다. 팟캐스트 호스트는 아이튠스에 쉽게 팟캐스트 시리즈를 올릴 수 있는 방법을 제공한다. 호스트는 아이튠스나 어떠한 RSS 리시버라도 붙잡을 수 있는 피드(RSS feed)를 보낸다. 아이튠스의 경우, 팟캐스트 제작자는 팟캐스트의 내용

설명서를 호스팅 서비스로부터 받은 자기 고유의 RSS 피드와 함께 아이튠스에 먼저 제출해야 한다. 아이튠스에 의해 허락이 되면–나는 이제까지 팟캐스트의 제작자가 거절당했다는 소리는 한 번도 들어보지 못했다.–각각의 팟캐스트 에피소드는 RSS 피드의 도움을 받아 자동적으로 아이튠스에 나타나게 된다. 형식적인 허가 과정이 없다 뿐이지 '주스'와 다른 팟캐스트의 전송 방식도 이와 거의 동일하다.

■ 팟캐스트의 성공 사례 : 그래머 걸

미뇽 포가티(Mignon Fogarty)는 2006년 7월 처음으로 그래머 걸(Grammar Girl)이란 팟캐스트 서비스를 시작했다. 공식 명칭은 '더 좋은 글쓰기에 도움 되는 그래머 걸의 빠르고 간편한 비결(Grammar Girl's Quick and Dirty Tips for Better Writing)' 이었다. 이때는 팟캐스팅이 중요한 뉴뉴미디어로 막 떠오르는 시기였다. 4개월 후인 2006년 11월 그래머 걸은 이미 100만 명이 넘는 사람들의 청취와 다운로드를 받았다(Lewin, 2006). 그 숫자는 끊임없이 증가하여 2007년 12월에는 700만 명에 이르렀고, 미뇽은 CNN과 '오프라 윈프리 쇼'에도 출연하게 되었다(위키피디아, 2009). 그래머 걸은 아이튠스의 가장 많이 듣는 팟캐스트 중 톱 5에 자주 오르고 그 팟캐스트를 토대로 쓴 그녀의 저서 『더 좋은 글쓰기에 도움 되는 그래머 걸의 빠르고 간편한 비결』(2008)은 그해 8월 《뉴욕타임스》의 베스트셀러 분야 9위에 오르기까지 하였다. 이러한 성과는 전통적인 방식의 미디어 환경에서 뉴뉴미디어의 영향력을 보여준 또 하나의 좋은 본보기라고 할 수 있다. 포가티는 팟캐스트를 시작하기 전에는 한 사람의 과학 저술가였으나 그래머 걸의 성공으로 일약 스타가 되었던 것이다. 도대체 겨우 부정사나 'affect'와 'effect'의 차이를 다루는 쇼가 어떻게 그런 인기를 얻게 되었을까? 터커 맥스(2006)와 같은 블로거들이 베스트셀러 책을 내게 된 것은 이해가 간다. 왜냐하면 맥스의 경우엔 거의 노골적인 성에 관한 내용을 가지고 인기를 끌었으나 고작 사소한 문법적인 것을 다룬 쇼가 인기를 끈 이유는 무엇일까? 우리는 누구나 자기의 문법 실력을 향상시키는 데 관심이 있기 때문에 그 쇼는 아주 큰 잠재적 청중을 갖고 있었다고 말할 수도 있겠지만 아마도 그것은 그래머 걸의 성공 요인은 아닌 것 같고 첫 번째 요인은 절대로 아니다. 만약 포가티가 그녀의 문법 팟캐스트 아이디어를 라디오 방송국에 가지고 갔다면 방송 시간을 얻지 못했을 것이다. 나는 어느 라디오 프로그램에서도 문법에 대한 방송이 다뤄졌다는 소리를 아직 들은 적이 없다. 따라서 그래머 걸의 어마어마한 성공은 아마 다른 무언가로 설명될 수 있을 것이다. 아직도 새롭기 때문에 팟캐스트 청취자들이 문법적으로 유용한 교습을 흥미롭게 받아들일 수 있게 만든 것이 해답이다(장난감처럼 여겨지는 새로운 기술의 출현에 대해서는 Levinson, 1997 참조). 다른 말로 하자면, 그것은 가치도 있고 재미도 있었다. 그뿐 아니라 문법에 대한 재미있는 쇼를 들을 수 있음은 물론 자기가 원하는 편리한 시간에 아이팟이나 컴퓨터를 통해 들을 수 있었다. 그리고 이제 팟캐스트는 전화나 자동차 라디오 같은 올드미디어에서도 청취가 가능해지기 시작했다.

■ 전화상이나 차 안에서의 팟캐스트

RSS 피드는 아이튠스와 상당히 다른 방법으로 소리를 전파하는 사이트에도 팟캐스트를 옮겨다줄 수 있다. 한 예로 파들리네즈닷넷(Podlinez.net)은 각각의 팟캐스트 시리즈에 하나씩의 전화번호를 배정한다. 그 번호에 전화를 걸면 팟캐스트의 가장 최신의 에피소드를 들을 수 있다(이 서비스는 2009년 5월 현재 팟캐스터와 청취자 모두에게 무료로 제공되고 있다).

전화를 이용할 수 있게 됨으로써 팟캐스트는 모든 종류의 추가적인 보급과 수신의 가능성이 증가했다. 예를 들어, 나의 프리우스 자동차에는 휴대전화와 연결되는 블루투스가 장착되어 라디오 스피커를 통해 내 대화 상대의 목소리를 재생할 수 있다. 차 안에서 파들리네즈닷넷의 전화번호에 전화를 걸면 팟캐스트가 라디오에서 흘러나온다. 수천 개의 팟캐스트가 이런 방식으로 수신이 가능하다.

한발 뒤로 물러서서 이러한 미디어 환경을 커다란 그림으로 보면 팟캐스트를 자동차의 라디오를 통해 들을 수 있다는 것은 디지털 시대(팟캐스트)와 방송 시대(라디오)와의 하나의 흡수 또는 합병이라고 볼 수 있다(아니면 올드미디어[라디오]와 뉴뉴미디어[팟캐스트]의 또 하나의 융합이라고 말할 수도 있다).

문제는 자동차 속의 라디오가 차원이 다른 '라디오'라는 사실에 있다. 전통적인 라디오 방송은 대규모 시설에서 전문적으로 제작되어 방송을 통해 정해진 시간에 차 속에서 들을 수 있게 되어 있다. 반면에 카라디오를 통해 수신되는 팟캐스트는 흔들의자에 앉은 채로 제작하여(내가 종종 이렇게 한다) RSS 피드를 생산할 수 있는 웹사이트에 업로드하면 간단히 끝이 난다. 청취자가 원하는 시간에 파들리네즈 번호로 전화를 걸기만 하면 언제나 들을 수 있다. 이와 같이 사운드 프로그램의 제작이나 수신이나 모두 크게 민주화되었다. 이것은 앞으로 다가올 더욱 커다란 뉴뉴미디어의 올드미디어 흡수의 시작 단계라고 할 수 있다. 거실의 텔레비전에서 유튜브를 보는 것이나(Orlando, 2009) 휴대전화 없이도 자동차의 라디오로 팟캐스트를 들을 수 있는 것이 그러한 예에 속할 것이다.

전통적인 라디오 방송과 팟캐스트는 매우 특징적인 공통점이 있는데 그것은 바로 둘 다 무료라는 것이다. 그러나 팟캐스팅은 또한 통상 유료로 들어야 할 것 같은 음향 프로그램을 무상으로 공급하기도 한다.

■ 파디오북

오디오북은 도서 출판 산업에서 아직 미미한 상태이지만 판매는 꾸준히 성장하고 있다. 2008년 5월 통계 보고서에 따르면 정장본 및 문고본 도서(교과서 제외)의 미국 내 판매 총액은 4억 2,500만 달러에 이르렀는 데 반해 오디오북의 판매액은 약 1,200만 달러에 달했다(Jordan, 2008). 그러나 오디오북의 판매는 지난 2년간 12퍼센트 이상 성장했으며, 미국인 중 28퍼센트가 오디오북에 대해 한 번 이상 들었다고 한다(Sharp, 2008). 만약 운전자가 운전하면서 책을 읽고 싶다면 진짜 책을 펴고 읽는 것보다 오디오북이 훨씬 더 안전하기 때문에 선호하리란 것은 당연한 사실이다.

오디오북은 다양한 형태로 나온다. 내레이션만 하는 경우, 부분적으로 성우의 연기를 삽입하는 경우, 음향 효과와 음악을 넣는 경우와 넣지 않는 경우, 요약본만 녹음하는 경우와 전부를 녹음하는 경우 등 형태가 다양하다. 분량과 제작의 난이도를 고려하여 오디오북의 책값은 보통 15달러에서 30달러 사이에서 책정되는데 하드커버나 또는 고급스런 문고판 도서와 값 차이가 별로 없다.

티 모리스(Tee Morris)와 에보 테라(Evo Terra)는 몇 년 전에 하나의 대안을 내놓았다. '파디오북'이 그 대안인데 책 내용을 한두 장씩 순차적으로 들려주는 오디오북이 그것이었다. 다른 팟캐스트와 마찬가지로 파디오북도 무료다. 다만 독자들에게 작가 또는 내레이터에게 페이팔을 통해 기부금을 내는 것을 권장하고 있으며 그 기부금의 25퍼센트를 파디오북닷컴 사이트가 차지한다(팟캐스팅에 대한 그들의 접근 방법에 대해 더 알고 싶으면 Tee Morris, Chuck Tomasi, Evo Terra 공저 『Podcasting for Dummies』 2nd Edition, 2008 참조).

숀 패럴(Shaun Farrell)은 내가 쓴 과학 소설 『실크 코드』를 2007년에 파디오북으로 제작하면서 내레이션도 맡았다. 이 책은 이미 잘 알려진 책이었다. 그 책은 최우수 과학 소설로 로커스(Locus) 상을 수상했었다. 거기에다가 무료로 책을 들을 수 있다는 장점 때문에 이 파디오북은 2007년 다운로드 파디오북 상위 20대 도서에 올랐다(파디오북은 톱 20도서의 구체적인 순위는 제공하지 않았다).

사람들은 경제가 어려울 때일수록 무료 콘텐츠에 더 높은 관심을 기울이게 된다. 2009년 1월 《타임》은 도서의 판매가 줄었다며 파디오북이 '출판의 차세대 물결'이 될지도 모른다고 했다. 맥밀란(MacMillan) 출판사는 직원을 해고했고 랜덤하우스(Random House)와 사이먼&슈스터(Simon&Schuster) 사도 그 뒤를 따랐다. 휴튼미플린하코트(Houghton Mifflin Harcourt) 사는 대부분의 신작 원고 구입을 유예시켰다고 그 잡지는 주장했다. 에보 테라는 《타임》과의 인터뷰에서 매일 4만 5,000개의 파디오북이 다운로드 되고 있다고 말했다(Florin, 2009).

■ 팟캐스트와 저작권 : 팟세이프 음악

그러나 콘텐츠의 일부 내용에 대해 제작자가 돈을 지불해야 한다면 팟캐스트든 블로그든 무료로 수용자에게 콘텐츠를 제공하는 것은 쉬운 일이 아니다. 이 문제는 블로그에서는 보통 발생하지 않는다. 왜냐하면 블로그에서는 다른 사람의 소스를 공정 사용(Fair Use)이라는 취지 아래 무료로 인용하면 되기 때문이고 팟캐스트의 경우에도 팟캐스터의 말만 사용할 때에는 문제가 없다. 하지만 만약 팟캐스터가 음악을 들려주기를 원하면 어떻게 될까?

이 문제는 이미 약 1세기 전 라디오 도입기에 처음으로 발생하여 해결이 되었다. ASCAP(미국 작곡가, 작가, 출판업자 협회로 1924년 창립)는 라이브로 공연되는 음악의 허가권을 갖기 시작하여 라디오 방송에까지 확대했다. BMI(Broadcast Music Inc.로 1940년 창립)도 라디오 방송에 같은 인가권을 갖게 되었고 지금은 ASCAP와 BMI 모두 라디오와 TV에 방송되는 음악의 라이센싱을 담당하고 있다. 나는 작사가 자격으로 양쪽 단체의 회원이다. 1970년대에 나는 ASCAP로부터 내가 작사한 노래 '회전목마'(에드 폭스와 공동 작사함)에 대한 방송료로 수천 달러를 받았다. 그 당시 TV 쇼 〈원더라마(Wonderama)〉에 삽입된 곡이었다. 2007년 한 해 동안 ASCAP는 회원들에게 7억 4,160만 달러를 나눠주었고(ASCAP, 2008) BMI는 7억 3,200만 달러를 나눠주었다(BMI, 2007).

ASCAP와 BMI는 '공연권(performance rights)'이라는 명목으로 TV, 라디오 방송국과 네트워크로부터 요금을 받는다. 사실 매년 TV와 라디오 방송국이 벌어들이는 수십 억 달러의 이익에 비하면 ASCAP와 BMI가 버는 금액은 상대적으로 적은 액수에 해당된다.

그럼 이런 상황에서 팟캐스터들은 어떻게 되는가? 그들은 광고를 통한 수입으로(이 장의 후반부에 나오는 팟캐스트에서의 광고 참조) 팟캐스트에서의 음악 공연권료를 지불할 수도 있다. 그러나 팟캐스터가 음악은 틀고 싶은데 광고를 하지 않는다면? 음악가와 작곡가들의 저작권을 위반하면서 아무런 보상을 하지 않고 음악을 튼다면 어떻게 될까?

팟캐스팅에서 저작권과 보상의 문제는 3장에서 언급한 '유튜브의 아킬레스건'과 아주 흡사하다. 즉 유튜브에 올라오는 어마어마한 수의 비디오의 저작권 침해 사례가 그것이다. 유튜브 문제에 대한 나의 해결책은 저작권이 완화되어야 한다는 것이다. 창작자의 권한이 감소되지 않고 또 창작자의 사전 허락 없이 돈을 벌지 않는다면 어떠한 콘텐츠도 온라인에 포스팅하는 것은 허용되어야 한다는 것이다(크리에이티브 커먼스[Creative Commons]라는 단체가 주장하는 것과 상당히 유사하다).

팟캐스팅은 또 하나의 부분적인 해결책을 찾았다. 2004년에 팟캐스팅의 선구자이자 최고의 지지자로 등장한 애덤 커리(Adam Curry)는 MTV에서 '비제이(veejay)'로 활약하다가 2005년 '팟세이프 음악'이라는 네트워크를 구축하면서(Sharma, 2005) '팟파더(Podfather)'라고 불리게 되었다(Jardin, 2005). 즉, 아티스트들과 작곡가들이 자신들의 저작권을 유지한다는 조건하에 콘텐츠를 무료로 팟세이프 네트워크에 올려놓은 후 팟캐스터들이 그 음악을 무료로 팟캐스트에 한정해서 틀 수 있게 하는 시스템이다. 팟캐스터들은 무료로 음악을 틀을 수 있게 되고 아티스트들은 자기 노래를 홍보하게 되는 공생 관계에 놓이게 되는 것이다(그렇다. 내 음악 대여섯 개도 팟세이프 네트워크에 올라갔다. 2007년 2월 잘 알려지지 않았던 나의 노래 '스노 플루리스[Snow Flurries]'[Levinson and Krondes, 1969]가 에린 케인[Erin Kane]과 크리스틴 브랜트[Kristin Brandt]의 인기 있는 매닉마미스[Manic Mommies]라는 팟캐스트에서 연주되었을 때 나는 기뻤다).

그러나 팟세이프는 부분적인 해결책에 지나지 않는다. 왜냐하면 팟캐스터들은 아직도 공연권료를 요구하는 비틀스 음반이나 다른 아티스트들의 음악을 팟캐스트에 올리고 싶어 하기 때문이다. 현재 이런 팟캐스터들이 선택할 수 있는 수단은 저작권을 위반하고 음악을 틀거나, 아니면 광고 수입으로 그 비용을 충당하는 길밖에 없다.

■ 팟캐스트에서의 광고

팟캐스트에서의 광고, 즉 팟캐스트에 광고를 싣고 팟캐스터들이 돈을 받는 일은 구글의 애드센스나 아마존의 어필리에이트 또는 2장에서 우리가 살펴봤던 블로그상의 광고 방식과는 달리 전통적인 TV나 라디오에서 광고하는 방식과 더 흡사하다.

대부분의 팟캐스터들이 그들의 팟캐스트에 유료 광고를 얻는 방법은 팟캐스팅 공동체에 가입하거나 더 구식의 용어이긴 하지만 광고주와 팟캐스터 사이에서 브로커나 중개자 역할을 하는 조직체를 통하여 이루어진다. 이러한 거래는 메비오와 같은 팟캐스트 호스팅 사이트에서도 가능하며, 광고만 대행하는 로 보이스(Raw Voice)의 '블러브리(Blubrry)' 커뮤니티의 서비스를 이용할 수도 있다. 양쪽 다 팟캐스터에게 다양한 광고 거래 방법을 제공해주고 있는데 내용은 바로 다음과 같다.

1. 고대디닷컴(GoDaddy.com)—대부분의 도메인 이름이 등록된 사이트이며 멋진 슈퍼볼 광고를 통해 대중들에게 잘 알려졌고 자동차 대여 회사에서부터 신발 판매 회사까지 많은 유명 회사들이 광고 수수료를 지불하는 조건으로 거래를 하고 있다. 팟캐스터들은 30초에서 60초 동안 자기의 목소리로 광고주가 요구하는 주요 판매 소구점을 전달해주면 된다. 그러한 광고는 'xxx Levin'이나 'Podcast xxx'와 같은 특수한 코드로 끝을 맺는데 이 코드는 청취자가 광고에서 제안한 특별한 거래를 보고 스폰서에게 상품을 주문할 때 사용하도록 되어 있다. 팟캐스터는 그 광고로 인해 판매된 상품에 대해서 판매가 발생할 때마다 매회 정액 요금을 받든지(10달러이든 20달러이든 정해진 액수) 아니면 판촉의 성격에 따라 일정 비율의 수수료를 받는다. 그러한 광고 캠페인으로 팟캐스터는 수천 달러의 수입을 올릴 수도 있다.

이러한 수수료 식 광고는 광고주가 직접 녹음하여 팟캐스터에게 넘겨주는 방식으로도 할 수 있고 광고주가 제공한 대본을 팟캐스터가 그대로 읽는 방식으로도 할 수 있다. 그러나 대부분의 광고주들은 팟캐스터가 자기의 언어와 스타일대로 광고를 전달하는 것을 선호한다. 그래야만 청취자에게 더 친근감을 줄 수 있고 특히 단골 청취자들에게는 좀 더 효과적이기 때문이다. 뉴욕 시의 심야 라디오 방송 〈롱존네벨 쇼(Long John Nebel Show)〉는 이런 종류의 개인적 광고를 몇 년 동안 지속했다. 뉴욕 시의 WCBS-FM 라디오의 〈밥셰넌(Bob Shannon) 쇼〉 같은 대부분의 요즘 라디오 쇼에서는 DJ가, 이 경우엔 밥 셰넌이, 대본을 직접 읽는다.

2. 실제 제품의 판매에 따른 수수료를 바탕으로 광고를 하는 방법이 아니고 광고를 청취한 사람들의 숫자를 바탕으로 광고 수입을 계산하는 방법이

있는데 메비오나 로 보이스가 팟캐스터들에게 이러한 거래를 제안하고 있다. 커미션 광고 시스템과 마찬가지로 광고 자체는 사전에 녹음되거나, 대본대로 읽을 수도 있고, 아니면 팟캐스터가 광고주가 제공한 소구 내용을 즉흥적으로 애드리브로 처리할 수도 있다. 그러나 제품 매출 수수료를 바탕으로 하는 것과는 달리 팟캐스터는 그 팟캐스트를 청취한 사람들의 숫자를 보고해야 할 필요가 있다. 신문이나 방송과 같은 올드미디어의 경우와 같이 팟캐스터는 청취자 1,000명 당 광고비(CPM)를 기초로 지불받는다. 메비오는 이에 관한 자체 내의 통계 자료를 보관하고 있다. 블러브리는 청취 횟수를 계산하는 자체의 '카운터'를 광고주에게 제공하고 있는데 팟캐스트를 다운로드하여 들었든 라이브로 들었든 각각 한 번의 청취로 계산된다. 블러브리는 또한 립신과 같은 팟캐스팅 호스트가 제공하는 통계 자료도 수용한다(청취자 수와 청취 횟수는 다르다. 왜냐하면 한 사람이 한 번 이상 들을 수도 있기 때문이다. 하지만 여기서 구별을 두지 않는 이유는 팟캐스트를 접속한 IP 주소를 추적하여 카운트하는 방법이 현재로선 최선이기 때문이다. 원하기만 한다면 어떤 사람이 여러 가지 다른 IP 주소를 가지고 동일한 팟캐스트를 한 번 이상 들을 수 있는 것은 당연한 일이다). 주어진 기간 동안에 5,000회의 청취 · 다운로드가 발생하면 1,000명당 광고비 기준으로 약 500달러 이상 벌 수 있다.

청취의 숫자를 근거로 하는 이러한 지불 방식은, 클릭이나 구매를 위한 클릭을 기초로 지불하는 것과는 대조적으로 블로그에서 광고의 노출 횟수를 바탕으로 지불하는 것과 거의 같은 방법인데, 실제 판매나 수수료를 기초로 지불하는 방법보다 분명히 더 안정된 수입원이라고 할 수 있다. 그렇다면 어떤 팟캐스터가 수수료 방식을 선호한다면 왜 그럴까?

이에 대한 부분적인 해답은 팟캐스터는 대개 선택권이 없다는 것이다. 광고주는 소수의 청취자를 갖고 있는 팟캐스트에 시간을 낭비하고 싶어 하지 않는다. 광고 캠페인을 준비하는 시간이 아까운 것이 아니고 소수에 불과한 청취자를 놓고 미미한 돈을 지불하기 위해 들어가는 회계 관련 업무에 들어가는 시간이 아까운 것이다. 이와는 대조적으로 수수료 방식을 택하면 회계 절차도 필요 없고, 관련 보고서도 필요 없으며 다만 광고에 의해 발생하는 온라인 판매와 연결된 특수 판촉 코드만 추적하면 된다.

또 다른 부분적인 해답은 수수료 광고 캠페인에 대해 반응이 큰 소규모 청취자 집단이 청취자 숫자를 바탕으로 큰 청취자 집단을 목표로 하는 광고 캠페인보다 팟캐스터에게 더 큰 수입을 창출할 수 있다는 것이다. 예를 들면 1,000명의 청취자 중 30명만 제품을 구입해도 팟캐스터에게는 1인당 20달러의 서비스 수수료로 총 600달러의 수입을 올리는 데 반해, 매 1,000명마다 10달러를 주는 경우에는 3,000명의 청취자를 확보했을 경우에 팟캐스터는 단 30달러만 받게 된다. 다시 말해 이런 경우엔 커미션 방식의 팟캐스터가 벌어들이는 수수료가 1,000명당 광고비 지불 방식보다 거의 20배 정도가 많다는 것이다. 청중의 규모는 3분의 1에 지나지 않았지만. 그럼에도 불구하고 커미션식 지불 방식이 물론 위험 부담이 클 수는 있다. 왜냐하면 그 팟캐스터의 청중들 중 아무도 상품을 사지 않을 수도 있기 때문이다.

이것은 또 다른 질문을 갖게 하는데, 그것에 대한 해답은 왜 팟캐스터가 수수료 방식이나 CPM 방식 중 하나를 선택하며 소규모 청중을 가진 팟캐스터들이 아직도 CPM 방식으로 광고를 하고 있는지를 설명해줄 수 있다. 그 질문은 바로 왜 팟캐스터가 광고주와 직접 거래를 하지 않고 광고 브로커나 광고 제공 사이트를 통해 일을 하느냐는 것이다.

첫째 광고 브로커는 자기들의 중재로 발생한 수입의 상당히 큰 부분(30퍼센트 정도나 그 이상)을 떼어간다. 이걸 생각하면 어떠한 팟캐스터라도 광고주와 직접 일하기를 원해야 할 것 같으나 현실은 그렇지 않다. 왜냐하면 대부분의 팟캐스터들은 광고를 유치하기 위해 누구와 접촉해야 하는지에 대한 지식이 거의 없기 때문이다.

직접 할 수 있는 팟캐스터도 있겠지만, 광고 브로커들은 소수의 청중을 가진 팟캐스터들을 도울 수 있는 특별한 비법을 가지고 있다. 예를 들어 광고 브로커 또는 팟캐스트 호스트가 블록버스터 영화나 텔레비전처럼 1만 회의 광고 청취를 원하는 광고주와 거래를 할 때, 그 광고주는 1만 회의 청취가 단 한 개의 팟캐스트를 통해 나왔든 수천 개의 팟캐스트에서 나왔든 상관하지 않는다. 거기서 나온 모든 수치가 광고를 1만 회 청취했든 다운로드했든(또는 1만 개의 IP를 통해서) 숫자만 성립되면 그것으로 만족한다. 그러므로 거래 기간 동안(1주일이 될 수도 있고 한 달이 될 수도 있고 몇 달이 될 수도 있다) 100명의 청취자를 가진 팟캐스터도 일부의 거래에 참여할 수 있다. 1만 회의 청취로 1,000달러의 수입이 생긴다면 100명의 청취자를 가진 팟캐스터도 이 거래에 참가하는 대가로 10달러의 수입을 벌어들이는 것이다(광고 브로커의 지분을 제외하면 실제 수입은 7달러다).

팟캐스트 광고 브로커와 광고 제공 호스트들은 통상 팟캐스터가 자기들의 주선으로 알게 된 광고주와 직접 거래하지 않을 것을 동의하라고 요구한다. 이것은 브로커들이 자신들의 이익을 보호하기 위한 조치이지만 광고주와 팟캐스터 간에 직접적인 거래가 거의 일어나지 않는 이유의 하나다. 어떤 광고 브로커들은 자기들이 중개한 것 이외에는 광고를 싣지 말 것을 주장하기도 한다. 그러나 어떤 팟캐스터가 운이 좋아서 어떤 광고주로부터 직접 광고 요청을 받고 그것이 팟캐스터와 브로커 간의 계약에 위반이 되지 않는다면 그건 수용을 고려해볼 만한 경우가 될 것이다.

팟캐스터 입장에선 통계 수치를 보고하는 데 들어가는 시간의 문제만 빼면 광고 활동으로 인해 아무런 불리한 일이 생길 수 없다. 그것을 준비하는 데에는 사실 몇 분밖에 걸리지 않으며 만약 광고 브로커나 광고 제공 호스트가 통계 수치를 제공하는 경우에는 그 시간마저도 들지 않는다.

그러나 잘 드러나지 않는 측면이긴 하지만 당신의 팟캐스트에 광고를 실었을 때 어떤 청취자나 팟캐스터가 그러한 행위를 문제가 있다고 볼 수 있는 가능성은 있다. 그 광고가 공익 광고가 아니라면 그 광고에 의해 팟캐스트가 '상업화'된다고 보는 관점이다. 팟캐스트는 물론 여전히 무료로 청취가 가능하기 때문에 바로 이 사실 자체만으로도 광고가 있든 없든 간에 비상업적이라고 볼 수 있다. 그러나 비상업성이 창작 활동으로 돈을 벌지 않는 것으로 간주하는 사람들에겐, 나는 그런 부류의 사람이 아니지만, 완전 무료인 팟캐스트에 광고를 싣는 행위는 배신이라고 간주될 수 있을 것이다.

무료 홍보(promo) 교환, 즉 팟캐스터들 간에 돈을 받지 않고 각자의 팟캐스트 광고를 서로 실어주는 행위는 모든 상업적 광고를 피하고자 하는 사람들에겐 매우 매력적인 옵션이 될 수 있다. 때로는 돈을 받고 실어주는 경우도 있고, 두 가지를 병행하는 경우도 있다. 마이크싱크스뉴스(MikeThinksNews) 팟캐스트는 나의 '라이트 온 라이트 스로', '레빈슨 뉴스 클립', '애스크 레브' 팟캐스트에서 하는 것처럼 위의 두 가지 활동을 병행하고 있다. 팟캐스팅에서의 무료 홍보 교환은 블로깅에서 링크를 교환하는 것과 아주 유사하다. 팟캐스터들은 가능한 한 많은 팟캐스트상에서 자기 것의 홍보가 이루어지기를 바란다. 그러나 나의 팟캐스트가 다른 팟캐스트에서 홍보된다는 것은 바로 내가 다른 사람의 팟캐스트를 나의 팟캐스트에서 홍보해야 할 의무를 요구하기 때문에 그 홍보물들이 당신의 팟캐스트 쇼를 압도하지 않도록 주의를 기울일 필요가 있다.

■ 라이브 스트리밍

팟캐스트는 일종의 출판이라고도 볼 수 있다.–문자가 아닌 음향 출판 그리고 비드캐스트(비디오를 곁들인 팟캐스트로 이 장의 후반에서 살펴본다)의 경우에는 시청각 제작물의 출판이라고 하겠다. 그러나 음향이 웹을 통해 생생하게 '흐르기(streamed)' 때문에 이런 경우엔 팟캐스트는 한 형태의 방송이나 인터넷 라디오가 된다.

사실 전통적인 라디오 방송은 이미 5년 이상 온라인으로 라이브스트리밍 되어왔다. 1924년 9월 WAHG란 이름으로 뉴욕 시에서 방송을 시작한 WCBS 라디오는 2004년 말에 온라인상에서 '생방송(simulcasting)'을 시작했다. 이것보다 올드미디어가 뉴미디어 세계에 들어온 가장 좋은 예는 《뉴욕타임스》와 같은 전통적인 신문이 현재 온라인 사이트로 서비스하고 있는 데서 찾아야 할 것이다. 2006년부터 2008년까지 매주 일요일 아침 나는 LA에 있는 CBS 뉴스 전문 라디오 방송인 'KNX 라디오'에서 미디어, 정치, 대중문화에 관한 인터뷰를 한 바 있다(Levinson, 'The KNX 1070 Interview' 2007 참조). 그 방송은 온라인으로 동시에 전송되었는데 내가 받은 이메일의 대부분은 청취권인 LA가 아니고 그 밖의 청취자에게서 왔다. 뉴미디어, 아니 뉴뉴미디어의 중요한 특성의 하나인 세계화는 온라인을 통해 생방송을 실현함으로써 동시에 올드미디어의 주요한 장점이 되었다. 또 다른 장점은 이제 사람들은 컴퓨터로 그것을 들을 수 있게 되었다는 점이다, 즉 사무실에서 라디오를 켜지 않고도 더 쉽게 남에게 피해를 주지 않고 청취가 가능해졌다. 그러나 진정한 뉴뉴미디어와는 달리, 웹으로 생방송되는 라디오 방송은 기존의 라디오처럼 상명하달식 통제를 받도록 되어 있다. 2008년 KNX가 외부의 교수들보다는 CBS의 보도국 기자나 해설자를 기용하기로 결정하면서 나의 주말 인터뷰도 결국 종지부를 찍었다. 이와는 대조적으로, 팟캐스트 시리즈는, 사전 녹음이든 생방송이든, 팟캐스터의 의사에 따라 그 생명이 결정된다. 다시 말해 뉴뉴미디어의 세계에서는 그것을 만든 사람만이 주인이지 의사 결정을 하는 윗사람이 없다(물론, CNN의 래리킹과 MSNBC의 레이철 매도와 같은 케이블 TV나 전통적인 대중 매체의 프로그램을 복사한 팟캐스트들은 회사 경영진의 결정에 따라 언제든지 종료될 수 있다).

2006년 8월에 출범한 블로그토크 라디오는 라이브스트리밍과 팟캐스트 자료 보관 서비스를 제공하고 있는데 아이디어와 마이크, 그리고 컴퓨터 연결 능력을 가진 사람이면 누구나 이용할 수 있다. 블로그토크 라디오 웹사이트에 이런 글이 실렸다. "마침내, 오하이오 주 잭슨 버그에 사는 한 16살짜리 소녀가 자기만의 관점과 열정으로 유명 인사들과 똑같은 좋은 방송 시간대를 확보할 수 있었다." 데이비드 레빈(David Levine, 2008)은 이것을 "뉴미디어의 최신의 한 형태이며 인터넷 블로그의 오디오 버전"이라고 말했다. 사실상 블로그토크 라디오는 2006년 3월에 나온 트위터보다 5개월이나 늦게 개국되었지만 블로그의 '오디오 버전'인 점은 확실하다. 이런 면에서는 팟캐스팅과 별 차이가 없지만 블로그토크 라디오의 가장 큰 특징은 WCBS 온라인 라디오와 같이 올드미디어 콘텐츠를 방송하는 게 아니라 라이브 스트리밍(Live Streming)으로 소비자들 스스로가 제작자가 되어 만든 뉴뉴미디어 콘텐츠를 제공한다는 사실이다.

블로그토크 라디오의 주요 경쟁자는 토크슈다. 토크슈의 뿌리는 2005년 4월부터이지만 현재의 형태로는 블로그토크 라디오 설립 두 달 전인 2006년 6월에 시작되었다. 둘 사이의 가장 큰 차이점은 토크슈는 청취자 또는 다운로드(팟캐스트의 경우)의 숫자에 따라 제작자에게 소액의 사례비를 지불했다는 점이다. 물론 그 '현금' 지급 프로그램은 2008년 6월에 '일시 정지'됐다가 마침내 2009년 2월 현재 무기한 중지된 상태이지만 말이다. 이와는 반대로 블로그토크 라디오는 2008년 1월 제작자들과 광고 수입 배분 프로그램을 시작했다. 라이브스트림과 팟캐스트에 삽입되는 오디오 광고와, 라디오 프로그램을 소개하는 웹페이지에 실리는 배너 광고의 수입을 배분한 것이다(토크슈도 또한 자기의 팟캐스트에 '블러브리'와 비슷한 광고 거래 방법을 운영한다). 결론적으로 말하면 토크슈의 청취자 및 다운로드의 횟수를 바탕으로 한 요금 제도가 재정적인 측면에서 볼 때 더 안정적인 수입의 원천이 되었다는 것이다(자세한 내용은 토크슈, 2009 참조).

토크슈는 내 녹음 팟캐스트 애스크 레브(제작자들에게 조언을 해주는 내용)를 호스트하고 있다. 라이브스트림 쇼를 위해 녹음된 팟캐스트만 받아주는 블로그토크 라디오와는 달리 토크슈는 라이브스트림으로 내보내지 않는 조건으로 녹음된 독자적인 팟캐스트도 수용한다(립신과 메비오에서의 팟캐스트와 동일하다). 애스크 레브는 토크슈의 10분 강의 네트워크(10Minute Lesson network)를 통해 방송되었는데 나는 첫 해에 발생한 수입의 일정 부분을 요금으로 지불해야 했다.

위의 사례를 보면 모든 뉴뉴미디어는 수입을 창출하는 데 있어 상당한 한계를 가지고 있음을 알 수 있다. 소비자이자 제작자로서 당신은 팟캐스트나 라이브스트림 라디오에 무엇을 담을 것인지, 그리고 그 시리즈를 얼마 동안 지속할 것인지에 대해 완전한 통제를 할 수는 있다. 그러나 호스트나 호스트의 지불 정책을 통제할 수 없고, 광고주와 직거래를 할 수 없는 한 광고료도 통제할 수 없으며, 따라서 광고 수입의 규모는 당신의 통제권 밖에 있게 된다. 당신이 할 수 있는 것은 당신의 쇼나 쇼의 웹사이트에 광고를 실을 것인지 말지를 결정하는 것이 고작이다. 그뿐 아니고 당신의 팟캐스트와 라디오의 호스트와 일을 할 것인지의 여부를 결정할 수 있을 뿐 그들이 자기들의 시스템을 사용하는 대가를 결정하는 데는 관여하지 못한다. 위에서 지적했듯이 토크슈는 메비오와 같은 무료 호스트다. 립신은 유료 호스트이기 때문에 요금을 임의로 올릴 수 있다. 또 무료 호스트도 사내 정책에 따라 언제든지 유료 호스트로 바꿀 수 있다. 그러므로 호스트나 광고주와의 거래로 인해 발생하는 비용과 수입은 상당히 유동적이기 때문에 수입을 올릴 생각이 있거나 최소한 손해를 보지 않으려면 팟캐스터들은 신경을 써서 모니터를 해야 할 것이다.

2009년 2월 현재 나는 블로그토크 라디오나 토크슈에서 생방송 라디오 쇼를 진행한 적은 없다(2007년 가을 '여행자'에 관한 숀 오맥의 블로그토크 라디오 쇼, 2008

년 5월 집시 시인의 블로그토크 라디오 쇼, 그리고 2008년 2월 토크슈의 마이아 휘테이커 쇼에 게스트로 참여했었다). 내가 생방송 쇼를 진행하지 않는 이유는 미리 정해진 시간에 얽매이는 것을 싫어하기 때문이다. 나는 팟캐스터가 자신이 원하는 시간 아무 때나 팟캐스트를 녹음할 수 있다는 점을 높이 산다. 이것이 바로 뉴뉴미디어 제작자들의 중요한 결정의 하나라고 강조할 수 있다. 실시간 블로깅과 '보통' 블로깅, 트위터에서의 실시간 대화와 후에 읽을 수 있도록 한 줄짜리 글의 포스팅, 오디오(또는 비디오)의 라이브스트리밍과 팟캐스팅 및 비드캐스팅. 이러한 선택은 10여 년 전인 1980년대와 1990년대 초반 처음으로 뉴미디어라는 표현이 사용되던 당시부터 시작되었다. 인스턴트 메시징(아이밍) 및 채팅 대비 이메일의 장점에 관해 논의가 이루어질 때부터였다. 물론 양쪽 모두 각각의 장점이 있었으며 –마치 이메일 이전 시대에 살아 있는 대화와 편지가 그랬던 것처럼–그런 이유로 해서 페이스북과 마이스페이스 같은 소셜미디어는 아이밍과 이메일 같은 메시징을 동시에 제공한 것이다. 블로그토크 라디오나 토크슈에서의 뉴뉴미디어 라이브 쇼 제작자는 그 쇼를 녹음해서 추가작업 없이 팟캐스트로 저장할 수 있다. 그러나 연극을 촬영하여 만든 영화가 처음부터 본격적으로 만든 영화와 다르듯이 생방송을 녹음한 팟캐스트는 음향 효과나 제작의 질적인 면에서 다소 문제가 있을 수 있다. 따라서 라이브스트림 쇼를 제작할 것인가 아니면 팟캐스트를 만들 것인가에 대한 결정은 어느 것이 자기가 의도했던 제작 취지에 더 적합한지를 견주어보고 결정해야 할 것이다.

이와 비슷한 이슈는 교육을 위한 라이브 인터랙티브 스트리밍, 즉 웨비나에서도 대두될 것이다.

■ 웨비나와 비드캐스트

라이브스트림 라디오 쇼는 굳이 쌍방향일 필요는 없다. 그 쇼는 제작자 이외에 다른 사람의 참여나 도움 없이도 진행될 수 있다. 그러나 이제까지 내가 들어본 모든 생방송 뉴뉴미디어 쇼는 VOIP(Voice Over Internet Protocol 또는 컴퓨터 연결을 통한)나 전화를 통하여 쇼 온라인으로 연결된 참여자들이 있는 것이 특색이다. 이와는 대조적으로, 라디오 방송도 온라인 생방송을 할 때 참여자들을 불러들일 수 있는데 이때에는 참여자들은 라디오 방송국에 전화를 걸어서 들어오게 된다. 다시 말해 전화 거는 사람이 VOIP 전화를 통해 라디오 방송국의 통제실로 들어오지 않는 한 인터넷을 경유하지 않고 오프라인상의 방송국 소스로 들어오는 것이다. 그래서 뉴뉴미디어의 라이브 스트리밍과 웹상의 올드미디어 스트리밍의 또 하나의 차이는 뉴뉴미디어의 경우에는 아주 용이하게 전 세계 어디에 있는 사람이나 비용을 발생시키지 않고 불러들일 수 있다는 점이다.

컴퓨터를 통한 수용자 참여는 웨비나의 핵심 요소로서 수용자의 참여가 아주 중요하지 않은 라이브스트림 강의와는 확연히 구별된다. 레디토크(ReadyTalk)의 고 투 미팅(Go To Meeting)이나 이와 유사한 조직들이 운영하는 전형적인 웨비나는 정해진 시간과 그 세미나에 들어올 수 있는 클릭 방법을 안내하는 이메일을 참여할 사람들에게 이메일로 알리는 일로 준비 작업이 개시된다. 팟캐스트의 경우와 마찬가지로 웨비나도 컴퓨터 스피커와 마이크를 통해 회의가 진행되는데 참석자들이 좀 더 나은 품질의 대화를 원한다면 이어폰이나 이어버드를 끼고 더 전문적인 마이크를 사용하면 된다. 회의 진행자 즉 웨비나 리더는 누가 회의 사이트에 로그인을 했는지 확인하고 인터넷 연결이 제대로 되었는지 시험해볼 수 있다.

전형적인 웨비나에서는 블로그토크 라디오의 콜인(call-in) 쇼와 마찬가지로 누가 말을 할 수 있는지를 모더레이터가 통제한다. 그러나 웹 페이지가 2차적이고 대화가 1차적인 블로그토크 라디오나 토크쇼와는 달리 웨비나의 경우에는 웹 페이지가 대화 못지않게 중요하다. 완벽하게 갖추어진 멀티미디어 웨비나에서는 사실상 모더레이터가 웹 페이지를 돌아가며 보여주고, 비디오도 틀고, 그래픽도 보여주며 또 프로그램들을 시연한다. 참석자들은 자신의 컴퓨터 스크린에서 이 모든 것을 볼 수 있으며, 비디오와 다른 멀티미디어에 나타나는 것에 대한 모더레이터의 설명을 듣는 것은 물론이고 질의응답을 할 수 있다. 오디오가 죽거나 또는 모더레이터나 참석자가 말보다는 URL을 이용하여 글로 소통하기를 원할 경우를 대비해서 문자 대화 박스를 마련해놓기도 한다. 만약 모더레이터와 사용자가 웹캠(webcam)을 가지고 있으면 웨비나는 비디오로도 할 수 있지만, 웨비나 참여자들의 의상이 그 웨비나 주제와 밀접한 관련이 있는 경우라면 몰라도 그것은 웨비나의 필수 요소는 아니다.

위에서 말했듯이 팟캐스트는 소리로만 가능한 것이 아니고 소리와 비디오를 동시에 사용할 수 있다. 용도도 다양해서 비드캐스트라고도 부르고 팟캐스트라고도 한다. 그래도 '팟캐스트'라는 명칭이 아마 더 적합할 것 같은데 그 이유는 '팟'이 아이팟에서 나왔고 또 그것이 꼭 오디오나 비디오 중 어느 하나를 의미하진 않기 때문이다. 그러므로 가장 논리적인 명칭으로 따지자면 팟캐스트는 비드캐스트도 되고 오디오캐스트도 될 수 있으나 용어를 가지고 너무 집착할 필요는 없을 것 같다. 비디오를 겸비한 팟캐스트인 비드캐스트는 저장된 오디오 팟캐스트 호스트를 통해 저장되고 보급되지만 그것들은 또한 블립 TV와 같은 비디오 전문 사이트에서도 호스트할 수 있다. 블립 TV는 메비오나 립신과 같은 팟캐스트 호스트처럼 비드캐스트를 쉽게 아이튠스로 연결시킬 수 있다(아이튠스도 팟캐스트처럼 무료로 비드캐스트를 서비스한다). 유튜브도 또한 하나의 비드캐스트 호스트라고 볼 수 있다.

오디오든 비디오든 간에, 웨비나는 사업, 교육은 물론이고 오락을 위해서도 사용될 수 있다. 만약 사용자의 컴퓨터 용량만 충분하다면 웨비나를 하는 동안에 그 컴퓨터의 이메일이나 다른 기능을 거기에 접속할 수도 있다. 그러나 사용자와 모더레이터의 노트북 또는 데스크톱 컴퓨터의 용량이 웨비나에서는 문제를 일으키는 원인이 된다. 내가 참석한 10여 개의 웨비나에서(대부분은 세컨드 라이프에서 이뤄진 것임–전 장 참조), 적어도 한 명 이상의 참석자들이 연결이 끊겼다가 다시 로그온하여 되살리는 일이 흔히 일어나곤 했다 웨비나 소프트웨어 또한 참석자의 숫자를 제한할 수밖에 없게 되어 있다.

웨비나와 그것의 교육적인 활용성은 뉴뉴미디어의 위대한 응용 수단의 하나라고 해도 과언이 아니다. 말할 필요도 없이, 웨비나는 어떠한 주제를 가지고도 진행할 수 있으며 심지어 범죄 활동을 모의하는 데까지도 악용될 소지가 있기는 하다. 다음 장에서는 '뉴뉴미디어의 어두운 측면'을 살펴보기로 한다.

11

뉴뉴미디어의 어두운 측면

나는 수십 년간 대학의 강의 시간이나 학술회의, 심포지엄 등에서 '총과 칼과 베개'라는 제목으로 강의를 해왔다. 그 강의는 '어떤 과학 기술이 그것의 용도나 사람들에게 미치는 영향이란 측면에서 원천적으로 선과 악을 가지고 있는가' 라는 질문에 대한 해답을 찾기 위한 것이었다.

나는 먼저 총을 주제로 강의를 시작한다. 총은 사람을 죽이거나 상해를 입히고 범죄의 도구가 될 수 있다. 실제로, 총은 폭력적인 범죄를 가능하게 돕는 구실을 한다. 그러므로 총은 나쁘다. 맞는 말이 아닌가? 그것은 무기이고 그것이 없다면 인류가 더 잘 살 수 있었을 것이다. 그러나 어떤 사람이 범죄를 없애거나 방지하기 위하여 총을 사용했다면? 아니면 인간을 해치는 무기가 아니라 먹을 고기를 얻기 위한 사냥용으로 사용했다면? 아니면 스포츠를 위한 장비로 사용했다면? 아니면, 다시 무기로 쓰되, 폭력적인 공격에 대항하여 나라를 지키기 위해 사용했다고 하더라도 과연 총이 나쁘다고 말할 수 있을까? 위에 열거한 경우를 볼 때 분명해지는 것은 이것이다. 우리는 총기가 없다면 전반적으로 세계가 더 평화로워진다고 주장할 수는 있겠으나 총기를 오로지, 아니면 전적으로 사악한 도구라고만 말할 수는 없다는 사실이다.

자, 그러면 반대 측면을 보기로 하자. 오로지 유익하기만 한 과학 기술이라는 것이 존재할 수 있을까? 아무런 해가 없는 기술이 정말로 있을까? 베개는 어떤가? 베개는 부드럽고 편안해서 잠을 자게 도와준다. 여기까지만 보면 좋다고 볼 수 있겠다. 그러나 베개도 누군가를 질식사시키는 살해 도구로 사용될 수도 있다. 이것은 베개 또한 좋지 않은 목적으로 사용될 수 있다는 것을 의미한다. 총기를 '나쁜' 과학 기술로만 단정할 수 없는 것처럼 베개 또한 오직 좋은 것이라고만 말할 수 없다는 것이다. 총기와 베개는 각각 좋게 쓰일 수도 있고 나쁘게 쓰일 수도 있다는 점에서 상당히 흡사하다.

이 문제가 와 닿지 않는다면 위에 든 예가 강력하지 못해서 그럴 수 있다. 좀 더 강력한 과학 기술, 원자 폭탄과 핵무기에 관해 살펴보기로 하자. 핵무기와 원자력은 매우 좋지 않은 평판 속에서 시작되었다. 그러나 이러한 것들도 도덕적 차원에서 볼 때 모호한 요소가 있다. 역사학자들은 트루먼 대통령이 일본에 두 개의 원자 폭탄을 투하한 것에 대한 정당성을 놓고 아직도 논쟁을 벌이고 있다. 한편에서는 이 세계를 원자 무기로 인한 인류 절멸의 위기까지 몰고 간 냉전 시대의 도래를 초래했다고 보고 있다. 그리고 원자 폭탄은 일본의 수많은 양민을 죽였다. 다른 한편에서는 원자 폭탄이 투하되지 않았다면 일본 정부는 계속해서 전쟁을 고집했을 것이고, 그것은 곧 수많은 미군 병사들의 죽음을 의미하는 것이라고 주장한다. 그리고 사실 일본이 미국을 먼저 공격함으로써 전쟁이 시작된 것이지 그 반대가 아니라는 것이 이들의 주장이다. 이러한 윤리적인 논쟁 말고도, 핵에너지는 발전을 위한 에너지 자원으로 사용되는 것은 물론 방사선 치료를 통해 의료 분야에서도 선의의 용도로 쓰인다는 점에서는 논란의 여지가 없다. 핵에너지는 총기와 베개처럼 인류에게 이로운 점과 해로운 점을 동시에 주고 있다.

과학 기술의 이로운 점에 대한 더 강력한 예를 생각해보자. 질병을 치유하고 병으로 인한 피해를 줄여주는 약에 대해서 생각해보자. 불행하게도 그와 같은 과학 기술이 핵무기 못지않게 위험한 무기로 돌변했으니 세균전이 바로 그것이다. 이것은 제1차 세계대전에 사용되었고 사담 후세인이 이란과 자국의 이라크인들에게 사용했다. 히틀러는 제2차 세계대전에서 세균전 사용을 배제했는데 그 이유는 그런 악한 수법이 독일군에게 역으로 돌아올 것을 두려워했기 때문이었다. 그러므로 의료 기술도 종국에는 총기, 베개, 핵무기와 같은 범주에 들어가게 된다. 이 모든 것들은 이로운 용도로도 해로운 용도로도 사용될 수 있는 것이다.

모든 과학 기술은 그 이로운 점과 해로운 점을 헤아려볼 때 칼과도 같다고 할 수 있다. 음식을 자르는 데 사용될 때는 좋은 것이고, 무고한 사람을 찌를 때는 나쁜 것이다. 칼이든 어떤 과학 기술이든 결정적으로 그 요소의 좋고 그름을 가르는 것은 과학 기술 자체가 아니라 그것을 사용하는 인간 또는 인간 집단에 있다.

이 장에서는, 지금까지 긍정적으로만 살펴보던 뉴뉴미디어라는 칼이 어떻게 악용될 수 있는지를 검토하려고 한다. 불행하게도 그런 가능성은 사실로 입증되고 있는데 개연성이 있었던 만큼 그렇게 놀랄 만한 일은 아니다. 바로 뉴뉴미디어의 장점들이 사악한 의도를 가진 사람들로 인해 다른 사람들에게 어떻게 해를 입히는지 살펴보기로 하자.

■ 뉴뉴미디어 이전의 악용 : 불링, 플레이밍, 트롤링

뉴뉴미디어가 나오기 이전에 일어난 웹의 오용과 남용은 뉴뉴미디어 탄생의 토양이었던 다소 오래된 뉴미디어의 일부분으로 이미 존재하고 있었다.

어떠한 종류의 통신에서도 다 일어나는 일이긴 하지만, 이메일도 남을 괴롭히고 사이버 불링(cyberbullying)하는 데 이용될 수 있다. 로리 드루는 마이스페이스의 메시지 시스템을 이용해서 "네가 없다면 이 세상은 더 좋아질 텐데"라는 엉뚱한 메모를 보냈는데, 이러한 것을 이메일이라는 통신 수단으로 보내는 것은 일도 아닐 것이다. 정말 이메일은 온갖 종류의 스팸과 신용 사기를 유혹하는 글을 실어 나르는 수단으로 사용되고 있다. 즉 성적인 자산을 쉽게 늘릴 수 있다는 유혹으로부터 지구 반대편의 어느 미망인이 수백만 달러를 당신의 안전한 계좌에 맡아 달라고 요청을 하면서 당신의 은행 계좌 정보를 빼내려는 시도까지 일어난다. 또는 당신의 계좌에 담긴 돈을 완전히 빼내고자 당신의 페이팔 계정에 즉시 접속을 하라고 재촉하는 메일을 받기도 하는데 이렇게 하다가 자기도 모르는 사이에 비밀번호를 노출시키는 잘못을 저지르기도 한다. 물론 인터넷 이전에도 신용 사기는 있었다. 아마 선사 시대에도 소중했던 모피와 조가

비를 순진한 이를 꾀어서 빼앗은 크로마뇽인이 있었을 것이다. 그런데 얼굴과 목소리 없이 소통 가능한 이메일은 오래 전부터 온갖 종류의 사기를 가능하게 만들어줬다.

아마도 불링(힘이 강한 사람이나 집단이 약자를 괴롭히거나 따돌리는 행위-편집자)은 크로마뇽인 시대에도 있었을 것이다. 그것은 학교 교정에서 오랜 기간 지속되어 온 분명한 골칫거리였다. 얼굴도 목소리도 없는 웹상의 이름들은 불링을 더 쉽게 만들었다.

그러나 학교 교정이나 실제의 장소에서 벌어지는 불링은 사이버 불링보다 더 위험하다. 왜냐하면 육체적 협박이 개입될 가능성이 높고 '때려눕히기'로 확대될 수 있기 때문이다. 그리고, 3장에서 보았듯이, 유튜브는 전 세계의 수용자들에게 구타의 장면을 보여줌으로써 불행하게도 육체적인 불링을 더 부채질할 가능성이 높다. 플로리다의 레이크랜드에 사는 16세 소녀 빅토리아 린드세이(Victoria Lindsay)는 2008년 3월 여섯 명의 10대 소녀들에게 심하게 구타당한 후에 병원으로 실려 갔다. 이들 10대 소녀들은 그 장면을 비디오로 녹화했으며 그들은 피해자가 그들에 대해서 '쓰레기' 같은 말을 마이스페이스에 올린 것에 대한 보복으로 그런 일을 저질렀다고 경찰에 진술했다. "경찰에 의하면 10대 소녀들은 그 비디오를 유튜브에 올려놓을 계획이었다"고 리치 필립(Rich Phillip)은 CNN닷컴(2008년)에서 보도하였다. 그는 "소녀들이 이러한 잔인한 구타 장면을 찍어 온라인상에 올리겠다는 생각을 했다는 것은 매우 충격적이지만 전문가나 언론 보도에 따르면 요즘 증가 일로에 있는 흔한 일"이라고 말했다. 피의자들은 2008년 11월 탄원이 받아들여져 해결을 보았다(Geary, 2008).

유튜브라는 뉴뉴미디어는 인류 사회에 오랫동안 있어온 불링을 부추기는 촉진제 역할을 할 수도 있다. 자기가 직접 나서서 불링을 할 경우의 단점은–괴롭히는 사람에게는 불이익이지만, 피해자나 잠재 피해자들에게는 혜택이 되는데–자신의 신원이 명백하게 알려질 수밖에 없다는 점이다. 유튜브에서 자신의 모습을 보기를 원하는 불리는 어쩔 수 없겠지만 경찰이 범인을 잡을 수 있도록 도움을 주는 것은 확실하다(2008년 만주가 제안했듯이, 잠재적인 가해자들도 구경하는 사람이 찍은 유튜브 동영상에 자신들이 찍혀 경찰에 붙잡힐 수 있다는 걱정 때문에 그런 짓을 저지르려는 생각을 접을 수도 있다. 유튜브의 그러한 이점에 대해서는 3장 참조). 유튜브 동영상에 나타나거나 기타 온라인상에 만연한 육체적 불링, 사이버 불링, 플레이밍과 모든 나쁜 짓들은 익명성과 거짓 이름의 가면으로 가릴 수 있기 때문에 성행하고 있다고 봐야 한다.

플레이밍(온라인상에서 상대방을 공격하고 비난하는 행위, 배싱[bashing]과도 유사하며 우리 식 표현으로는 악플 달기 정도에 해당한다–편집자)은 1980년대의 온라인 통신에서 그 기원을 찾을 수 있다. 내가 그것을 처음 알게 된 것은 2004년 9월 서부행동과학연구소(Western Behavioral Sciences Institute)의 내 온라인 강의 때였다. 수강생들은 주로 일반 회사와 공공기관의 CEO들이거나 육군 장성들이었으며, 우리는 모두 케이프로(Kaypro) II CP/M 컴퓨터와 300에서 3,200사이의 비피에스(BPS) 모뎀으로 통신하고 있었다. 이 경우 우리들은 모두 실명을 사용했다. 우리들은 이미 몇 달 전 직접 참석하는 세미나를 가진 적이 있었기 때문에 익명성이란 가리개가 열려버린 상태라서 플레이밍이 일어날 가능성은 훨씬 적어졌다고 생각했다. 그러나 플레이밍은 거기서도 일어났다. 밤늦게 온라인에 들어온 코멘트에서 한 학생은 다른 학생을 비판하는 데 있어 그들이 몸소 참가하는 학생이었을 때나 온라인 코스에 참여할 때보다 훨씬 가혹했다. 나는 그때 분노와 그것의 표현 사이의 시냅스(신경 접합부)가 대화할 때의 혀보다 키보드 위의 손가락이 훨씬 더 짧고 빠르다는 것을 발견했다(더 상세한 내용은 Levinson, 1997 참조).

시냅스는 실명이나 신원이 알려지지 않았을 때 더 짧고 심해지게 된다. 여기에 2008년 11월 인기 있는 음모 이론 사이트에 올라온 다른 사람의 플레이밍을 평가한 것을 인용한다. "사람들은 자기들의 평범함을 숨긴 채 익명이라는 가면 뒤에 숨어서 분노를 토해내고 비슷하게 비밀만 보장된다면 자기를 일거에 보내버릴 수 있는 어떤 사람을 공격 · 비방 · 질책한다." 플레이밍에 대한 이러한 분석은 익명성이 가진 선동적인 요소를 아주 잘 부각시키고 있다. 그것은 플레이밍하는 자에게는 대담성을 주는 대신 희생자(은폐가 불가능한)에게는 비슷한 대응을 자제할 수밖에 없게 만든다. 불행스런 일이지만 그것은 충분히 이해가 가는 현실이다. 플레이머나 표적이 되는 사람이나 어떠한 실제 인물이 아니고 물리적으로 떨어져 있는 느낌을 주기 때문에 플레이머는 분노와 울분을 쏟아내도

좋도록 부추김을 받지만 실명을 써야 하는 피표적자는 자기의 논평이 추적 가능한 기록으로 남기 때문에 코멘트를 하거나 응답을 할 때 고도의 주의를 기울이지 않으면 안 된다.

1980년대 온라인 통신 당시로 그 기원이 거슬러 올라가는 트롤링(인터넷 문화에서 고의적으로 논쟁이 되거나, 선동적이거나, 주제에서 벗어난 내용을 인터넷에 올려 사람들의 감정적인 반응을 유발시키는 행위, 또한 진행되는 논의를 혼란시키려는 의도의 행위를 말한다-편집자)도 이와 똑같은 이유로 익명적인 경우가 대부분이다. 그러나 사용자는 실명으로도 트롤링할 수 있다. 정치적 트롤러가 정치적 견해가 다르거나 반대인 사람들을 화나게 하거나 분노를 일으키기 위한 목적으로 글을 쓸 때 그런 수법을 사용한다. 2008년 대통령 선거 운동 기간 중 버락 오바마를 지원하는 나의 블로그에 달린 댓글에서 자랑스럽게 자신의 실명의 사용하는 많은 공화당원들과 보수파 트롤러들을 볼 수 있었다.

그러면 트롤에 의해 만들어진 코멘트와 정치적이든 아니면 다른 분야이든 다른 의견을 가진 사람이 순수한 의미에서 올린 코멘트의 차이는 무엇인가? 때로는 차이점을 말하기 어렵지만, 트롤 코멘트의 특징은 대화를 활성화시키려는 것보다는 화난 반응을 불러일으키기 위한 의도가 숨어 있다는 점이다. "오바마는 미국을 파괴하기 위해 이슬람 테러리스트 종교 단체와 공조할 것이다." 이런 글이 바로 트롤러가 쓰는 코멘트와 유사하다(Mattathias Schwartz는 그의 저서 『The Trolls Among Us』 2008에서 트롤이 '온라인 통신을 방해하고자 하는 사람'이라고 오래 전부터 규정되어 왔다고 말했다). 이와는 반대로, "대규모 이라크 파병이 소기의 성과를 거두지 못했다고 줄기차게 주장하는 오바마는 실로 대통령으로 적격자가 못된다" 같은 말은 대화를 위해 논점을 제시한 시도로 볼 수 있다.

대화를 위한 진정한 시도는 합리적인 응답을 불러온다. 또는 그 견해를 지지하기 위한 어떠한 종류의 논리나 증거를 제시하는 응답이 나온다. 그리고 근거 없는 트롤링에 대한 대응 방법도 제시한다. "트롤을 먹여 살리지 말라"는 훼방을 놓는 코멘터를 조용하게 하거나 입을 막아버리기 위해 많은 온라인 토론자들이 제시하는 충고의 하나다. 트롤러의 목적이 온라인상에서의 대화를 방해하고 오히려 트롤에게 관심이 쏠리게 하는 것이므로 무관심으로 트롤을 굶주

리게 하는 것도 일리가 있는 방법이다.

아이러니하게도, 플레이밍은 순수한 대화를 하다가 그중 한 사람이나 몇 사람이 화를 이기지 못해서 발생하는 경우가 많다. 이와는 대조적으로, 트롤링은 고의적으로 대화를 사장시키고 방해하기 위한 시도다. 트롤러는 플레이밍하는 자보다 더 고질적인 것 같다. 나는 그러한 분노를 일으키고 추구한 것을 후회한 나머지 사과하거나 완전히 온라인 포럼을 떠나는 플레이머를 목격한 적이 있다.

■ 온라인 가시핑과 사이버 불링

온라인 가시핑(Gossiping)도 또한 초기의 디지털 및 오프라인 미디어에서 뿌리를 찾을 수 있지만 소셜 뉴뉴미디어의 장에서 더 활성화되었다. 온라인 사용자 집단이 특정 사용자를 목표로 패거리를 지어 쓰레기 같은 말을 내뱉는가 하면 조롱하고 난처하게 만드는 사이버 불링은 온라인 가십을 부추기고 또한 플레이밍에 의해서 더 고무될 수도 있다(마이스페이스를 다룬 6장에서 언급한 메건 마이어 사건은 미디어에서는 사이버 불링이라고 광범위하게 보도하였고, 그러한 이유로 인해 나도 그 용어를 사용했지만 진정한 의미에서 사이버 불링의 한 예라고 보기는 어렵다. 그것은 차라리 한 사람의 십대에 의해 자행된 사이버 스토킹의 한 본보기라고 해야 할 것이다.―아래의 '사이버 스토킹' 참조).

온라인 가시핑은 그 다채로운 뿌리를 신문에서 찾을 수 있고 1920년대의 월터 윈첼(Walter Winchell)까지 거슬러 올라간다. 《뉴욕 데일리 그래픽》(후에 《뉴욕 미러》로 변경됨)에 실렸던 월터 윈첼의 칼럼과 사이버 불링의 원주인 온라인 가십과의 차이점은, 윈첼과 에드 설리반(Ed Sullivan) 그리고 루엘라 파슨스(Louella Parsons)는 유명 인사에 대한 가십을 신문에 실었지만, 온라인 가십은 교실의 바로 옆 자리에 앉아 있는 학우에 관하여 이루어지는 경우가 다반사다. 2007년 8월부터 시작된 주시캠퍼스닷컴(JuicyCampus.com)은 '100퍼센트 익명 게시'를 표방하였고, 사용자들을 향해 "우리에게 가십거리를 달라"고 떠들어댔다. 이 말은 캠퍼스에 있는 학우들에 관한 재미있는 가십거리를 사실 여부와 상관없이 보내라는 의미였다. 예를 들어, 내가 2008년 12월 22일 그 사이트에 로그인했을 때, 그 첫 페이지에 '정말 헤픈 여자'라는 제목으로 한 유명 대학의 여학생을 소개하고 있었다. 그 보다 며칠 전 다른 대학의 페이지에 들어가 봤을 때 이런 가십이 올라와 있는 것을 보았다. "이 여학생에 대해 어떻게 생각합니까? 그녀는 팬티 라인 바로 아래에 털고양이 문신을 하고 있답니다." 이것에 투표한 일곱 명 중 43퍼센트가 그 소문이 사실이라는 데에 동의했다. 또 누군가가 어떤 사람이 '추하다'고 한 가십에 대해 투표한 두 사람 모두 그 말에 동의한다고 했다.

어떤 특정인에 대한 나쁜 글이 올라오고 당사자가 그것을 보게 되고, 또 댓글을 주고받는 사람들이 의도적이든 비의도적든 개인이 아니고 집단이 되면서 온라인 가시핑은 사이버 불링으로 굳어진다. 아이세이프(I—Safe, 2009)는 2003-2004학년도에 "42퍼센트의 아이들이 온라인상에서 불링을 당한 적이 있다"고 보고했다. 이 수치는 2007-2008학년도까지 유지된 것으로 보이는데, 국립 범죄 예방 센터는 같은 학년도에 "인터넷에 접속한 10대들의 40퍼센트가 사이버 불링을 당했다"고 보고했다(Cyberbully Alert, 2008 참조). 마이스페이스가 2003년 8월에, 페이스북이 2004년 4월에 온라인을 시작했기 때문에, 2003-2004학년도에서부터 2007-2008학년도까지 40퍼센트라는 숫자가 지속된 것을 보면 마이스페이스나 페이스북이 인스턴트 메시징이나 채팅룸 같은 초기 소셜미디어로부터 사이버 불링을 승계받았음을 알 수 있다. 아이세이프는 2004년에 실시한 조사를 통해 "영악한 학생들이 동년배의 친구들을 욕보이기 위해 쪽지, 이메일, 채팅방 그리고 웹사이트를 이용하고 있다"고 지적했다. 그리고 사이버불리 얼러트(Cyberbully Alert)는 2008년 마이스페이스까지 포함시켰다. "채팅방, 마이스페이스, 이메일, 쪽지 그리고 다른 온라인상의 도구들 모두가 사이버 불링의 확산에 기여했다." 아이세이프가 내놓은 치유책은 교정에서 벌어지는 전통적인 불링의 치유법과 동일했다. 피해자는 학교 임원들과 부모 또는 신뢰할 만한 어른에게 괴롭힘을 당한 것을 알려야 하며 육체적인 위협을 당했다면 경찰에 신고해야 한다는 것이었다. 특히 사이버 불링의 목표가 된 사람은 불리들의 계정을 차단시키고 모든 협박 메시지를 복사하여 보관하라고 덧붙였다.

뉴뉴미디어의 악용의 확대란 관점에서 볼 때, 사이버 불링에 대처하는 목표 중 하나는 그것이 사이버 스토킹으로 확대되기 전에 중지시키는 것이다. 그 이유는 더 이상 가상 세계의 교정이 아닌 더욱 위험천만한 장소로 행위가 옮겨갈 수 있기 때문이다. 캐시 시에라(Kathy Sierra)는 크리에이팅 패셔너트 유저스(Creating Passionate Users)라는 자신의 블로그에서 저질 댓글을 받기 시작했는데 처음에는 그저 '진부한 깎아내리기나 조악한 성적인 잡소리' 정도의 수준이다가 점차 폭력적이 되더니 나중에는 "누군가 너의 목을 칼로 싹 잘라버렸으면…" 같은 협박장이 올라왔다(Walsh, 2007 참조). 그녀는 블로그에 글을 올리는 것을 중지하고, "모든 연설 약속은 취소합니다"라고 선언한 다음 "제 집 밖에 나가는 것조차 두렵습니다"라고 덧붙였다(BBC, 2007). '크리에이팅 패셔너트 유저스'는 시에라의 이전 포스트에 대한 댓글을 올리는 포스트로서만 계속 이용되고 있다(Sierra, 2007 참조). 그녀의 케이스는 쓰레기 같은 인간 불리들이 있다는 사실은 물론 성인과 전문 직업인을 대상으로 하는 사이버 불링이 사이버 스토킹으로 발전하여 희생자가 자기 집 바깥출입을 걱정하는 지경에까지 이른다는 것을 웅변으로 증명해주고 있다.

■ 사이버 스토킹

사이버 불링이 통상 집단 행위라면 사이버 스토킹은 실제의 세상에서 정신병자나 집착자 또는 사회 부적응자에 의해 자행되는 스토킹처럼 보통 개인에 의해 이루어진다. 넷링고(NetLingo, 2009)는 사이버 스토킹은 '온라인상에서 집착과 비정상적인 정신상태 하에서 어떤 한 사람에게 끈질기게 접촉하는 행위'를 지칭한다고 말했다. 실제 세상에서 스토킹이 전통적인 교정의 불링보다 더 위험한 것처럼 사이버 스토킹은 사이버 불링보다 더 심각한 충격을 초래할 수 있다. 로리 드루는 메건 마이어를 실제로 스토킹한 것이었다.–거짓의 애정으로 시작해서 나중에는 잔인한 글로 변해버린–그래서 결국 메건 마이어는 스스로 목숨을 끊고 말았다("6장, 마이스페이스" 참조).

사이버 스토킹의 보다 보편적인 예는 스토커가 목표로 삼은 사람에 대해 실제적이며 일방적인 애정이나 집착을 가지고 덤빈다는 것이다. 2009년 미국 법무부 통계국(U.S. Bureau of Justice Statistics)의 보고서에 의하면 "340만 명의 사람들이 2005년과 2006년에 걸친 12개월 동안 자신이 스토킹의 피해자였다"고 주장했다. 또한, 스토킹 피해자 네 명 중 한 명이 사이버 스토킹을 이메일(모든 사이버 스토킹의 83퍼센트)이나 쪽지(35퍼센트) 같은 방법으로 당했다. 이 사람들이 사이버 스토킹의 먹이가 되었을 당시에 마이스페이스와 페이스북은 태어난 지 1-2년밖에 되지 않았었다. 사이버 불링과 마찬가지로 사이버 스토킹도 쪽지와 채팅방으로부터 공개적으로 노출이 가능한 소셜미디어의 장으로 옮겨왔음을 알 수 있다.

『어린이 안전 향상과 온라인 기술 : 최종 보고서』(인터넷 안전 기술 Task Force, 2008)—페이스북, 마이스페이스, 린든 랩스(세컨드라이프), 구글, 야후와 스물다섯 개의 다른 큰 사이트들이 회원임—는 소셜미디어가 사이버 스토킹을 유발할 가능성이 있음을 부각시켰다. 일반적인 가정과는 달리 "신원에 대한 구체적인 정보가 올라 있는 포스트만으로 위험 가능성이 증대되지는 않는다. 그보다는 상호 교환되는 행동에 따라 위험의 정도가 결정된다"(p. 20). 사이버 스토킹의 피해자를 위한 대응책은 사이버 불링의 피해자를 위한 것과 동일하다. 즉 어떠한 물리적인 협박이 발생하면 경찰을 포함한 수임 기관이나 신뢰할 수 있는 사람들에게 알리라는 것이다.

구글어스(Google Earth)는 불행하게도 사이버 스토킹을 실제 세상으로 옮겨가고 싶어 하는 사람들에게 가장 이상적인 도구를 제공할 수도 있다. 거의 어느 주소든 이 시스템에 입력만 하면 거리 옆의 집은 물론, 거리의 표지판과 집 앞에 주차한 자동차까지 사진으로 생생하게 볼 수 있다. 다행스럽게도 구글 지도에 모든 주소가 다 사진으로 뜨는 것이 아니라서 그런 혜택을 보는 사람들이 없지 않지만, 그렇지 않은 사람은 자기 집 앞의 잔디밭이 깎이지 않은 것까지 전 세계 사람들에게 보여주는 셈이 된다.

그리고, 구글 지도는 테러리스트에 의해 악용될 수도 있다.

■ 트위터와 테러리즘

뉴뉴미디어가 테러리스트를 돕는 것이 아니고 실제 세계에서 테러리스트와의 전투와 테러리즘의 보도 및 후속 보도를 어떻게 돕고 있는지를 살펴보는 것부터 시작하기로 하자.

뉴뉴미디어는 2008년 11월 26일에 벌어졌던 인도 뭄바이 대학살의 최초 보도에 도움을 주었을 뿐 아니라 아주 결정적인 역할을 했다. CNN 인터내셔널의 에이드리언 피니건(Adrian Finnigan)은 대학살이 발생한 다음날 일찍 뭄바이에 있는 그의 친구로부터 페이스북을 통해 그가 무사하다는 내용과 함께 그가 목격한 자세한 내용에 대해서 들었다고 말했다. 또, 나의 페이스북 친구 제임스 윈스턴은 2008년 11월 28일 나에게 메시지를 보내 “가장 친한 친구가 2주일 전에 뭄바이로 이사했다. 그는 타지 호텔에서 약 2마일 떨어진 곳에서 살고 있는데 페이스북으로 그가 무사하다는 것을 알려주었다”고 전해주었다. 한편 CNN의 피니건은 공격받은 뭄바이의 호텔 근처에 사는 사람들로부터 트위터로 간단한 메시지들을 받았다고 보도했다.

존 리베이로(2008)는 “마이크로 블로그 사이트인 트위터가 또한 정보를 전달하는 것은 물론 테러리스트의 공격에 대한 느낌을 표현하는 데 이용되고 있으며 때로는 인도의 국내 TV채널들이 이번 위기에 대해 부적절한 보도를 하고 있다는 불만까지도 전달하는 데 이용되었다”는 유사한 뉴스를 제공했다. 이 사건을 볼 때 뉴뉴미디어는 테러리스트가 자행한 대학살에 관해 직접적이고 몸소 목격한 정보를 제공함으로써 기존의 방송 미디어를 통해서는 불가능한 새로운 차원의 정보 제공자로 자리를 잡았다고 볼 수 있다. 마치 1989년 톈안먼 광장 대학살 때 학생들이 전 세계와 대중 매체에 그곳 톈안먼 광장에서 무슨 일이 벌어지고 있는지를 이메일로 알렸던 것처럼, 트위터와 페이스북은 뭄바이에서 무슨 일이 벌어지고 있는지 궁금한 사람들에게 현장을 들여다볼 수 있는 유리창의 구실을 해주었다.

실제로 3일간의 위기 동안 텔레비전과 같은 올드미디어는 뭄바이 대학살 사건을 전혀 보도하지 않았다. 2008년 11월 28일 마지막 날 밤, 타지마할 호텔은 여전히 불타고 있었고 인도의 특공대원들이 마지막 공격을 준비하고 있었을 때에 MSNBC는 사전 녹화된 프로그램, 즉 몇 년 전에 만들어진 사건과 관련 없는 프로그램을 방송했고 폭스는 뭄바이 사태 보도 사이사이에 〈디오렐리 팩터〉와 그레타 반 서스터렌의 〈온 더 레코드(On The Record)〉 같은 재방송물들을 집어넣었다. 오로지 CNN만이 생방송으로 계속해서 사태를 보도하였다('MSNBC가 녹화 방송인 〈Doc Bloc〉을 2008년 11월 28일 방송하다' 참조. 또한 페이스북 그룹이 있는 7장 참조). 다행스럽게도 뭄바이에서 무슨 일이 일어났는지에 대해 관심을 가진 사람들은 뭄바이 소재 관찰자들로부터 1분 단위로 업데이트되어 들어오는 트위터의 도움을 받을 수 있었다.

다음은 2008년 11월 28일 뉴욕 시간으로 이른 아침, 단 몇 초 사이를 두고 트위터에 올라온 글들이다. "인도 정부 관리는 뚱딴지 같은 소리에는 강하지만 결과는 없다", "우리 특공대가 어떤 총을 가졌다고?", "100명이 트라이던트에 잡혔대", "정말로 되는 일이 하나도 없군. 우리 정부는 무능 그 자체야. UPA(인도의 집권 여당)를 몰아내자", "일본에서도 과거에 테러가 있었지, 중국은 우리 같은 이웃 나라가 있어서 덕을 보네. 우리는 그런 행운도 없어." 내가 위의 트윗를 읽는 약 30초 동안 216개의 새로운 트윗이 도착했다고 트위터는 알려주었다. 물론, 트위터가 모든 IP 주소를 갖고 있었지만 이 모든 마이크로 블로그가 뭄바이에서 왔다고 보증하긴 어렵다.

완벽한 시스템이란 없는 법이다. 스테퍼니 부사리(Stephani Busari)가 CNN 닷컴 아시아(2008)에서 지적하였듯이, "어떤 사람이 뉴스 헤드라인을 트윗하고, 그의 친구들이 그것을 보고 리트윗하고, 이런 일이 반복되면 트위터상에서 정보 순환의 사이클이 영속적으로 진행될 수 있다."

이 장의 주제인 뉴뉴미디어의 악용으로 돌아가자면, 트위터는 테러리스트들에게 아주 효과적인 도구가 될 수도 있다. 부사리는 뭄바이의 테러리스트들이 인도의 보안대에 관한 정보를 얻기 위해 그 미디어를 쓰고 있을지 모른다는 정보를 트위터를 통해서 들었다고 말했다. 이 말은 테러리스트들이 자기들의 공격을 계획하고 조정하는 데에 트위터나 다른 뉴뉴미디어가 사용되었을 가능성이나 개연성이 있다고 주장하는 것은 아니다.

실제로 2008년 10월 16일 미국 육군 보고서는 테러리스트들에 의해 트위터가 "이론적으로 목표와 엮어져 이용될 수도 있다"는 우려를 표명하였다(Musil, 2008). 그러나 그 보고서는 트위터가 단체 이메일이나 IMs, 채팅방 등으로 이미 달성이 불가능한 디지털 커뮤니케이션을 가능하게 한다고 지적하지는 않았다.

그러나 트위터와, '팔로어'라는 단체를 아주 빨리 만들 수 있는 트위터의 기능이, 테러리스트 단체를 포함하여 어떠한 단체든 쉽게 동원 및 전개할 수 있게 만든다는 점을 부인할 수는 없다. 여기서 긍정적인 부분은, 사법 기관과 보안 당국도 테러리스트들과 똑같이 트위터를 이용할 수 있을 뿐 아니라 트위터가 테러리스트나 범법자들에 의해 이용되었을 경우 트위터가 모든 통신 기록을 가지고 있기 때문에 테러리스트의 추적과 처벌 과정에 도움을 받을 수 있다는 점이다.

이와 같이 뉴뉴미디어는 가상의 사이버 불링에서부터 전 세계적인 테러에 이르기까지 사회 활동의 남용에 이용될 수 있다. 다음엔 뉴뉴미디어가 보다 전통적인 범죄를 어떻게 사주하는지 살펴보기로 하자.

■ 크랙스리스트 은행 강도

마치 영화 이름 같지 않은가? 그러나 이것은 사실이다. 물론 크랙스리스트가 직접 은행을 턴 것은 아니지만 '십여 명의 순진한 유인용 오리(kings5.com, 2008 참조)'를 고용하여 2008년 9월 30일 워싱턴 주의 먼로(Monroe) 소재 뱅크오브아메리카 지점을 턴 은행 강도들이 도주하는 데 이용한 사건이 발생했다.

내 아내와 나는 요즘도 좋은 일을 위해 크랙스리스트를 사용한다. 바로 지난주만 해도 멋진 레이지보이(La—Z—Boy) 의자 하나를 75달러에 구입했다. 그러나 모든 미디어의 칼처럼 무료 광고는 사람들이 사고팔기를 원하는 것이면 무엇이든지 내준다. 그것은 의자는 물론이고 매춘에 이르기까지(Lambert, 2007 및 Abelson, 2009 참조), 그리고 먼로의 은행 강도 사건의 경우에는 공범자를 구하는 데까지 이용되었다.

강도들의 계획은 아주 기발하였다. 십여 명의 사람들로 하여금 자기들과 똑같은 옷을 입고 은행 앞에 서 있게 만들었다. 목격자들이 경찰에 증언했을 때 그 가치가 희석될 수밖에 없었다. "나는 시간당 28.5달러의 임금을 준다는 말에 넘어갔다"고 바람잡이 중 한 명이 킹파이브닷컴(king5.com)에 설명하였다. 그는 '노란색 조끼, 안전 고글, 개스 마스크, 그리고 가능하면 청색 셔츠'를 입으라고 지시받았다.—똑같은 복장을 한 진짜 범인은 근처의 개천을 통해서 도망갔다.

그러나 범인은 몇 주 후에 체포되었다.–DNA로 적발된 것이다(자세한 내용은 Cheng, 2008 참조). 나의 생각이지만 생물학적인 코드가 아직은 디지털 코드보다 더욱 강력하다는 것을 보여주고 있는 것 같다. 1999년에 나온 나의 과학소설『실크 코드』의 주인공 NYPD의 범죄 과학 수사관인 필 다마토 박사가 말했듯이 "DNA는 사건의 최종 기록 서류와 같다"(《뉴욕타임스》는 이 대목을 아주 좋아한 나머지, 1999년 제럴드 조나즈의 논평에 인용하였다).

이런 어두운 장에서 잠시 시간을 내어 그런 즐거운 실화를 보는 것은 재미있는 일이다. 그러나 부정할 수 없는 어두운 현실은 뉴뉴미디어가 범죄에 이용되면 죽음과 파멸을 촉진할 수 있다는 것이다. '크랙스리스트 킬러'란 나쁜 이름이 붙여진 필립 마코프는 2009년 4월 크랙스리스트를 통해 알게 된 여자 마사지사를 살해한 혐의로 체포되었으며 이 사건은 뉴뉴미디어의 아주 위험하고도 위협적인 측면을 부각시켰다. 그러나 레슬리 해리스(Leslie Harris, 2009)가 말한 것처럼, "만약에 그 범죄자가 신문 안내 광고를 보고 피해자를 유인하였다면? 그 범인을《보스턴글로브》킬러라고 불러야 할까?" 희생자를 찾기 위해 미디어를 섭렵하는 살인자들이 뉴뉴미디어가 만들어낸 산물이거나 독특한 결과물로 봐서는 안 된다는 것이 그녀가 하고자 했던 말이었다. 그러나 그러한 남용은 뉴뉴미디어에만 있는 독특한 것이든 아니면 올드미디어와 유사하게 생기는 것이든 간에 연구와 이해를 거쳐 최대한 방지할 수 있도록 해야 할 것이다.

■ 스팸

뉴뉴미디어의 어두운 측면을 살펴보는 여행을 끝내기 전에 온라인 시스템에서 가장 파괴성이 적으면서도 가장 넓게 퍼져 있는 스팸에 관해 이야기해보기로 하자. 가장 일반적인 형태는 금이나 보석에 대한 코멘트이거나 블로그 포스트의 주제와는 전혀 관련이 없는 어떤 다른 것들인 바, 스팸은 블로그를 읽을 때 주의를 분산시키고 독자를 귀찮게 만드는 온라인 모기 물림 또는 디지털 낙서 같은 것으로 별로 해를 끼치지는 않는다.

실제로 스팸의 가장 주된 부작용은 그것을 지우고자 하는 블로거나 웹 관리자들에게 추가적인 일거리를 만들어주고 블로거가 설치한 방해 보호 장치로 인해 일반 이용자가 그 블로그에 들어가기 위해 추가적인 일거리 부담이 생긴다는 것이다. 2장에서 본 것처럼, 캡차는 보편적인 반 스팸용 방어책이지만 합법적인 이용자들이 댓글을 달기 위해서는 추가적인 절차를 통과해야 하는 불편이 있다. 제한이 없는 정치적 토론을 활성화시키고자 하는 블로거는 즉각적인 코멘트와 빠른 응답을 부추기기 위하여 모더레이터를 두지 않고 그 블로그를 자유방임하고 싶어할 테지만 그렇게 되면 그 블로그와 전혀 관련이 없는 스팸에 문을 열어놓는 격이 된다.

마이스페이스, 페이스북은 물론이고 모든 소셜미디어는 블로그나 시스템에 포스트되는 항목들에서 비슷한 문제에 봉착하고 있다. 마이스페이스의 경우에는 회원의 프로필에 관한 코멘트 부분에서 이런 문제가 생길 수 있다. 어떠한 중앙 통제 시스템에 올라 있지 않은 개인 블로그에 스팸을 올릴 때와는 달리 이러한 시스템에 스팸을 올리려는 사람들이 갖고 있는 취약점은 마이스페이스나 페이스북은 스패머의 계정을 취소시킬 수 있고 또 그렇게 하고 있다는 것이다. 물론 새로운 계정을 쉽게 개설할 수 있지만 그래도 잠깐이나마 스패머의 행위를 늦추는 방법이 될 수 있다.

'블로그스팸'은 위에 언급한 스팸과는 조금 다른 것을 지칭할 때 쓰는 용어다. 일반적으로 '블로그스팸'은 한 블로그 포스트의 가치를 평가 절하할 때 사용하고 어느 블로그 포스트가 노리는 목표가 구글의 애드센스 수입을 올리거나 그 블로그와 제휴되어 있는 다른 광고 사이트로 클릭하거나 링크를 유도하는 것일 경우 그렇게 부르는 경우가 많다. 디그는 새로운 방법으로 또 다른 '블로그스팸'을 이용하고 있는데 그것은 이미 포스트 된 기사에서 이야깃거리를 떼어다가 기사를 만들어 새로운 포스트에 독자를 끌어들이는 방법이다. 이것은 새로운 포스트에서 그 기사의 원래의 소스를 밝히지 않는다면 표절이라고 비난받을 수도 있을 것이다.

한 발짝 물러서서, 뉴뉴미디어를 더 거대한 모든 인간커뮤니케이션의 일부라고 본다면, 우리는 스팸을 디지털 소음 또는 모든 미디어를 괴롭히는 가장 보편적인 소음이라고 볼 수 있을 것이다. 신문과 같은 올드미디어의 경우에도 진실되지 않은 기사가 신문 지면에 인쇄되어 나갈 때마다 소음이 발생한다. 소음은 잉크가 번지거나 TV 스크린이 찌그러져 나올 때에도 일어난다. 이와 유사한 소음은 블로그나 위키피디아에 올려진 거짓 정보로 인해 발생할 수 있고 온라인 시스템이나 노트북이 기술적 어려움에 직면했을 때에도 발생한다. 그러나 뉴뉴미디어가 모든 소비자를 생산자가 될 수 있게 해주는 그 힘 때문에 새로운 종류의 소음이 발생하는데 그것은 사용자에 의해 의도적으로 만들어지고 포스트되는 소음이다. 올드미디어 세계에서는 말할 것도 없고 실제 세계에서는 소음이란 것이 전적으로 줄어들 수도 완전히 제거할 수도 없는 것으로 간주되어 왔다. 음악의 저장 기능과 전파를 대폭 향상시킨 MP3가 도입되었지만 그로 인해 새로운 지적 재산권 문제가 발생했다. 한 종류의 소음의 해결책은 또 다른 새로운 소음을 가져오는 새로운 시스템의 발명으로 이어진다. 뉴뉴미디어 소음의 한 형태로서의 스팸은 적어도 새로운 또 하나의 뉴뉴미디어 소음이 생기기 전에는 완전히 제거되기는 불가능할 것이다. 그나마 다행인 것은 블로그 위에 뜨는 스팸의 대가는 통상 그렇게 비싸지는 않다는 것이다.

또는, 다른 말로 바꾸면, 뉴뉴미디어가 특히 제거하지 못하거나 효과적으로 통제할 수 없을 것 같은 소음의 한 형태는 스팸의 디지털 무단출입이다.−왜냐하면, 진정으로 그리고 효과적으로 스팸을 제거하기 위해서는 뉴뉴미디어가 심하게 통제되어야 가능할 텐데 그렇게 된다면 더 이상 뉴뉴미디어라고 부를 수 없을 것이기 때문이다(소음을 찾아내서 제거하는 뉴뉴미디어의 능력을 보기 위해서는 "4장, 위키피디아" 참조).

■ 뉴뉴미디어 악용에 대한 올드미디어의 과민 반응 : 도서관 대 블로거

우리는 이 책을 통해 다양한 올드미디어의 뉴뉴미디어에 대한 적대감(상호 의존성은 물론)을 추적해왔다.−그러한 적대감은 뉴뉴미디어를 가치가 없는 경쟁자로 보고 올드미디어를 대체할 수 있는 미디어로 보기 때문에 생긴 것이다. 신문과 방송 매체들에 의한 블로거 비평은, 블로그의 내용에 대한 것이라면 공정한 게임이라고 볼 수 있을 텐데 그것이 아니고 블로깅의 과정 자체에 대한 비평이 대종을 이룬다. 2장에서 논의한 '파자마 바람의 블로거'라는 비난은 합리적인 비평을 훨씬 뛰어넘은 것으로 블로거들을 우습게 보고 그들을 속죄양으로 삼으려는 의도가 숨어 있는 것 같다. 7장에서 논의한 바 있는 페이스북이 여성이 아기에게 젖을 먹이는 사진을 싣지 못하도록 금지한 경우에서 보듯이 뉴뉴미디어들도 자기 자신들에게 비슷한 공격을 행사하지 않고 있는 것은 아니다.

그러나 올드미디어와 뉴뉴미디어 간에 바닥에 깔려 있는 긴장은 늘 팽팽하게 존재하고 있다가 뉴뉴미디어상에서 혹은 뉴뉴미디어에 의해서 어떠한 비행이 일어나기만 하면 수면 위로 떠오른다. 사이버 불링과 사이버 스토킹은 모든 뉴스미디어에서—올드미디어, 뉴미디어, 뉴뉴미디어—커다란 기사로 다뤄지는데 그 이유는 그런 일들이 실제로 생사의 상황까지 초래할 수 있고, 따라서 모든 사람들에게 알릴 필요가 있기 때문이다. 그러나 뉴뉴미디어가 실제로 잘못한 일이 없었고 단지 부정확한 인식에 의해 그런 일이 일어나면 긴장은 증폭되기 마련이다.

트와나 A. 하인스(Twanna A. Hines)는 '나는 아동 포르노꾼이 아니고 작가다'(2008)라는 글에서 이렇게 말했다. 그녀는 '고된 하루의 일'을 하기 위해 노트북을 들고 뉴욕 공공 도서관의 맨해튼 중앙 지점에 갔다. 그녀는 이곳에서 글 쓰는 것을 좋아했는데 블로그에 접속하려다가 자신의 블로그가 차단되었다는 것을 알게 되었다. 그녀가 자신의 블로그에 '데이트, 섹스와 관계… 끈팬티를 입는 남성과 기술과 섹스에 관하여'라는 글을 썼기 때문이다. 도서관 자문위원회는 외설, 미성년자 추행, '미성년자에게 유해한' 물건들을 묘사한 사이트는 차단될 수 있다고 지적했다.

하인스의 사이트는 위 어느 것도 묘사하지 않았다. 그리고 어떤 사람이 도서관측에 접촉하여 그녀의 사이트가 차단된 것을 항의하자 그 차단 조치가 풀렸다. 그러나 그녀의 사이트가 일단 차단당했다는 사실은 우리의 뉴뉴미디어 세계에서의 도서관의 역할에 관해 무엇을 말하고 있는가?

퍼스널컴퓨터에 대한 빈번한 비판이 있었던 1980년대로 돌아가보자(Levinson, 1997 참조). 당시에는 사람들이 '현실(사람과의 실제적 대면과 상호 작용)'과

담을 쌓은 채 컴퓨터와 시간을 보낸다는 것이 비난의 하나였다. 이러한 주장은 오늘날에도 나올 수 있는데 예를 들어 반스앤드노블(미국의 대형 서점, Barnes&Noble)에서 쇼핑하는 것이 아마존에서 책을 사는 것보다 더 좋거나 건전한데 그 이유는 반스앤드노블에서는 화면이 아닌 실제 사람과 거래를 하기 때문이라고 주장할 수도 있다. 마이스페이스와 페이스북은 다양한 사람들 간의 상호 작용을 디지털 소통으로 대체하면서 이러한 문제를 악화시키고 있다고 주장할 수도 있다(3장에서 보았듯이 교황의 새로운 유튜브 채널을 개설하면서 나온 바티칸 교황청의 성명서는 소셜미디어에 대한 이러한 우려를 표명하였다).

가상적인 소통과 직접적인 대인 소통이란 맥락에서 하인스의 경우를 들여다보면, 우리는 그녀가 뉴뉴미디어적인 블로깅을 하면서 공공도서관에 드나드는 실제적인 사람들을 대상으로 했음을 발견할 수 있다. 그리고 그녀의 블로그의 내용이 뉴욕 공공도서관측을 불편하게 만들었던 것이다. 분명한 사실은 그녀는 사실 도서관의 컴퓨터를 사용한 것이 아니라 단지 그 컴퓨터의 와이파이 인터넷 접속 장치를 사용했을 뿐이다. 만약 우리가 하인스의 블로그 내용이 아이들에게 적합하지 않다는 데 동의하고 그 사이트로부터 아이들을 보호할 수 있는 더 좋은 방법을 찾는 노력을 했다면 모든 사람들로부터 그 사이트를 차단하지 않았더라도 대안을 찾을 수는 있었다. 자기의 나이를 증명할 수 있는 사람들에게 특별한 코드를 주어 성인이나 작가 자신이 이용할 수 있게 만드는 것이 그 대안이 될 수 있었다.

앞으로 도서관들이 이런 해결책을 사용해보길 바란다. 그러나 현재와 같이 뉴뉴미디어에 대한 오해와 의심이 팽배한 시대에는 올드미디어는 물론이고 도서관 같은 기관에서는 불행하게도 뉴뉴미디어로의 접속을 금지하거나 차단하는 것을 가장 쉬운 해결책으로 사용하고 있는 것이 현실이다.

트와나 하인스는 지금도 뉴욕 공공 도서관을 사랑한다면서 T. S. 엘리엇을 인용했다. "도서관이 존재한다는 그 자체만으로 우리는 아직도 인간의 미래에 대한 희망을 가지고 있음을 증명해주는 충분한 증거가 된다." 이러한 미래가 더욱 확실해지려면 도서관들이 도서관의 지적 재산의 보관과 거래의 장소인 서가에 꽂힌 책들과 점점 더 경쟁하고 자리 빼앗기 싸움을 벌이고 있는 미디어에 대해 좀 더 이해의 수준을 높이는 노력을 해야 할 것이다.

텔레비전을 보지 않고 영화관에 가는 것처럼, 또한 집에서 먹지 않고 레스토랑에 가서 식사하는 것처럼 도서관의 궁극적인 미래는 집에서 찾을 수 없는 사회적 이점을 제공할 수 있는 장소로서, 집에서 누릴 수 있는 모든 정보 시스템을 갖춘 나머지 사람들이 노트북이나 아이폰을 가지고 집을 나오도록 유인할 수 있을 때 더 밝아질 것이다.

다음 장에서는 2007년과 2008년의 대통령 선거에서 버락 오바마의 선거 캠페인이 어떻게 뉴뉴미디어의 장점과 오프라인 세계와의 불가분의 상호 작용을 결합시켰는지를 살펴보도록 하자.

12

뉴뉴미디어와 2008년 미국 대선

구글의 CEO이자 회장인 에릭 슈미트(Eric Schmidt)는 허핑턴포스트의 창립자이자 현직 최고 경영자인 아리아나 허핑턴이 버락 오바마가 2008년 대선에 승리한 것은 바로 인터넷 때문이었다고 말하자 즉시 그 말에 동의했다. 슈미트는 대선이 끝나고 13일이 지난 2008년 11월 17일 MSNBC의 〈레이철 매도 쇼(The Rachel Maddow Show)〉에 게스트로 출연했고 그때 허핑턴은 매도우를 대신하여 사회를 맡았다.

'뉴뉴미디어'의 시각에서 볼 때 허핑턴과 슈미트의 관점은 완전히 옳다. 그러나 일반적인 인터넷이라기보다는 최근 인터넷의 주요 플레이어(player)로 급부상한 뉴뉴미디어가 오바마의 성공적인 대통령 선거 운동의 근간이 되었고 또한 당선 이후에도 대통령과 미국 국민들 그리고 세계의 모든 사람들과의 관계에 있어 중심적인 역할을 계속해왔다.

뉴뉴미디어 중 가장 오래된 것은 블로깅으로 2004년에 제대로 자리를 잡았다. 그러나 유튜브, 디그, 페이스북, 그리고 트위터는 존재조차 하지 않았다. 물론 대통령 선거에서 지대한 역할을 했던 버락 오바마의 선거 운동 웹사이트도 그 당시엔 없었고 어떤 다른 정치적인 웹사이트도 없었다.

나는 2008년 초에 '마이버락오바마닷컴'에 등록하였다. 나는 때때로 그 사이트에 블로그를 올리기도 하고, 선거 운동에서 어떤 일이 있는지를 살펴보기 위해 로그인했다. 2008년 11월 4일 미국 대선이 있기 이틀 전과 선거 당일 나와 나의 아내는 어떤 다른 일을 하기 위해 그 사이트에 들어갔다.

그 사이트는 오바마 후원자들의 이름과 전화번호를 제공해주고 있었다. 그 사이트의 지도를 통해 여러 주에 흩어져 있는 후원자들을 찾아낼 수 있었다. 우리는 펜실베이니아 주를 선택했는데 이곳은 매케인 캠프에서 그 주가 '최종적으로 중요한 지역'이라고 말해온 곳이었다. 즉, 매케인의 승리에 아주 중요한 주라는 것이었다.

아내와 나는 각각 약 1시간 동안 50명의 오바마 후원자들에게 전화를 걸었다. 잘못된 전화번호도 발견했지만 집에 없는 사람들에겐 보이스 메일을 남겼다. 우리는 필라델피아로부터 그 주의 다른 지역에 사는 수십 명의 후원자들과 통화를 했다. 바로 뉴욕 시의 북쪽 한구석에 있는 우리 집의 거실에서 한 일이었다. 전화가 끝날 때마다 우리는 웹사이트에 있는 간단한 서식에 연락한 후원자들과 나눈 내용이 무엇인지, 후원자들은 여전히 오바마에게 투표를 할 계획인지, 그들은 투표장이 어디인지 알고 있는지 등을 기재하였다.

오바마 캠프의 키드 굿맨(Keith Goodman)은 2008년 11월 6일 오바마를 위해 전화를 한 모든 사람들에게 다음과 같은 이메일을 보냈다. "선거 당일 1,053,791회의 엄청난 수의 전화 통화를 해주신 여러분들에게 감사를 드립니다. 결코 쉬운 일이 아니었으며 지치고 목소리가 쉬었음에도 불구하고 여러분이 계속 전화를 걸어주신 덕택에 플로리다와 오하이오 주 같은 초접전 지역에서 우리의 후원자들이 투표소로 향하게 하는 데 큰 도움을 주셨습니다. 우리는 모두 함께 해냈습니다!"

웹과 같은 뉴미디어와 올드미디어인 전화의 조합을 통해 '마이버락오바마닷컴'은 독자가 저자 이상으로 변하는 진정한 뉴뉴미디어를 창출하게 된 것이다. 선거 이틀 전과 선거 당일에 전화를 함으로써 나는 가끔씩 웹사이트에 들어가 글을 읽고 쓰는 사람에서 활발한 선거 운동원으로 바뀐 것이다.

■ 오바마는 '인터넷과 공동체 조직 작업을 결합시켰다'

"그는 공동체 조직 작업과 인터넷을 결혼시켰다." 데이비드 거겐(David Gergen)은 2008년 11월 4일 동부 시각 저녁 7시 선거개표 방송이 시작되기 몇 분전 CNN에서 이렇게 논평하였다. 거겐은 2004년 민주당 대통령 후보 지명전에서 처음으로 인터넷을 이용했지만 실패한 하워드 딘의 사례와 비교하여 버락 오바마와 그의 선거 운동에 대해 말한 것이었다.

하워드 딘은 2004년 민주당 대통령 예비 선거에서 패한 뒤 민주당 전국위원회 위원장을 맡아 오바마의 '50개 주 승리 전략'을 지휘하게 되었다. 전국의 모든 주에서 공격적인 선거 운동을 벌여 단 한 주도 경쟁자에게 내주지 않는다는 전략이었다. 2004년 조지 부시(George W. Bush)가 승리한 '붉은 주(red state)' 오하이오에서의 오바마의 승리는 오바마가 미국의 새로운 대통령이 될 것이라는 사실을 최초로 알려주는 명백한 신호였다.

■ 뉴뉴미디어를 통한 부통령 발표 실수

2008년의 선거 운동 기간 동안 뉴뉴미디어의 활용에 있어 오바마 캠프가 모든 것을 올바르게 운영한 것만은 아니었다. 우리는 그의 선거 운동에서의 뉴뉴미디어 활용에 흠이 없지 않았다는 점을 짚고 넘어갈 필요가 있다. 아마 가장 커다란 실수는 2008년 7월 '오바마의 부통령 후보 러닝메이트 발표'와 관련된 공표가 될 것이다. 오바바 캠프는 선정된 부통령 후보를 이메일로, 오바마의 메일 주소록에 있는 사람들에게 먼저 알려주겠다고 공표함으로써 텔레비전, 라디오, 신문 같은 올드미디어를 공개적으로 배제하고 말았다.

이와 같은 발표는 적어도 두 가지 이유에서 경솔했다. 첫째는 이메일 리스트에는 이미 많은 전문 언론인들이 포함되어 있었기 때문에 오바마가 선택한 부통령 후보를 올드미디어 채널에 즉시 전할 수 있었다. 둘째는 뉴뉴미디어에서 이루어질 수 있는 어떤 것을 전송한다는 것은 위에서 아래로의 하향식이 아니고 어떤 이벤트가 발생하자마자 동시에 알린다는 뉴뉴미디어의 바이럴적인 원칙에도 위배되는 조치다.

나는 이러한 생각을 데일리 코스(Levinson, '이메일을 통해 오바마의 선택을 발표한 것은 좋은 아이디어가 아니다' 2008 참조)의 블로그에 올렸다. 그 블로그에 대한 반응은 짜증에서부터 분노까지 다양했는데—선거 운동을 향해서가 아니고 나에게—그들의 주장은 오바마 선거 운동 캠프가 오바마를 대통령 후보가 되게 해준 특정한 인구 집단, 즉 뉴뉴미디어와 웹 2.0 인터넷 세대에게 보답하려는 의도를 내가 이해하는 데 실패했다는 것이었다.

결국 오바마가 조 바이든(Joe Biden)을 부통령 후보자 선정했다는 뉴스는 올드 매체인 CNN에서 가장 먼저 터졌다. 그러나 오바마와 뉴뉴미디어에 열성적인 사람들 중에서 선거일에 이 문제를 가지고 거론한 사람은 거의 없었고 오바마는 지난 20년간 최대의 득표차로 선거에서 승리했다.

■ 취임식과 이후의 인터넷

CNN은 2009년 1월 20일의 오바마 대통령 취임식을 2008년 11월 4일 대선과 비교해볼 때 라이브스트림 즉 생중계로 행사를 시청한 사람의 수가 네 배가 많았다고 보도했다.—취임식이 있었던 시간 전후 아홉 시간 동안 약 2,130만 명이 시청한 반면 대선 당일 하루 동안의 시청자는 539만 명이었다. 《뉴욕타임스》는 또한 이렇게 보도했다. "온라인 트래픽을 조사하는 비영리 단체인 패킷 클리어링 하우스(Packet Clearing House)의 조사국장 빌 우드코크(Bill Woodcock)에 따르면 오바마 대통령이 취임사를 시작할 때 미국의 인터넷 트래픽이 사상 최고치를 기록했는데 그것은 사람들이 취임식을 시청하고, 취임사를 읽고 또 거기에 댓글을 달았기 때문에 생긴 일이었다"(Vance, 2009, CNN 비디오 시청에 대한 자세한 내용도 제공했다. 온라인 비디오에 대한 인터넷 트래픽과 시청률이 2009년 7월 마이클 잭슨의 추모 공연 시청자 수를 능가하였다, Hibberd, 2009 참조).

당연한 일이겠지만 이러한 통신량과 시청의 폭주로 인해 통신이 먹통이 되기도 하고 웹과 이를 서비스하는 회사들은 늘어난 수요에 대응하느라 악전

고투를 해야 했다. 그러나 이러한 문제들은 건강한 성장통으로 봐야 하며 모든 뉴뉴미디어가 의지하는 하드웨어 기반 시설의 향상을 위한 최선의 자극제인 것이다(다음 장 참조).

오바마의 새로운 행정부는 취임식이 있던 날 정오가 지나자마자 대통령의 공식 웹사이트(whitehouse.gov)를 운영하기 시작했다. 대통령만 바뀐 것이 아니라 접근 방법이 변한 것이므로 이것은 뉴미디어와 뉴뉴미디어의 차이를 보여주는 교과서적인 사례라고 할 수 있다. 조지 부시 행정부 아래에서의 그 사이트는 정보만을 제공했다.—한 관찰자의 말에 의하면 주로 "보도자료, 연설문, 선전문건에 링크시켰다"(Manjoo, 2009 참조). 새롭게 구성된 사이트는 물론 그 전과 마찬가지로 선전적인 요소가 없을 수 없었지만 훨씬 더 쌍방향적이었다. 2009년 1월 20일 처음으로 올라온 블로그는 다음과 같이 선언하였다. "대통령의 공식 웹사이트에 새롭게 추가한 중요한 내용은 대통령의 선거 공약을 반영하겠다는 것입니다. 우리는 시급하지 않은 모든 법안을 5일간 웹사이트에 올려서 대통령이 서명하기 전까지 국민들이 그것을 검토하고 댓글을 달 수 있도록 하겠습니다."

어느 정도까지 대통령이 포스트 된 글에 대해 알고 있는지 또 알고 있다면 대통령이 얼마나 진지하게 그것들을 받아들이고 있는지는 발표된 것도 없고 알려지지 않아서 판단하기는 어렵다. 그러나 최선의 경우를 상정할 때 이러한 시스템이 대통령으로 하여금 더 많은 정보를 갖고 의사 결정을 할 수 있게 할 것이다. 가장 긍정적인 차원에서 볼 때에도, 그 사이트에 올라오는 코멘트들은 대통령이 본다는 환상을 가지고 쓰일 것이란 점이다.

대통령과 국민 간에 의사소통을 개방한다는 선전과 관련하여 기억나는 일이 하나 있다. 1970년 나의 아내가 리처드 닉슨 대통령에게 캄보디아에 대한 미국의 공습에 항의하는 편지를 썼다. 그리고 백악관으로부터 답신을 받았는데 그 내용은 그녀의 조언에 진심으로 감사한다는 것이었다.

아무리 의미를 축소하더라도, 우리는 대통령의 공식 웹사이트가 대통령과 그의 보좌관들과의 소통의 통로를 제공함으로써 국민의 뜻을 손쉽게 보낼 수 있게 된다고 이야기할 수 있을 것이다. 그런 소통이 무슨 영향을 가져올지 그리고 그것을 받은 사람들이 어떻게 처리할지는 더 지켜봐야 할 것이다.

또 하나의 주장이 있는데 그것은 민주주의 사회에서는 선출된 공무원들은 자신의 지식과 양심에 비추어 최선이라고 생각하는 대로 일을 해야 하고 국민들이 그것을 받아들일지 말지는 다음 선거에서 투표로 보여주면 된다는 것이다. "지도자가 적절한 의사 결정을 할 때에는 정치적 상담자나 갤럽 조사의 결과에 따르지 말고 그의 가슴과 마음에 의해 행동해야 한다"(Misserli, 2006 참조). 오늘날과 같이 지속적인 여론 조사가 끊이지 않는 시대에는 이와 같은 이념은 대부분 채택되기 어려울 것이다. 좋든 나쁘든 간에, 뉴뉴미디어는 그러한 원리가 더 이상 살아남지 못하도록 만들 것이다.

■ 대통령과 블랙베리

정부에 있는 모든 사람들이 뉴뉴미디어를 반기는 것은 아니다. 대통령에 일단 취임하면 오바마가 여느 때처럼 이메일을 계속 주고받기는 힘들 거라는 보도가 선거 후 11일 만에 나왔다(Zeleny, 2008 참조). 대통령의 이메일이 해킹당할 가능성에 대한 문제도 제기되었고 또 대통령 기록법에 따라 모든 대통령의 통신은 궁극적으로 공개적 검토가 가능해야 한다는 점도 문제가 되었다.

나는 그때 블로그에 글을 올려 오늘날과 같은 이런 인터넷 시대에 대통령의 이메일 이용 권리를 박탈하는 것은 나쁜 생각이라고 말했다(Levinson, '오바마가 이메일을 계속할 수 있도록 하라' 2008 참조).

대통령과 블랙베리는 좋은 결말로 끝난 이야기로 네 개의 부분으로 구성되어 있다.

1. 대통령이 주고받는 모든 이메일이 자동적으로 저장될 수 있는 시스템이 확실하게 고안되어야 한다. 지메일이나 야후 메일 계정에서 이미 그렇게 되고 있지 않나?

더욱 중요한 것은, 대통령 자신이 생각하는 가장 효과적인 방법으로 소통할 수 있어야 하지 않은가? 그의 위치에 있는 사람은 최대한 사고하고 소통해야 하는데 구시대적인 종이나 전화와 같은 시스템만을 사용함으로 인해 불이익을 받아서는 안 된다. 이메일이 지난 10년간 천문학적으로 성장한 데는 나름대로의 이유가 있다. 그것은 글쓰기처럼 영구적이고 동시에 말처럼 즉각적이라는 사실이다. 게다가, 전 지구적이며 손쉽게 찾아볼 수 있다(이메일의 진화와 장점에 관해서는 Levinson, 1997 참조).

그리고 사고방식 차원의 문제도 고려해보아야 한다. 대통령 자신이 이미 편하게 쓰는 방법을 알고 있고 아주 익숙해진 커뮤니케이션 시스템을 계속 사용하지 말아야 하는가?

이것은 모든 미디어의 진화와 채택에 대한 근본적인 문제를 제기한다. 어떠한 뉴미디어 또는 뉴뉴미디어를 사용하기 시작하거나 계속하여 사용할 때에, 우리는 우리의 눈, 귀, 입, 손가락에 의지하듯이 그것에 의지하게 된다. 마셜 맥루한의 유명한 말처럼 미디어는 우리의 '연장 수단(extensions)'으로 작동하는 것으로, 다시 말해 우리의 신체와 두뇌에 있는 의사소통 부분의 대리 도구 역할을 한다.

이메일의 사용에 익숙해진 사람에게서 그것의 사용 기회를 빼앗는 것은 심리적 또는 의사소통상의 도구를 불구로 만드는 것과 다름이 없다. 대통령에게 그러한 가혹하면서도 비생산적인 대접을 한다는 것은 어불성설이라고 해야 할 것이다.

2. 버락 오바마는 2008년 11월 26일 대통령 당선자 자격으로 바버라 월터스(Barbara Walters)와 가진 인터뷰에서 자기는 블랙베리–바깥세상과의 끊임없는 이메일 접촉–를 계속하고 싶다고 말하면서 뉴뉴미디어의 본질에 대해 대단히 해박하게 알고 있음을 보여줬다. "나는 백악관 안에서 나를 둘러싸고 있는 열 명 내지 열두 명의 참모 이외의 외부 사람들로부터 어떻게 하면 정보를 얻을 수 있을지에 대해 협상을 하고 있는 중입니다. … 왜냐하면 최악의 경우, 대통령이 일반 사람들이 어떻게 일상생활을 해나가는지에 대해 전혀 알지 못하는 일이 일어날 수 있다고 생각하기 때문입니다"(Obama, 2008년 11월 26일 참조). 2009년 1월 7일 CNBC–TV의 존 하우드(John Harwood)와 가진 인터뷰에서도 오바

마는 같은 말을 했다. 그는 찰턴 헤스턴과 총의 관계를 빗대어 그들은 자기의 손에 있는 블랙베리를 '빼앗아 가야만 할 것'이라고 덧붙였다. 그는 대통령 당선자로서 국내외 정책 전문가 집단과 회의를 할 때에도 세상에 널리 퍼져 있는 비전문가들과의 소통의 끈을 열어놓기 위해 무진 애를 썼다고 한다. 다시 말해 블로깅, 위키피디아, 트위터 그리고 비전문가들의 의견에 귀를 기울였다는 것인데 바로 그것은 '모든 소비자는 곧 생산자'라는 뉴뉴미디어의 민주화를 위한 존재 이유를 받아들이겠다는 자세다. 그 논리의 수용이 그를 대통령으로 만들었고 또한 이 책의 주제다.

그리고, 폴리티코닷컴의 정치 담당 수석 기자인 마이크 앨런(Mike Allen)이 2008년 11월 26일 MSNBC의 노라 오도넬에게 말한 것처럼, "사람들(임명된 전문가)은 상사에게 진실을 말하길 꺼린다. … 미합중국의 대통령이라고 예외는 아니다." 오바마 대통령은 부시 행정부가 허리케인 카트리나가 발생했을 때 형편없는 대응을 할 수밖에 없도록 만들었던 정보의 거품을 넘어서기 위해서 뉴뉴미디어의 필요성을 절감했을 것이다. 버락 오바마 같은 미국의 대통령이든지 뉴욕 주 그린버그의 시장 폴 페이너 든지(2장에서 본 것처럼 그는 정보 수집을 위해 자기의 블로그에 올라온 익명의 댓글을 참고했다) 우리의 지도자들과 대표자들은 뉴뉴미디어가 일반 사람들과 연계하는 데 있어 점점 필수불가결한 도구임을 알게 될 것이다. 이것은 한편으로 여론조사를 참고하고 다른 한편으로 전문가 집단의 조언을 듣는 것과 상당히 다르다는 것을 명심해야 한다. 정부 안에 있지 않은 다른 사람과의 블랙베리 연결은 세계를 구할 수 있으나 레이더에는 잡히지 않는 하나의 통찰력을 가져다줄 수도 있을 것이다.

3. 오바마의 취임식이 있기 이틀 전인 2009년 1월 18일 오후 1시 45분 MSNBC의 노라 오도넬은 '변호사들'이 오바마와 그의 팀에게 블랙베리는 계속 사용하되 인스턴트 메시징은 하지 말라고 했다고 보도했다. 변호사들은 아이밍을 하다 보면 '난처한' 메세지들이 해커들에게 잡힐 염려가 있다고 생각했다. 그러나 그 걱정이 예를 들어 백악관의 수석 보좌관 램 엠마뉴엘(Rahm Emanuel)의 저속한 언어 사용을 말한 것이었다면 그런 건 어차피 국민들에게 알려지는

건 시간 문제일 뿐이다(많은 예를 보려면 rahmfacts.com 참조).

4. 그리고 2009년 1월 21일 오전 11시 50분 《애틀란틱(The Atlantic)》 신문의 온라인판에서 마크 앰바인더(Marc Ambinder) 기자는 "오바마는 블랙베리를 사용할 수 있게 되었다"고 보도했다. 비록 '최고급의 암호화' 기법을 이용하겠지만 일상적이고 사적인 메시지까지도 사용할 수 있을 것이라고 덧붙였다. 결국 인간이—이 경우에는 대통령이—기술을 통제하지 거기서 생길 수 있는 문제에 대한 걱정이 우리를 통제할 수 없다는 극명한 예라고 할 수 있을 것이다.

■ 백악관이 웹 2.0의 '암흑시대'에서 뉴뉴미디어로 가다

한편 오바마 대통령이 자기의 블랙베리를 지키기 위해 변호사들의 법적인 경고와 타성에 대항하여 성공적으로 투쟁하는 동안 백악관에 입성한 그의 참모들은 백악관의 텔레콤이 페이스북이나 트위터는 말할 것도 없고 심지어 지메일마저도 없는 '과학 기술의 중세기'(Kornblut, 2009; Patterson, 2009)에 갇혀 있다는 사실을 발견하게 되었다.

법은 뉴미디어를 받아들이는 데 항상 가장 느린 사회의 구성 분야로 정평이 나 있었다. 인쇄기가 발명되어 글쓰기가 표준화되기 전까지는 구두 계약이 문서 계약보다 더 구속력이 높은 것으로 간주되었다. 디지털 계약은 지난 수십년 동안 문제가 되어왔는데 그 이유는 종이 위에 펜으로 하지 않은 서명이 과연 법적인 효력이 있느냐 없느냐의 논쟁 때문이었다(초기의 사례를 보려면 Wright and Winn, 1998 참조).

그러나 법도 어쩔 수 없이 과학 기술을 따라가게 되어 있다. 2009년 2월 현재 뉴뉴미디어는 세계를 뒤덮고 있고 특히 정치에서도 힘을 발휘하고 있다. 공화당원들이 오바마 대통령과 회의를 하는 동안에 트위터를 하며(Goddard, 2009) 또, 존 매케인(공화—애리조나), 클레어 맥카스킬(민주—몬태나), 그리고 마크 워너(민주—버지니아) 상원의원도 트위터 계정을 갖고 있다. 독자들이 이 책을 읽을 때가 되면 얼마나 더 많은 정치인들이 여기에 동참할지 모르겠지만 아마 2009년 말까지는 상하원의 모든 의원들이 사용하지 않을까 예상해본다. '버락을 위한 100만 명', 대선 기간 오바마를 아주 잘 지원했던 이 페이스북 그룹은 계속하여 증가하고 있다. 2009년 5월 현재 102만 7,000명의 회원을 보유하고 있다.

미국을 비롯한 전 세계가 2008년 가을에 몰아닥친 경제적 위기와 싸우게 되자 뉴뉴미디어는 모든 사람들에게 더 매력이 있는 미디어가 되어가고 있다. 경제 사정이 어려워지면 공짜보다 더 좋은 것은 없는 법이다.

그러나 뉴뉴미디어의 비용 측면에서도 걸림돌이 되는 부분이 있는데 이것 때문에 뉴뉴미디어가 계속해서 무료로 갈 수는 없을 것 같다. 그리고 이 측면을 도외시하고 뉴뉴미디어가 존재할 수도 없다.

우리의 마지막 장에서 뉴뉴미디어가 작동하기 위한 필요 수단인 하드웨어를 간략하게 살펴보기로 하자.

13

하드웨어

이 책의 초점은 이제까지는 뉴뉴미디어를 가능케 하는 시스템—또는 이제 거의 구식 용어가 되어버린 소프트웨어—에 맞춰졌다. 블로그스팟, 위키피디아, 디그, 페이스북, 마이스페이스, 트위터 등은 모두 컴퓨터 프로그램으로서 각각의 독특하거나 복잡한 방식으로 정보를 조직한다. 블로그에 댓글을 올리거나 내리는 걸 가능하게 해주는 옵션, 웹 페이지에 유튜브 동영상을 심어주는 기능, 독자가 위키피디아에서 편집이나 글쓰기를 가능하게 해주는 기능, 디그에서의 '친구 되기' 기능, 마이스페이스나 페이스북의 회원 정보 페이지 기능, 트위터의 한 줄 글 올리기 기능, 세컨드라이프의 아바타 세계 그리고 팟캐스트의 전달 기능—이 모든 뉴뉴미디어의 기능들은 소프트웨어 또는 시스템의 특수한 코드와 디자인에 의해 작동이 가능하다.

하드웨어 또한 당연히 필수적인 것으로, 뉴뉴미디어 작동에 두 가지 중요한 역할을 한다. 첫째, 시스템 또는 소프트웨어는 어떤 중앙 컴퓨터에 저장되어야 한다. 그러한 하드웨어는 사용자들에게 보이지 않고 오로지 '인터페이스' 또는 블로깅, 위키피디아나 페이스북 시스템 만을 듣고 볼 수 있기 때문에 이 책에서 하드웨어를 다룰 필요가 없다. 관심 있는 독자들은 다른 자료를 참고하길 바란다. 예를 들면, 위키피디아 서버(servers, 2009), 저스틴 스미스(Justin Smith, 2008), 레이턴 앤 브라더스(Layton and Brothers, 2007) 같은 문헌을 보면 뉴뉴미디어뿐만 아니라 올드미디어 또는 오늘날의 세계에서 돌아가는 은행 업무 같은 것을 돕는 복잡한 '서버들'에 대하여 이해를 할 수 있을 것이다.

그러나 그 스펙트럼의 반대 끝에는 사람들이 뉴뉴미디어를 읽고, 쓰고, 보고, 듣고 생산할 수 있게 해주는 과학 기술이 있다. 다른 말로 하면 우리가 뉴뉴미디어와 함께 일하고 즐길 때 우리 손 안에 들고 있는 도구들이 그것이다. 데스크톱, 노트북, 그리고 휴대전화와 같은 기기는 어떤 사람이 블로그를 읽고 쓰거나, 유튜브에서 동영상을 보거나 또는 트윗를 보내고 받을 때 언제나 사용된다.

이러한 모든 기기류는 뉴뉴미디어가 출현하기 이전에도 존재했다. 그러나 노트북과 휴대전화 같은 이동성 장비들은 뉴뉴미디어에서 특히 중요한 역할을 하고 있다(당시까지의 이동성 미디어의 발전에 관해서는 '휴대전화:세상에서 가장 기동성 있는 미디어 이야기', Levinson, 2004 참조). 페이스북에서 친구와 메시지를 교환하든가, 아니면 위키피디아에서 뭔가를 찾고 편집하든가, 아니면 디그에 있는 기사에 대해 댓글을 달고 싶을 때, 이 모든 것들을 당신이 원하는 언제 어디서나 할 수 있는 것이 뉴뉴미디어의 가장 중요한 특징의 하나다.

2007년 7월, 뉴뉴미디어의 사용이 이미 상당히 진전된 상황에서, 아이폰의 도입은 이동성과 사용자 통제를 결합시키는 기폭제가 되었다. 아이폰으로 인해 사상 처음으로 우리는 사용자가 어디에 있든지 뉴미디어는 물론이고 뉴뉴미디어까지 진정으로 사용자의 의사에 따라 통제할 수 있는 기술을 갖게 되었다고 말할 수 있다.

트위터는 물론 원천적으로 모바일이다.—휴대전화나 블랙베리에서 트윗을 할 수 있다는 것이 이 시스템의 특징이다. 위키피디아도 2008년 8월 20일 모바일로 갔다.—이건 무료 '애플리케이션'을 아이폰에서 사용할 수 있게 하여 위키피디아의 온라인에서 빠른 브라우징을 가능하게 만들었음을 의미한다(Pash, 2008. 8. 20 참조). 이것은 2008년 12월 15일 위키피디아가 아이폰과 모바일 접속에 특히 적합한 새로운 버전을 내놓으면서 '위키피디아가 공식적으로 모바일 버전을 출범시켰다'고 선언하기 전의 전주곡과 같은 것이었다. 블로그스팟은 2005년 5월부터 '블로거 온 더 고(Blogger on the Go)'를 제공했고, 구글은 '모바일 콘텐츠를 위한 애드센스' 를 2007년 9월부터 개시했다. 마이스페이스는 2006년부터, 페이스북은 2007년부터 모바일 애플리케이션을 제공했다. 2007년 7월 아이폰 런칭 때 유튜브는 애플리케이션을 제공하여 화제를 모았다. 뉴뉴미디어의 모바일 어플리케이션과 모바일 기기는 분명하고 강력한 상호 촉매적인 관계 속에서 서로 자극을 주면서 발전해나간다. 모바일 애플리케이션이 우수할수록 더 멋진 모바일 기기를 갖고자 하게 되고, 더 좋은 모바일 기기일수록, 더 멋진 뉴뉴미디어 모바일 애플리케이션의 개발을 유도한다. 그러나 하나의 모바일 기기가 다른 어느 것보다도 더 뉴뉴미디어에 불을 붙이고 모든 사람의 손과 주머니 안에서 뉴뉴미디어를 대표하고 있으니 그것은 바로 아이폰이다.

■ 아이폰과 모바일 미디어의 필연성

나는 지난 1979년 박사학위 논문 「인간의 재생 : 미디어 진화 이론」에서 "무선과 이동성을 지향하는 미디어의 진화는 하나의 개인이 지구상의 모든 정보에 접근할 수 있을 때까지 계속되어야 한다. 그 사람이 어디에 있든지 간에, 실내에 있든지 야외에 있든지, 그리고 물론 커뮤니케이션이 태양계나 전 우주로 확대된 때에는 지구 밖에 있더라도 정보 접근이 가능해야 한다"고 말했다(275쪽). 그리고 다음 페이지에서 이렇게 추가했다. "이 시스템 없는 시스템…은 궁극적으로 개인들이 자기 주변에 있는 정보를 쉽게 얻듯이 전 지구적인 정보도 어떠한 제한도 없이 접속할 수 있게 만들 것이다."

2007년에 등장한 아이폰이라고 불리는 그 기기는 내가 고안하고 개발하여 이름을 붙인 1970년대의 나의 논문 '인간의 재생'에 나오고 이 책의 2장에서도 간략하게 언급한 미디어 진화의 '인간지향(anthropotropic)' 이론으로부터 나온 필연적 산물이다. 'anthro'는 인간을 의미하고 'tropic'은 어떤 것을 향해서(태양을 향해서 자라는 식물을 굴광성[heliotropic]이라고 하듯이)라는 의미에서 볼 수 있듯이 나는 미디어가 진화해가면서–우리가 차세대 미디어를 발명할 때마다–그것들은 궁극적으로 성능 면에서 점점 더 친인간화된다는 점을 발견했다. 처음에 나왔을 때에는 스틸, 흑백, 무성의 사진이 유성 영화로 바뀌었고 우리는 스틸 사진을 전화기에다 이야기하는 것만큼 쉽게 보내고 받을 수 있게 되었다. 초기의 전화는 글쓰기의 추상 형태인 모스 부호를 쓰는 전보를 인간 지향적으로 업데이트한 것으로, 그것 자체는 말하기의 추상형 또는 말하기의 비자연적 다른 모습이라고 할 수 있다. '인간지향적' 이론에 대한 더 상세한 내용은 '소프트 에지 : 정보 혁명의 역사와 미래'(Levinson, 1997)를 참고하길 바란다.

아이폰은 우리가 원할 때는 언제나, 그리고 우리와 우리가 찾는 정보가 어디에 있거나 아무 때나 어느 정보나 모든 정보를 얻고 싶어하는 장기간의 인간의 필요 욕구를 충족시키기 시작했다. 모든 인간 지향적인 매체와 마찬가지로, 아이폰은 우리가 마음의 눈으로만 볼 수 있었던 것들을 현실로 만들어주었다. 그것은 우리의 손 안에 있는 조그마한 스크린에 신문, 비디오, 웹 페이지, 마이스페이스와 페이스북의 친구는 물론 트위터 그리고 블로그까지 끌어왔다. 그것은 우리가 컴퓨터를 집이나 사무실에 구비하기 전까지는 오직 상상만 했던 일들이었다. 롤링스톤스의 노래 <원한다고 언제나 다 가질 수는 없어(You Can't Always Get What You Want)>가 보통 인생살이에는 거의 진리이지만, 아이폰은 그것이 더 이상 진리가 아니라는 사실을 보여줬다.

■ 이동성의 가격

그러나 아이폰을 사용 하려면 돈이 든다. 전화 하나를 장만하는 데 수백 달러를 주어야 하니 분명히 싸다고 볼 수 없다. 이것은 새로운 미디어가 탄생할 때마다 언제나 있어온 단점이고, 라디오와 텔레비전이 시작될 때로 돌아가봐도 전자 미디어의 부담은 있었고 그것은 인쇄 매체와 전자 매체 간에 있을 수밖에 없는 새로운 편익 비용이라고 봐야 한다. 우리가 라디오를 통해 듣는 음악 및 이야기와 네트워크 텔레비전(비케이블 방송이나 다이렉트 TV)에서 시청하는 프로그램들은 책이나 신문과는 달리 무료다. 그러나 우리는 대부분의 책 또는 신문을 사는 데 들이는 비용보다 텔레비전 수상기를 사는 데 훨씬 많은 돈을 지불해야 한다.

뉴뉴미디어도 이러한 전자 미디어의 전통을 계속하고 있지만 소비자들이 이미 소유하고 있거나 이메일과 같이 조금 오래된 뉴미디어용으로 쓰고 있었던 기기를 이용하게 됨으로써 커다란 수입 창출 기회를 잃어버리고 있다. 어떤 사람이 유튜브, 위키피디아, 페이스북에 블로그를 하고 접속하느라고 데스크톱을 사용할 때, 그 사람이 이미 데스크톱을 소유하고 있다면, 이러한 뉴뉴미디어의 모든 측면은 하드웨어를 포함하여 무료다. 이와는 반대로, 모바일 미디어의 모바일 애플리케이션으로 이동할 때, 모바일 미디어를 구입해야 하고 그것을 사용하기 위해 매월 구독료를 내야 한다면 위에서 언급한 무료의 이점은 더 이상 살아날 수 없다.

아이폰, 블랙베리 그리고 새로 등장하는 이와 유사한 휴대전화 미디어는 어떤 사람이 적절하게 표현한 "이 기이하고 놀라운 무료의 땅인 웹"과 충돌 과정에 있는가?(Anderson, 2008). 휴대전화 판매량은 2008년 마지막 분기에 12퍼센트 떨어졌지만 아이폰을 포함한 스마트폰의 판매량은 북미 지역에서만 70퍼센트 이상 증가했는데(Reardon, 2009), 그것은 모바일 애플리케이션을 통한 뉴뉴미디어의 매력이 너무 강력하여 2008-2009년의 재정 위기가 가져온 가처분 소득의 감소와 역행하는 현상을 나타냈음을 보여주고 있다.

그러나 이 책을 쓰고 있는 2009년 5월 현재에도 경기 침체가 얼마나 지속될지, 어느 정도로 심할지에 대해 전혀 분명하지 않다. 만약에 그것이 지속되고 악화된다면, 새로운 스마트폰의 판매가 감소할 수 있고, 사람들이 이미 구입한 모바일 기기에 의존하거나 중고품을 구입하려 할 것이고 이러한 오래된 기기들로 작동이 가능한 모바일 애플리케이션에 더 관심을 가질지 모른다. 그러나 가장 바뀌지 않을 것 같은 것은 아이폰이나 블랙베리나 다른 스마트폰이 그들에게 준 자유에 대한 매력일 것이다. 집과 사무실 같은 전통적인 의사소통 장소에서는 물론이고 휴대전화나 스마트폰이 나오기 전까지는 커뮤니케이션을 위해서 전혀 소용이 없던 많은 다른 장소에서도 의사소통이 자유로워졌기 때문이다.

■ 뉴뉴미디어는 쓸모없는 장소를 쓸모 있게 만든다

얼마 전의 일이다. 엘리베이터를 탔는데 엘리베이터가 층과 층 사이에서 잠시 정지했다. 다행히 금새 정상적으로 다시 작동이 되었다. 그러나 그 일로 인해 나는 모바일 미디어가 모든 장소를 과거보다 어떻게 더 쓸모 있게 만들고 있는가에 대한 생각을 하게 되었다. 정지된 엘리베이터, 교통 체증으로 막힌 자동차, 자기 차례가 오기를 무료하게 기다리는 병원의 의자에서 휴대전화나 블랙베리나 아이폰이나 상관없이 무선기기는 쓸모없었던 장소를 쓸모 있는 공간으로 만들어준다. 결과적으로 우리는 점점 더 우리의 삶과 활동에 대해 주도권을 갖게 되었다. 뉴뉴미디어를 이용하기 위해 휴대용 기기에 투자를 하면 우리가 어쩌다가 쓸모없는 장소에 있게 될 때 여러 가지를 할 수 있는 선택의 여지를 갖는다.—블로그를 읽거나 쓰고, 또 그걸 홍보도 하고, 유튜브에서 동영상을 보기도 하고, 또는 위키피디아에 글을 쓰거나 읽을 수 있고 그 밖에도 많다(세컨드라이프는 다른 뉴뉴미디어보다 훨씬 큰 통신선이 필요하기 때문에 모바일 미디어로의 성공적인 이전율이 가장 낮다—Talamasca, 2008 참조). 앞으로는 자기가 처한 장소가 아무것도 하지 못하게 해서 어쩔 수 없이 일을 못하는 것이 아니라 자기가 아무것도 하기 싫어서 아무 일도 하지 않는 경우가 점점 늘어갈 것이다.

■ 차에서, 공원에서, 침대에서의 스마트폰

휴대전화(2004)에 관한 책을 썼을 때, 나는 휴대전화는 집과 사무실에 지상선으로 연결되어 있는 유선전화의 탯줄을 끊고 우리로 하여금 도보로 아니면 차를 타고 바깥 세계로 달려나가 목소리나 문자로 우리가 좋아하는 사람들과 접촉할 수 있게 만든다고 술회했다. 휴대전화가 사람을 가정이나 사무실로부터 해방시켜주었다는 일반론을 지지하며 내가 캐보고자 했던 것은 집 밖에서 이 자유가 우리를 어떻게 움직이고 있는지에 대한 구체적인 경우에 관한 것이었다.

스마트폰을 이용하는 뉴뉴미디어는 말할 것도 없이 가정이나 사무실 밖에서 이용이 가능하다. 그러나 우리가 유튜브의 동영상, 팟캐스트, 블로그, 마이스페이와 페이스북의 친구를 접속하고자 할 때, 그리고 우리가 블로그와 트윗을 올리고 싶을 때, 침대는 또한 가장 주된 뉴뉴미디어 이용 장소의 하나가 되어버렸다. 실제로, 침대와 공원은 책상과는 같은 거리로 떨어져 있으며 서로 반대 방향에 위치해 있다. 스마트폰은 우리가 뉴뉴미디어를 사용하는 공간을 더 사적으로도 만들고(침대), 공적으로도 만든다(공원).

1929년 트랜지스턴(Transistone)이 처음으로 카 라디오를 소개한 이후 자동차는 가정이나 사무실 밖에서 전자 매체를 사용하는 데 있어 가장 인기 있는 장소였다(Levinson, 2004). 그러나 라디오는 적어도 운전자에게는 특별한 것임이 판명되었는데 그 이유는 청취자가 어떤 다른 곳을 보고 있거나 다른 일에 정신 집중을 하는 동안에도 들을 수 있는 미디어였기 때문이다. 이와는 대조적으로, 운전 중에 아이폰으로 TV 쇼나 유튜브 비디오를 시청하는 것은 가능한 한 최악의 방법으로 운전을 빠르게 끝내는 방법이 될 것이다 . 우리의 눈은 동시에 두 곳에 가 있을 수 없으며 두 곳 이상의 장소를 주의 깊게 볼 수 없다. 같은 이유로 인해 운전자는 안전하게 온라인 신문을 읽거나, 위키피디아에서의 글쓰기와 편집은 고사하고 블로그조차 제대로 할 수 없다. 이러한 이유 때문에 운전 중에 이용이 가능한 뉴뉴미디어는, "10장, 팟캐스팅"에서 설명했듯이, 오로지 팟캐스트뿐이다. 하지만 자동차에 탄 운전자를 제외한 사람들은 스마트폰을 통해서 안전하게 모든 뉴뉴미디어를 읽고 쓰고 보거나 아니면 상호 작용을 원하는 대로 할 수 있다.

가정과 사무실 밖에서의 이용이 더 쉬워지고 늘어나면서 뉴뉴미디어는 자동차, 침대, 공원 등의 장소에서의 이용이 어느 정도까지 확산될 것인가? 공원 벤치에 앉아 신문과 책을 읽는 것은 오래된 전통인 만큼 그런 곳에서 뉴뉴미디어를 보고 읽고 쓰는 것은 전혀 이상할 것이 없다. 팟캐스트를 녹음하는 것을 제외하면 어떠한 뉴뉴미디어도 말하기를 요구하지 않기 때문에 스마트폰으로 하는 뉴뉴미디어는 주변 사람들에게 주는 방해라는 면에서 볼 때 휴대전화보다 많은 이점을 가지고 있다(휴대전화 에티켓을 위해서는 Levinson, 2004 참조). 스타벅스 내의 인터넷 카페와 와이파이(wi-fi)는 공공장소에서의 뉴뉴미디어의 첫걸음이라고 볼 수 있다.

■ 취약점은 배터리

멀리 1950년대로 돌아가서 트랜지스터라디오 시대부터 모든 모바일 전자 미디어의 취약점은 배터리였다. 예를 들어 아이폰은 배터리 용량이 30분밖에 되지 않아 전기 연결 장치나 데스크톱을 이용해 재충전을 해야 한다. 노트북도 짧은 배터리 용량으로 악명이 높으며 휴대전화도 방전 때문에 자주 꺼지는 만성적인 문제를 안고 있다.

해결책은 2장에서 필자가 스크린보다는 종이를 읽는 것에 많은 장점이 있다고 주장한 데서 찾아야 한다.—종이 위에 쓰인 것을 읽기 위해서는 태양광이나 주변에 인공적인 소스만 있으면 된다. 궁극적으로 스마트폰과 노트북은—벌써 스마트폰으로 하나가 되어가는 과정에 있다—태양이나 그 주변의 빛으로 충전이 가능한 '배터리'를 갖게 될 것이다. 덜 편리한 기술로부터 우리를 해방시키는 새로운 기술이 등장할 때마다 그렇듯이 그러한 '스마트 배터리'는 현재의 '바보 같은' 배터리보다 비쌀 것이다. 그러나 그것이 일단 표준화되고 나면 그 배터리는 더 이상 모바일 미디어의 취약점이 되지는 않을 것이다.

■ 아이폰, 블랙베리, 블루투스와 인간의 두뇌

미디어 융합(convergence)—하나 또는 소수의 미디어가 점점 더 많고 다양한 역할을 하는 것—는 미디어 진화의 중요한 원칙으로 지난 수십 년간 인식되어 왔다(Levinson, 1997 참조). 예를 들어, 모바일 이메일 기기로 시작된 블랙베리는 지난 수년 동안 휴대전화 기능을 가지고 있었으며 웹의 뉴뉴미디어에 접속할 수 있는 서비스를 제공하고 있다. 아이폰은 아예 시작할 때부터 이메일과 뉴뉴미디어 기능을 다 가지고 있었다. 다른 스마트폰도 그렇겠지만 이 두 개의 기기들은 점점 더 하나로 모아질 것이다. 이미 모든 모바일 미디어가 그러한 과정하에 있지만, 뉴뉴미디어의 다음 단계는 기기의 소형화와 경량화가 될 것이다. 새로운 기술은 더 작아지고 더 강력해진다는 버크민스터 풀러(Buckminster Fuller)의 '다이막시온(dymaxion) 원리'(1938), 즉 크기는 더 작아지지만 힘은 더 강해진다는 이론은 21세기의 모바일 미디어에 와서 그 꽃이 피었다고 할 수 있다.

무게가 겨우 1킬로그램밖에 안 나가는 성인의 두뇌야말로 궁극적인 최종의 뉴뉴미디어다. 우리의 두뇌는 생각하고, 느끼고, 믿고, 꿈꾸고, 상상하는 것은 말할 것도 없고, 읽고 쓰고 보고 들으며 모든 뉴뉴미디어의 내용을 받고 또 생산한다. 그리고 2007년 앨코브(The Alcove)의 마크 몰라로(Mark Molaro)와의 인터뷰에서 내가 지적했듯이(나는 그때 처음으로 '뉴뉴미디어'란 용어를 공식적으로 사용했다), 장차 언젠가는 멀티태스킹(multitasking)의 승리의 시대가 도래할 텐데 그것은 어떤 사람들이 두뇌에 디지털 칩을 심어 거기서 뉴뉴미디어를 위한 활동을 하는 것이다. 그리고 그것은 또한 눈이나 귀로 내용을 프로세스함이 없이 뉴뉴미디어의 말과 이미지와 소리를 직접 받는 장소가 될 것이다. 핸즈프리(hands-free) 기술인 블루투스가 이 방향으로 내딛는 첫 걸음이다.

그 인터뷰는 지금도 유튜브에서 발견할 수 있는데 그것을 본 한 사람이 "나는 사람들이 머릿속에다 컴퓨터 칩을 심는 것을 받아들이지 않을 것이라고 생각한다"고 말했다.

"전혀 문제가 없습니다"라고 응답하면서 나는 이렇게 말했다.

"뉴뉴미디어의 핵심은 선택입니다."

참고문헌

Note: URLs listed in this Bibliography were confirmed as working as of February 2009.

Aasen, Adam (2009) "ABC's 'Lost' is Required Viewing for Students in UNF Course," Florida Times-Union, May 12. http://www.jacksonville.com/lifestyles/2009-05-11/story/abcs_lost_is_required_viewing_for_students_in_unf_course

Abelson, Jenn (2009) "Craigslist Drops Erotic Services Ads," Boston Globe, May 14. http://www.boston.com/business/technology/articles/2009/05/14/craigslist_drops_erotic_services_ads/

Ahmed, Mural (2008) "Apple Threatens to Shut Down iTunes Over Royalty Hike," (London) Times Online, Oct. 1. http://technology.timesonline.co.uk/tol/news/tech_and_web/article4859885.ece

Allen, Lily (2005) MySpace music page, Nov 7. http://www.myspace.com/lilymusic

Allen, Mike (2008) Interviewed by Norah O'Donnell, MSNBC-TV, Nov. 26.

Alter, Jonathan (2008) Conversation with Keith Olbermann on "Countdown," about YouTube, MSNBC, June 9.

Ambinder, Marc (2009) "Obama Will Get His Blackberry," The Atlantic, Jan. 21. http://marcambinder.theatlantic.com/archives/2009/01/obama_will_get_his_blackberry.php

Anderson, Chris (2008) "Free! Why $0.00 Is the Future of Business," Wired, Feb. 25. http://www.wired.com/techbiz/it/magazine/16-03/ff_free

Angle, Jim (2008) Report about the impact of blogging on presidential appointments, "Brit Hume's Special Report," Fox News, Dec. 22.

Armstrong, Jennifer (2009) "Super Bowl: With 95.4 Mil Viewers, Game Was Second Most Watched Ever," Hollywood Insider, Feb. 2. http://hollywoodinsider.ew.com/2009/02/ratings-super-1.html

Arnold, Gin (2008) "Missing in Action—Olbermann and Maddow," Op-Ed News, Nov. 17. http://www.opednews.com/maxwrite/diarypage.php?did=10837

Arrington, Michael (2006) "MySpace to Sell Music Through Snocap," TechCrunch, Sept. 2. http://www.techcrunch.com/2006/09/02/myspace-gets-into-music-biz

Arthur, Charles (2008) "Censor Lifts UK Wikipedia Ban," The Guardian, Dec. 9. http://www.guardian.co.uk/technology/2008/dec/09/wikipedia-iwf-ban-lifted

ASCAP (American Society of Composers, Authors, and Publishers) (2008) "2007 Annual Report". New York: ASCAP. http://ascap.com/about/annualReport/annual_2007.pdf

Associated Press (2005) "Wikipedia, Britannica: A Toss-Up," Dec 15. http://www.wired.com/culture/lifestyle/news/2005/12/69844

——— (2008) "Network Television Viewership Plunges by 2.5 Million People, Data

Shows," May 9. http://www.foxnews.com/story/0,2933,270965,00.html
——— (2008) "Thomson Reuters Reports Lower Profit on Costs of a Merger," The New York Times, Aug. 12. http://www.nytimes.com/2008/08/13/business/13thomson.html
Au, Wagner James (2007) "Remake the Stars," New World Notes blog, July 18. http://nwn.blogs.com/nwn/2007/07/remake-the-star.html#more
Baez, Joan (1966) Performance of Bob Dylan's "With God on Our Side," in Stockholm, Sweden, video. http://www.youtube.com/watch?v=Pih1hVdflnQ
Baird, Derek E. (2008) "Youth Vote 2008: How Obama Hooked Gen Y," Barking Robot blog, Dec. 1. http://www.debaird.net/blendededunet/2008/12/youth-vote-2008-how-obama-hooked-gen-y.html
Barack Obama (One Million Strong for Barack) (2007) Facebook group. http://www.facebook.com/group.php?gid=2231653698
"Barbara Walters Special: Interview with Barack Obama" (2008) ABC-TV, Nov. 26.
Barlow, Perry (1955) "Another Radio to the Attic," The New Yorker, cover, Oct. 22. http://www.tvhistory.tv/1955_Oct_22_NEW_YORKER.JPG
Bennett, Chris (2009) "Beyond DIGG and StumbleUpon," Sociable Blog, Feb. 13. http://www.sociableblog.com/2009/02/13/beyond-digg-and-stumbleupon
"Big Love" (2009) Season 3, Episode 6, HBO TV series, Feb. 22.
BlogTalkRadio (2009) "About BlogTalkRadio." http://www.blogtalkradio.com/about.aspx
BMI (Broadcast Music, Inc.) (2007) "Broadcast Music Inc. Announces Record-Setting Royalty Distributions," Sept 4. http://www.bmi.com/press/releases/BMI_revenues_release_2007_final_9_4_07.doc
British Broadcasting Company (BBC) (2007) "Blog Death Threats Spark Debate," March 27. http://news.bbc.co.uk/1/hi/technology/6499095.stm
——— (2009) "Pope Launches Vatican on YouTube," Jan 23. http://news.bbc.co.uk/2/hi/europe/7846446.stm
Brown, Stephen E. F. (2009) "Amazon Sells Blogs on Kindle," New Mexico Business Weekly, May 15. http://www.bizjournals.com/albuquerque/stories/2009/05/11/daily59.html
Buggles, The (1979) "Video Killed the Radio Star," recording, Island Records.
Bureau of Justice Statistics (2009) "3.4 Million People Report Being Stalked in the United States," U.S. Department of Justice, Jan. 13. http://www.ojp.usdoj.gov/bjs/pub/press/svuspr.htm
Busari, Stephanie (2008) "Tweeting the Terror: How Social Media Reacted to Mumbai," CNN.com/Asia, Nov. 27. http://edition.cnn.com/2008/WORLD/asiapcf/11/27/mumbai.twitter/index.html
Butler, Samuel (1878/1910) "Life and Habit." New York: Dutton.
Carpenter, Hutch (2009) "Karl Rove Is on Twitter," I'm Not Actually a Geek blog, Jan. 9. http://bhc3.wordpress.com/2009/01/10/karl-rove-is-on-twitter
Carr, David (2005) "Why You Should Pay to Read This Newspaper?" The New York Times, Oct. 24. http://www.nytimes.com/2005/10/24/business/24carr.html
"Casino Royale" (2006) Directed by Martin Campbell, written by Neal Purvis & Robert Wade and Paul Haggis, MGM.
Catch Up Lady blog (2007) "Dick in a Box Grabs Emmy Nod, NBC's YouTube Mea Culpa Complete," July 23. http://catchupblog.typepad.com/catch_up_blog/2007/07/dick-in-a-box-g.html
Cheng, Jacqui (2008) "For the Young, TV's Passivity Is Passé Next to the Internet," ars technica, March 24. http://arstechnica.com/news.ars/post/20080324-report-kids-

use-internet-to-enhance-tv-experience.html
Cohen, David (2007) "Hunting Down Digg's Bury Brigade," Wired, March 1. http://www.wired.com/techbiz/people/news/2007/03/72835
Cohen, Noam (2008) "Delaying News in the Era of the Internet," The New York Times, June 23. http://www.nytimes.com/2008/06/23/business/media/23link.html
Collins, Barry (2008) "Web Censor Lifts Wikipedia Ban," Computer Buyer, Dec. 11. http://www.computerbuyer.co.uk/news/242253/web-censor-lifts-wikipedia-ban.html
Comenius, Johann Amos (1649/1896) "Didactica Magna." Translated by M. W. Keatinge as "The Great Didactic." London: Adam and Charles Black.
Comscore (2008) "Social Networking Explodes Worldwide as Sites Increase Their Focus on Cultural Relevance," Aug. 12. http://www.comscore.com/press/release.asp?press=2396
Crocker, Chris (2007) "Britney Fan Crying (Leave Britney Alone)," video, Sept. 11. http://www.youtube.com/watch?v=LWSjUe0FyxQ
Cyberbully Alert (2008) "Cyber Bullying Statistics That May Shock You!" Aug. 27. http://www.cyberbullyalert.com/blog/2008/08/cyber-bullying-statistics-that-may-shock-you
Dahl, Melissa (2008) "Youth Vote May Have Been Key in Obama's Win," MSNBC.com, Nov. 5. http://www.msnbc.msn.com/id/27525497/
Dawkins, Richard (1976) "The Selfish Gene." New York: Oxford University Press.
——— (1991) "Viruses of the Mind" in "Dennett and His Critics: Demystifying Mind," ed. Bo Dahlbom. Cambridge, MA: Blackwell, 1993. http://modox.blogspot.com/2007/12/memes-viruses-of-mind-or-root-of.html
DeCuir, Esther (2007) "Soft Edge Bookstore to Showcase Works of Paul Levinson," Second Life News Network, Dec. 4. http://www.slnn.com/index.php?SCREEN=print-article&sid=CIyx6K2BPbc3rPez&articleID=1015
Dewey, John (1925) "Experience and Nature." Chicago: Open Court.
"Dick in a Box" (2006) Video featuring Justin Timberlake and Andy Samberg; written by Andy Samberg, Akiva Schaffer, Jorma Taccone, Asa Taccone, Justin Timberlake, Katreese Barnes; produced by The Lonely Island for "Saturday Night Live"; Dec. 16. http://www.youtube.com/watch?v=WhwbxEfy7fg
Dickinson, Tim (2006) "The First YouTube Election: George Allen and 'Macaca,'" Rolling Stone, Aug. 15. http://www.rollingstone.com/nationalaffairs/?p=426 video: www.youtube.com/watch?v=r90z0PMnKwI
"Digg Terms of Use" (2009). http://digg.com/tou
Dingo, Robbie (2007) "A Second Life Machinima," My Digital Double blog, July 16. http://digitaldouble.blogspot.com/2007/07/watch-worlds.html *and* video: http://blip.tv/file/get/RobbieDingo-WatchTheWorlds570.mov
Donnelly, John M. (2009) "Congressman Twitters an Iraq Security Breach," CQ Politics, Feb. 6. http://www.cqpolitics.com/wmspage.cfm?docID=news-000003026945
Dumbach, Annette E., and Newborn, Judd (1986) "Shattering the German Night." Boston: Little, Brown.
Dunlop, Orrin E., Jr. (1951) "Radio & Television Almanac." New York: Harper & Bros.
Eisenstein, Elizabeth (1979) "The Printing Press as an Agent of Change." New York: Cambridge University Press.
Elba, Idris (2006) Private messages to Paul Levinson, on MySpace, Oct. 28 and Nov. 7.
Fark (2009) "Increase the Chances of Your Submission Being Posted on Fark." http://www.fark.com/farq/submit.shtml#Increase_the_chances_of_your_submission

_being_posted_on_Fark
Feiner, Paul (2009) Interview with Paul Levinson, "The Greenburgh Report," WVOX Radio, Jan. 9. Also included in Levinson, Paul (2009), "Conversation with Greenburgh NY Town Supervisor Paul Feiner About Blogging, Obama, and Caroline Kennedy," Light On Light Through podcast, Jan. 16. http://paullev.libsyn.com/index.php?post_id=423351
Finnegan, Adrian (2008) "Report on November 2008 Mumbai Massacre and Facebook," CNN International, Nov. 27.
Fleetwoods, The (1959, 2007) "Come Softly To Me" and "Mr. Blue," originally released in 1959 on Dolphin Records, performance on "American Bandstand" 1959, live performance 2007. video: http://www.youtube.com/watch?v=DgJwm9erBaQ *and* video: http://www.youtube.com/watch?v=vclkm6nsnWY *and* video: http://www.youtube.com/watch?v=AgQl6Rxk_uM
Florin, Hector (2009) "Podcasting Your Novel: Publishing's Next Wave?" Time, Jan. 31. http://www.time.com/time/arts/article/0,8599,1872381,00.html
Fogarty, Mignon (2008) "Grammar Girl's Quick and Dirty Tips for Better Writing." New York: Holt.
Fouhy, Beth (2008) "Obama to Pioneer Web Outreach as President," USA Today, Nov. 12. http://www.usatoday.com/news/topstories/2008-11-12-1697755942_x.htm
Friedman, Josh (2007) "Blogging for Dollars Raises Questions of Online Ethics," Los Angeles Times, March 9. http://articles.latimes.com/2007/mar/09/business/fi-bloggers9
Frith, Holden (2008) "So iTunes Won't Be Closing After All," Tech Central, (London) Times Online, Oct. 3. http://timesonline.typepad.com/technology/2008/10/itunes-wont-clo.html
Fuller, Buckminster (1938) "Nine Chains to the Moon." Carbondale, IL: Carbondale University Press.
Fund, John (2004) "I'd Rather Be Blogging," The Wall Street Journal, Sept. 13. http://www.opinionjournal.com/diary/?id=110005611
Geary, Jason (2008) "Plea Deals Offered in Video Beating Case," The Ledger, Nov. 18. http://www.theledger.com/article/20081118/NEWS/811180269
Gergen, David (2008) Guest on CNN, election night coverage, Nov. 4.
Giles, Jim (2005) "Special Report: Internet Encyclopaedias Go Head to Head," Nature, Dec. 14. http://www.nature.com/nature/journal/v438/n7070/full/438900a.html
——— (2008) "Do We Need an Open Britannica?" guardian.co.uk, June 20. http://www.guardian.co.uk/technology/2008/jun/20/wikipedia
Gill, Andy (2007) "Famous Five: Why the Traveling Wilburys Are the Ultimate Supergroup," The Independent, June 19. http://www.independent.co.uk/arts-entertainment/music/features/famous-five-why-the-traveling-wilburys-are-the-ulimate-supergroup-453788.html
Gladkova, Svetlana (2008) "Barack Obama Uses the Power of Social Media Noticed by Mainstream Media," profy, Aug. 25. http://profy.com/2008/08/25/barack-obama-uses-power-of-social-media/
Glater, Jonathan D. (2008) "At the Uneasy Intersection of Bloggers and the Law," The New York Times, July 15. http://www.nytimes.com/2008/07/15/technology/15law.htm
Goddard, Taegan (2009) "Republicans Twitter Meeting with Obama," Political Wire blog, Jan. 28. http://politicalwire.com/archives/2009/01/28/republicans_twitter_meeting_with_obama.html
Gold, Matea (2008) "Obama's 30-minute Ad Attracts 33 Million Viewers," Los Angeles Times,

Oct. 31. http://articles.latimes.com/2008/oct/31/entertainment/et-obama31
Golobokova, Yulia (2008) "YouTube as an Alternative Medium of Political Communication," final paper for "Media Research Methods," Graduate School of Arts and Sciences, Fordham University, Paul Levinson, professor, Dec. 17. http://sites.google.com/site/ygolobokova/youtube-research-proposal-paper
Greider, William, (2005) "A New New Deal," The Nation, Sept. 16.
Grimes, Sara (2008) "Campus Watch: Statistics Support Youth Vote Turnout," The Daily blog, Nov. 12. http://dailyuw.com/2008/11/12/campus-watch-statistics-support-youth-vote-turnout/
Grossman, Lev (2006) "Time's Person of the Year: You," Time magazine, Dec. 13. http://www.time.com/time/magazine/article/0,9171,1569514,00.html
______ (2009) "Iran Protests: Twitter, the Medium of Movement," Time magazine, June 17. http://www.time.com/time/world/article/0,8599,1905125,00.html
Gumpert, Gary (1970) "The Rise of Mini Comm," Journal of Communication, 20, pp. 280-290.
Hall, Edward T. (1966) "The Hidden Dimension." New York: Doubleday.
Hancock, Georganna (2007) "PageRank Promotes Blogicide!" A Writer's Edge blog, Nov. 28. http://www.writers-edge.info/2007/11/pagerank-promotes-blogicide.htm
Hannity, Sean and Colmes, Alan (2007) Different interpretations of Ron Paul's first-place finish in post-debate poll, Fox News, Oct. 22.
video: http://www.youtube.com/v/hDwDIj5ahuY&rel=1
Harris, James (2007) "Tonya MacCreary," "Walking on Air," recordings.
http://www.myspace.com/jamesharrismusic *and*
http://www.myspace.com/jamesharrismusic2
Harris, Leslie (2009) "Because 'Classified Ad Killer' Doesn't Have the Same Ring," The Huffington Post, April 24. http://www.huffingtonpost.com/leslie-harris/because-classified-ad-kil_b_190965.html
Harrison, George (1971, 2002, 2006) Performances of George Harrison's "While My Guitar Gently Weeps," at Concert for Bangladesh, 1971, George Harrison, Eric Clapton; at Memorial Concert for George, 2002, Eric Clapton, Paul McCartney, Ringo Starr, Dhani Harrison; at Rock 'n' Roll Hall of Fame Induction (Posthumous) of George Harrison, 2006, Tom Petty, Jeff Lynne, Prince. (See also McCartney, Paul.)
video: http://www.youtube.com/watch?v=T7qpfGVUd8c *and*
video: http://www.youtube.com/watch?v=zNp45m92e1M *and*
video: http://www.youtube.com/watch?v=cYl942_I3Wo
Harwood, John (2009) Interview with Barack Obama, CNBC-TV, Jan. 7.
Havenstein, Heather (2008) "Britain's MI6 Recruiting Spies on Facebook, Report Says," Computer World, Sept. 29. http://www.itworld.com/career/55450/britains-mi6-recruiting-spies-facebook-report-says
Hawthorne, Nathaniel (1851/1962) "The House of the Seven Gables" (novel). New York: Collier.
Heil, Bill and Piskorski, Mikolaj Jan (2009) "New Twitter Research: Men Follow Men and Nobody Tweets," Conversation Starter, Harvard Business Publishing, June 1. http://blogs.harvardbusiness.org/cs/2009/06/new_twitter_research_men_follo.html
Hibberd, James (2009) "MSN Gets Record Traffic During Jackson Memorial," the live feed, July 7. http://www.thrfeed.com/2009/07/jackson-memorial-

web-traffic.html
Hines, Twanna A. (2008) "I'm a Writer, Not a Child Pornographer," The Huffington Post, Dec. 31. http://www.huffingtonpost.com/twanna-a-hines/im-a-writer-not-a-child-p_b_154584.html
Hof, Robert D. (2006) "My Virtual Life," Business Week, May 1. http://www.businessweek.com/magazine/content/06_18/b3982001.htm
Hoffman, Auren (2008) "It Takes Tech to Elect a President," Business Week, Aug. 25. http://www.businessweek.com/technology/content/aug2008/tc20080822_700775.htm?campaign_id=rss_tech
Holyoke, Jessica (2008) "Lowest Profit per Capita Growth Ever in Q1 2008," The Alphaville Herald, April 29. http://foo.secondlifeherald.com/slh/2008/04/state-of-the-ec.html
Hudson, Ken (Hubble, Kenny) (2008) "Caledon Astronomical Society." http://agni.sl.marv-ulous.co.uk/group/Caledon%20Astronomical%20Society
——— (2008) Facebook message to Paul Levinson, Dec. 26.
Huffington Post, The, Editors of (2008) "The Huffington Post Complete Guide to Blogging." New York: Simon & Schuster.
Hunter, Mark (2009) Podcastmatters Social Media podcast, Feb. 6. http://socialmediapodcast.tumblr.com/post/76150739/edition-2-twestival-swearing-and-cameron-reilly
ILeftDiggforReddit (2008) "So Who Else Here Left Digg for Reddit?" Dec. 25. http://www.reddit.com/r/reddit.com/comments/7ll45/so_who_else_here_left_digg_for_reddit/
Innis, Harold (1951) "The Bias of Communication." Toronto: University of Toronto Press.
Internet Safety Technical Task Force (2008) "Enhancing Child Safety & Online Technologies: Final Report," Berkman Center for Internet & Safety at Harvard University, Dec. 31. http://www.wiredsafety.org/resources/pdf/2009_isttf_final_report.pdf
Ironic Pentameter (2006) "How Old Is Digg's Median User?" Sept. 14. http://ironic-pentameter.blogspot.com/2006/09/how-old-is-diggs-median-user.html
I-Safe (2009) "Cyber Bullying: Statistics and Tips." http://www.isafe.org/channels/sub.php?ch=op&sub_id=media_cyber_bullying
"I've Got a Crush on Obama" (2007) Video featuring Amber Lee Ettinger, produced by Ben Relles for BarelyPolitical.com, song written and sung by Leah Kauffman, June 13. http://www.youtube.com/watch?v=wKsoXHYICqU
James, William (1890) "The Principles of Psychology." New York: Henry Holt.
Jardin, Xeni (2005) "Audience With the Podfather," Wired, May 14. http://www.wired.com/culture/lifestyle/news/2005/05/67525
Jarvis, Jeff (2008) Interview about investigative journalism in peril, "On the Media," National Public Radio (NPR), Aug. 15. transcript: http://www.onthemedia.org/transcripts/2008/08/15/01
Johnson, Peter (2005) "'Times' Report: Miller Called Her Own Shots," USA Today, Oct. 16. http://www.usatoday.com/life/columnist/mediamix/2005-10-16-media-mix_x.htm
Johnson, Steven (2009) "How Twitter Will Change the Way We Live," Time magazine, June 15, pp. 32-37.
Jonas, Gerald (1999) Review of "The Silk Code" by Paul Levinson, The New York Times, Nov. 28. http://www.nytimes.com/books/99/11/28/reviews/991128.28scifit.html
Jones, Alex (2007) "Ron Paul Beats Digg Bury Brigade," Prison Planet, May 21. http://www.prisonplanet.com/articles/may2007/210507paulbeats.htm

Jordan, Tina (2008) "Domestic Book Sales See Slight Decline in May," AAP (The Association of American Publishers), July 11. http://www.publishers.org/main/PressCenter/Press_Issues/May2008SalesStats.htm

Kane, Erin and Brandt, Kristin (2007) "Welcome to Hollywood," Manic Mommies podcast, Feb. 18. http://www.manicmommies.com/2007/02/welcome-to-hollywood/

Kaplan, Benjamin (1966) "An Unhurried View of Copyright." New York: Columbia University Press.

Kells, Tina (2009) "Wikipedia Ponders Editorial Reviews After Kennedy Death Post," Now Public, Jan. 26. http://www.nowpublic.com/tech-biz/wikipedia-ponders-editorial-reviews-after-kennedy-death-post

Kerry, John (2008) Speech at Democratic National Convention, Denver, Co., Aug. 27. video: http://www.youtube.com/watch?v=dO2PAm4iCtE

King5.com (2008) "Armored Truck Robber Uses Craigslist to Make Getaway," Oct. 1. http://www.king5.com/topstories/stories/NW_100108WAB_monroe_robber_floating_escape_TP.ce3930c1.html

Kingston, Sean (2006) MySpace music page, July 7. http://www.myspace.com/seankingston

——— (2007) "Kingston's MySpace Success," contactmusic.com, Sept. 6. http://www.contactmusic.com/news.nsf/article/kingstons%20myspace%20success_1042855

Kirk, Jeremy (2008) "Wikipedia Article Censored in UK for the First Time," PC World, Dec. 8. http://www.pcworld.com/article/155112/wikipedia_article_censored_in_uk_for_the_first_time.html

Kornblut, Anne E. (2009) "Staff Finds White House in the Technological Dark Ages," The Washington Post, Jan. 22. http://www.washingtonpost.com/wp-dyn/content/article/2009/01/21/AR2009012104249.html

Kreiger, Lisa M. (2008) "Protesters to Facebook: Breast-Feeding Does Not Equal Obscenity," San Jose Mercury News, Dec. 26.

Kremer, Joan (2008) "The Start of a Central Information Source for Writers in Second Life," Writers in the Virtual Sky blog, Dec. 31. http://www.writersinthevirtualsky.com/the-start-of-a-central-information-source-for-writers-in-second-life/

Krupp, Elysha (2008) "Wikipedia, Britannica Battle over Credibility," examiner.com, Aug. 10. http://www.examiner.com/a-1529791~Wikipedia__Britannica_battle_over_credibility.html

Kurtz, Howard (2007) "Jailed Man Is a Videographer and a Blogger but Is He a Journalist?" The Washington Post, March 8, p. C01. http://www.washingtonpost.com/wp-dyn/content/article/2007/03/07/AR2007030702454.html

——— (2009) "Online, Sarah Palin Has Unkind Words for the Press," The Washington Post, Jan. 9, p. C01. http://www.washingtonpost.com/wp-dyn/content/article/2009/01/08/AR2009010803620.html

Laipply, Judson (2006) "Evolution of Dance," video, April 6. http://www.youtube.com/watch?v=LWSjUe0FyxQ

Lambert, Bruce (2007) "As Prostitutes Turn to Craigslist, Law Takes Notice," The New York Times, Sept. 4. http://www.nytimes.com/2007/09/05/nyregion/05craigslist.html

Lavigne, Avril (2007) "Girlfriend," video, RCA Records, Feb. 27. http://www.youtube.com/watch?v=cQ25-glGRzI

Layton, Julia, and Brothers, Patrick (2007) "How MySpace Works," HowStuffWorks. http://computer.howstuffworks.com/myspace.htm

Leibovich, Mark (2008) "McCain, the Analog Candidate," The New York Times, Aug. 3. http://www.nytimes.com/2008/08/03/weekinreview/03leibovich.html

Leitch, Will (2009) "How Tweet It Is," New York Magazine, Feb. 8. http://nymag.com/news/media/54069/

Let Joe Stay (2008) blog. http://letjoestay.blogspot.com/

Levine, David (2008) "All Talk," Conde Nast Portfolio.com, Feb. 26. http://www.portfolio.com/culture-lifestyle/goods/gadgets/2008/02/26/Internet-Talk-Radio

Levinson, Paul (1972) "Twice Upon a Rhyme", music recording, LP, HappySad Records; CD reissue, Seoul, South Korea: Beatball Music, 2008. reviews: http://rateyourmusic.com/release/album/paul_levinson/twice_upon_a_rhyme/

——— (1977) "Toy, Mirror, and Art: The Metamorphosis of Technological Culture," Et Cetera journal, June. Reprinted in "Technology and Human Affairs," ed. L. Hickman & A. al-Hibris, St. Louis, MO: Mosby, 1981; "Philosophy, Technology, and Human Affairs," ed. L. Hickman, College Station, TX: Ibis, 1985; "Technology As a Human Affair," ed. L. Hickman, New York: McGraw-Hill, 1990; Levinson, Paul, "Learning Cyberspace: Essays on the Evolution of Media and the New Education," San Francisco: Anamnesis Press, 1995.

——— (1979) "Human Replay: A Theory of the Evolution of Media," PhD dissertation, New York University.

——— (1985) "Basics of Computer Conferencing, and Thoughts on Its Applicability to Education," excerpted from "The New School Online," unpublished report, January. Reprinted in Levinson, Paul (1995) "Learning Cyberspace." San Francisco: Anamnesis Press.

——— (1986) "Marshall McLuhan and Computer Conferencing," IEEE Transactions of Professional Communication.

——— (1988) "Mind at Large: Knowing in the Technological Age." Greenwich, Conn: JAI Press.

——— (1992) "Electronic Chronicles: Columns of the Changes in our Time." San Francisco: Anamnesis Press.

——— (1997) "The Soft Edge: A Natural History and Future of the Information Revolution." New York and London: Routledge.

——— (1998) "The Book on the Book," Analog Science Fiction and Fact, June, pp. 24-31.

——— (1999) "Digital McLuhan: A Guide to the Information Millennium." New York and London: Routledge.

——— (1999) "The Silk Code" (novel). New York: Tor.

——— (2003) Interview about Jayson Blair and the New York Times, "World News Now," ABC-TV, May 11.

——— (2003) "Realspace: The Fate of Physical Presence in the Digital Age, On and Off Planet." New York and London: Routledge.

——— (2004) "Cellphone: The Story of the World's Most Mobile Medium." New York: Palgrave/Macmillan.

——— (2004) Interview by Bill O'Reilly, "The O'Reilly Factor," Fox News, television, about journalists having private lives, Jan. 23. video: http://www.youtube.com/watch?v=uSOytS96YhI

——— (2005) Interview by Joe Scarborough about Dan Rather and "Docu-Gate," "Scarborough Country," MSNBC, Feb. 16. transcript: http://www.sff.net/people/paullevinson/scar021605.html *and* videoclip: http://www.youtube.com/watch?v=VmvzYfY_gJA

——— (2005) "The Flouting of the First Amendment," Keynote Address, Sixth Annual Media Ecology Conference, Fordham University, New York City, June 23. Reprinted in Explorations in Media Ecology, vol 5, no 3, 2006, pp. 199-210, and in Paul Levinson's Infinite Regress blog, July 12, 2007. http://paullevinson.

blogspot.com/2007/07/flouting-of-first-amendment-transcript.html
——— (2006) "Every Eye's a Camera, Every Ear's a Mike," Light On Light Through podcast, Nov. 25. http://paullev.libsyn.com/index.php?post_id=155207
——— (2006) Interview on "Squawk Box" about violence and videogames, CNBC-TV, June 22. videoclip: http://www.youtube.com/watch?v=-XtWV-tIeVg
——— (2006) "The Plot to Save Socrates" (novel). New York: Tor.
——— (2006) "'The Wire' and 'The Wealth of Nations,'" Twice Upon a Rhyme MySpace blog, Aug. 13. http://blogs.myspace.com/index.cfm?fuseaction=blog.view&friendID=17346415&blogID=155375148
——— (2006) "'The Wire' Without Stringer," Light On Light Through podcast, Nov. 4. http://paullev.libsyn.com/index.php?post_id=148095
——— (2007) "First YouTube/CNN Presidential Debate," Paul Levinson's Infinite Regress blog, July 23. http://paullevinson.blogspot.com/2007/07/first-youtubecnn-presidential-debate.html
——— (2007) "Four Imus Fallacies," Light On Light Through podcast, April 15. http://paullev.libsyn.com/index.php?post_id=203730
——— (2007) "Free Josh Wolf," Light On Light Through podcast, March 10. http://paullev.libsyn.com/index.php?post_id=190952
——— (2007) "Good for Dan Rather: CBS Deserves To Be Sued," Paul Levinson's Infinite Regress blog, Sept. 19. http://paullevinson.blogspot.com/2007/09/good-for-dan-rather-cbs-deserves-to-be.html
——— (2007) "Hannity & Colmes Split Over Ron Paul's 1st Place in Fox's Latest Post-Debate Poll," Paul Levinson's Infinite Regress blog, Oct. 22. http://paullevinson.blogspot.com/2007/10/hannity-colmes-split-over-ron-pauls-1st.html
——— (2007) "How to Research Ancient History for Science Fiction," Light On Light Through podcast, Feb. 11. http://paullev.libsyn.com/index.php?post_id=180692
——— (2007) Interview by Ken Hudson (Kenny Hubble), "Media Ecology Seminar in Second Life," Nov. 5. video: http://blip.tv/file/475397
——— (2007) Interview by Mark Molaro, The Alcove, Nov. 27. http://www.youtube.com/watch?v=aqZNGYit3kY
——— (2007) Interview with Rich Sommer, Light On Light Through podcast, Oct. 28. http://paullev.libsyn.com/index.php?post_id=271587
——— (2007) Interview with Stanley Schmidt," Light On Light Through podcast, Dec. 1. http://paullev.libsyn.com/index.php?post_id=283468
——— (2007) "Marshall McLuhan as Micro Blogger," Paul Levinson's Infinite Regress blog, Oct. 9. http://paullevinson.blogspot.com/2007/10/marshall-mcluhan-as-micro-blogger.html
——— (2007) "My Four Rules: The Best You Can Do to Make It as a Writer," Light On Light Through blog, Aug. 26. http://paullev.libsyn.com/index.php?post_id=249175
——— (2007) "Now Obama's Poll Results are Denigrated by a Professional Pollster," Paul Levinson's Infinite Regress blog, Nov. 1. http://paullevinson.blogspot.com/2007/11/now-obamas-poll-results-are-denigrated.html
——— (2007) "Obama Girl Applauded in My Class at Fordham This Afternoon," Paul Levinson's Infinite Regress blog, Sept. 21. http://paullevinson.blogspot.com/2007/09/obama-girl-applauded-in-my-class-at.html
——— (2007) "Open Letter to CNBC about Taking Down Post-Debate Poll Won by Ron Paul," Paul Levinson's Infinite Regress blog, Oct. 12. http://paullevinson.blogspot.com/2007/10/open-letter-to-cnbc-about-taking-down.html

——— (2007) Phone-in guest on Shaun OMac's BlogTalkRadio show, "TV Talk", episode about "Journeyman," with special guest Kevin Falls, Oct. 23. http://www.blogtalkradio.com/stations/bc/SHAUNOMACRADIO/blog/2007/10/24/Journeyman-rocks-Shaun-OMac-Radio
——— (2007) "Rating the News Networks in their Campaign Coverage," Paul Levinson's Infinite Regress blog, Sept. 21. http://paullevinson.blogspot.com/2007/09/rating-news-networks-in-their-election.html
——— (2007) Reading from "The Plot to Save Socrates" at "Meet the Author," with interview by Adele Ward, Second Life, SLCN.tv (Second Life Cable Network), Dec. 9. video of complete interview and reading: http://slcn.tv/meet-author-paul-levinson *and* excerpt: http://www.youtube.com/watch?v=VhGqdCQCATs
——— (2007) "Republican YouTube/CNN Debate in Florida," Paul Levinson's Infinite Regress blog, Nov. 28. http://paullevinson.blogspot.com/2007/11/republican-youtubecnn-debate-in-florida.html
——— (2007) "Republicans Now Thumb Their Noses at YouTube as well as Evolution," Paul Levinson's Infinite Regress blog, July 27. http://paullevinson.blogspot.com/2007/07/republicans-now-thumb-noses-at-youtube.html
——— (2007) Review of "Brotherhood," Season 1 Finale, Paul Levinson's Infinite Regress blog, Dec. 3. http://paullevinson.blogspot.com/2007/12/brotherhood-season-2-finale.html
——— (2007) Review of "Lost," Season 3 Finale, Paul Levinson's Infinite Regress blog, May 23. http://paullevinson.blogspot.com/2007/05/lost-season-3-finale-flashforwards.html
——— (2007) Review of "Mad Men" 1.12, Paul Levinson's Infinite Regress blog, Oct. 12. http://paullevinson.blogspot.com/2007/10/mad-men-11-admirable-don.html
——— (2007) "RIAA's Monstrous Legacy," Paul Levinson's Infinite Regress blog, July 13. http://paullevinson.blogspot.com/2007/07/riaas-monstrous-legacy.html
——— (2007) "The KNX Sunday Morning Interviews," Paul Levinson's Infinite Regress blog, June 30. http://paullevinson.blogspot.com/2007/06/knx1070-sunday-morning-interviews.html
——— (2007) "The Secret Riches of the Panda," Light On Light Through blog, July 30. http://paullev.libsyn.com/index.php?post_id=240416
——— (2007) "YouTube Video of My Aug 28 Talk in New York: Ron Paul and the Mass Media," Light On Light Through podcast, Sept. 8. http://paullev.libsyn.com/index.php?post_id=253883
——— (2008) "Announcing Obama's Choice Through Email Not Good Idea," Daily Kos, Aug. 11. http://www.dailykos.com/storyonly/2008/8/11/154117/227/164/566307
——— (2008) "Cyberbullying Mom on MySpace Got Just What She Deserved," Twice Upon a Rhyme MySpace blog, Nov. 27. http://blog.myspace.com/index.cfm?fuseaction=blog.view&friendID=17346415&blogID=452143917
——— (2008) "George's Guitar Gently Weeps Through the Ages," Paul Levinson's Infinite Regress blog, June 15. http://paullevinson.blogspot.com/2008/06/harrisons-my-guitar-gently-weeps-ala.html
——— (2008) "I'm a Progressive Libertarian," Paul Levinson's Infinite Regress blog, Aug. 16. http://paullevinson.blogspot.com/2008/08/im-progressive-libertarian.html
——— (2008) Interview by KnitWitch (Máia Whitaker) about promoting your writing on the web, KnitWitch Zone, Feb. 26. http://www.talkshoe.com/talkshoe/web/talkCast.jsp?masterId=28497&cmd=tc
——— (2008) "Katie Couric, Hero of the Revolution," Paul Levinson's Infinite Regress blog,

Nov. 13; cross-posted on Open Salon, Nov. 13. http://paullevinson.blogspot.com/2008/11/katie-couric-hero-of-revolution.html *and* http://open.salon.com/content.php?cid=43629
——— (2008) "Keeping Obama with His Email," Paul Levinson's Infinite Regress blog, Nov. 16. http://paullevinson.blogspot.com/2008/11/keeping-president-obama-with-his-email.html
——— (2008) "MSNBC Runs Canned Doc Bloc as Mumbai Burns," Paul Levinson's Infinite Regress blog, Nov. 28. http://paullevinson.blogspot.com/2008/11/inane-msnbc-programming-on-friday-eve.html
——— (2008) "Obama and FDR: Not Just New New Deal, New New Media," Paul Levinson's Infinite Regress blog, Nov. 15. http://paullevinson.blogspot.com/2008/11/obama-on-youtube-and-fdr-on-radio-not.html
——— (2008) "Obama Should Reject McCain's Call to Postpone Friday Debate," Paul Levinson's Infinite Regress blog, Sept. 24; cross-posted on Open Salon, Sept. 24. http://paullevinson.blogspot.com/2008/09/mccains-to-postpone-fridays-debate-i.html *and* http://open.salon.com/content.php?cid=21963
——— (2008) Review of "Mad Men," 2.4, Paul Levinson's Infinite Regress blog, Aug. 18. http://paullevinson.blogspot.com/2008/08/mad-men-24-betty-and-dons-son.html
——— (2008) "Superb Speeches by Bill Clinton and John Kerry," Paul Levinson's Infinite Regress blog, Aug. 27; cross-posted on Open Salon and Daily Kos. http://paullevinson.blogspot.com/2008/08/superb-speeches-by-bill-clinton-and.html *and* http://open.salon.com/blog/paul_levinson/2008/08/27/superb_speeches_by_b_clintonkerry_-_tv_shows_just_bills *and* http://www.dailykos.com/storyonly/2008/8/28/577065/-The-Cable-All-News-Networks-Diss-John-Kerry
——— (2008) "Take It from a College Prof: Obama's 'Missing' Paper Is Another Conservative Red Herring," Daily Kos, July 25. http://www.dailykos.com/storyonly/2008/7/25/16275/4548/308/557010
——— (2008) "The Shame of Joe Lieberman," Paul Levinson's Infinite Regress blog, Nov. 6. http://paullevinson.blogspot.com/2008/11/shame-of-joe-lieberman.html
——— (2008) "Unburning Alexandria" (novelette). Analog Science Fiction and Fact, Nov., pp. 116-133.
——— (2008) "Where Have Olbermann and Maddow Disappeared To?" Paul Levinson's Infinite Regress blog, Nov. 19. http://paullevinson.blogspot.com/2008/11/where-have-olbermann-and-maddow.html
——— (2009) Interview by The Gypsy Poet, BlogTalkRadio, May 17. http://www.blogtalkradio.com/Gypsypoet/2009/05/17/Gypsy-Poet-Radio-Presents-Paul-Levinson
——— (2009) "New New Media vs. the Mullahs in Iran," Paul Levinson's Infinite Regress blog, June 16. http://paullevinson.blogspot.com/2009/06/new-new-media-vs-mullahs-in-iran.html
——— (2009) Response to "What Is [a] Podcast," Podcast Alley, Jan. 8. http://podcastalley.com/forum/showthread.php?t=145349
Levinson, Paul and Fox, Ed (1971) "Merri-Goes-'Round," music recording, single; HappySad Records.
Levinson, Paul and Krondes, Jim (1969) "Snow Flurries," Lady Mac Music, demo by Louis Caraballo, Paul Levinson and Peter Rosenthal. Played on Kane and Brandt (2007).
Lewin, James (2006) "Podcast Goes From Zero to One Million Downloads in Four Months," Podcasting News, Nov. 28. http://www.podcastingnews.com/2006/11/28/podcast-goes-from-zero-to-one-million-downloads-in-four-months/

Liza (2008) "Netroots' Bloggers Boycott of Associated Press Is Working," culturekitchen blog, June 16. http://culturekitchen.com/liza/blog/netroots_bloggers_boycott_of_associated_press_is_w

MacBeach (2008) Comment to Alex Chitu's "The Unlikely Integration Between Google News and Digg," Google Operating System blog, July 23. http://googlesystem.blogspot.com/2008/07/unlikely-integration-between-google.html

MacManus, Richard (2008) "Top 10 YouTube Videos of All Time, 2008 Edition," Read Write Web, Sept. 29. http://www.readwriteweb.com/archives/top_10_youtube_videos_of_all_time_2008.php

Maeroff, Gene (1979) "Reading Achievement of Children in Indiana Found as Good as in '44," The New York Times, April 15, p. 10.

Malkin, Bonnie (2008) "Pakistan Ban to Blame for YouTube Blackout," The Daily Telegraph, Feb. 25. http://www.telegraph.co.uk/news/uknews/3356520/Pakistan-ban-to-blame-for-YouTube-blackout.html

Manjoo, Farhad (2008) "Don't Blame YouTube, MySpace for Teen Beating Video," Machinist, April 4. http://machinist.salon.com/blog/2008/04/08/myspace_beating/

——— (2009) "I Do Solemnly Swear That I Will Blog Regularly," Slate, Jan. 20. http://www.slate.com/?id=2209275

Marder, Rachel (2007) "Two Students Sued for Illegal Downloading," The Justice, July 12. http://www.thejusticeonline.com/home/index.cfm?event=displayArticle&ustory_id=7461e8a8-4bea-4883-af39-1ee5a8ac8fb2&page=1

Markoff, John (2006) "Entrepreneurs See a Web Guided by Common Sense," The New York Times, Nov. 12. http://www.nytimes.com/2006/11/12/business/12web.html

Masterson, Michele (2008) "'Cyberbully' Mom Closer to Learning Her Fate," ChannelWeb, Nov. 26. http://www.crn.com/software/212200723

mavrevMatt (2008) Comment on Alex Chitu's "The Unlikely Integration Between Google News and Digg," Google Operating System blog, July 23. http://googlesystem.blogspot.com/2008/07/unlikely-integration-between-google.html

Max, Tucker (2006) "I Hope They Serve Beer in Hell." New York: Citadel.

McCain, John (2008) Transcript of speech, as delivered in Louisiana, Politico, June 3. http://www.politico.com/news/stories/0608/10820.html *and* video: http://www.youtube.com/watch?v=A7RuX4pQPLY

McCarthy, Caroline (2008) "Who Will Reign Over Digg: Obama or Jobs?" The Social, CNET News, May 12. http://news.cnet.com/8301 13577_3 9942496 36.html

McCartney, Paul (2004) Performance of George Harrison's "All Things Must Pass" in Madrid, Spain, 2004. (See also Harrison, George.) video: http://www.youtube.com/watch?v=cYl942_I3Wo

McCullagh, Declan (2007) "Ron Paul: The Internet's Favorite Candidate," CNET News, Aug. 6. http://news.cnet.com/Ron-Paul-The-Internets-favorite-candidate/2100-1028_3-6200893.html

McCullagh, Declan and Broache, Anne (2007) "Blogs Turn 10—Who's the Father?" CNET News, March 20. http://news.cnet.com/2100-1025_3-6168681.html

McKeever, William A. (1910) "Motion Pictures: A Primary School for Criminals," Good Housekeeping, August, pp. 184-186.

McLuhan, Marshall (1962) "The Gutenberg Galaxy." New York: Mentor.

——— (1964) "Understanding Media." New York: Mentor.

——— (1977) "The Laws of the Media," with a preface by Paul Levinson, Et Cetera jour-

nal, 34, 2, pp. 173-179.
McLuhan, Marshall and Fiore, Quentin (1967) "The Medium Is the Massage." New York: Bantam.
Merlot, Miss (2008) "The Caledon Astrotorium Grand Opening Party," March 21. http://merlotzymurgy.blogspot.com/2008/03/caledon-astrotrorium-grand-opening.html
Messerli, Joe (2006) "Why Polls Shouldn't Be Used to Make Decisions," BalancedPolitics.org, Jan. 25. http://www.balancedpolitics.org/editorial-the_case_against_polls.htm
Milian, Mark (2009) "Digg: Don't Shout, Use Twitter and Facebook Instead," Los Angeles Times, May 26. http://latimesblogs.latimes.com/technology/2009/05/digg-shout-share.html
Miller, Judith (2005) U.S. Senate Committee on the Judiciary, Hearing on Reporters' Shield Legislation, Oct. 19. http://judiciary.senate.gov/hearings/testimony.cfm?id=1637&wit_id=4698
——— (2008) Appearance on "Fox News Watch" (TV), Dec. 6.
Milton, John (1644) "Areopagetica."
Mintz, Jessica (2009) "iTunes Price Cut: Apple Announces Tiered System, DRM-Free Tunes," The Huffington Post, Jan. 6. http://www.huffingtonpost.com/2009/01/06/itunes-price-cut-apple-an_n_155660.html
Moore, Ebony (2006) "Make It Count," recording. http://www.myspace.com/ebonydmoore
Morris, Tee; Tomasi, Chuck; Terra, Evo (2008) "Podcasting for Dummies," 2nd edition. New York: For Dummies/Wiley.
Mumford, Lewis (1970) "The Pentagon of Power." New York: Harcourt, Brace, Jovanovich.
Musil, Steven (2008) "U.S. Army Warns of Twittering Terrorists," CNET News, Oct. 26. http://news.cnet.com/8301-1009_3-10075487-83.html *and* US Army draft report: http://www.fas.org/irp/eprint/mobile.pdf
"My Box in a Box" (2006) Video featuring Melissa Lamb, written and produced by Leah Kauffman and Ben Relles, song performed by Leah Kauffman, Dec. 26. http://www.youtube.com/watch?v=3xElIik0Ys0
Nadelman, Stefan (2008) "Food Fight," video written, directed, animated by Nadelman, Feb. 27. http://www.youtube.com/watch?v=e-yldqNkGfo
Nakashima, Ryan (2009) "Facing Stagnant Growth, MySpace Shakes Up Top Exec Roles," LinuxInsider, April 23. http://www.linuxinsider.com/story/66883.html
Nash, Kate (2007) MySpace music page, Feb. 18. http://www.myspace.com/katenashmusic
Nathan, Stephen (2007) "The Glowing Bones in the Old Stone House," "Bones," Season 2, Episode 20, directed by Caleb Deschanel, Fox-TV, May 9.
Nature magazine, editors (2006) "Encyclopaedia Britannica and Nature: A Response," Nature, March 23. http://www.nature.com/press_releases/Britannica_response.pdf
NeoPoiesis Press (2009) MySpace page. http://www.myspace.com/neopoiesispress
NetLingo (2009) "Cyberstalker." http://www.netlingo.com/word/cyberstalker.php
Newitz, Analee (2007) "I Bought Votes on Digg," Wired, March 1. http://www.wired.com/techbiz/people/news/2007/03/72832
Nissenson, Marilyn (2007) "The Lady Upstairs: Dorothy Schiff and the New York Post." New York: St. Martin's.
Obama, Barack (2008) Interviewed by Barbara Walters, "Barbara Walters Special," ABC-

TV, Nov. 26.
——— (2008) Interviewed by John Harwood, CNBC-TV, Jan. 7.
O'Brien, Terrence (2008) "Teen Lands in Jail after Posting Baby-Tossing Video on YouTube," Switched, July 3. http://www.switched.com/2008/07/03/teen-lands-in-jail-after-posting-baby-tossing-video-on-youtube/
O'Connor, Mickey (2008) "'Fringe': Our Burning Questions Answered!" Interview with Jeff Pinker, Fringe Executive Producer, TV Guide, Nov. 11. http://www.tvguide.com/News/Fringe-Burning-Questions-58392.aspx
O'Donnell, Norah (2008) Interview with Daily Kos founder Markos Moulitsas about Barack Obama and the 'Liberal Blogosphere,' MSNBC, Nov. 22.
——— (2009) Report about Barack Obama and Blackberry, MSNBC, Jan. 18.
Orlando, Carlos (2009) " 'YouTube for Television' to launch via Sony and Nintendo," infopackets, Jan. 27. http://www.infopackets.com/news/business/google/2009/20090127_youtube_for_television_to_launch_via_sony_and_nintendo.htm
Orlowski, Andrew (2006) "Nature Mag Cooked Wikipedia Study," March 23. http://www.theregister.co.uk/2006/03/23/britannica_wikipedia_nature_study/
Palin, Sarah (2008) Interview by Greta Van Susteren, "Fox News," Nov. 11. http://www.foxnews.com/story/0,2933,449884,00.html
——— (2008) Interview by Katie Couric, "CBS Evening News," Sept. 30. http://www.youtube.com/watch?v=xRkWebP2Q0Y
Pash, Adam (2008) "Wikipanion Brings Wikipedia to Your iPhone or iPod Touch," lifehacker, Aug. 20. http://lifehacker.com/400664/wikipanion-brings-wikipedia-to-your-iphone-or-ipod-touch
——— (2008) "Wikipedia Officially Launches Mobile Version," lifehacker, Dec. 15. http://lifehacker.com/5110289/wikipedia-officially-launches-mobile-version
Patterson, Ben (2009) "White House Stuck in 'Technological Dark Ages,'" The Gadget Hound, Jan. 22. http://tech.yahoo.com/blogs/patterson/34463
Perez-Pena, Richard (2008) "Newspaper Circulation Continues to Decline Rapidly," The New York Times, Oct. 27. http://www.nytimes.com/2008/10/28/business/media/28circ.html
——— (2009) "Keeping News of Kidnapping Off Wikipedia," The New York Times, June 28. http://www.nytimes.com/2009/06/29/technology/internet/29wiki.html
Pershing, Ben (2009) "Kennedy, Byrd the Latest Victims of Wikipedia Errors," The Washington Post, Jan. 21. http://voices.washingtonpost.com/capitol-briefing/2009/01/kennedy_the_latest_victim_of_w.html
Petroski, Henry (1999) "The Book on the Bookshelf" New York: Knopf
Phillips, Rich (2008) "Suspects in Video Beating Could Get Life in Prison," CNN.com, April 11. http://edition.cnn.com/2008/CRIME/04/10/girl.fights/index.html
Popkin, Helen A. S. (2009) "Activism Evolves for the Digital Age," MSNBC.com June 19. http://www.msnbc.msn.com/id/31432770/ns/technology_and_science-tech_and_gadgets/
Powell, Colin (2008) Interview by Fareed Zakaria on "GPS," CNN, Dec. 14. transcript: http://transcripts.cnn.com/TRANSCRIPTS/0812/14/fzgps.01.html
"Quantum of Solace" (2008) Directed by Marc Forster, written by Paul Haggis and Neal Purvis & Robert Wade, MGM.
Rahm Emanuel Facts (2009) Web site with quotes from and about Rahm Emanuel. http://rahmfacts.com
Raphael, J. P. (2008) "Wikipedia Censorship Sparks Free Speech Debate," PC World, Dec. 10. http://www.washingtonpost.com/wp-dyn/content/article/2008/12/08/

AR2008120803188.html
Reardon, Marguerite (2009) "Smartphones Offer Hope in Declining Cell Phone Biz," CNET News, Feb. 4. http://news.cnet.com/8301-1035_3-10156897-94.html
Reilly, Cameron (2009) Interview by Mark Hunter about the "death of newspapers," Podcastmatters Social Media podcast, Feb. 6. http://socialmediapodcast.tumblr.com/post/76150739/edition-2-twestival-swearing-and-cameron-reilly
Reuters, Adam (2006) "Surge in High-End Second Life Business Profits," Reuters, Dec. 5. http://secondlife.reuters.com/stories/2006/12/05/surge-in-high-end-second-life-business-profits/
Rheingold, Howard (2003) "Smart Mobs: The Next Social Revolution." New York: Basic.
Ribeiro, John (2008) "In Mumbai, Bloggers and Twitter Offer Help to Relatives," IDG News, PC World, Nov. 27. http://www.pcworld.com/article/154621/in_mumbai_bloggers_and_twitter_offer_help_to_relatives.html
Richards, I. A. (1929) "Practical Criticism". London: K. Paul.
Riley, Duncan (2007) "CSI: NY Comes to Second Life Wednesday," TechCrunch, Oct. 20. http://www.techcrunch.com/2007/10/20/csiny-comes-to-second-life-wednesday/ *and* videoclip: http://www.youtube.com/watch?v=3-ZmjA7GCzQ
Roark, James L.; Johnson, Michael P.; Cohen, Patricia Cline; Stage, Sarah; Lawson, Alan; and Hartmann, Susan M. (2007) "The American Promise." Boston: Bedford/St. Martin's Press, p. 719.
Rose, Carl (1951) "What's That, Mama?" cartoon, about radio in the attic, The New Yorker, July 28.
Rove, Karl (2009) "Back in Washington . . . " Twitter, Feb. 14. http://twitter.com/karlrove
Ryan, Jenny (2008) "The Virtual Campfire: An Ethnography of Online Social Networking," thesis, Master of Arts in Anthropology, Wesleyan University, May.
Saffo, Paul (2008) "Obama's 'Cybergenic' Edge," abcnews.com, June 11. http://abcnews.go.com/Technology/Politics/Story?id=5046275
Sagan, Carl (1978) "The Dragons of Eden." New York: Ballantine.
Saleem, Muhammad (2006) Interview by Tony Hung, "Insights From an Elite Social Bookmarker," BloggerTalks, Nov. http://www.bloggertalks.com/2006/11/muhammad-saleem-insights-from-an-elite-social-bookmarker/
——— (2007) "Ron Paul Supporters Need a Lesson in Social Media Marketing," Pronet Advertising, July 6. http://www.pronetadvertising.com/articles/ron-paul-supporters-need-a-lesson-in-social-media-marketing34389.html
——— (2007) "Ruining the Digg Experience, One Shout at a Time," Social Media Strategy for New Entrepreneurs, Oct. 31. http://muhammadsaleem.com/2007/10/31/ruining-the-digg-experience-one-shout-at-a-time/
——— (2007) "The Bury Brigade Exists, and Here's My Proof," Pronet Advertising, Feb. 27. http://www.pronetadvertising.com/articles/the-bury-brigade-exists-and-heres-my-proof.html
——— (2007) "The Social Media Manual—Read Before You Play," .docstoc, Nov. 20. http://www.docstoc.com/docs/265428/The-Social-Media-Manual—-by-Muhammad-Saleem
Sansone, Ron (2007) "Digg Dirt: Exposing Ron Paul's Social Media Manipulation," iAOC blog (International Association of Online Communications), July 3. http://www.iaocblog.com/blog/_archives/2007/7/3/3068799.html
Sawyer, Miranda (2006) "Pictures of Lily," The Observer, Guardian, May 21. http://www.guardian.co.uk/music/2006/may/21/popandrock.lilyallen
Schmidt, Eric (2008) Guest on "The Rachel Maddow Show," MSNBC-TV, Nov. 17.
Schonfeld, Eric (2009) "Twitter Surges Past Digg, LinkedIn, And NYTimes.com With

32 Million Global Visitors," Techcrunch, May 20. http://www.techcrunch.com/2009/05/20/twitter-surges-past-digg-linkedin-and-nytimescom-with-32-million-global-visitors/
Schwartz, Mattathias (2008) "The Trolls Among Us," The New York Times, Aug. 3. http://www.nytimes.com/2008/08/03/magazine/03trolls-t.html
Scorsese, Martin (2005) "No Direction Home," movie documentary about Bob Dylan. Paramount.
Sharma, Dinesh C. (2005) "Podcast Start-Up Creates Music Network," CNET News, Aug. 23. http://news.cnet.com/Podcast-start-up-creates-music-network/2100-027_3-5841888.html
Sharp, David (2008) "Audio Book Sales Are Booming—What Makes Them So Great?" ezine articles, Dec. 22. http://ezinearticles.com/?Audio-Book-Sales-Are-Booming—What-Makes-Them-So-Great?&id=1814019
Shawn, Eric (2008) Report about Facebook groups, Fox News television, Dec. 1.
Sierra, Kathy (2007) "My Favorite Graphs ... And the Future," Creating Passionate Users blog, April 6. http://headrush.typepad.com/
Silversmith, David (2009) "Google Losing up to $1.65M a Day on YouTube," Internet Evolution, April 14. http://www.internetevolution.com/author.asp?section_id=715&doc_id=175123&
Sinderbrand, Rebecca and Wells, Rachel (2008) "Obama Takes Top Billing on U.S. Television," CNN.com, Oct. 29. http://edition.cnn.com/2008/POLITICS/10/29/campaign.wrap.spending/index.html
Sirota, David (2008) "The Politico's Jayson Blair," Open Salon, Dec. 7. http://open.salon.com/content.php?cid=57773
Sklar, Rachel (2007) "A Crush on Obama, And an Eye on the Prize," The Huffington Post, July 16. http://www.huffingtonpost.com/2007/07/16/a-crush-on-obama-and-an-e_n_53057.html
Smith, Justin (2008) "Facebook Infrastructure up to 10,000 Web Servers," Inside Facebook blog, April 23. http://www.insidefacebook.com/2008/04/23/facebook-infrastructure-up-to-10000-web-servers/
Smith, Shepard (2008) "Fox Report with Shepard Smith," Fox News, Dec. 2.
Socialmediatrader (2008) "What Would Happen if the US Elections Were Held on Digg?" Jan. 18. http://socialmediatrader.com/what-would-happen-if-the-us-elections-were-held-on-digg/
Spiegel, Brendan (2007) "Ron Paul: How a Fringe Politician Took Over the Web," Wired, June 27. http://www.wired.com/politics/onlinerights/news/2007/06/ron_paul
Stirland, Sarah Lai (2007) "News Recommendation Site Launches 'Digg The Candidates': Ron Paul & Obama End Up on Top," Wired, Nov. 21. http://blog.wired.com/27bstroke6/2007/11/news-recommenda.html
"Stop the 'Doc Bloc' on MSNBC" (2008) Facebook group. http://www.facebook.com/group.php?gid=49254779160
Stranahan, Lee (2008) "Markos, John, & Elizabeth: How Daily Kos Keeps Swallowing The Kool-Aid," The Huffington Post, Aug. 12. http://www.huffingtonpost.com/lee-stranahan/markos-john-elizabeth-how_b_118343.html
Strate, Lance (2007) BlogVersed, Lance Strate's MySpace blog. http://blogs.myspace.com/index.cfm?fuseaction=blog.view&friendID=176504380&blogID=284027048
Stuart, Sarah Clarke ("swampburbia") (2009) "The Infinite Narrative: Intertextuality, New Media and the Digital Communities of 'Lost,'" syllabus, University of North Florida course, Spring. http://lostinlit.wordpress.com
Suellontrop, Chris (2008) "The Kerry Surprise," The New York Times, Aug. 28.

http://opinionator.blogs.nytimes.com/2008/08/28/the-kerry-surprise/
Sullivan, Andrew (2008) "The Kerry Speech," The Daily Dish, Aug. 28. http://andrewsullivan.theatlantic.com/the_daily_dish/2008/08/the-kerry-speec.html
Talamasca, Akela (2008) "Second Life on an iPhone," Massively, Feb. 13. http://www.massively.com/2008/02/13/second-life-on-an-iphone/
Talkshoe (2009) "New to Talkshoe?" http://www.talkshoe.com/se/about/TSAbout.html
Teachout, Zephyr and Streeter, Thomas, et al. (2008) "Mousepads, Shoe Leather, and Hope: Lessons from the Howard Dean Campaign for the Future of Internet Politics." Boulder, Co., and London: Paradigm.
Technology Expert (2008) "Texting More Popular than Talking: Report," Tech-Ex, Sept. 29. http://technologyexpert.blogspot.com/2008/09/texting-more-popular-than-calling.html
Techradar (2008) "Facebook, MySpace Statistics," Jan. 11. http://techradar1.wordpress.com/2008/01/11/facebookmyspace-statistics/
Tedford, Thomas (1985) "Freedom of Speech in the United States." New York: Random House.
Terdiman, Daniel (2008) "AMC Decides to Allow Fans' 'Mad Men' Twittering," CNET News, Aug. 27. http://news.cnet.com/8301-13772_3-10027152-52.html
"Terminator: The Sarah Connor Chronicles" (2008) Season 2, Episode 10, Fox TV series, Nov. 24.
"Terminator: The Sarah Connor Chronicles" (2008) Season 2, Episode 13, Fox TV series, Dec. 15.
"The New Millennium: Science, Fiction, Fantasy" (2000) Fox News TV special, Jan. 1.
Themediaisdying (2009). http://www.twitter.com/themediaisdying
Time (2008) Magazine cover, Nov. 24.
TMZ staff (2006) "'Kramer's' Racist Tirade—Caught on Tape," TMZ, Nov. 20. http://www.tmz.com/2006/11/20/kramers-racist-tirade-caught-on-tape/
Todd, Brian (2008) Report on bloggers nixing presidential appointment, CNN, Dec. 26.
Tossell, Ivor (2008) "Teeny-Tiny Twitter was the Year's Big Story," Globe and Mail, Dec. 25. http://www.theglobeandmail.com/servlet/story/RTGAM.20081225.wwebtossell1226/EmailBNStory/Technology/home
Trippi, Joe (2004) "The Revolution Will Not Be Televised: Democracy, the Internet, and the Overthrow of Everything." New York: William Morrow.
Truth on Earth Band (2008) "Shot with a Bulletless Gun," recording. http://www.truthonearthband.com/song_bulletlessgun.html *and* MySpace page: http://www.myspace.com/truthonearthband
Valéry, Paul (1933) "Au Sujet Du Cimetière Marin," reprinted in "Oeuvres de Paul Valéry," Paris: Gallimard, La Pléiade, 1957.
Van Grove, Jennifer (2009) "One Giant Leap for Twitterkind; Mike Massimino Tweets from Space," Mashable, May 12. http://mashable.com/2009/05/12/first-tweet-from-space/
VanDenPlas, Scott (2007) "Ron Paul, Barack Obama, and the Digital Divide," morefishthanman.com, May 21. http://www.morefishthanman.com/2007/05/21/ron-paul-barack-obama-and-the-digital-divide/
Vance, Ashlee (2009) "Online Video of Inauguration Sets Records," The New York Times, Jan. 20. http://www.nytimes.com/2009/01/21/us/politics/21video.htm
Vargas, Jose Antonio (2007) "On Wikipedia, Debating 2008 Hopefuls' Every Facet," The Washington Post, Sept. 17. http://www.washingtonpost.com/wp-dyn/content/article/2007/09/16/AR2007091601699_pf.html
Vedro, Steven (2007) "Digital Dharma." Wheaton, IL: Quest Books.
Wales, Jimmy (2009) Interview by Mark Molaro, The Alcove, May 26.

video: http://www.youtube.com/watch?v=e1t88Bul5is
Walsh, Joan (2007) "Men Who Hate Women on the Web," Salon.com, March 31. http://www.salon.com/opinion/feature/2007/03/31/sierra/
——— (2008) Comment on Paul Levinson's "Obama Should Reject McCain's Call to Postpone Friday's Debate," Open Salon, Sept. 24. http://open.salon.com/content.php?cid=21963
Washington Post (2008) "President-Elect Obama's First YouTube Address," Nov. 15. http://voices.washingtonpost.com/44/2008/11/15/president-elect_obamas_first_y.html *and* video: www.youtube.com/watch?v=uYVRzNkmvfc
Wastler, Allen (2007) "An Open Letter to the Ron Paul Faithful," Political Capital with John Harwood blog, CNBC.com, Oct. 11. http://www.cnbc.com/id/21257762
"Weeds" (2009) Season 5, Episode 1, Showtime TV series, June 8.
Weist, Zena (2009) "Twitterers: How Old Are You?" Nothin' but SocNET, Feb. 21. http://nothingbutsocnet.blogspot.com/2008/02/twitterers-how-old-are-you.html
Wellman, Barry (2008) "I Was a WikiWarrior for Barack Obama," CITASA, Nov. 8. http://list.citasa.org/pipermail/citasa_list.citasa.org/2008-November/000057.html
Wertheimer, Linda (2008) "Age Likely to Be Key Factor in Presidential Campaign," National Public Radio, June 24. Also, quoted in full on this page: Liasson, Mara (2008) "Parsing the Generational Divide for Democrats," National Public Radio, May 1. http://www.npr.org/templates/story/story.php?storyId=91853809
White House Blog, The (2009) "Change Has Come to WhiteHouse.gov," Jan. 20. http://www.whitehouse.gov/blog/change_has_come_to_whitehouse-gov/
Wikipedia (2009) "Blog." http://en.wikipedia.org/wiki/Blogging
——— (2009) "Category: Wikipedia Behavioral Guidelines." http://en.wikipedia.org/wiki/Category:Wikipedia_behavioral_guidelines
——— (2009) "Conflict of Interest." http://en.wikipedia.org/wiki/Wikipedia:COI
——— (2009) "Kate Nash." http://en.wikipedia.org/wiki/Kate_Nash
——— (2009) "Lily Allen." http://en.wikipedia.org/wiki/Lily_Allen
——— (2009) "List of James Bond gadgets." http://en.wikipedia.org/wiki/List_of_James_Bond_gadgets
——— (2009) "Mignon Fogarty." http://en.wikipedia.org/wiki/Mignon_Fogarty
——— (2009) "Sean Kingston." http://en.wikipedia.org/wiki/Sean_Kingston
——— (2009) "The Traveling Wilburys." http://en.wikipedia.org/wiki/The_Traveling_Wilburys
——— (2009) "Virgin Killer" (Scorpions album, with nude girl on cover). http://en.wikipedia.org/wiki/Virgin_Killer
——— (2009) "Web 3.0." http://en.wikipedia.org/wiki/Web_3.0
——— (2009) "Wikipedia servers." http://en.wikipedia.org/wiki/Wikipedia#Software_and_hardware
Winfield, Nicole (2009) "Vatican 2.0: Pope Gets His Own YouTube Channel," Associated Press, Jan. 23. http://www.twine.com/item/11txv7jzw-ns/vatican-2-0-pope-gets-his-own-youtube-channel-yahoo-news
Winograd, Morley and Hais, Michael D. (2008) "Millennial Makeover: MySpace, YouTube, and the Future of American Politics." New Brunswick, NJ, and London: Rutgers University Press.
Wortham, Jenna (2008) "'Puppy Torture' Video Sparks Outrage, Military Investigation," Wired, March 4. http://blog.wired.com/underwire/2008/03/puppy-torture-v.html
Wright, Benjamin and Winn, Jane K. (1998) "The Law of Electronic Commerce," 3rd ed.

Aspen, Co.: Aspen Law & Business.
Young, Neil (2009) "Fork in the Road," song. http://www.youtube.com/watch?v=m7L7XsHKCVs
Zavis, Alexandra (2009) "Judge Tentatively Dismisses Case in MySpace Hoax That Led to Teenage Girl's Suicide," Los Angeles Times, July 2. http://latimesblogs.latimes.com/lanow/2009/07/myspace-sentencing.html/
Zeleny, Jeff (2008) "Lose the BlackBerry? Yes He Can, Maybe," The New York Times, Nov. 15. http://www.nytimes.com/2008/11/16/us/politics/16blackberry.html
Zenter, Kim (2008) "Experts Say MySpace Suicide Indictment Sets 'Scary' Legal Precedent," Wired.com, May 15. http://blog.wired.com/27bstroke6/2008/05/myspace-indictm.html
——— (2008) "Lori Drew Not Guilty of Felonies in Landmark Cyberbullying Trial," Wired.com, Nov. 26. http://blog.wired.com/27bstroke6/2008/11/lori-drew-pla-5.html
Ziegler, John (2009) "Media Malpractice," film documentary. videoclip: http://www.youtube.com/watch?v=qXnG8rxOdvQ
Zunes, Stephen (2009) "Iran's History of Civil Insurrections," The Huffington Post, June 19. http://www.huffingtonpost.com/stephen-zunes/irans-history-of-civil-in_b_217998.html
Zurawik, David (2008) "Is Obama the First 'Cybergenic' Candidate?" Baltimore Sun, Aug. 12. http://www.mediachannel.org/wordpress/2008/08/12/is-obama-the-first-cybergenic-candidate/

찾아보기

가시핑 283
게이밍 73
고대디닷컴 266
구독률 72
권리 139
그래머 걸 260

뉴뉴 딜 21
뉴뉴미디어 15, 292
뉴뉴미디어의 진화 26

더 소프트 에지 17
더 와이어 51
더그 171
디거 173
디그 171

라이브 스트리밍 270
레딧 183
레벌레이터 257
로비스트 79
마이스페이스 51, 187, 204
마이크로 블로거 233
매스 커뮤니케이션 224
바이럴 비디오 125, 128

배지 70
배터리 313
백과사전 163
버디TV 99
버리어 173
버즈머신 66
버즈플래시 183
버튼 70
복스 74
복제 139
브리태니커 160
블랙베리 302, 314
블로거 79, 292
블로그롤 72
블로그스팟 73
블로깅 41, 56, 57, 81
비드캐스트 273

사이버 불링 190, 283
사이버 스토킹 285
사이버제닉 114
사이트미터 72
세컨드라이프 237
소셜미디어 23, 193
스탯카운터 72
스팸 290

아마존 60
아이튠스 134, 257
아이폰 309, 314
애드센스 18, 59
오바마 121, 177, 299
오바마 걸 108
오픈 살롱 86
올드미디어 94, 101, 103, 181, 201, 292
옵에드 뉴스 85
웨비나 242
웹 1.0 21
웹 2.0 21, 305
웹 3.0 21
웹로깅 43
위젯 70
위키피디아 147, 159, 163
위키피디언 156
유저 23
유튜브 107, 114, 119, 145
익명성 81
익스플로러 18
임베드 139

저작권 138, 263

카페프레스 61
캡차 47
컴퓨서브 216
코멘트 20, 46, 49

테크노라티 73
텔레제닉 114
트위터 221, 286
트위터피드 228
팁 단지 63, 84

파디오북 262
파운스 229
파이어폭스 18
팟캐스트 257
팟캐스팅 253
퍼마링크 45
펍 213
페이스북 203
페이지랭크 73
페이팔 18
페이팔 기증 위젯 63
페이퍼포스트 62
포타팩 45
플리트우즈 142

하드웨어 307

CPM 65
MTV 133
RSS 257, 259
TV닷컴 99
VOIP 256, 273